邵瑞彭诗词笺注（上）

杨萌芽 李静 笺注

河南大学出版社
·郑州·

图书在版编目(CIP)数据

邵瑞彭诗词笺注/杨萌芽,李静笺注.—郑州:河南大学出版社,2017.7

ISBN 978-7-5649-2980-0

Ⅰ.①邵… Ⅱ.①杨… ②李… Ⅲ.①诗词-作品集-中国-民国 ②古典诗歌-注释-中国-民国 Ⅳ.①I226 ②I222.76

中国版本图书馆CIP数据核字(2017)第175016号

责任编辑　范　昕
责任校对　王曼青
封面设计　翟淼淼

出　版	河南大学出版社		
	地址:郑州市郑东新区商务外环中华大厦2401号　邮编:450046		
	电话:0371-86059701(营销部)　　　网址:www.hupress.com		
排　版	郑州市今日文教印制有限公司		
印　刷	河南瑞之光印刷股份有限公司		
版　次	2017年12月第1版	印　次	2017年12月第1次印刷
开　本	650mm×960mm　1/16	印　张	48.75
字　数	612千字	定　价	158.00元(全三册)

(本书如有印装质量问题请与河南大学出版社营销部联系调换)

目 录

前　言 ……………………………………………	（1）
编写说明 …………………………………………	（1）
诗 …………………………………………………	（1）
赠马小进并题其罗浮游记 ………………………	（1）
再谒孝陵 …………………………………………	（3）
宋渔父挽诗 ………………………………………	（4）
次小进都门感事韵 ………………………………	（5）
送渔侠归浙 ………………………………………	（6）
北行杂诗 …………………………………………	（7）
其　一 …………………………………………	（7）
其　二 …………………………………………	（7）
其　三 …………………………………………	（7）
其　四 …………………………………………	（7）
其　五 …………………………………………	（8）
其　六 …………………………………………	（8）
其　七 …………………………………………	（8）
其　八 …………………………………………	（8）
其　九 …………………………………………	（8）
其　十 …………………………………………	（8）
其十一 …………………………………………	（8）
其十二 …………………………………………	（9）
其十三 …………………………………………	（9）
其十四 …………………………………………	（9）

其十五	（9）
其十六	（9）
其十七	（9）
其十八	（10）
其十九	（10）
其二十	（10）
其二十一	（10）
留别上海	（14）
其　一	（14）
其　二	（14）
其　三	（14）
其　四	（14）
其　五	（14）
其　六	（15）
其　七	（15）
其　八	（15）
落　梅	（16）
酒楼偕天梅汉元联句	（17）
畿辅先哲祠分韵得伤字	（18）
崇效寺看牡丹分韵得也字	（19）
天梅斋中见汉元万里一首次韵和之	（21）
酒后偕九一天梅联句	（22）
其　一	（22）
其　二	（22）
题亚子《分湖旧隐图》	（24）
其　一	（24）
其　二	（24）

其 三	（24）
病蝶见过二首	（26）
其 一	（26）
其 二	（26）
水仙花	（27）
其 一	（27）
其 二	（28）
白纻曲	（28）
其 一	（28）
其 二	（28）
题郑斋感逝诗	（29）
师郑太史示重三日独游祠坛诗次韵	（30）
其 一	（30）
其 二	（30）
镜寰置酒见招赋诗为赠	（31）
题郑叔问所画便面	（32）
哲夫与更存古溶合作兰石流泉小帧见似题诗要和次韵一首	（33）
哲夫属题南华寺北宋造像木刻	（34）
其 一	（34）
其 二	（35）
伯宛丈新得赵德麟题名石刻赋诗纪事为书四绝于尾	（36）
其 一	（36）
其 二	（36）
其 三	（36）
其 四	（36）

题《饴乡集》…………………………………………（38）
  其 一………………………………………（38）
  其 二………………………………………（38）
姜尧章梅边吹笛……………………………………（40）
  其 一………………………………………（40）
  其 二………………………………………（40）
  其 三………………………………………（40）
赵明诚与易安居士翻书赌茗………………………（41）
  其 一………………………………………（41）
  其 二………………………………………（41）
米家灯………………………………………………（43）
  其 一………………………………………（43）
  其 二………………………………………（43）
  其 三………………………………………（43）
胜棋楼………………………………………………（44）
  其 一………………………………………（44）
  其 二………………………………………（45）
和李洞廷社稷坛诗…………………………………（46）
梦白赠扇画贾长江诗意赋谢………………………（46）
  其 一………………………………………（46）
  其 二………………………………………（47）
玩鞭亭………………………………………………（48）
  其 一………………………………………（48）
  其 二………………………………………（48）
鸡毛笔………………………………………………（50）
  其 一………………………………………（50）
  其 二………………………………………（50）

其　　三 …………………………………………（ 50 ）
答蘧卿 ………………………………………………（ 52 ）
　　其　　一 …………………………………………（ 52 ）
　　其　　二 …………………………………………（ 52 ）
　　其　　三 …………………………………………（ 52 ）
　　其　　四 …………………………………………（ 52 ）
王右军临诸葛武侯远涉帖 …………………………（ 53 ）
叔翔见访偕至酒家夜饮 ……………………………（ 54 ）
半闲堂斗蟋蟀 ………………………………………（ 55 ）
伯牙琴台 ……………………………………………（ 55 ）
　　其　　一 …………………………………………（ 55 ）
　　其　　二 …………………………………………（ 56 ）
水仙花 ………………………………………………（ 56 ）
师郑先生见赠新诗赋赠一首 ………………………（ 57 ）
明建文皇帝画兰 ……………………………………（ 58 ）
　　其　　一 …………………………………………（ 58 ）
　　其　　二 …………………………………………（ 58 ）
龙潜木 ………………………………………………（ 59 ）
　　其　　一 …………………………………………（ 59 ）
　　其　　二 …………………………………………（ 59 ）
魏广微以缙绅便览摘怨家姓名授魏忠贤 …………（ 60 ）
宋之问夺锦袍 ………………………………………（ 61 ）
虱念《阿房宫赋》 …………………………………（ 62 ）
苏东坡赤壁泛舟 ……………………………………（ 63 ）
　　其　　一 …………………………………………（ 63 ）
　　其　　二 …………………………………………（ 63 ）
　　其　　三 …………………………………………（ 63 ）

小乔墓砖砚……………………………………………（64）
  其　一………………………………………………（64）
  其　二………………………………………………（64）
咏　箫…………………………………………………（65）
  其　一………………………………………………（65）
  其　二………………………………………………（65）
妙严公主拜砖…………………………………………（67）
沈阳逢艳秋……………………………………………（68）
阮圆海《春灯谜》院本…………………………………（68）
  其　一………………………………………………（68）
  其　二………………………………………………（69）
  其　三………………………………………………（69）
咏屏风…………………………………………………（71）
  其　一………………………………………………（71）
  其　二………………………………………………（71）
  其　三………………………………………………（71）
甲子五月重至京师阆仙桐渊招游可园赋诗
 言别……………………………………………………（73）
  其　一………………………………………………（73）
  其　二………………………………………………（73）
  其　三………………………………………………（74）
郭潄霞所臧孙仲容征君诗迹……………………………（75）
  其　一………………………………………………（75）
  其　二………………………………………………（75）
  其　三………………………………………………（75）
  其　四………………………………………………（76）
沈阳西门别桐渊………………………………………（77）

重九日颖人约集北海未果往既而悔之作此
诗也 …………………………………………（77）
中秋前三夕与公达少微经过东城 ………（78）
  其　　一 …………………………………（78）
  其　　二 …………………………………（78）
独游北海二首 ……………………………………（79）
  其　　一 …………………………………（79）
  其　　二 …………………………………（79）
十月初三日自西郊至翠微小憩旅店遂上灵光寺
题名而去 …………………………………………（80）
  其　　一 …………………………………（80）
  其　　二 …………………………………（80）
  其　　三 …………………………………（81）
  其　　四 …………………………………（81）
  其　　五 …………………………………（81）
车中漫成四绝句 …………………………………（82）
  其　　一 …………………………………（82）
  其　　二 …………………………………（82）
  其　　三 …………………………………（82）
  其　　四 …………………………………（83）
上巳日京师吟社诸贤修禊水榭予以淹留天津未与
良会子威代拈年字是日偶同逸塘督办宴集弢老太
傅海藏方伯木斋议长师息侯侍御晴初阁丞伺伯省
长味云署长众异秘监少微文学于秋山街之百花村
赋此寄京师同社兼呈诸老 ………………………（84）
二月九日自京师乘汽车还天津途中漫成绝句 …（86）
  其　　一 …………………………………（86）

其二	(86)
其三	(86)
其四	(86)
其五	(87)
其六	(87)
其七	(87)
其八	(87)
西郊	(89)
杂诗九首	(90)
其一	(90)
其二	(91)
其三	(91)
其四	(91)
其五	(92)
其六	(92)
其七	(92)
其八	(93)
其九	(93)
独游西山至潭柘寺	(98)
潭柘后山	(99)
潭柘度七夕	(100)
戒坛	(100)
樊山师见谢饷茶赋诗属和次韵	(101)
赠冯冶吾肖吾二生	(104)
上巳禊集瀛台二首限南海二字韵	(108)
其一	(108)
其二	(108)

悯忠寺看丁香花四首 …………………………… (111)
　　其　一 ………………………………………… (111)
　　其　二 ………………………………………… (111)
　　其　三 ………………………………………… (111)
　　其　四 ………………………………………… (111)

有怀徐中可舍人 ………………………………… (112)
　　其　一 ………………………………………… (112)
　　其　二 ………………………………………… (112)
　　其　三 ………………………………………… (113)

斗　鸡 …………………………………………… (113)

拟枚乘诗九首 …………………………………… (114)
　　其　一 ………………………………………… (114)
　　其　二 ………………………………………… (115)
　　其　三 ………………………………………… (115)
　　其　四 ………………………………………… (116)
　　其　五 ………………………………………… (116)
　　其　六 ………………………………………… (116)
　　其　七 ………………………………………… (116)
　　其　八 ………………………………………… (117)
　　其　九 ………………………………………… (117)

浼华在京师,歌洛灵之曲,妙极人天,揭来海隅,
宜有雅奏,闻声相思,意溢乎辞矣 ……………… (119)
　　其　一 ………………………………………… (119)
　　其　二 ………………………………………… (119)
　　其　三 ………………………………………… (119)
　　其　四 ………………………………………… (119)

桐庐江楼有怀京师游好 ………………………… (121)

题《无价宝》杂剧 …………………………………… (122)
 其　一 ……………………………………………… (122)
 其　二 ……………………………………………… (122)
河干野眺和王三开府 …………………………………… (123)
无复一首 ………………………………………………… (124)
丁卯禊集墙子河畔得灵字 ……………………………… (124)
陈叔良小字《金刚经》 ………………………………… (125)
 其　一 ……………………………………………… (125)
 其　二 ……………………………………………… (125)
太侔礼部《晚闻室填词图》今归芸子既感且幸为赋
二绝 ……………………………………………………… (127)
 其　一 ……………………………………………… (127)
 其　二 ……………………………………………… (127)
纕蘅写示游厂肆新诗奉酬一首 ………………………… (128)
早春同释戡作 …………………………………………… (128)
戊辰元日次纕蘅均 ……………………………………… (130)
夜读纕蘅示和海藏闻笳之作率赋次均 ………………… (130)
花朝二首 ………………………………………………… (131)
 其　一 ……………………………………………… (131)
 其　二 ……………………………………………… (131)
龙泉寺检书图 …………………………………………… (132)
 其　一 ……………………………………………… (132)
 其　二 ……………………………………………… (132)
 其　三 ……………………………………………… (132)
夜坐拈豪书五十六字奉呈纕蘅仍次前均 ……………… (133)
沽上别章行严即送欧游 ………………………………… (135)

其　一 …………………………………………………（135）

　　其　二 …………………………………………………（135）

　　其　三 …………………………………………………（135）

暮春杂诗 ……………………………………………………（137）

　　其　一 …………………………………………………（137）

　　其　二 …………………………………………………（137）

　　其　三 …………………………………………………（137）

　　其　四 …………………………………………………（137）

　　其　五 …………………………………………………（137）

次韵和湘蘅祠部江亭之作 …………………………………（140）

于纕衡所见海藏老人舞子纪游之作次均奉寄 ……（140）

中秋次均释戡 ………………………………………………（141）

释戡见示九日陟香山诗次均 ………………………………（142）

夜坐不瞑再和一首乞叠韵 …………………………………（143）

南海看雪同纕蘅蛰闇 ………………………………………（144）

孤桐自伦敦寄诗见怀赋答 …………………………………（144）

简纕蘅 ………………………………………………………（145）

新岁次均和王开府 …………………………………………（146）

纕蘅移居东城以诗见示次均 ………………………………（147）

叠移居均再柬纕蘅 …………………………………………（148）

寄怀纕蘅碣石游次 …………………………………………（149）

　　其　一 …………………………………………………（149）

　　其　二 …………………………………………………（150）

　　其　三 …………………………………………………（150）

纕蘅归自天津出示群公九日诗偶次其韵 …………………（151）

叠次前韵 ……………………………………………………（152）

花朝日奉怀逸塘开府津海寓居求政和 …………… (153)

缥蘅诗述海滨之胜次均寄怀 ………………………… (155)

次均和缥蘅 ……………………………………………… (155)

缥蘅枉过夜话即柬 ……………………………………… (156)

庚午重阳夜雪 …………………………………………… (157)

秋岳四十生日 …………………………………………… (158)

太平花限均一首和释戡秋岳 …………………………… (158)

小鲁召饮赋诗奉同 ……………………………………… (159)

小鲁芸子镜汀屡过夜谈今雨不来弥感岑寂赋此
自遣 ……………………………………………………… (160)

小鲁卜居遂安伯胡同 …………………………………… (161)

汴梁旅次祝逸老生辰 …………………………………… (163)

寿寒云二哥四十 ………………………………………… (164)

海藏老人七十寿诗 ……………………………………… (165)

庚午七夕 ………………………………………………… (166)

次韵和张梓铭 …………………………………………… (166)

  其　一 ………………………………………………… (166)

  其　二 ………………………………………………… (167)

和孙师郑六十七自寿 …………………………………… (168)

  其　一 ………………………………………………… (168)

  其　二 ………………………………………………… (168)

默君社长典试中州锁院联吟一时称盛奉赠
一首 ……………………………………………………… (170)

天津春日作 ……………………………………………… (171)

西　郊 …………………………………………………… (172)

出西直门自玉泉山至碧云寺 …………………………… (173)

其　一 …………………………………………(173)
　　其　二 …………………………………………(173)
　　其　三 …………………………………………(174)
题红薇老人《百花手卷》………………………………(175)
　　其　一 …………………………………………(175)
　　其　二 …………………………………………(176)
录旧诗写赠武福鼐 ……………………………………(177)
为金梁吟社社刊题词 …………………………………(178)
　　其　一 …………………………………………(178)
　　其　二 …………………………………………(178)
为靳仲云题樊山回文词 ………………………………(179)
朱守一主吟社编纂，为长歌代序 ……………………(180)

词 ………………………………………………………(183)

云林新增八景词 ………………………………………(183)
　　清平乐 …………………………………………(183)
　　踏莎行 …………………………………………(183)
　　无梦令 …………………………………………(183)
　　采桑子 …………………………………………(184)
　　鹧鸪天 …………………………………………(184)
　　好事近 …………………………………………(184)
　　朝中措 …………………………………………(185)
　　子　夜 …………………………………………(185)
虞美人 …………………………………………………(187)
捣练子 …………………………………………………(188)
浪淘沙 …………………………………………………(188)
忆江南 …………………………………………………(189)
菩萨蛮 …………………………………………………(189)

相见欢	(190)
其　一	(190)
其　二	(190)
浪淘沙	(190)
临江仙	(191)
木兰花	(191)
应天长	(192)
蝶恋花	(193)
虞美人	(193)
清平乐	(193)
菩萨蛮	(194)
其　一	(194)
其　二	(194)
浣溪纱	(196)
其　一	(196)
其　二	(196)
蝶恋花	(198)
其　一	(198)
其　二	(198)
其　三	(198)
其　四	(198)
丑奴儿令	(200)
菩萨蛮	(200)
其　一	(200)
其　二	(201)
其　三	(201)
其　四	(201)

醉春风 …………………………………… (203)

醉春风 …………………………………… (203)

杏花天 …………………………………… (204)

浪淘沙 …………………………………… (204)

解语花 …………………………………… (205)

风入松 …………………………………… (206)

少年游 …………………………………… (207)

南　浦 …………………………………… (207)

忆王孙 …………………………………… (208)

醉落魄 …………………………………… (209)

探　春 …………………………………… (209)

瑞鹤仙影 ………………………………… (210)

锁窗寒 …………………………………… (211)

洞仙歌 …………………………………… (211)

祝英台近 ………………………………… (212)

恋绣衾 …………………………………… (212)

鹊桥仙 …………………………………… (214)

巫山一段云 ……………………………… (214)

一络索 …………………………………… (215)

转应曲 …………………………………… (215)

疏　影 …………………………………… (216)

望江南 …………………………………… (217)

清平乐 …………………………………… (217)

虞美人 …………………………………… (218)

唐多令 …………………………………… (218)

法曲献仙音 ……………………………… (219)

忆秦娥 …………………………………………（219）

长亭怨慢 ………………………………………（220）

踏莎行 …………………………………………（220）

减字浣溪沙 ……………………………………（221）

十六字令 ………………………………………（222）

齐天乐 …………………………………………（222）

子　夜 …………………………………………（224）

减字浣溪沙 ……………………………………（224）

谢秋娘 …………………………………………（225）

绮罗香 …………………………………………（225）

惜秋华 …………………………………………（226）

西　河 …………………………………………（227）

霜叶飞 …………………………………………（228）

水龙吟 …………………………………………（229）

罗敷艳歌 ………………………………………（230）

临江仙 …………………………………………（231）

梦横塘 …………………………………………（231）

月华清 …………………………………………（232）

徵　招 …………………………………………（233）

减字浣溪纱 ……………………………………（235）

满庭芳 …………………………………………（235）

齐天乐 …………………………………………（236）

风蝶令 …………………………………………（237）

望江南 …………………………………………（237）

捣练子 …………………………………………（238）

相见欢 …………………………………………（238）

应天长 …………………………………… (238)
浪淘沙 …………………………………… (239)
浪淘沙 …………………………………… (240)
虞美人 …………………………………… (240)
虞美人 …………………………………… (241)
玉楼春 …………………………………… (241)
天仙子 …………………………………… (242)
阮郎归 …………………………………… (242)
采桑子 …………………………………… (243)
卜算子 …………………………………… (243)
定风波 …………………………………… (244)
菩萨蛮 …………………………………… (244)
清平乐 …………………………………… (245)
百字令 …………………………………… (246)
柳梢青 …………………………………… (246)
一枝春 …………………………………… (247)
玉漏迟 …………………………………… (248)
烛影摇红 ………………………………… (248)
桃源忆故人 ……………………………… (249)
减字浣溪纱 ……………………………… (249)
高阳台 …………………………………… (250)
清平乐 …………………………………… (251)
齐天乐 …………………………………… (252)
明月生南浦 ……………………………… (253)
临江仙 …………………………………… (253)
宴清都 …………………………………… (254)

青玉案 …………………………………………………… (254)

清平乐 …………………………………………………… (255)

步蟾宫 …………………………………………………… (256)

  其　一 ………………………………………………… (256)

  其　二 ………………………………………………… (256)

苏幕遮 …………………………………………………… (256)

减字浣溪纱 ……………………………………………… (257)

如此江山 ………………………………………………… (257)

凤皇台上忆吹箫 ………………………………………… (258)

尉迟杯 …………………………………………………… (258)

木兰花慢 ………………………………………………… (259)

梦江南 …………………………………………………… (259)

  其　一 ………………………………………………… (259)

  其　二 ………………………………………………… (260)

菩萨蛮 …………………………………………………… (260)

醉公子 …………………………………………………… (261)

菩萨蛮 …………………………………………………… (261)

喜迁莺 …………………………………………………… (262)

多　丽 …………………………………………………… (262)

甘　州 …………………………………………………… (263)

水龙吟 …………………………………………………… (264)

减字浣溪纱 ……………………………………………… (265)

莺啼序 …………………………………………………… (265)

临江仙 …………………………………………………… (267)

  其　一 ………………………………………………… (267)

  其　二 ………………………………………………… (267)

其　三 …………………………………………（267）
　　其　四 …………………………………………（268）
减字浣溪纱 …………………………………………（269）
　　其　一 …………………………………………（269）
　　其　二 …………………………………………（269）
一萼红 ………………………………………………（269）
浪淘沙 ………………………………………………（270）
　　其　一 …………………………………………（270）
　　其　二 …………………………………………（270）
醉花阴 ………………………………………………（271）
月下笛 ………………………………………………（271）
南柯子 ………………………………………………（272）
尉迟杯 ………………………………………………（272）
瑞鹤仙 ………………………………………………（273）
子　夜 ………………………………………………（274）
　　其　一 …………………………………………（274）
　　其　二 …………………………………………（274）
减字浣溪纱 …………………………………………（275）
　　其　一 …………………………………………（275）
　　其　二 …………………………………………（275）
南　浦 ………………………………………………（275）
二郎神 ………………………………………………（276）
绛都春 ………………………………………………（277）
莺啼序 ………………………………………………（278）
玲珑四犯 ……………………………………………（280）
锯解令 ………………………………………………（280）

望湘人	(281)
减字浣溪纱	(282)
清平乐	(282)
临江仙	(283)
其　一	(283)
其　二	(283)
清平乐	(285)
长亭怨慢	(286)
摸鱼子	(287)
曲游春	(288)
齐天乐	(289)
瑞龙吟	(289)
踏莎行	(290)
甘草子	(291)
虞美人	(291)
临江仙	(292)
点绛唇	(293)
齐天乐	(293)
采桑子	(294)
清平乐	(294)
三姝媚	(295)
玲珑四犯	(296)
向湖边	(296)
浣溪沙	(297)
过秦楼	(298)
少年游慢	(298)

惜红衣 …………………………………………… (299)

绮寮怨 …………………………………………… (301)

曲玉管 …………………………………………… (301)

菩萨蛮 …………………………………………… (302)

烛影摇红 ………………………………………… (303)

氐州第一 ………………………………………… (304)

黄鹂绕碧树 ……………………………………… (305)

洞仙歌 …………………………………………… (305)

小重山 …………………………………………… (306)

蓦山溪 …………………………………………… (306)

梁州令 …………………………………………… (307)

惜红衣 …………………………………………… (308)

双头莲 …………………………………………… (309)

双头莲 …………………………………………… (309)

虞美人 …………………………………………… (311)

减字浣溪沙 ……………………………………… (312)

南乡子 …………………………………………… (312)

声声慢 …………………………………………… (313)

浣溪纱 …………………………………………… (314)

 其　一 ………………………………………… (314)

 其　二 ………………………………………… (314)

玲珑四犯 ………………………………………… (315)

清平乐 …………………………………………… (316)

菩萨蛮 …………………………………………… (317)

踏莎行 …………………………………………… (317)

忆旧游 …………………………………………… (318)

鹊桥仙 ………………………………………………… (319)

蝶恋花 ………………………………………………… (319)

菩萨蛮 ………………………………………………… (320)

临江仙 ………………………………………………… (321)

新雁过妆楼 …………………………………………… (322)

菩萨蛮 ………………………………………………… (322)

 其　　一 …………………………………………… (322)

 其　　二 …………………………………………… (323)

 其　　三 …………………………………………… (323)

 其　　四 …………………………………………… (323)

 其　　五 …………………………………………… (323)

 其　　六 …………………………………………… (324)

 其　　七 …………………………………………… (324)

 其　　八 …………………………………………… (324)

 其　　九 …………………………………………… (324)

 其　　十 …………………………………………… (325)

 其十一 ……………………………………………… (325)

 其十二 ……………………………………………… (325)

菩萨蛮 ………………………………………………… (326)

 其　　一 …………………………………………… (326)

 其　　二 …………………………………………… (327)

 其　　三 …………………………………………… (327)

 其　　四 …………………………………………… (327)

 其　　五 …………………………………………… (327)

 其　　六 …………………………………………… (328)

 其　　七 …………………………………………… (328)

 其　　八 …………………………………………… (328)

其　九 …………………………………………… (328)

相见欢 ………………………………………………… (330)

曲玉管 ………………………………………………… (330)

永遇乐 ………………………………………………… (331)

六幺令 ………………………………………………… (332)

清商怨 ………………………………………………… (332)

采桑子 ………………………………………………… (333)

蓦山溪 ………………………………………………… (333)

千秋岁 ………………………………………………… (334)

归国遥 ………………………………………………… (334)

其　一 …………………………………………… (334)

其　二 …………………………………………… (334)

其　三 …………………………………………… (335)

菩萨蛮 ………………………………………………… (336)

其　一 …………………………………………… (336)

其　二 …………………………………………… (336)

其　三 …………………………………………… (336)

其　四 …………………………………………… (336)

其　五 …………………………………………… (337)

其　六 …………………………………………… (337)

定风波 ………………………………………………… (337)

蕙兰芳引 ……………………………………………… (338)

惜红衣 ………………………………………………… (338)

八声甘州 ……………………………………………… (339)

千秋岁 ………………………………………………… (340)

早梅芳近 ……………………………………………… (341)

花　犯	(341)
石州引	(342)
西　河	(343)
琵琶仙	(344)
喜迁莺	(344)
洞仙歌	(345)
徵　招	(346)
甘　州	(347)
醉翁操	(348)
绮罗香	(349)
国香慢	(350)
三姝媚	(351)
瑞龙吟	(351)
梦夫容	(352)
陂塘柳	(353)
绿　意	(354)
霜叶飞	(355)
渡江云	(356)
雪梅香	(357)
甘　州	(357)
洞仙歌	(358)
高阳台	(359)
浣溪沙	(359)
其一	(359)
其二	(360)
虞美人	(360)

三姝媚 …………………………………………… (361)

喜迁莺 …………………………………………… (362)

好事近 …………………………………………… (362)

莺啼序 …………………………………………… (363)

花　犯 …………………………………………… (364)

寿楼春 …………………………………………… (364)

倦寻芳 …………………………………………… (365)

水龙吟 …………………………………………… (366)

还京乐 …………………………………………… (367)

夜飞鹊 …………………………………………… (367)

虞美人 …………………………………………… (368)

摸鱼子 …………………………………………… (368)

齐天乐 …………………………………………… (370)

斗百花 …………………………………………… (371)

南乡子 …………………………………………… (371)

长相思 …………………………………………… (372)

看花回 …………………………………………… (372)

竹马子 …………………………………………… (373)

临江仙 …………………………………………… (373)

一寸金 …………………………………………… (374)

望扬州 …………………………………………… (374)

应天长 …………………………………………… (375)

罗敷歌 …………………………………………… (375)

临江仙 …………………………………………… (376)

西　河 …………………………………………… (377)

临江仙 …………………………………………… (377)

摸鱼子 …………………………………………… (377)

踏莎行 …………………………………………… (378)

三姝媚 …………………………………………… (378)

谒金门 …………………………………………… (379)

  其　一 ………………………………………… (379)

  其　二 ………………………………………… (379)

卜算子 …………………………………………… (380)

玉楼春 …………………………………………… (380)

卜算子 …………………………………………… (381)

罗敷艳歌 ………………………………………… (381)

朝中措 …………………………………………… (382)

蓦山溪 …………………………………………… (383)

鹧鸪天 …………………………………………… (383)

望湘人 …………………………………………… (384)

迷神引 …………………………………………… (385)

六幺令 …………………………………………… (385)

月下笛 …………………………………………… (386)

归国谣 …………………………………………… (387)

金盏倒垂莲 ……………………………………… (387)

三姝媚 …………………………………………… (388)

减字浣溪沙 ……………………………………… (389)

  其　一 ………………………………………… (389)

  其　二 ………………………………………… (389)

归朝欢 …………………………………………… (390)

内家娇 …………………………………………… (390)

破阵乐 …………………………………………… (391)

目　录

罗敷歌 …………………………………………（392）
　　其　一 ………………………………………（392）
　　其　二 ………………………………………（392）
　　其　三 ………………………………………（392）
引驾行 …………………………………………（393）
湘江静 …………………………………………（394）
风流子 …………………………………………（395）
八声甘州 ………………………………………（396）
月下笛 …………………………………………（397）
金缕曲 …………………………………………（398）
八犯玉交枝 ……………………………………（399）
菩萨蛮 …………………………………………（400）
　　其　一 ………………………………………（400）
　　其　二 ………………………………………（400）
　　其　三 ………………………………………（401）
菩萨蛮 …………………………………………（402）
　　其　四 ………………………………………（402）
　　其　五 ………………………………………（402）
蕙兰芳引 ………………………………………（403）
兰陵王 …………………………………………（403）
　　其　一 ………………………………………（403）
　　其　二 ………………………………………（404）
透碧霄 …………………………………………（406）
永遇乐 …………………………………………（407）
沁园春 …………………………………………（409）
石湖仙 …………………………………………（410）

浪淘沙 …………………………………………（410）

八声甘州 ………………………………………（411）

蝶恋花 …………………………………………（413）

陂塘柳 …………………………………………（413）

陂塘柳 …………………………………………（414）

蝶恋花 …………………………………………（415）

踏莎行 …………………………………………（415）

鹧鸪天 …………………………………………（416）

解语花 …………………………………………（417）

琐窗寒 …………………………………………（418）

洞仙歌 …………………………………………（419）

河渎神 …………………………………………（420）

  其　一 ………………………………………（420）

  其　二 ………………………………………（420）

  其　三 ………………………………………（420）

浣溪沙 …………………………………………（421）

  其　一 ………………………………………（421）

  其　二 ………………………………………（421）

木兰花慢 ………………………………………（422）

点绛唇 …………………………………………（423）

一寸金 …………………………………………（423）

石湖仙 …………………………………………（424）

踏莎行 …………………………………………（425）

三姝媚 …………………………………………（426）

饮马歌 …………………………………………（427）

减字木兰花 ……………………………………（428）

西　河 …………………………………………（428）

无　闷 …………………………………………（429）

木兰花慢 ………………………………………（430）

徵　招 …………………………………………（431）

法曲献仙音 ……………………………………（432）

青门饮 …………………………………………（433）

齐天乐 …………………………………………（435）

减字浣溪沙 ……………………………………（435）

　其　一 ………………………………………（436）

　其　二 ………………………………………（436）

木兰花慢 ………………………………………（437）

祝英台近 ………………………………………（438）

长相思 …………………………………………（439）

　其　一 ………………………………………（439）

　其　二 ………………………………………（439）

清平乐 …………………………………………（440）

渡江云 …………………………………………（440）

蝶恋花 …………………………………………（441）

　其　一 ………………………………………（441）

　其　二 ………………………………………（441）

　其　三 ………………………………………（442）

　其　四 ………………………………………（442）

　其　五 ………………………………………（442）

　其　六 ………………………………………（442）

齐天乐 …………………………………………（443）

风入松 …………………………………………（444）

· 29 ·

画屏秋色 …………………………………………… (445)

风流子 ……………………………………………… (446)

沁园春 ……………………………………………… (446)

蝶恋花 ……………………………………………… (447)

陂塘柳 ……………………………………………… (448)

青衫湿 ……………………………………………… (449)

庆春寒 ……………………………………………… (449)

浣溪沙 ……………………………………………… (450)

 其　一 …………………………………………… (451)

 其　二 …………………………………………… (451)

踏莎行 ……………………………………………… (452)

蝶恋花 ……………………………………………… (453)

 其　一 …………………………………………… (453)

 其　二 …………………………………………… (453)

蝶恋华 ……………………………………………… (454)

 其　一 …………………………………………… (454)

 其　二 …………………………………………… (454)

华胥引 ……………………………………………… (455)

霜叶飞 ……………………………………………… (455)

玉楼春 ……………………………………………… (456)

 其　一 …………………………………………… (456)

 其　二 …………………………………………… (456)

 其　三 …………………………………………… (456)

 其　四 …………………………………………… (457)

 其　五 …………………………………………… (457)

玲珑四犯 …………………………………………… (458)

玲珑四犯 …………………………………………（458）

梦玉人引 …………………………………………（459）

水调歌头 …………………………………………（459）

庆春宫 ……………………………………………（461）

行香子 ……………………………………………（462）

  其　一 …………………………………………（462）

  其　二 …………………………………………（462）

《扬荷集》 ………………………………………（467）

《扬荷集》卷一 …………………………………（467）

六幺令 ……………………………………………（467）

玉漏迟 ……………………………………………（467）

望湘人 ……………………………………………（468）

鹊踏枝 ……………………………………………（468）

  其　一 …………………………………………（468）

  其　二 …………………………………………（469）

  其　三 …………………………………………（469）

南歌子 ……………………………………………（469）

月下笛 ……………………………………………（470）

归自遥 ……………………………………………（470）

  其　一 …………………………………………（470）

  其　二 …………………………………………（470）

二郎神 ……………………………………………（471）

竹马了 ……………………………………………（471）

梦扬州 ……………………………………………（472）

惜分飞 ……………………………………………（472）

氐州第一 …………………………………………（473）

琴调相思引 …………………………………………（474）
　其　一 ……………………………………………（474）
　其　二 ……………………………………………（474）
玲珑四犯 ……………………………………………（475）
下水船 ………………………………………………（475）
西　河 ………………………………………………（476）
满朝欢 ………………………………………………（477）
八声甘州 ……………………………………………（478）
临江仙 ………………………………………………（478）
鹧鸪天 ………………………………………………（479）
　其　一 ……………………………………………（479）
　其　二 ……………………………………………（479）
扫花游 ………………………………………………（479）
三姝媚 ………………………………………………（480）
齐天乐 ………………………………………………（480）
阳台路 ………………………………………………（481）
减字木兰花 …………………………………………（482）
醉落魄 ………………………………………………（482）
泛清波摘遍 …………………………………………（483）
思远人 ………………………………………………（484）
望扬州 ………………………………………………（484）
绮罗香 ………………………………………………（485）
谒金门 ………………………………………………（486）
　其　一 ……………………………………………（486）
　其　二 ……………………………………………（486）
卜算子 ………………………………………………（487）

目 录

解连环 …………………………………………… (487)
生查子 …………………………………………… (488)
  其 一 ………………………………………… (488)
  其 二 ………………………………………… (489)
  其 三 ………………………………………… (489)
  其 四 ………………………………………… (489)
  其 五 ………………………………………… (489)
  其 六 ………………………………………… (490)
忆瑶姬 …………………………………………… (491)
三奠子 …………………………………………… (492)
卜算子 …………………………………………… (492)
小重山 …………………………………………… (493)
罗敷歌 …………………………………………… (493)
  其 一 ………………………………………… (493)
  其 二 ………………………………………… (493)
  其 三 ………………………………………… (494)
朝中措 …………………………………………… (494)
太常引 …………………………………………… (494)
踏莎行 …………………………………………… (495)
  其 一 ………………………………………… (495)
  其 二 ………………………………………… (495)
  其 三 ………………………………………… (495)
  其 四 ………………………………………… (496)
清平乐 …………………………………………… (496)
  其 一 ………………………………………… (496)
  其 二 ………………………………………… (497)
诉衷情 …………………………………………… (497)

武陵春 …………………………………………（498）
鹧鸪天 …………………………………………（498）
　其　一 ………………………………………（498）
　其　二 ………………………………………（499）
　其　三 ………………………………………（499）
虞美人 …………………………………………（500）
花　犯 …………………………………………（500）
　其　一 ………………………………………（500）
　其　二 ………………………………………（501）
戚　氏 …………………………………………（502）
新雁过妆楼 ……………………………………（503）
高阳台 …………………………………………（504）
安公子 …………………………………………（504）
又 ………………………………………………（505）
临江仙 …………………………………………（506）
渡江云 …………………………………………（507）
喜迁莺 …………………………………………（507）
早梅芳近 ………………………………………（508）
月华清 …………………………………………（509）
琵琶仙 …………………………………………（509）
西平乐 …………………………………………（510）
瑞龙吟 …………………………………………（511）
扫地花 …………………………………………（512）
高阳台 …………………………………………（512）
诉衷情近 ………………………………………（513）
金缕曲 …………………………………………（513）

目 录

瑞鹧鸪 …………………………………………… (514)

祭天神 …………………………………………… (514)

减字浣溪沙 ……………………………………… (515)

 其 一 ………………………………………… (515)

 其 二 ………………………………………… (515)

 其 三 ………………………………………… (515)

 其 四 ………………………………………… (516)

 其 五 ………………………………………… (516)

 其 六 ………………………………………… (516)

夜飞鹊 …………………………………………… (517)

定西蕃 …………………………………………… (517)

子 夜 …………………………………………… (518)

过秦楼 …………………………………………… (518)

徵 招 …………………………………………… (519)

洞仙歌 …………………………………………… (520)

好事近 …………………………………………… (520)

鬲溪梅令 ………………………………………… (521)

应天长 …………………………………………… (521)

虞美人 …………………………………………… (521)

柳含烟 …………………………………………… (522)

 其 一 ………………………………………… (522)

 其 二 ………………………………………… (522)

 其 三 ………………………………………… (522)

 其 四 ………………………………………… (523)

《扬荷集》卷二 ………………………………… (524)

长亭怨慢 ………………………………………… (524)

· 35 ·

杨柳枝 …………………………………………（525）
　其　一 ……………………………………（525）
　其　二 ……………………………………（525）
　其　三 ……………………………………（525）
　其　四 ……………………………………（525）
　其　五 ……………………………………（525）
　其　六 ……………………………………（525）
看花回 …………………………………………（527）
一寸金 …………………………………………（528）
西　河 …………………………………………（528）
南乡子 …………………………………………（529）
　其　一 ……………………………………（529）
　其　二 ……………………………………（529）
侧　犯 …………………………………………（529）
石州引 …………………………………………（530）
木兰花慢 ………………………………………（530）
玉烛新 …………………………………………（531）
斗百花 …………………………………………（531）
黄鹂绕碧树 ……………………………………（532）
清商怨 …………………………………………（532）
朝中措 …………………………………………（532）
双头莲 …………………………………………（533）
还京乐 …………………………………………（534）
如鱼水 …………………………………………（535）
洞仙歌 …………………………………………（535）
卜算子 …………………………………………（536）

惜红衣 …………………………………………… (537)

点绛唇 …………………………………………… (537)

塞翁吟 …………………………………………… (538)

瑞鹧鸪 …………………………………………… (538)

御街行 …………………………………………… (539)

倾　杯 …………………………………………… (539)

蓦山溪 …………………………………………… (540)

归朝欢 …………………………………………… (540)

河　传 …………………………………………… (541)

　其　一 ………………………………………… (541)

　其　二 ………………………………………… (541)

　其　三 ………………………………………… (541)

千秋岁 …………………………………………… (542)

少年游慢 ………………………………………… (543)

雪梅香 …………………………………………… (543)

两同心 …………………………………………… (544)

甘草子 …………………………………………… (544)

　其　一 ………………………………………… (544)

　其　二 ………………………………………… (544)

斗百花 …………………………………………… (545)

芳草渡 …………………………………………… (545)

虞美人 …………………………………………… (546)

凤皇台上忆吹箫 ………………………………… (546)

绕佛阁 …………………………………………… (547)

后庭花破子 ……………………………………… (548)

　其　一 ………………………………………… (548)

其 二 …………………………………………………… (548)

其 三 …………………………………………………… (548)

凤归云 …………………………………………………… (549)

满庭芳 …………………………………………………… (549)

柳初新 …………………………………………………… (550)

玉楼春 …………………………………………………… (551)

其 一 …………………………………………………… (551)

其 二 …………………………………………………… (551)

其 三 …………………………………………………… (551)

其 四 …………………………………………………… (551)

其 五 …………………………………………………… (552)

其 六 …………………………………………………… (552)

醉吟商小品 …………………………………………………… (553)

抛球乐 …………………………………………………… (554)

减字浣溪沙 …………………………………………………… (556)

其 一 …………………………………………………… (556)

其 二 …………………………………………………… (556)

木兰花慢 …………………………………………………… (556)

蕙兰芳引 …………………………………………………… (557)

八声甘州 …………………………………………………… (557)

迷神引 …………………………………………………… (558)

浪淘沙 …………………………………………………… (558)

渔歌子 …………………………………………………… (559)

其 一 …………………………………………………… (559)

其 二 …………………………………………………… (559)

其 三 …………………………………………………… (560)

其 四 …………………………………………………… (560)

目　　录

采莲令 …………………………………………… (560)

尉迟杯 …………………………………………… (561)

六幺令 …………………………………………… (561)

三姝媚 …………………………………………… (562)

酒泉子 …………………………………………… (562)

清平乐 …………………………………………… (562)

长相思 …………………………………………… (563)

玉胡蝶 …………………………………………… (563)

古阳关 …………………………………………… (564)

踏莎行 …………………………………………… (565)

解连环 …………………………………………… (565)

解蹀躞 …………………………………………… (566)

玉楼春 …………………………………………… (566)

　其　一 ………………………………………… (566)

　其　二 ………………………………………… (567)

　其　三 ………………………………………… (567)

　其　四 ………………………………………… (567)

　其　五 ………………………………………… (567)

　其　六 ………………………………………… (568)

　其　七 ………………………………………… (568)

　其　八 ………………………………………… (568)

　其　九 ………………………………………… (568)

　其　十 ………………………………………… (569)

长亭怨慢 ………………………………………… (570)

燕台春 …………………………………………… (571)

感皇恩 …………………………………………… (571)

· 39 ·

菩萨蛮 …………………………………………… (572)
 其 一 …………………………………………… (572)
 其 二 …………………………………………… (572)
 其 三 …………………………………………… (572)
 其 四 …………………………………………… (573)
 其 五 …………………………………………… (573)
 其 六 …………………………………………… (573)
 其 七 …………………………………………… (573)
 其 八 …………………………………………… (574)
 其 九 …………………………………………… (574)
 其 十 …………………………………………… (574)
 其十一 …………………………………………… (574)
 其十二 …………………………………………… (575)
 其十三 …………………………………………… (575)
 其十四 …………………………………………… (575)
 其十五 …………………………………………… (575)
 其十六 …………………………………………… (576)
 其十七 …………………………………………… (576)
 其十八 …………………………………………… (576)
 其十九 …………………………………………… (576)
 其二十 …………………………………………… (577)
 其二十一 ………………………………………… (577)
 其二十二 ………………………………………… (577)

小梅花 …………………………………………… (579)

南乡子 …………………………………………… (581)

附绝句 …………………………………………… (581)
 其 一 …………………………………………… (581)

其　二	(581)
其　三	(582)
其　四	(582)
其　五	(582)

玲珑四犯 …………………………………………… (582)

华胥引 ……………………………………………… (583)

曲玉管 ……………………………………………… (584)

归国谣 ……………………………………………… (584)

其　一	(584)
其　二	(585)
其　三	(585)
其　四	(585)

相见欢 ……………………………………………… (586)

金盏倒垂莲 ………………………………………… (586)

梦玉人引 …………………………………………… (587)

《扬荷集》卷三 …………………………………… (588)

彩云归 ……………………………………………… (588)

尉迟杯 ……………………………………………… (589)

望远行 ……………………………………………… (590)

天　香 ……………………………………………… (590)

更漏子 ……………………………………………… (592)

其　一	(592)
其　二	(592)
其　三	(592)

笛家弄 ……………………………………………… (593)

夏云峰 ……………………………………………… (594)

长亭怨慢 …………………………………………… (594)

河渎神 ……………………………………………… (596)

  其 一 …………………………………………… (596)

  其 二 …………………………………………… (597)

  其 三 …………………………………………… (597)

风流子 ……………………………………………… (597)

少年游 ……………………………………………… (598)

  其 一 …………………………………………… (598)

  其 二 …………………………………………… (598)

破阵乐 ……………………………………………… (599)

定风波 ……………………………………………… (599)

长亭怨慢 …………………………………………… (600)

轮台子 ……………………………………………… (600)

鹧鸪天 ……………………………………………… (601)

  其 一 …………………………………………… (601)

  其 二 …………………………………………… (601)

  其 三 …………………………………………… (601)

  其 四 …………………………………………… (602)

  其 五 …………………………………………… (602)

八声甘州 …………………………………………… (604)

望海潮 ……………………………………………… (605)

霓裳中序弟一 ……………………………………… (606)

双声子 ……………………………………………… (607)

虞美人 ……………………………………………… (607)

  其 一 …………………………………………… (607)

  其 二 …………………………………………… (607)

留客住 ……………………………………………… (608)

夜半乐 …………………………………… (609)
雪梅香 …………………………………… (610)
蓦山溪 …………………………………… (611)
安公子 …………………………………… (611)
千秋岁 …………………………………… (612)
引驾行 …………………………………… (612)
减字浣溪沙 ……………………………… (613)
　其　一 ………………………………… (613)
　其　二 ………………………………… (613)
湘江静 …………………………………… (614)
内家娇 …………………………………… (614)
祭天神 …………………………………… (615)
齐天乐 …………………………………… (615)
夜半乐 …………………………………… (616)
雨中花 …………………………………… (617)
拜星月慢 ………………………………… (618)
采桑子 …………………………………… (618)
　其　一 ………………………………… (618)
　其　二 ………………………………… (618)
　其　三 ………………………………… (619)
　其　四 ………………………………… (619)
丁香结 …………………………………… (619)
月下笛 …………………………………… (620)
三部乐 …………………………………… (620)
木兰花慢 ………………………………… (621)
巫山一段云 ……………………………… (622)

其　一 …………………………………………………… (622)
　　其　二 …………………………………………………… (622)
　透碧霄 ……………………………………………………… (624)
　千秋岁 ……………………………………………………… (624)
　洞仙歌 ……………………………………………………… (625)
　兀　令 ……………………………………………………… (625)
　渡江云 ……………………………………………………… (626)
　解连环 ……………………………………………………… (627)
　大　酺 ……………………………………………………… (628)
　六　丑 ……………………………………………………… (629)
《扬荷集》卷四 ……………………………………………… (630)
　临江仙 ……………………………………………………… (630)
　　其　一 …………………………………………………… (630)
　　其　二 …………………………………………………… (630)
　　其　三 …………………………………………………… (630)
　鹧鸪天 ……………………………………………………… (631)
　水龙吟 ……………………………………………………… (632)
　倾　杯 ……………………………………………………… (633)
　八犯玉交枝 ………………………………………………… (634)
　杨柳枝 ……………………………………………………… (634)
　　其　一 …………………………………………………… (634)
　　其　二 …………………………………………………… (634)
　　其　三 …………………………………………………… (635)
　思帝乡 ……………………………………………………… (635)
　河渎神 ……………………………………………………… (635)
　　其　一 …………………………………………………… (635)

其二	(635)
其三	(636)
其四	(636)
其五	(636)
霜叶飞	(637)
马家春慢	(638)
兰陵王	(639)
又	(639)
丹凤吟	(640)
永遇乐	(640)
古倾杯	(641)
解语花	(642)
石州引	(642)
早梅芳近	(643)
忆少年	(644)
满庭芳	(644)
蝶恋华	(645)
其一	(645)
其二	(645)
锁阳台	(646)
御街行	(647)
六幺令	(647)
芳草渡	(648)
丑奴儿令	(648)
其一	(648)
其二	(649)

雪梅香 …………………………………………… (649)

锁窗寒 …………………………………………… (650)

古倾杯 …………………………………………… (650)

八六子 …………………………………………… (651)

归国谣 …………………………………………… (651)

　其　一 ………………………………………… (651)

　其　二 ………………………………………… (652)

虞美人 …………………………………………… (653)

　其　一 ………………………………………… (653)

　其　二 ………………………………………… (653)

雨中花 …………………………………………… (654)

沁园春 …………………………………………… (655)

下水船 …………………………………………… (655)

望江南 …………………………………………… (656)

　其　一 ………………………………………… (656)

　其　二 ………………………………………… (656)

　其　三 ………………………………………… (656)

　其　四 ………………………………………… (656)

应天长 …………………………………………… (657)

八宝妆 …………………………………………… (657)

春从天上来 ……………………………………… (658)

应天长 …………………………………………… (659)

安平乐慢 ………………………………………… (660)

卜算子慢 ………………………………………… (661)

芳草渡 …………………………………………… (661)

帝台春 …………………………………………… (662)

望南云慢 …………………………………………… (663)

惜黄花慢 …………………………………………… (663)

过秦楼 ……………………………………………… (664)

《山禽余响》 ……………………………………… (667)

鹧鸪天 ……………………………………………… (667)

 一 …………………………………………… (667)

 二 …………………………………………… (668)

 三 …………………………………………… (669)

 四 …………………………………………… (669)

 五 …………………………………………… (669)

 六 …………………………………………… (670)

 七 …………………………………………… (670)

 八 …………………………………………… (671)

 九 …………………………………………… (671)

 十 …………………………………………… (672)

 十一 ………………………………………… (673)

 十二 ………………………………………… (673)

 十三 ………………………………………… (673)

 十四 ………………………………………… (674)

 十五 ………………………………………… (674)

 十六 ………………………………………… (675)

 十七 ………………………………………… (675)

 十八 ………………………………………… (676)

 十九 ………………………………………… (676)

 二十 ………………………………………… (676)

 二十一 ……………………………………… (677)

 二十二 ……………………………………… (677)

二十三 …………………………………… (678)
二十四 …………………………………… (678)
二十五 …………………………………… (679)
二十六 …………………………………… (680)
二十七 …………………………………… (680)
二十八 …………………………………… (681)
二十九 …………………………………… (682)
三　十 …………………………………… (683)
三十一 …………………………………… (683)
三十二 …………………………………… (683)
三十三 …………………………………… (684)
三十四 …………………………………… (684)
三十五 …………………………………… (684)
三十六 …………………………………… (685)
三十七 …………………………………… (686)
三十八 …………………………………… (686)
三十九 …………………………………… (686)
四　十 …………………………………… (687)
四十一 …………………………………… (687)
四十二 …………………………………… (688)
四十三 …………………………………… (688)
四十四 …………………………………… (688)
四十五 …………………………………… (689)

附录一　集　评 ………………………………… (691)
附录二　邵瑞彭著作表 ………………………… (712)
附录三　旧刊来源 ……………………………… (714)
后　记 …………………………………………… (716)

前　言

　　曾经有这样一位名士，在北洋军阀曹锟为竞选总统而重金相诱时，不为所动，以一纸诉状揭诸报端，慷慨陈词；曾经有这样一位学者，在今文经学、目录学、古代历法等领域多有建树，春风化雨，以渊博的学识执教多所高等学府，沾溉后世；曾经有这样一位词人，在风云激荡的乱世沧桑中感时忧世，呕心沥血，以至情至性之笔抒写家国情思，感慨遥深。名士、学者、词人，这些标签聚焦到一起，指向的本该是一个名垂青史如雷贯耳的名字，但由于研究的匮乏，他的名字却逐渐湮没不闻。他就是邵瑞彭。

　　邵瑞彭，字次公，别署梧丘、幽州马客，室名次室、榆庐、铁砚山房、小黄昏馆、灵枫阁、壮学堂。浙江省淳安县富文乡查林村人。36世祖名邵直方，邵直方子名邵儒，官至濮州刺史。邵儒子名邵庚。邵庚子名邵渊，富文查林邵氏自邵渊迁居查林而繁衍生息。邵瑞彭曾祖名学曾，祖父名成信。① 父名秀亭，咸丰八年（1858）岁贡，曾任瑞安县教谕。②

　　光绪三十四年（1908），邵瑞彭以优廪生的资格考入浙江官立两级师范学堂③，就读于优级师范史地选科，毕业后曾任慈溪锦堂

---

① 此谱系由从事于淳安邵氏族谱整理研究工作的邵溢成先生提供。
② 孙平执笔：《邵瑞彭》，《淳安文史资料·第4辑》，1988年12月，第15页。
③ 浙江官立两级师范学堂，其前身是1899年设立的养正书塾，1901年改名为杭州府中学堂，1908年改名为浙江官立两级师范学堂，1912年改名为浙江省立两级师范学校，1913年改名为浙江省立第一师范学校。

农业中学国文教员①。他少有经世之志,早年曾入同盟会,1913年入南社。

　　1912年,邵瑞彭当选为众议院议员,次年至北京参加国会。1923年10月,北京国会选举总统,北洋军阀曹锟以重金收买议员竞选。邵瑞彭拒不受贿,向京师警察厅告发,同时通电全国。他把曹锟贿选的铁证——五千银元的贿选支票拍照后径寄京沪各报发表,并向北京地方检察厅提起控诉,一时间全国舆论大哗!为躲避曹党追杀,邵瑞彭转道津港,避往上海。5月,柳亚子偕邵力子、陈望道、曹聚仁等发起成立新南社,于10月14日在上海福州路小花园都益处菜馆举行首次聚餐会暨成立大会,邵瑞彭赴会时,受到众会友的热烈欢迎。② 如此浩然正气,使他在当时即获直声震天下之美誉。钱仲联先生在《南社吟坛点将录》中称誉其"一纸讨曹,声振九阊。"③

　　邵瑞彭南下隐蔽年余,在曹氏垮台后,于1924年重返北京。1925年,善后会议召开,他受聘为善后会议议员,出任段祺瑞政府临时参议院参政。但政坛风云变幻,各军阀相互倾轧,纷争不断,邵瑞彭痛感回天乏力,遂不再参与政治,潜心治学、授课。

　　早在1922年,邵瑞彭就加入了当时著名的学术团体"思误社"(后改名"思辨社"),是最早入会的学人之一,经常与吴承仕、杨树达等著名学者组织社集,探讨学问。他治今文经学,精研齐诗与古代历法。时人评价说:"其训诂学与历学皆发有清一代诸人未发之

---

　　① 《慈溪锦堂农业中学堂遵造册报呈请》,《百年弦歌绕云天(上)》,慈溪:慈溪市政协教文卫体和文史资料委员会,2009年,第153页。
　　② 杨天石、王学庄编著:《南社史长编》,北京:中国人民大学出版社,1995年,第576~577页。
　　③ 钱仲联:《当代学者自选文库·钱仲联卷》,合肥:安徽教育出版社,1999年,第723页。

秘,为有功国学之著作。"①他能讲授永嘉哲学与阳明哲学,也能讲授古籍校读法,同时又能带领学生编纂、出版目录学专著《书目长编》。1931年,邵瑞彭受聘为河南大学中国文学系主任,主讲词学,积极鼓励、指导国文系学生进行诗词创作,并将学生习作编成《夷门乐府》一集,交由当时开封颇负盛名的刻印店马集文斋出版。除此之外,他还指导学生搜集整理了一部分元明佚曲,整理成《元明曲萃》一书,亦由马集文斋出版。于安澜先生谈及自己之所以从事汉魏六朝音韵研究,也是由于得到了邵瑞彭的指点。同时他还以历算之学授诸弟子,近代经史学者李源澄在河南大学居留期间,即跟从邵瑞彭学习历算。蒙文通在《井研廖季平师与近代今文学》一文中说:"纯就齐学而言,惟淳安邵次公(瑞彭)洞晓六历,于阴阳三五之故,穷源竟流,若示诸掌,自一行一人而外,魏晋及今,无与伦比,此固今世齐学一大师。"②

身为文人的邵瑞彭,至情至性。正如卢前先生所说,他浪漫而又传奇的一生,"的确是个词人的行径"③。邵瑞彭早年即有词名,后师从于晚清四大词人之一的朱祖谋,与当时的诗坛耆宿、词林新俊多有交往,亦是民国时期多个诗词团体的重要成员,春音词社、聊园词社、稊园诗社、寒山社等诗词团体中多能见到他活跃的身影。同为朱祖谋弟子的龙榆生先生与邵瑞彭多有交往,曾赞誉道:"淳安邵次公(瑞彭),著有《扬荷集》,步武清真,饶有清劲之气,其

---

① 《国闻周报·时人汇志》,1933年第十卷第41期,1938年10月16日出版。
② 蒙文通·《川大史学·蒙文通卷》,成都:四川大学出版社,2006年,第56页。
③ 卢前:《柴室小品·记邵次公》,《卢前笔记杂钞》,北京:中华书局,2006年,第45页。

最后刻《山禽余响》一卷,全和遗山,亦多凄厉之音,并推杰作。"①此外,夏敬观、叶恭绰、况周颐、朱自清、钱仲联等学者对其词作都颇有嘉誉。晚年执教河南大学时,曾倡组金梁吟社,与友人及弟子游历汴梁美景,以诗词重现梁园风雅。

  此外,邵瑞彭还是一位书法家,河南当代著名的书法家武福鼐先生即出其门下。他亦可称得上是一名史地学者,1925年,他曾与美国考古专家毕孝浦等人组成考古队,到秦皇岛金山嘴考证,并挖掘到"千秋万岁"瓦当和箭镞等珍贵文物,指出该地就是碣石,即秦始皇东巡碣石,刻《碣石门辞》的地方。②

  不厌其烦地写下如此多的介绍文字,一是由于邵瑞彭的学问太过庞杂,使后辈学人每兴望洋而叹之慨。以上所述,只是挂一漏万。他好像一座冰山,只露出了浅浅的一角,有更多的宝藏需要我们去挖掘。二是出于不舍之心。历史的风烟淹没了多少仁人志士,在还来得及的时候做些工作,或许能稍稍抵抗些遗忘。

  本书称简注、浅注尚可,名曰笺注,实有愧其名,亦有愧于先贤之学。清代学者黄本骥曾言:"著书难,注书更难。非遍读世间书不能著书,即遍读世间书,犹不能注书。"③我辈学识尚浅,本不能注书,亦不敢注书。但仅将邵瑞彭散佚诗词整理成集,又恐不利于更广泛的读者研读,因此稍作解释,以期引来更多读者的关注。故成此书,忝名笺注,错误疏漏之处,请诸位方家不吝指正。

---

  ① 龙榆生:《晚近词风之转变》,《龙榆生词学论文集》,上海:上海古籍出版社,1997年,第384页。
  ② 秦皇岛市委宣传部、秦皇岛市地方志办公室编:《秦皇岛旅游便览》,石家庄:河北教育出版社,1987年,第15页。
  ③ [清]黄本骥:《三长物斋文略》卷一《李氏蒙求详注序》。

编写说明

一、本书旨在汇集邵瑞彭诗词作品,来源大致有三:一者从近代书报等刊物搜录而来,大体以发表时间为序排列,同一刊物上刊登的作品集中收录,再列另一刊物;二者从时人诗话、词话中辑出,列于报刊作品之后;三者为其民国时期已出版之词集《扬荷集》《山禽余响》,两部词集均悉仍其旧,单列于后。

二、对重复刊发之作,若仅个别字词不同,则不再重复收录,注云亦见于某刊,字词不同之处亦加注释说明;若改动较大,则照录,不再加注;诗话词话中辑出之作与报刊之作或入词集者重复则不录,字词有不同者照录;《扬荷集》乃邵瑞彭精选其平生词作编录而成,中有若干词作早年已见诸报端,多数经修改后入集,为存全帙,其早年词作与集中重复之作,亦予收录,不再加注。

三、因词律特殊,故所收词作句读以原刊为准,若原刊无句读或明显有误,则结合《词律》《钦定词谱》(文中简称《词谱》)及同调词各家笺注本综合考量而定,特殊情况加注;凡用韵之停顿以"。"作结,不用韵之停顿以","作结,一句未完语气停顿之处以"、"标明;诗作标题之句读遵照原刊,原刊无则无,原刊有则照录;部分诗词中古乐曲名较多,出于整齐美观之考量,书名号可加可不加者,不加。

四、多首作品以同一标题集中刊发者,按原刊次序以"其一""其二"之题为序以示区分;若干作品因与他人或邵瑞彭本人之同题、同调作品同时刊发而署"前题"或"前调",一律改署该作原本之标题,加注释说明;《扬荷集》中"其一""其二"之题亦为编者据原刊次序所加,其他均依原刊照录;原作无标题者,编者为之代拟标题。

五、为尽量保留作品原貌，同时兼顾现代汉语规范，兹作几点说明：

①原刊刻印失误及字迹模糊无法辨识之处，无他作可校者以"□"代替，有他作可校者依他作而定，据文意及残留字形可推测是某字者，正文即作某字，加注释说明。

②版刻混用字、版刻误字及原刊用字不规范之处，一律改正为规范的简化字，如"己""已""巳"混用，"间（間）""閒"混用，"玲"作"醽"，"讯"作"訊"等，一律依文义直接改动；可确定是原刊错字者，一律改正，如"却"误作"邻"等，视情况加注释说明；异体字、错别字等加注释说明者，同类情况仅注一次，后出径改不注。

③通假字不作改动；异体字、俗体字等尽量改为相对应的简化字，如"囘"改作"回"，"裒"改作"袖"，"蘦苕"改作"零落"等，一律直接改动；若繁体字简化会造成语意改变，则予以保留，如"於邑"（意同"呜咽"），不作改动；特殊情况无法判断者仍保留原貌。

④鉴于民国文献的特殊性，同时古籍中常见的某些字词如"鹿卢""夫容""马瑙"等，虽在现代汉语中已有较为统一的写法，出于尊重原作及学术研究之考量，仍予保留；附录一中全为引文，故其异体字等予以保留；人名、字号中之异体字适当予以保留。

六、注释中所谓"原注"，指原作自注；所谓"编者注"，指本书编者之注；所谓"按"，指本书编者之按语或考辨。

七、注释中写明邵瑞彭刊发作品时之署名，同一刊物仅第一次出现或单独出现时标明，后录不标，若后续刊发时署名有所不同，则予以说明；因搜寻范围有限，亦兼旧报刊多有残缺，故刊物的出版日期仅就编者所见者标明。

八、本书附录一为集评，录当时及后世对其诗词作品的评论或言论，已见于正文注释部分的不再收录，亦录若干则邵瑞彭生平事迹;附录二为邵瑞彭著作表,以见其著述情况;附录三为旧刊来源,列邵作所在旧报刊,以便查阅。

九、本书虽经编者多方搜集散佚之作而成"诗词集",但必当有遗珠散玉未能过目,容待以后补入;本书所录仅限诗词,邵瑞彭尚有诗钟之作,数量可观,待日后另行付梓。

诗

赠马小进①并题其罗浮②游记

天涯有客赋衡门③,细雨春明④酒舫温。
姓氏共羞文苑传,讴吟谁遣断肠魂。⑤
岭南诗派黄麟⑥在,⑦江左⑧词坛青兕⑨存。⑩
它⑪日罗浮归隐去,从君投老瘴花村。

[注释]

①马小进(1887~?):名骏声,号退之,别署不进、梦寄。广东台山人。1909年赴美留学哥伦比亚大学,同年加入同盟会。1910年入纽约大学。曾任香港华侨学院中文系主任,广州大学教授、文学院院长。

②罗浮:山名,在广东省东江北岸博罗县境内。风景优美,为粤中游览胜地。晋葛洪曾在此山修道,道教称其为"第七洞天"。

③衡门:横木为门,指简陋的房屋。《诗·陈风·衡门》:"衡门之下,可以栖迟。"朱熹《诗集传》:"衡门,横木为门也。门之深者,有阿塾堂宇,此惟横木为之。"后借指隐者所居。

④春明:春明门,省称"春明"。唐代京都长安城正东面城门名,始建于隋初。《唐六典》卷七:"京城……东面三门,中曰春明,北曰通化,南曰延兴。"

⑤原注:"断肠魂"三字("字"当为"字"之误,编者注)出山谷

诗。编者注：黄庭坚（号山谷道人）《王充道士送水仙花五十枝欣然会心为之作咏》诗："是谁招此断肠魂，种作寒花寄愁绝。"

⑥黄麟：传说中的瑞兽麒麟。因其身上鳞片闪耀金色，故称。晋葛洪《神仙传》卷三《王远》："王君出时，或不尽将百官，惟乘一黄麟，将士数十人侍。"

⑦原注：谓小进。

⑧江左：即江东。古人习惯以东为左，以西为右，东西与左右常可互相替代。因长江在安徽境内向东北方向斜流，而以此段江为标准确定东西和左右。大致范围包括今苏南、皖南、浙北、赣东北。

⑨青兕：青兕牛。古代犀牛类兽名，一角，青色，重千斤。《楚辞·招魂》："君王亲发兮惮青兕。"王逸注："言怀王是时亲自射兽，惊青兕牛而不能制也。"洪兴祖补注："《尔雅》：兕，似牛。注云：一角，青色，重千斤。"此指辛弃疾。《宋史》卷四百零一《列传第一百六十·辛弃疾》："僧义端者，喜谈兵，弃疾间与之游。及在京（耿京）军中，义端亦聚众千余，说下之，使隶京。义端一夕窃印以逃，京大怒，欲杀弃疾。弃疾曰：'勾我三日期，不获，就死未晚。'揣僧必以虚实奔告金帅，急追获之。义端曰：'我识君真相，乃青兕也，力能杀人，幸勿杀我。'弃疾斩其首归报，京益壮之。"柳亚子《为人题词集》诗："慷慨悲歌又此时，词场青兕是吾师。"

⑩原注：谓天梅。编者注：高旭（1877～1925），字天梅，号剑公，别字慧云、钝剑。江苏金山（今上海金山）人。南社创始人之一。有《天梅遗集》。

⑪它：原刊作"佗"。

再谒孝陵①

破帽残衫记昔游,荒城深锁古今愁。
江南王气空金穴,天外灵风满石头②。
百战河山笑孤鼠,千年兴废感蜉蝣。
故宫流水犹呜咽,似怨当时十四楼③。

[注释]

①孝陵:明孝陵。明代开国皇帝朱元璋和皇后马氏合葬的陵墓,坐落在紫金山南独龙阜玩珠峰下,东毗中山陵,南临梅花山,是南京最大的帝王陵墓,也是我国古代最大的帝王陵寝之一。

②江南二句:唐刘禹锡《西塞山怀古》诗:"王濬楼船下益州,金陵王气黯然收。千寻铁锁沉江底,一片降幡出石头。"王气:旧指象征帝王运数的祥瑞之气。《太平御览》卷一七〇引《金陵图》云:"昔楚威王见此有王气,因埋金以镇之,故曰金陵。秦并天下,望气者言江东有天子气,凿地断连冈,因改金陵为秣陵。"石头:石头城。三国时孙权所筑,故址在今南京市清凉山。《三国志》卷四十七《吴书二·吴主权》:"(建安)十六年,权徙治秣陵。明年,城石头,改秣陵为建业。"《元和郡县志》:"石头城在(上元)县西四里,即楚之金陵城也。吴改为石头城。建安十六年,吴大帝修筑,以贮财宝军器,有成。"

③十四楼:十四处官妓住的楼。明初建于南京。明杨慎《词品·十二楼十三楼十四楼》:"永乐中,晏振之金陵春夕词:'花月春江十四楼。'人多不知其事。盖洪武中建来宾、重译、清江、石城、鹤

鸣、醉仙、乐民、集贤、讴歌、鼓腹、轻烟、淡粉、梅妍、柳翠十四楼于南京,以处官妓。"

宋渔父挽诗①

枫林千里黑,楚客②已无魂。
魑魅犹啼笑,焦明③自旦昏。
人心何处见,天道总难论。
腹痛桥公墓④,吾衰不敢言。

[注释]

①上三首诗录自《公论》,1913年第一卷第1期"文艺",署名"邵次公"。宋渔父:宋教仁。宋教仁(1882～1913),字遯初,一作钝初,号渔父。湖南桃源人。华兴会、同盟会发起人之一,国民党创始人之一。1913年遇刺于上海火车站。

②楚客:指宋教仁。因宋为湖南人,旧为楚地,故称。

③焦明:神鸟名。即鹪鹏,传说中凤凰之类的神鸟。《史记》卷一百一十七《司马相如列传第五十七》:"捷鸳鹥,掩焦明。"裴骃集解:"焦明似凤。"张守节正义:"长喙,疏翼,员尾,非幽闲不集,非珍物不食。"《说文解字》:"五方神鸟也。东方发明,南方焦明,西方鹔鹴,北方幽昌,中央凤皇。"

④腹痛句:桥公,桥玄。桥玄(110～184),一作乔玄,字公祖。梁国睢阳(今河南商丘县)人。性格刚正,谦俭下士,是当时名臣。曹操《祀故太尉桥玄文》:"士死知己,怀此无忘。又承从容约誓之言:'殂逝之后,路有经由,不以斗酒只鸡过相沃酹,车过三步,腹痛

勿怪。'虽临时戏笑之言,非至亲笃好,胡肯为此辞乎。"用此典意在哀悼宋教仁逝世。

次小进都门感事韵

不信人间只强欢,南云回首路漫漫。
茶烟禅榻①销元稹,丝竹东山老谢安②。
酒里客寻春后梦,月明鹊带雪中翰。
男儿须要争千古,莫把心情付浩叹。

[注释]

①茶烟禅榻:唐杜牧《题禅院》诗:"今日鬓丝禅榻畔,茶烟轻飏落花风。"

②丝竹句:《晋书》卷八十《列传第五十·王羲之》:"谢安尝谓羲之曰:'中年以来,伤于哀乐,与亲友别,辄作数日恶。'羲之曰:'年在桑榆,自然至此。顷正赖丝竹陶写,恒恐儿辈觉,损其欢乐之趣。'"《晋书》卷七十九《列传第四十九·谢安》载:谢安早年曾辞官隐居会稽之东山,经朝廷屡次征聘,方从东山复出,官至司徒要职,成为东晋重臣。又,临安、金陵亦有东山,也曾是谢安游憩之地。后因以"东山"为典,指隐居或游憩之地。亦用"东山"代指谢安。

送渔侠归浙①

尺五城南②春昼长,裁诗③读画费平章。
几家乐府传欢子④,满地榆钱送沈郎⑤。
海内风尘浮日月,湖壖⑥烟水梦鸳鸯。
故人但问青门⑦客,为报朝来正断肠。

[注释]

①上两首诗录自《公论》,1913年第一卷第2期"文艺"。渔侠:周斌。周斌(1876~1933),字志颐,号芷畦,自号汾南渔侠。浙江嘉善陶庄(古名柳溪)人。南社社员。著有《柳溪诗征》《柳溪竹枝词》等。

②尺五城南:辛氏《三秦记》:"城南韦杜,去天尺五。"《鸡跖集》:"韦曲杜鄠近长安,谚曰:'韦曲杜鄠,去天尺五。'"韦曲、杜鄠在今陕西长安县,为汉唐贵族世家聚居之地。古代民谚以"去天尺五"形容两地靠近宫廷。后常用以表示朝见皇帝或接近宫阙,也借以形容地势高峻或家世显贵。

③裁诗:作诗。唐杜甫《江亭》诗:"故林归未得,排闷强裁诗。"

④欢子:古时女子对所爱男子的称呼。六朝乐府诗《乌夜啼》:"可怜乌臼鸟,强言天知曙。无故三更啼,欢子冒暗去。"

⑤满地句:用"沈郎钱"之典。沈郎钱,指的是东晋大将军王敦手下的一名参军沈充所铸的钱币。榆未生叶时,枝条间先生榆荚,形状似沈充所制之钱,故代称榆荚,俗亦称榆钱。宋晁补之《流民》诗:"日暮榆园拾青荚,可怜无数沈郎钱。"

⑥壖:缘水边之地。《史记》卷二十九《河渠书第七》:"五千顷故尽河壖弃地,民茭牧其中耳。"裴骃集解引韦昭曰:"壖,谓缘河边地。"

⑦青门:汉长安城东南门。本名霸城门,因其门色青,故俗呼为"青门"或"青城门"。《三辅黄图》:"长安城东出南头第一门曰霸城门,……或曰青门。"

北行杂诗①

其 一

一曲霖铃酒一杯,陈侯泣别首重回。
零欢断恨堂堂②去,剩水残山得得来③。

其 二

醉上轻车夜未央,虹桥西畔月如霜。
常娥④不是人间客,照我星星泪万行。

其 三

飙轮⑤去去似追风,叶底轻云几处通。
最是恼人眠不得,一灯金粟⑥可怜红。

其 四

孙郎旧日游仙侣,送我同乘下界槎。
一路天风啸鸾鹤,浑忘湖上断肠花⑦。

其　五

心如栀子⑧难言实，身似浮云未是闲。
扑面青磷⑨飞有屑，万人无语看焦山⑩。

其　六

两月江南话太长，布衣犹带酒花香。
梦回忽见秣陵树⑪，错问迎春第几坊。

其　七

眼前无数六朝山，千古兴亡算等闲。
只有秦淮呜咽水，年年流恨到人间。

其　八

白门⑫秋柳尚依稀，落絮残丝冒⑬劫灰。
一笑重来身似鹤⑭，人民城郭已全非⑮。

其　九

当日邮亭曾系马，而今长遍野棠花。
含愁且憩公园馆，⑯疑是南朝旧酒家。

其　十

渡江未有桃根楫⑰，竿木随身也俊游。⑱
洗尽东南金粉气，此江那得⑲不东流。

其十一

江北青山带泪看，家书何处寄平安。

别肠也似车轮转,曲曲相思曲曲难。

其十二

千年故垒梦中过,付与行人晚唱歌。
此去随身无一物,携将明月渡黄河。

其十三

五岳平生愿尚虚,岱宗山色近何如。
箧中一卷江南赋,不是文园⑳封禅书。

其十四

平头奴子二三辈,吴语喁喁足解嘲。
知我远来勤服侍,乡亲也要福能消。㉑

其十五

旧地重来倍有情,津门杨柳自秋声。
凄凄旅馆无良伴,卧听寒邮第四更。

其十六

一带红楼认不真,年时苏小㉒认乡亲。
瑶琴曲散薰风歇,愁绝萧郎似路人㉓。

其十七

卷地风来白草㉔干,吴儿㉕始信北中寒。
故国刀尺蛩声里,制得征衣欲寄难㉖。

其十八

江南今日正重阳,旧约登临梦未忘。
寄语垂虹老亭长㉗,花阴代我饮萸觞。㉘

其十九

吴江㉙枫染思亲泪,更隔钱唐㉚山万重。
凄绝平生游子意,二分尘土五更风。

其二十

回首觚棱㉛一梦中,重来鸡犬识新丰。
钧天一自张翁在,㉜击筑无灵动白虹㉝。

其二十一

底事征人去又来,竹坨㉞废宅掩苍苔。
天公补我重阳节,迟我黄花十日开。

[注释]

①本组诗录自《南社丛刻》,卷3,第十集,1914年7月出版,署名"淳安邵瑞彭次公"。本书所录《南社丛刻》均采自江苏广陵古籍刻印社1996年影印本,出版日期据郑逸梅《南社丛谈》标注。

②堂堂:犹公然。唐薛能《春日使府寓怀诗》之一:"青春背我堂堂去,白发欺人故故生。"

③剩水句:唐贯休《陈情献蜀皇帝》诗:"一瓶一钵垂垂老,千水千山得得来。"得得:犹特特,特地。

④常娥:即嫦娥。

⑤飙轮:传说中御风而行的神车。亦作"飙车"。

⑥金粟:此指灯花、烛花。唐韩愈《咏灯花同侯十一》诗:"黄里排金粟,钗头缀玉虫。"

⑦断肠花:指极为引人爱怜或哀伤之花。唐刘希夷《公子行》诗:"可怜杨柳伤心树,可怜桃李断肠花。"亦可作秋海棠花的别名。元伊世珍《琅嬛记》卷中引《采兰杂志》:"昔有妇人思所欢不见,辄涕泣,恒洒泪于北墙之下。后洒处生草,其花甚媚,色如妇面,其叶正绿反红,秋开,名曰断肠花,又名八月春,即今秋海棠也。"

⑧栀子:植物名。常绿灌木或小乔木。春夏开白花,香气浓烈,可供观赏。夏秋结果实,生青熟黄,可做黄色染料,也可入药,性寒味苦,为解热消炎剂。栀子花虽芳香洁白,但多数儿不结果,故后半句有"难言实"之语,寓双关之意。

⑨青磷:人和动物尸体腐烂时,会分解出磷化氢,常在夜间田野中自燃,发生青绿色的光焰,古称"青磷",俗称鬼火。明夏完淳《哭吴都督》诗之五:"白草荒春月,青磷大泽烟。"

⑩焦山:在江苏省镇江市,山水名胜。因东汉焦光隐居此山而得名。与金山、北固山并称"镇江三山"。近代诗人狄楚青有"独立中流喧日夜,万山无语看焦山"之句。

⑪秣陵树:宋李清照《临江仙》词:"春归秣陵树,人老建康城。"秣陵:今江苏省南京市。

⑫白门:南朝宋都城建康(今江苏省南京市)宣阳门的俗称。亦用作南京市的别名。《南史》卷三《宋本纪下第三·明帝》:"宣阳门谓之白门,上以白门不祥,讳之。尚书右丞江谧尝误犯,上变色曰:'白汝家门!'"

⑬胃:原刊此处字迹漫漶,疑为"胄"字。

⑭身似鹤:用"虫沙猿鹤"之典。《艺文类聚》卷九十《鸟部上·鹤》引葛洪《抱朴子》:"周穆王南征,一军尽化,君子为猿为鹤,小人

为虫为沙。"后因以"虫沙猿鹤"称战死的将卒。

⑮人民句:《搜神后记》卷一载《丁令威歌》:"有鸟有鸟丁令威,去家千年今始归。城郭如故人民非,何不学仙冢垒垒。"

⑯原注:旅馆名。

⑰渡江句:用桃根桃叶之典。《乐府诗集》卷四十五《清商曲辞二·桃叶歌三首》题解引《古今乐录》:"《桃叶歌》者,晋王子敬之所作也。桃叶,子敬妾名,缘于笃爱,所以歌之。"引《隋书·五行志》曰:"陈时江南盛歌王献之《桃叶》诗,云:'桃叶复桃叶,渡江不用楫。但渡无所苦,我自迎接汝。'"王子敬即东晋著名书法家王献之。宋张敦颐《六朝事迹·桃叶渡》:"桃叶者,王献之爱妾名也;其妹曰桃根。"

⑱原注:余携有 Stick(棍棒,编者注)。

⑲那得:怎得,怎会,怎能。

⑳文园:初指孝文园,是汉文帝的陵园。后亦泛指陵园或园林。因司马相如曾任文园令,亦可指汉司马相如。后借指文人。

㉑原注:谓车中细囝。

㉒苏小:苏小小。传说为南齐时钱塘名妓,死后葬于杭州西泠桥畔。

㉓愁绝句:唐崔郊《赠去婢》诗:"侯门一入深似海,从此萧郎是路人。"

㉔白草:牧草,干熟时呈白色,故名。《汉书》卷九十六上《西域传第六十六上·鄯善国》:"地沙卤,少田,寄田仰谷旁国。国出玉,多葭苇、柽柳、胡桐、白草。"颜师古注:"白草似莠而细,无芒,其干熟时正白色,牛马所嗜也。"唐岑参《白雪歌送武判官归京》:"北风卷地白草折,胡天八月即飞雪。"

㉕吴儿:吴地少年。此为邵瑞彭自指。

㉖制得句:元姚燧《越调·凭阑人·寄征衣》小令:"欲寄君衣

君不还,不寄君衣君又寒。寄与不寄间,妾身千万难。"

㉗垂虹亭长:指南社创始人之一陈去病。陈去病(1874～1933),字巢南,一字佩忍,号垂虹亭长。江苏吴江同里人。垂虹:桥名,位于江苏省吴江县。宋仁宗庆历年间修,桥长五百米,环如半月,形若卧虹,故名。一说以垂虹亭而得名。南宋范成大《吴郡志》卷十七《桥梁》:"利往桥,即吴江长桥也。庆历八年,县尉王廷坚所建。有亭曰垂虹,而世并以名桥。"南宋王象之《舆地纪胜》:"垂虹本名利往,前临县区,横绝松陵,湖光海气,荡漾一色,乃三吴之绝景。"

㉘原注:巢南先生曾约登高,又约饮酒花雪南家,皆不果矣。

㉙吴江:地名,现为江苏省苏州市吴江区。明陈沂《南畿志》:"吴江本吴县之松陵镇,后析置吴江县。"

㉚钱唐:即钱塘。

㉛觚棱:亦作"柧棱"。殿堂上转角处之瓦脊,因其成方角棱瓣形,故名。《文选》班固《西都赋》:"设璧门之凤阙,上觚棱而栖金爵。"吕向注:"觚棱,阙角也。"《后汉书》卷四十上《班彪列传第三十上·班固》:"设璧门之凤阙,上柧棱而栖金雀。"李贤注引《说文》曰:"柧棱,殿堂上最高之处也。"后借指京城或故国。

㉜原注:见《诺皋记》。编者注:唐段成式《酉阳杂俎·诺皋记上》载张坚窃天翁车,乘白龙登天,天翁乘余龙追之不及。

㉝击筑句:《史记》卷八十六《刺客列传第二十六》载:燕太子丹于易水送别荆轲,高渐离击筑,荆轲和而歌,为变徵之声,士皆垂泪涕泣。复为羽声慷慨,士皆瞋目,发尽上指冠。荆轲《易水歌》:"风萧萧兮易水寒,壮士一去兮不复还。探虎穴兮入蛟宫,仰天呼气兮成白虹。"《汉书》卷五十一《贾邹枚路传第二十一·邹阳》:"昔荆轲慕燕丹之义,白虹贯日,太子畏之。"应劭注:"燕太子丹质于秦,始皇遇之无礼,丹亡去,厚养荆轲,令西刺秦王。精诚感天,白虹为之

贯日也。"

㉞竹垞:朱彝尊。朱彝尊(1629～1709),字锡鬯,号竹垞。浙江秀水(今浙江嘉兴)人。诗词并负盛名,开浙西词派。有《曝书亭集》。

留别上海

其 一

拗取春申①柳一枝,江天如墨鬓如丝。
我侬少小工愁惯,不为当筵感别离。

其 二

秋雨泥城第几桥,凄凄影事可怜宵。
江南哀怨无人赋,付与吴淞上下潮。

其 三

浅浅轻衫薄薄寒,红楼闲煞小阑干。
愚园②秋草张园③月,两样相思一样看。

其 四

酒人零落诗人少,一段风情可奈何。
极目钱唐江上路,暮云无限隔微波。

其 五

东华尘土西湖月④,可有风光似昔年。

断梦零魂飞不去,鹭鸶啼绝钓鱼船。

其 六

鲁戈⑤底事乱如麻,纵到江南不算家。
不负中秋负重九,人生怕见是黄花。

其 七

曾谱黄河远上词,双鬟⑥赌唱万人知。
今宵破梦匆匆去,从此江南不要诗。

其 八

别里题襟⑦莫惨悲,重来应是早梅时。
平生享尽江南福,不到幽燕总不知。

[注释]

①春申:上海市的别称。

②愚园:又名胡家花园,位于南京市秦淮区,前临鸣羊街,后倚花露岗,晚清江南名园之一。

③张园:此指上海张园。位于今上海市南京西路以南,石门一路以西的泰兴路南端。其地本为农田,1878年由英国商人格龙营造为园。1882年,中国商人张叔和自和记洋行手中购得此园,总面积21亩,名为"张氏味莼园",简称张园。上海张园是清朝末年上海最大的市民公共活动场所,被誉为"近代中国第一公共空间"。

④东华句:宋苏轼《次韵蒋颖叔钱穆父从驾景灵宫二首》其一:"归来病鹤记城闉,旧踏松枝雨露新。半白不羞垂领发,软红犹恋属车尘。雨收九陌丰登后,日丽三元下降辰。粗识君王为民意,不

才何以助精禋。"苏诗自注:"前辈戏语,有西湖风月不如东华软红香土。"东华尘土:指京城等繁华游戏之所,也指功名利禄角逐之地。意同"京尘""软红尘""缁尘"。东华:宋宫城东门名东华门,后以东华代指朝廷或京都。

⑤鲁戈:武王伐纣时,周武王部下鲁阳公愈战愈勇,看太阳即将落山,他挥戈止之,日为之退三舍。

⑥双鬟:汉辛延年《羽林郎》诗:"胡姬年十五,春日独当垆。……两鬟何窈窕,一世良所无。一鬟五百万,两鬟千万余。"

⑦题襟:抒写胸怀。唐温庭筠、段成式、余知古常题诗唱和,有《汉上题襟集》十卷,见《新唐书》卷六十《志第五十·艺文四》、宋计有功《唐诗纪事·段成式》。后遂以"题襟"谓诗文唱和抒怀。

落 梅

仙衣初试五铢①轻,一剪东风路几程。
此夜倚阑春入梦,隔江吹雨月无声。
香飘竹外销诗骨,酒入苔边酹别情。
读罢楼东肠断赋,平生心事未分明。

[注释]

①五铢:即五铢衣,亦称"五铢服""五铣衣",省作"五铢"。传说古代神仙穿的一种衣服,轻而薄。唐谷神子《博异志·岑文本》:"(岑文本)又问曰:'衣服皆轻细,何土所出?'对曰:'此是上清五铢服。'又问曰:'比闻六铢者天人衣,何五铢之异?'对曰:'尤细者则五铢也。'"

酒楼偕天梅汉元联句①

金粉江南太寂寥,胡姬压酒②鬼吹箫。
杜陵秋梦③思今夕,④桃叶⑤春江怨六朝。
收拾风骚归酒盏,⑥闲携香侣伴诗瓢。⑦
明朝便是匆匆去,无奈长亭柳万条。⑧

[注释]

①十十首诗录白《南社丛刻》卷3,第十一集,1914年8月出版。汉元:陈家鼎。陈家鼎(1876~1928),字汉元,1905年加入同盟会,南社社员。

②压酒:我国古代的酒大都是用酒曲加酿酒原料和水自然发酵酿成的低度米酒或果酒,酒酿熟后,除酒缸(或酒瓮等器具)上面有一层无渣滓的酒液可以直接饮用外,大量的酒液是和酒糟混在一起的,饮酒时必须用酒筥插在酒瓮中压取,这就是压酒。唐李白《金陵酒肆留别》诗:"风吹柳花满店香,吴姬压酒劝客尝。"

③杜陵秋梦:唐温庭筠《商山早行》诗:"因思杜陵梦,凫雁满回塘。"杜陵:地名,在今陕西省西安市东南。古为杜伯国。秦置杜县,汉宣帝筑陵于东原上,因名杜陵,并改杜县为杜陵县。晋曰杜城县,北魏曰杜县,北周废。

④原注:次公。编者注:上三句为邵瑞彭作。

⑤桃叶:用桃根桃叶之典。

⑥原注:天梅。编者注:上两句为高旭作。

⑦原注:汉元。编者注:本句为陈家鼎作。
⑧原注:天梅。编者注:上两句为高旭作。

畿辅先哲祠①分韵得伤字

山水方滋酒在忘,斜街花下引盆长。
平生豪气肝犹昔,三月春风草亦香。
海内清流空涕泪,江南旧梦几沧桑。
燕邯游侠无多子,歌罢迷阳②枉自伤。

[注释]

①畿辅先哲祠:清光绪年间修建的专门祭祀历史上京畿仁人先哲的场所。原址在宣武区下斜街(今北京市第十四中学校园内)。建于清光绪四年(1878),经李鸿藻等倡议,由在京的直隶官绅集资建成。占地3万余平方米,是集祠堂、庭院、园林于一体的建筑群。

②迷阳:此指楚狂接舆见孔子所吟之歌。《庄子·人间世》:"孔子适楚,楚狂接舆游其门曰:凤兮凤兮,何如德之衰也!来世不可待,往世不可追也。……迷阳迷阳,无伤吾行。'"郭象注:"迷阳,犹亡阳也。亡阳任独,不荡于外,则吾行全矣。"成玄英疏:"迷,亡也;阳,明也。……宜放独任之无为,忘遣应物之明智。"陆德明释文引司马彪曰:"迷阳,伏阳也,言诈狂。"一说,谓有刺的小灌木。王先谦集解:"谓棘刺也,生于山野,践之伤足,至今吾楚舆夫遇之犹呼迷阳踢也。"

崇效寺看牡丹分韵得也字①

闭门惜余春,开门迎新夏。
长安匝月居,幽愁不可写。
良辰命俦侣,名流集南社。
俊游踏软红,得得青骢马。
梵宫②启琳琅,禅房通广厦。
置酒怀故人,浩歌泪盈把。
牡丹花百本,临风白姚冶③。
此是南泉种,惜哉知者寡。
花气袭衣裾,花容侵盏斝④。
香米饭桃花,园蔬充鱼鲊⑤。
钟磬酣天风,醍醐倾下若⑥。
一饮一百杯,有如长鲸泻。
对花花无语,我亦效喑哑。
维摩⑦不二门⑧,何必侈炙粿⑨。
拈花忽微笑⑩,道心无真假。
宁为东山谢,不作长沙贾⑪。
花亦欲点头,世缘那堪惹。
极目望江南,故乡白云下。
酒阑花又残,欲归不能舍。
东风不世情,香雨长空洒。
花枝怨春皇,词人思大雅。

我欲奏绿章⑫,正伤天所赭。

酒罢酒人稀,先生归去也。

[注释]

①上两首诗录自《南社丛刻》卷3,第十二集,1914年10月出版。原题分别为"得伤字""得也字",现标题为编者所加。

②梵宫:原指梵天的宫殿。后多指佛寺。

③姚冶:艳丽。《荀子·非相》:"今世俗之乱君,乡曲之儇子,莫不美丽姚冶,奇衣妇饰,血气态度,拟于女子。"杨倞注:"《说文》曰:'姚,美好貌;冶,妖。'"

④盏斝:均是酒杯。盏:小杯子。斝:古代青铜制的酒器,圆口,三足。

⑤鱼鲊:腌鱼,糟鱼。北魏贾思勰《齐民要术·作鱼鲊》:"作鱼鲊法:剉鱼毕,便盐腌。"

⑥下若:地名。在今浙江省长兴县南。亦作"下箬"。《太平寰宇记·江南东道六·湖州》引南朝梁顾野王《舆地志》:"夹溪(箬溪)悉生箭箬,南岸曰上箬,北岸曰下箬;二箬皆村名。村人取下箬水酿酒,醇美胜于云阳,俗称箬下酒。"《太平御览》卷六五引《舆地志》作上若、下若。后因称该地所产美酒为"下箬"或"下若"。宋张先《醉落魄·吴兴莘老席上》词:"下若酿醅,竞欲金钗当。"

⑦维摩:"维摩诘"之省称。维摩诘,佛经中人物,与释迦牟尼同时。亦可指《维摩诘经》。此代指佛法。

⑧不二门:《维摩诘经·入不二法门品》:"如我意者,于一切法无言无说,无示无识,离诸问答,是为入不二法门。"

⑨炙輠:本作"炙毂过","过"为"輠"的假借字。輠:古时车上盛贮油膏的器具。輠烘热后流油,润滑车轴。比喻言语流畅风趣。《史记》卷七十四《孟子荀卿列传第十四》:"谈天衍,雕龙奭,炙毂过

髡。"司马贞索隐:"刘向《别录》'过'字作'铹'。铹,车之盛膏器也。炙之虽尽,犹有余津,言髡智不尽如炙铹也。"

⑩拈花句:在灵山会上,世尊拈花,迦叶微笑,因而授受"正法眼藏"。即"教外别传"的禅宗的缘起,也是"不立文字,直指人心"这一宗风的发端。《联灯会要》卷一:"世尊在灵山会上,拈花示众。众皆默然,唯迦叶破颜微笑。世尊云:吾有正法眼藏,涅槃妙心,实相无相,微妙法门,不立文字,教外别传,付嘱摩诃迦叶。"

⑪长沙贾:贾谊。贾谊(前200~前168),洛阳(今河南洛阳东)人,西汉初年著名政论家、文学家。少时以才名闻于郡中,后被汉文帝召为博士,又升至太中大夫。后因受大臣排挤,贬为长沙王太傅,又转为梁怀王太傅。梁怀王坠马而死,贾谊深自歉疚,抑郁而亡。世称贾长沙、贾太傅。唐李商隐《贾生》诗:"宣室求贤访逐臣,贾生才调更无伦。可怜夜半虚前席,不问苍生问鬼神。"

⑫绿章:即青词。旧时道士祭天时所写的奏章表文,用朱笔写在青藤纸上,故名。唐李贺《绿章封事》诗:"绿章封事咨元父,六街马蹄浩无主。"王琦汇解:"《演繁露》:'今世上自人主,下至臣庶,用道家科仪奏事于天帝者,皆青藤纸朱字,名为青词。'绿章即青词,谓以绿纸为表章也。"

天梅斋中见汉元万里①一首次韵和之

奈何帝亦奈何天,醉后胸横九点烟②。
海上故人应念我,三分屈宋七分禅。

[注释]

①万里:南社成员名字中有"万里"两字的有林万里和蒋万里。

林万里(1874～1926),原名獬,字宣樊,号少泉,别号白水。福建闽侯人。民国著名报人,曾主笔《杭州白话报》,创办《公言报》《新社会报》(后改名《社会日报》)。1926 年被军阀张宗昌杀害。有《林白水先生遗集》。蒋万里,生卒年不详,名同超,原名士超,号振素盦主。江苏无锡人。有《振素盦诗钞》。

②醉后句:唐李贺《梦天》诗:"遥望齐州九点烟,一泓海水杯中泻。"齐州:即中州,指中国。

酒后偕九一天梅联句①

其 一

明月城南尺五天,阻风中酒怨华年。②
一生薪胆惊魂定,两戒河山夕照妍。③
成佛肯居灵运后,著鞭不让祖生先。④
曲终人去春还在,说着江南尚惘然。⑤

其 二

何处桃源好避秦,天高地厚著吟身。⑥
登楼有客思王粲,作赋无人继洛神。⑦
一曲幺弦消好梦,几家梅雨送残春。⑧
玄黄血战何时了,且向鸥夷一问津。⑨

[注释]

①本组诗录自《南社丛刻》卷 4,第十四集,1915 年 5 月出版。

九一:顾余。顾余,生卒年不详,字九一,浙江嘉兴人。南社社员。

②原注:次公。编者注:中酒,可指饮酒半酣时。《汉书》卷四十一《樊郦滕灌傅靳周传第十一·樊哙》:"项羽既飨军士,中酒,亚父谋欲杀沛公。"颜师古注:"饮酒之中也。不醉不醒,故谓之中。"亦可指醉酒。晋张华《博物志》卷九:"人中酒不解,治之以汤,自渍即愈。"前蜀韦庄《晏起》诗:"迩来中酒起常迟,卧看南山改旧诗。"

③原注:九一。编者注:两戒,指国家疆域的南北界限。《新唐书》卷三十一《志第二十一·天文一》:"一行以为天下山河之象存乎两戒。……故《星传》谓北戒为'胡门',南戒为'越门'。"此借指两戒之内的全境。

④原注:天梅。编者注:成佛句典出《宋书》卷六十七《列传第二十七·谢灵运》:"太守孟颛事佛精恳,而为灵运所轻,尝谓颛曰:'得道应须慧业文人,生天当在灵运前,成佛必在灵运后。'颛深恨此言。"(《南史》卷十九《列传第九·谢灵运》作:"得道应须慧业,丈人生天当在灵运前,成佛必在灵运后。")成佛,佛教徒谓学佛得证正果。生天,佛家谓死后更生于天界,亦以婉言死亡。著鞭句典出《晋书》卷六十二《列传第三十二·刘琨》:"琨少负志气,有纵横之才,善交胜己,而颇浮夸。与范阳祖逖为友,闻逖被用,与亲故书曰:'吾枕戈待旦,志枭逆虏,常恐祖生先吾著鞭。'其意气相期如此。"

⑤原注:次公。

⑥原注:九一。

⑦原注:天梅。编者注:登楼句指汉王粲作《登楼赋》。《文选》王粲《登楼赋》:"登兹楼以四望兮,聊暇日以销忧。"刘良注引《魏志》:"王粲,山阳高平人。少而聪惠有人才,仕为侍中。时董卓作乱,仲宣避难荆州,依刘表,遂登江陵城楼,因怀归而有此作,述其进退危惧之情也。"常作为文人思乡、怀才不遇的典故。

⑧原注:次公。编者注:幺弦,琵琶的第四弦,因其最细,故称。此代指琵琶。

⑨原注:九一。编者注:鸱夷,亦作"鸱鹈","鸱夷子皮"之省称。鸱夷子皮,春秋越范蠡之号。《史记》卷四十一《越王勾践世家第十一》:"范蠡浮海出齐,变姓名,自谓鸱夷子皮,耕于海畔,苦身戮力,父子治产。"司马贞索隐:"范蠡自谓也。盖以吴王杀子胥而盛以鸱夷,今蠡自以有罪,故为号也。韦昭曰:'鸱夷,革囊也。'或曰生牛皮也。"

题亚子《分湖旧隐图》①

其 一

长忆湖头听竹枝②,十年误煞冶春③时。
怜他一片盈盈水,照出烟鬟④为阿谁。

其 二

荒轩依绿无新雁,⑤三梦于今亦未醒。⑥
难得儒仙来橘社,不该天又遣飘零。⑦

其 三

江东陆弟擅风流,⑧一幅吴笺⑨几笔秋。
何似茶炉篷席去,相携同上木兰舟⑩。

[注释]

①本组诗录自《南社丛刻》卷5,第十六集,1916年4月出版。

柳亚子(1887~1958),初名慰高,更名人权,再更名弃疾,字亚子。江苏省苏州市吴江区黎里镇人。南社创始人之一。有《磨剑室诗词集》。分湖:今名汾湖,位于江苏吴江和浙江嘉善交界。一半属浙江、一半属江苏。古称分湖,是春秋战国时期的吴越分界湖。

②竹枝:唐教坊曲名。本为巴渝(今四川东部)一带民歌,唐诗人刘禹锡据以改作新词,歌咏三峡风光和男女恋情,盛行于世。后人所作也多咏当地风土或儿女柔情。其形式为七言绝句,语言通俗,音调轻快。

③冶春:游春。

④烟鬟:本指妇女的鬟发,亦形容鬟发美丽。此喻云雾缭绕的峰峦。宋苏轼《凌虚台》诗:"落日衔翠壁,暮云点烟鬟。"

⑤原注:依绿轩在湖东,为陆季道别业,季道词"怕听楼前新雁"。编者注:陆季道,即陆行直。陆行直(1275~?),字季道,号壶天居士。吴江(今属江苏)人。著《词旨》一卷。词存《清平乐·重题碧梧苍石图》一首,词云:"楚天云断。人隔潇湘岸。往事悠悠江水漫。怕听楼前新雁。 深闺旧梦还成。梦中独记怜卿。依均相思碎语,夜凉桐叶声声。"

⑥原注:叶粟庵有午梦堂,琼章号鹓梦子,郭祥伯有衡梦楼。编者注:郭祥伯,即郭麐。郭麐(1767~1831),字祥伯,号频伽,晚号复翁。江苏吴江(今属苏州)人。著有《灵芬馆诗集》《灵芬馆词》(包括《蘅梦词》《浮眉楼词》《忏余绮语》《爨余词》)等。

⑦原注:君诗有"我是移家郭十三"句,故云。编者注:柳亚子《寄示分湖文社诸同人索和》诗其三:"胜秀桥头水蔚蓝,分湖风景旧曾谙。天风吹堕人间住,我是移家郭十三。"柳诗自注:"郭频伽有《魏塘移家图》,余亦自分湖畔之胜溪移家梨里,故云。"

⑧原注:竹垞句。编者注:江东陆弟指陆云。陆云(262~303),字士龙,西晋文学家。吴郡吴县华亭(今上海松江)人。文学

家陆机之弟,与陆机并称"二陆"。曾任清河内史,世称"陆清河"。《晋书》卷五十四《列传第二十四·陆云》称陆云"虽文章不及机,而持论过之"。

⑨吴笺:吴地所产之笺纸。常借指书信。

⑩木兰舟:用木兰树造的船。南朝梁任昉《述异记》卷下:"木兰洲在浔阳江中,多木兰树。昔吴王阖闾植木兰于此,用构宫殿也。七里洲中,有鲁般刻木兰为舟,舟至今在洲中。诗家云木兰舟,出于此。"后常用为船的美称,并非实指木兰木所制。

病蝶见过二首①

其 一

梦里松江②夜泊船,三高祠③下水如烟。

茂陵④人老游情倦,犹见吴趋⑤最少年。

其 二

当年游冶工吴语,今日苍凉感朔风。

愿乞新秋温社酒⑥,看君高咏吐长虹⑦。

[注释]

①本组诗录自《南社丛刻》卷8,第二十一集,1919年12月出版,亦见于《西北汇刊》,1926年第二卷第11期,署名"邵瑞彭"。病蝶:黄复。黄复(1890~1963),字娄生,号病蝶,江苏吴江人。南社成员。

②松江:县名。在上海市西南部,黄浦江中上游,邻接浙江省。秦属海盐及娄县。唐天宝十年(751)分海盐、嘉兴、昆山三县地置华亭县。清顺治十三年(1656)分华亭县地置娄县。1912年两县合并为华亭县,1914年改为松江县。以吴淞江旧名松江,流经此境得名。原属江苏省,1958年划归上海市,现为上海市松江区。

③三高祠:越范蠡、晋张翰、唐陆龟蒙皆吴人,宋时吴江以三人为三高,设三高祠祠之。宋姜夔《石湖仙·寿石湖居士》词:"松江烟浦。是千古三高,游衍佳处。"

④茂陵:汉司马相如病免后家居茂陵,后因用以指代相如。北周庾信《奉和永丰殿下言志》之七:"茂陵体犹瘠,淮阳疾未袪。"此当是作者自比。

⑤吴趋:犹吴门,指吴地。门外曰趋。清顾炎武《王征君潢具舟城西同楚二沙门小坐栅洪桥下》诗:"仆本吴趋士,雅志陵秋霜。"

⑥社酒:旧时于春秋社日祭祀土神,饮酒庆贺,称所备之酒为社酒。宋孟元老《东京梦华录·秋社》:"八月秋社,各以社糕、社酒相赍送贵戚。"

⑦吐长虹:形容气势磅礴。宋王炎《次韵韩毅伯病疟》诗:"胸襟玉气吐长虹,扶老犹须药物功。"

水仙花

其 一

丽日回住序①,微馨上客衣。
似怜春寂寂,曾见步迟迟。
寒意随花减,芳心到晓疑。

江南采莲女,何处著相思。

其 二

未必随波去,何当隔雾看。
楼台犹故国,消息在朱阑。
久客春无梦,单衣晚尚寒。
王孙几头白,即此话平安。

[注释]

①序:季节。

白纻曲①

其 一

迥清扬,垂素手,邯郸美人将进酒。
含情敛意堂下走,扬荷渌水为君寿。
长安春日芳树多,青袍玉勒金叵罗。
流莺未啼欢奈何。

其 二

朔方九月天气清,高楼遥夜蟋蛄鸣。
银河耿耿月色黄,我今欲渡河无梁。
繁歌宛转情更悲,齐筝赵瑟②声参差。
有酒不饮当劝谁。

[注释]

①白纻曲:乐府古题,为舞曲。见《乐府诗集》卷五十五《舞曲歌辞四》所录。

②齐竽赵瑟:此泛指乐器。竽:管乐器,形似笙而较大,管数亦较多。因战国时齐宣王喜欢听人吹竽,有"滥竽充数"之典,故后世多以"齐竽"喻无真才实学、权当充数之人,或用为自谦之词。此处仅指乐器。原刊作"芋",误。瑟:弦乐器,弦数不等,以二十五弦者居多。因这种乐器战国时流行于赵国,渑池会上秦王要赵王鼓瑟,故称"赵瑟"。

题郑斋感逝诗①

剩有文章解报恩,已无灵药可追魂。
百年华屋生涯尽②,一卷陈芳史笔尊。
铜辇秋衾回昨梦,青山落日见中原。
江关我亦多萧瑟,直欲从君哭寝门③。

[注释]

①本诗亦见于《小说月报》,1919年第十卷第三号。郑斋:孙雄。孙雄(1866~1935),原名同康,字师郑,号郑斋,光绪二十九年(1903)改名孙雄,晚号铸翁、味辛老人、诗史阁主人。江苏昭文(今常熟)人。民国藏书家、文学家。光绪二十年(1894)进士,翰林院庶吉士,官吏部主事、京师大学堂文科监督等。

②尽:《小说月报》作"贱"。

③寝门:古礼天子五门,诸侯三门,大夫二门,最内之门曰寝门,即路门。后泛指内室之门。《仪礼·士丧礼》:"君使人吊,彻帷,主人迎于寝门外,见宾不哭。"

师郑太史示重三日独游祠坛诗次韵①

其 一

三月王城寒意尽,灵坛寂寞倚清晖②。
花时难得温荼梦③,病里何堪减带围。
隔坐娱光④宜可接,弥天烽火竟安归。
堤边几曲潺湲⑤水,为说观河一笑非。

其 二

闲披内景养黄芽,那肯当春惜岁华。
剩有文章报知己,断无风雨到贫家。
宫前荒土瓢儿菜⑥,陌上余芳鼓子花⑦。
知否繁华⑧渐不尽,狂尘如海逐回车。

[注释]

①本组诗亦见于《铁路协会会报》,1921年第104期,诗题作"师郑太史示重三日独游社坛诗次韵"。

②清晖:《铁路协会会报》作"晴晖"。

③荼梦:即梦中思饮茶。宋普济《五灯会元》卷九:"(沩山)师起曰:'我适来得一梦,你试为我原看。'仰(仰山)取一盆水,与师洗

面。少顷,香严亦来问讯。师曰:'我适来得一梦,寂子为我原了,汝更与我原看。'严乃点一碗茶来。师曰:'二子见解,过于鹙子。'"宋黄庭坚《题默轩和遵老》诗:"松风佳客共,茶梦小僧圆。"

④娭光:目光传神。《楚辞·招魂》:"美人既醉,朱颜酡些;娭光眇视,目曾波些。"王夫之通释:"娭光,流目送光。"

⑤潺湲:水缓慢流动貌。

⑥瓢儿菜:蔬菜名。二年生草本植物,植株贴地生长,叶片近圆形,向外翻卷,黑绿色,有光泽。

⑦鼓子花:草花名,即旋花。多年生蔓草,茎细长,缠络他物之上,单叶互生、戟形、有长柄,夏天开漏斗状合瓣花,色淡红。又名鼓子草、打碗花。唐郑谷《长江县经贾岛墓》诗:"重来兼恐无寻处,落日风吹鼓子花。"亦省作"鼓子"。

⑧繁华:《铁路协会会报》作"繁愁"。

镜寰①置酒见招赋诗为赠

破费高花向晚开,微暄犹及尽深杯。
似闻隔坐添红烛,曾许余情写玉台②。
蚤③岁疏狂那忍忆,人生欢乐岂关才。
桥西无数闲车马,难得相从竹所④来。

[注释]

①镜寰:蒋吟秋。蒋吟秋(1896~1981),字翰澄,号镜寰,室名平直草庐,晚年自号平直居士。江苏苏州人。曾在南京高等师范、苏州美专、东吴大学等校任教授,曾任苏州图书馆馆长。工诗善

词,通小学,精金石、书画,尤擅篆隶,笔法圆浑雄厚,苍劲老健。著有《版本问答》《学书述要》等。

②玉台:诗体名,"玉台体"之省称。因诗集《玉台集》(亦称《玉台新咏》)得名。宋严羽《沧浪诗话·诗体》:"玉台体,《玉台集》乃徐陵所序,汉魏六朝诗皆有之。或者但谓纤艳者为玉台体,其实则不然。"旧说《玉台新咏》为南朝陈徐陵所编,当代有学者认为徐陵只为《玉台新咏》作序,编者另有其人。

③蚤:同"早"。

④竹所:在竹林中建造的房舍。喻幽静的住所。

题郑叔问①所画便面②

词人最慨苏州住,杨柳昌门③十万丝。
画本分明见标格④,锦帆泾⑤上棹船时。

[注释]

①郑叔问:郑文焯。郑文焯(1856~1918),字俊臣,号小坡,又号叔问、大鹤山人、冷红词客。奉天铁岭(今属辽宁)人。辛亥革命后,以遗老自居。工诗词书,为晚清四大词人之一。有词集《樵风乐府》。

②便面:扇子的一种。《汉书》卷七十六《赵尹韩张两王传第四十六·张敞》:"然敞无威仪,时罢朝会,过走马章台街,使御吏驱,自以便面拊马。"颜师古注:"便面,所以障面,盖扇之类也。不欲见人,以此自障面则得其便,故曰便面,亦曰屏面。今之沙门所持竹扇,上袤平而下圆,即古之便面也。"后亦泛指扇面。

③昌门:即阊门。春秋时期吴国之西郭门。《吴越春秋》《越绝

书》均谓吴王阖闾所建。阖闾欲西破楚,故又名破楚门。《三国志》卷四十九《吴书四·太史慈》:"策命慈往抚安焉。……饯送昌门。"《资治通鉴》卷六十二《汉纪五十四》引此文,胡三省注引《孙权记》注:"吴西郭门曰阊门,夫差作,以天门通阊阖,故名之。后春申君改曰昌门。"

④标格:风范,风度。

⑤锦帆泾:江苏苏州盘门内沿城壕。相传吴王锦帆以游,故称。亦省称"锦泾"。

哲夫①勺更存②古溶③合作兰石流泉小帧见似题诗要和次韵一首

南荒遥睇瘴云④深,未许相从苍耳⑤林。
眼底幽芳成寤寐,年来衰鬓苦侵寻⑥。
一春诗思花围坐,往日欢娱酒在襟。
却喜光风刚转蕙⑦,不须江上起愁心。

[注释]

①哲夫:蔡哲夫。蔡哲夫(1879～1941),广东顺德人,原名守,字成城。作诗文常署寒琼,晚年自号寒翁,工诗词书画及文物鉴赏。参加南社及南社湘集。曾襄助黄节和邓实主办《国粹学报》,刊辑《风雨楼丛书》,与潘达微合编《天荒画报》。有《寒琼遗稿》。

②更存:陆峤南。陆峤南,生卒年不详,字侠飞,号更存,别署玄同居士、都崎山人,一作都峤山人。广西容县人。参加南社及南

社湘集。

③古溶：谈月色。谈月色(1891~1976)，原名郑，字古溶，又字溶溶。据郑逸梅《南社丛谈》载，因取晏殊诗"梨花院落溶溶月"之句而改称谈月色，晚号珠江老人。广东顺德龙潭乡人。幼年入庵中为尼，为画尼文信弟子。31岁还俗，嫁蔡哲夫。中华人民共和国成立后，任江苏省文史馆馆员、文联委员及书法印章研究会会员。其篆刻、瘦金书、画梅驰誉海内外，有"现代第一女印人"之称。

④瘴云：犹瘴气。指南部、西南部地区山林间湿热蒸发能致病之气。

⑤苍耳：一年生草本植物。春夏开花，绿色，果实倒卵形，有刺，荒地野生。茎皮可取纤维，植株可制农药。果实称"苍耳子"，可提取工业用的脂肪油，亦可入药。

⑥侵寻：亦作"侵浔"。渐进，渐次发展。《史记》卷十二《孝武本纪第十二》："是岁，天子始巡郡县，侵寻于泰山矣。"裴骃集解引晋灼曰："遂往之意也。"司马贞索隐："侵寻即浸淫也。古晋灼云：'遂往之意也。'小颜云：'浸淫渐染之义。'盖寻淫声相近，假借用耳。师古叔父游秦亦解《汉书》，故称师古为'小颜'也。"

⑦却喜句：《楚辞·招魂》："光风转蕙，泛崇兰些。"王逸注："光风，谓雨已日出而风，草木有光也。"光风：雨止日出时的和风。

哲夫属题南华寺①北宋造像木刻

其 一

铜拔遗风到岭南，惜无人为记伽蓝②。
殷勤拓取琳琅字，胜与弥陀共一龛。

其 二

宋椠③如今已渐稀,翻从珍木见光辉。
当时必醉南雍④志,洗眼随人话昨非。

[注释]

①南华寺:中国佛教名寺之一,是禅宗六祖慧能弘扬"南宗禅法"的发源地。坐落于广东省韶关市曲江区马坝镇东南曹溪畔。始建于南北朝梁武帝天监元年(502)。天监三年(504),寺庙建成,梁武帝赐"宝林寺"名。后又先后更名为"中兴寺""法泉寺",至宋开宝元年(968),宋太宗敕赐"南华禅寺",寺名乃沿袭至今。因禅宗六祖在此弘法,也称六祖道场。

②记伽蓝:南北朝时洛阳寺院众多,香火鼎盛,北魏杨衒之著有《洛阳伽蓝记》以记佛寺之盛。伽蓝:梵语音译词"僧伽蓝摩"的省称,意译为众园,即僧众所居住的庭园,后来成为佛寺的通称。

③宋椠:宋版,即宋代出版印刷的书。雕版印刷业在宋代的繁盛,为书籍的广泛流传和普及创造了条件。处于承前启后位置上的宋版书因其刻印精工和流传稀少,呈现出独特的文献学价值。与此相联系,世人多以宋版书为贵。清王士禛《池北偶谈·谈异三·王延喆》:"一日,有持宋椠《史记》求粥者,索价三百金。"

④南雍:明代设在南京的国子监,亦称"南监"。雍:辟雍,古之大学。

伯宛①丈新得赵德麟②题名石刻赋诗纪事为书四绝于尾

其 一

自是遗意宗高密，乐石③曾无纪德辞。
为忆颍州更字日，子平还费一篇诗。④

其 二

寿如金石佳且好，此是君家古竟⑤铭。
烧火拾柴何等语，更须残碣访南京。

其 三

篆法犹参汉䥽文，返河无奈易斜曛。
东山题字秦邮帖⑥，留伴琳琅一片云。

其 四⑦

松邻好古逾聊复，何止侯鲭⑧见美才。
愿得亲携天水碧，为公着意试毡椎。

[注释]

①伯宛：吴昌绶。吴昌绶(1868～1924)，字伯宛，一字甘遁，号印丞，一作印臣，又自号苏邻，别署甘遯村萌，室名双照楼、丰华堂。

光绪丁酉(1897)举人,官内阁中书。进入民国后,任北洋政府司法部秘书。以藏书、刻书著称。有《松邻遗集》。

②赵德麟:赵令畤。赵令畤(1061～1134),初字景贶,苏轼为之改字德麟,自号聊复翁。太祖次子燕王赵德昭玄孙。元祐中签书颍州公事,时苏轼为知州,荐其才于朝。后坐元祐党籍,被废十年。绍兴初,袭封安定郡王,迁宁远军承宣使。四年卒,赠开府仪同三司。著有《侯鲭录》八卷,赵万里为辑《聊复集》词一卷。

③乐石:《古文苑》李斯《峄山刻石文》:"今皇帝壹家天下,兵不复起。……群臣诵略,刻此乐石,以著经纪。"章樵注:"石之精坚堪为乐器者,如泗滨浮磬之类。"原指可制乐器的石料,因《峄山石刻文》用此石镌刻,后以之泛指碑石或碑碣。

④为忆二句:苏轼为赵令畤改字,作有《赵德麟字说》一文。

⑤竟:此同"镜"。

⑥秦邮帖:书法名帖,保存在江苏扬州高邮市文游台。清代嘉庆年间,高邮知州师亮采登文游台后感"无诸公遗墨而为憾事",遂集苏轼、黄庭坚、米芾、秦观、赵孟頫、董其昌等名家书法,经扬州人阮元审定,由当时著名金石家钱泳勾摹勒石而成《秦邮帖》,包括《秦邮帖》四卷和《秦邮续贴》上下卷两种拓本。

⑦上十六首诗录自《南社丛刻》卷8,第二十二集,1923年12月出版。

⑧侯鲭:本义指精美的荤菜。鲭:鱼和肉合烹而成的食物。此指赵令畤编写的文言轶事小说《侯鲭录》。《侯鲭录》现存八卷,诠释名物、习俗、方言、典实,记叙时人的交往、品评、佚事、趣闻及诗词之作,冥搜远证,颇为精赡,有文学史料价值。

题《饴乡集》①

其 一

玉台佳句数秦徐②,乐府唐山见汉书③。
吟得浮梅三百首,不须杂佩④问琼琚。

其 二

天缘巧比一双璧,诗思甜于三九冰。
解释周南琴瑟⑤意,捏泥应鄙赵吴兴⑥。

[注释]

①本组诗录自《铁路协会会报》,1919 年第 84 期"文苑",第 173～174 页,署名"邵瑞彭次公"。《饴乡集》:关赓麟与夫人张织云合著的诗集,录二人 1918 年至 1919 年间所写诗作,并附友人和作。关赓麟(1880～1962),字颖人,号秚园。广东南海人。学者、词学家、实业家、教育家。历任财政部秘书、交通部路政司司长、编译处处长、铁路总局提调等职。著有《瀛谭》《借山楼集》《东游考察学校记》《中国铁路史讲义》等,编著《秚园诗集》14 种 24 卷。张祖铭,字织云。江苏铜山人。

②秦徐:秦嘉与徐淑。此以二人喻关赓麟夫妇。秦嘉:生卒年不详,字士会,陇西(治所在今甘肃临洮南)人。东汉诗人。其妻徐淑,亦能诗文,两人恩爱情笃。秦嘉所作,今存《赠妇诗》等六首及《与妻徐淑书》《重报妻书》两文,徐淑有《答秦嘉诗》一首及《答夫秦

嘉书》《又报秦嘉书》等文。

③乐府句:汉高祖妃子唐山夫人作有《房中祠乐》(亦名《安世房中歌》),歌后妃之德。《汉书》卷二十二《礼乐志第二》:"又有房中祠乐,高祖唐山夫人所作也。"颜师古注:"服虔曰:'高帝姬也。'韦昭曰:'唐山,姓也。'"《乐府诗集》卷八《郊庙歌辞八》录《汉安世房中歌》十七首。

④杂佩:亦作"杂珮"。总称连缀在一起的各种佩玉。《诗·郑风·女曰鸡鸣》:"知子之来之,杂佩以赠之。"《毛传》:"杂佩者,珩、璜、琚、瑀、冲牙之类。"一说指佩玉的中缀,即琚瑀。王夫之《〈诗经〉稗疏·郑风》:"下垂者为垂佩,中缀者为杂佩。杂之为言间于其中也,则杂佩者专指琚瑀而言。"晋陆机《赠冯文罴》诗:"愧无杂珮赠,良讯代兼金。"

⑤周南琴瑟:《诗·周南·关雎》:"窈窕淑女,琴瑟友之。"《毛诗序》:"《关雎》,后妃之德也。"

⑥捏泥句:据传元代著名书法家赵孟頫意欲置妾,其妻管道升作《锁南枝》答之,使赵孟頫回心转意。《锁南枝》:"你侬我侬,忒煞情多。情多处,烈如火。把一块泥,捻一个你,塑一个我。将咱两个,一齐打破,用水调和。再捻一个你,再塑一个我。我泥中有你,你泥中有我。与你生同一个衾,死同一个椁。"赵吴兴:指赵孟頫。赵孟頫(1254~1322),字子昂,号松雪道人,又号水晶宫道人、鸥波,中年曾署孟俯。浙江吴兴(今浙江湖州)人。南宋末至元初著名书法家、画家、诗人。著有《松雪斋文集》等。其妻管道升亦擅书。

姜尧章梅边吹笛①

其 一

湖上疏花语细禽,单于吹彻自沉吟。
人间更有王炎午,直为胡沙怨倍深。②

其 二

烟浦松江一舸寻,枝头红萼最宜簪。
何当鬲指③翻新谱,吹落繁英一尺深。

其 三

湘云楚水最伤心,花事松江尔许深。
不是蘋州老渔父,万荷千竹费沉吟。

[注释]

①本组诗录自《铁路协会会报》,1921年第102期"文苑",第127页,署名"次公"。诗题作"前题",前作诗题下注:"限侵韵,本会团拜大会击钵。"本会,指稊园诗社。稊园诗社的前身是寒山诗社,因社长关赓麟位于北京南池子南湾子的宅第名"稊园"而得名。姜尧章:姜夔。姜夔(约1155~1221),字尧章,号白石道人,又号石帚。饶州鄱阳(今江西省鄱阳县)人。南宋词人。著有金石目录《绛帖平》,及《白石道人诗集》《诗说》《大乐议》《古怨》《琴瑟考古图》等。梅边吹笛:姜夔《暗香》词:"旧时月色,算几番照我,梅边

吹笛。"

②原注：炎午号梅边，后人以石帚二词为两宫去国而作。编者注：王炎午(1252～1324)，初名应梅，字鼎翁，号梅边。吉州安福（今属江西）人。元军攻陷临安（今浙江杭州）时，他倾家资助文天祥起兵抗元，留置幕府。天祥被俘，他作生祭文，颂扬文天祥死节。入元后，杜门却扫，肆力诗文，更其名曰炎午，名其所著曰《吾汶稿》以示不仕异代之意。石帚二词，指姜夔自度曲《暗香》《疏影》，此二词语意沉痛，哀伤凄婉，后世词家多认为其暗指靖康之难，寓去国之悲。

③鬲指：乐器演奏的专门术语，亦称过腔，指采用相同指法，在管乐器上隔一个孔位演奏。姜夔《湘月》词序："予度此曲，即《念奴娇》之鬲指声也，于双调中吹之。鬲指亦谓之过腔，见晁无咎集，凡能吹竹者便能过腔也。"鬲：通"隔"。

赵明诚与易安居士翻书赌茗①

其 一

曾向黄花斗俊才②，芸编③检点傍妆台。
之夫病似相如否，亲试金茎露一杯。

其 二

皋卢④香里斗清才，打马⑤何妨试一回。
要把琅函⑥当红浪，词心谱入凤凰台⑦。

[注释]

①本组诗录自《铁路协会会报》,1921年第103期"文苑",第149页。诗题作"前题",前作诗题下注:"限灰韵,秭园击钵。"李清照《金石录后序》载其与丈夫赵明诚赌书泼茶之事:"余性偶强记,每饭罢,坐归来堂。烹茶,指堆积书史,言某事在某书某卷,第几叶第几行,以中否角胜负,为饮茶先后。中即举杯大笑,至茶倾覆怀中,反不得饮而起。甘心老是乡矣。"

②曾向句:元伊世珍《琅嬛记》载:李清照曾以重阳《醉花阴》词函致明诚。明诚叹赏,自愧弗逮,务欲胜之,一切谢客,忘食忘寝者三日夜,得五十阕,杂易安作以示友人陆德夫。德夫玩之再三,曰:"只三句绝佳。"明诚诘之,答曰:"莫道不消魂,帘卷西风,人比黄花瘦。"正易安之作。

③芸编:指书籍。芸:香草,置书页内可以辟蠹,故称。宋陆游《夏日杂题》诗之五:"天随手不去朱黄,辟蠹芸编细细香。"

④皋卢:木名。叶状如茶而大,味苦涩,可代饮料。

⑤打马:古代博戏名。李清照颇嗜打马,曾作《打马赋》云:"打马爱兴,摴蒲遂废,实小道之上流,乃深闺之雅戏。"

⑥琅函:书匣的美称。

⑦凤凰台:亦名"箫台",省称"凤台"。汉刘向《列仙传》载:春秋秦穆公时有名萧史者,善吹箫,能致孔雀白鹤于庭。穆公以女弄玉妻之。萧史日教弄玉吹箫作凤鸣,后凤凰来集其屋。穆公筑凤台,使萧史夫妇居其上。数年后,皆随凤凰飞去。

米家灯①

其 一

风烟遥夜簇花薰,绛蜡笼纱荡夕雰。
记取英光旧标格,贯虹明月许平分。

其 二

日下何人补旧闻,勺园②春事最纷纭。
试灯风③里唐花④艳,为恐渔洋⑤妒煞君。

其 三

渌水亭边夜色醺,纳兰词句镇殷勤。
画中无限风烟意,占断城南月几分。⑥

[注释]

①本组诗录自《铁路协会会报》,1921年第104期"文苑",第171~172页。诗题作"前题",前作诗题下注:"限文韵,秭园击钵。"米家灯:明代著名的花灯品种,工艺精巧,画工精美,远近闻名,清代尚流传。灯:原刊作"镫"。《说文解字》:"锭中置烛故谓之镫。"后文作此意者径改不注。

②勺园:明末文人米万钟之庭园。米万钟(1570~1628),字友石,一字仲诏,号湛园、文石居士、勺海亭长、海淀渔长、研山山长、石隐庵居士。陕西安化(今甘肃庆阳)人。明代书画家。米万钟好

搜集奇石,于北京西直门外海淀筑一别墅,取海淀一勺之意,名曰"勺园",人称"米家园"(今北京大学西门外即其遗址)。园中花木围绕,奇石映流,景色秀丽,远近闻名。米万钟将园内美景一一绘成灯画,宴请同僚饮酒赏灯。时京都有"米家四奇"之誉,即米家园、米家灯、米家石、米家童。

③试灯风:寒风。试灯:旧俗农历正月十五日元宵节晚上张灯,以祈丰稔,未到元宵节而张灯预赏谓之试灯。

④唐花:在室内用加温法培养的花卉。清王士禛《居易录谈》卷下:"今京师腊月即卖牡丹、梅花、绯桃、探春,诸花皆贮暖室,以火烘之,所谓堂花,又名唐花是也。"清富察敦崇《燕京岁时记·唐花》:"凡卖花者,谓熏治之花为唐花。每至新年,互相馈赠。牡丹呈艳,金橘垂黄,满座芬芳,温香扑鼻,三春艳冶,尽在一堂,故又谓之堂花也。"

⑤渔洋:王士禛。王士禛(1634～1711),原名王士禛,字子真,一字贻上,号阮亭,又号渔洋山人,世称王渔洋,谥文简。山东新城(今桓台县)人。继钱谦益之后主盟诗坛,与朱彝尊并称"南朱北王"。早年诗作清丽澄淡,中年转为苍劲。好为笔记,有《池北偶谈》《古夫于亭杂录》《香祖笔记》等。

⑥原注:渌水亭在海淀(原刊此处"淀"之三点水仅余左上一点,当为刊刻漫漶所致,编者注),成容若所居,成有咏灯词。

胜棋楼①

其 一

赐券②当年御笔挥,大功坊表对晴晖。

倘教妙锦楼头住,也抵徐州燕子飞③。

其 二

鱼水君臣结契微,高楼转眼又斜晖。
可怜百亩湖庄税,难换青君杖下衣。

[注释]

①本组诗录自《铁路协会会报》,1921年第105期"文苑",第173页。诗题作"前题",前作诗题下注:"限五微,秭园击钵。"胜棋楼:位于江苏省南京市莫愁湖畔。建于明洪武初年,重修于清同治十年(1871)。其正门中堂内有张棋桌,相传是明太祖朱元璋与大将徐达对弈之地,故名"对弈楼"。据传,有次朱元璋与徐达对弈,难解难分,苦思之际,发现徐达所下棋子恰成"万岁"二字,遂叹服,将"对弈楼"改为"胜棋楼",并连同莫愁湖一起赐给徐达。

②赐券:即赐铁券。铁券,中国古代皇帝分封功臣所颁发的凭据,允其世代享有优厚待遇。《汉书》卷一下《高帝纪第一下》载:刘邦立汉后,与功臣剖符作誓,丹书铁契,金匮石室,藏之宗庙。由于分封功臣的誓词是用丹砂写在铁制的契券上,所以称为"丹书铁券"或"誓书铁券"。

③也抵句:用"燕子楼"之典。唐白居易《燕子楼三首序》:"徐州故尚书有爱妓曰盼盼,善歌舞,雅多风态。……尚书既殁,而彭城有张氏旧第,第中有小楼名燕子。盼盼念旧爱而不嫁,居是楼十余年。"燕子楼在今江苏省徐州市,旧说为唐时张建封所建,盼盼为张建封之妾。据宋陈振孙《白文公年谱》考订,盼盼是张建封之子张愔之妾。后用燕子楼指遭遇不幸的女子居处之所。

和李洞廷社稷坛诗①

故国思乔木,流光感逝波。
不闻燕女瑟,犹听渐离歌。
客久人怀土②,天寒鸟息柯。
京华刁斗③地,日饮暂亡何。

[注释]

①本诗录自《铁路协会会报》,1921年第105期"文苑",第175页。李洞廷:即李洞庭,李澄宇。李澄宇(1882~1955),原名李寰,别号瀛北,字瀛业,笔名洞庭。湖南岳阳人。南社社员。诗人、文史家。曾创办《岳阳日报》。著有《未晚楼诗集》《二十四史蠡述》《万桑园诗存》等。

②怀土:安于所处之地。谓安土重迁。《论语·里仁》:"君子怀德,小人怀土。"何晏集解引汉孔安国曰:"怀土,重迁。"朱熹集注:"怀土,谓溺其所处之安。"

③刁斗:古代行军用具。斗形有柄,铜质,白天用作炊具,晚上击以巡更。

梦白赠扇画贾长江诗意赋谢①

其 一

暮雨深杯气未除,客中犹及话菰蒲②。

愿君珍重䣭糜墨③,莫画阇家地狱图。

其 二

摇扇能教祇裯④凉,禅心我已戒昌狂⑤。
未妨掷帽呼卢⑥去,和上如今不上堂。⑦

[注释]

①本组诗录自《铁路协会会报》,1921年第106期"文苑",第175页。贾长江:贾岛。贾岛(779~843),字阆仙。唐河北道幽州范阳县(今河北省涿州)人。唐文宗时任长江县(今四川蓬溪县)主簿,故称"贾长江"。

②菰蒲:菰和蒲,即茭白和蒲草。均生长于浅水中,南方多见。喻指家乡风物,常用以表达思乡之情。《晋书》卷九十二《列传第六十二·文苑·张翰》:"张翰字季鹰,吴郡吴人也。……翰谓同郡顾荣曰:'天下纷纷,祸难未已。夫有四海之名者,求退良难。吾本山林间人,无望于时。子善以明防前,以智虑后。'荣执其手,怆然曰:'吾亦与子采南山蕨,饮三江水耳。'翰因见秋风起,乃思吴中菰菜、莼羹、鲈鱼脍,曰:'人生贵得适志,何能羁宦数千里以要名爵乎!'遂命驾而归。"宋洪咨夔《水调歌头》词:"风物庾楼似,风物欠菰蒲。"

③䣭糜墨:䣭糜所产之墨。亦省称"䣭糜"。䣭糜:古县名。汉置,因䣭糜泽而得名。故地在今陕西千阳东。东汉时,䣭糜地区有大片松林,盛行烧烟制墨,墨质精良。

④祇裯:此指夏天遮日的凉笠。

⑤昌狂:即猖狂。

⑥掷帽呼卢:《晋书》卷八十五《列传第五十五·刘毅》:"后于东府聚摴蒲大掷,一判应至数百万,余人并黑犊以还,唯刘裕及毅

在后。毅次掷得雉,大喜,褰衣绕床,叫谓同坐曰:'非不能卢,不事此耳。'裕恶之,因授五木久之,曰:'老兄试为卿答。'既而四子俱黑,其一子转跃未定,裕厉声喝之,即成卢焉。"呼卢:古代一种赌博游戏。犹之今掷骰子。古时赌博,削木为骰子,一面涂黑,画犊,一面涂白,画雉,共五子,五子全黑叫作"卢",是头彩。投掷时,希望得卢,连连呼它。故称。

⑦原注:梦白小字与马侍中同。编者注:马侍中,指马燧。马燧(726～795),字洵美。汝州郏城(今河南郏县)人。唐代名将。官至司徒,兼侍中。

玩鞭亭①

其 一

黄须梦里尚间关②,指顾能逃处仲③奸。
我笑投鞭苻永固④,惊心风鹤八公山⑤。

其 二

温张⑥凭吊泪潺湲,老妪留鞭在此间。
一样黄须曹⑦逊马,敬亭不是北邙山⑧。

[注释]

①本组诗录自《铁路协会会报》,1921年第107期"文苑",第169页。诗题作"前题",前作诗题下注:"限删韵,秭园击钵。"玩鞭亭:位于今安徽省芜湖市。北宋元丰七年(1084),僧人蕴湘在晋明

帝遗七宝鞭之地,刻石建造。《晋书》卷六《帝纪第六·明帝》载:东晋太宁二年(324),大臣王敦谋反,晋明帝"密知之,乃乘巴滇骏马微行,至于湖,阴察敦营垒而出。有军士疑帝非常人。又敦正昼寝,梦日环其城,惊起曰:'此必黄须鲜卑奴来也。'帝母荀氏,燕代人,帝状类外氏,须黄,敦故谓帝云。于是使五骑物色追帝。帝亦驰去,马有遗粪,辄以水灌之。见逆旅卖食姬,以七宝鞭与之,曰:'后有骑来,可以此示也。'俄而追者至,问姬。姬曰:'去已久矣。'因以鞭示之。五骑传玩,稽留遂久。又见马粪冷,以为信远而止不追。帝仅而获免。"

②间关:此形容路途艰辛,崎岖辗转。

③处仲:王敦。王敦(226~324),字处仲。琅琊临沂(今山东临沂北)人。曾与从弟王导一同协助晋元帝司马睿建立东晋政权,成为炙手可热的权臣。后发动政变,史称王敦之乱。

④苻永固:苻坚。苻坚(338~385),字永固,又字文玉,小名坚头。略阳临渭(今甘肃秦安)人。十六国时期前秦的君主。《晋书》卷一百十四《载记第十四·苻坚下》载:苻坚意欲南下侵袭东晋,大臣以东晋有长江之险,朝无昏贰之臣劝阻。苻坚对曰:"虽有长江,其能固乎!以吾之众旅,投鞭于江,足断其流。"

⑤惊心句:前秦与东晋交战,苻坚的军队在淝水一战中大败,苻坚中箭,率余部逃回北方。逃亡路途中,听到风声和鹤叫声,都疑心是追兵。即"风声鹤唳"之典。八公山:又称淝陵山。位于今安徽省淮南市。淝水之战的主战场在八公山下。

⑥温张:温庭筠与张耒。玩鞭亭事,唐温飞卿作有《湖阳曲》,宋张耒有《于湖曲》。

⑦曹:指曹彰。曹彰(?~223),字子文。沛国谯县(今安徽亳州)人。魏武帝曹操与卞皇后所生第二子。因胡须黄色,被曹操称为"黄须儿"。

⑧敬亭句:哀曹彰之死。敬亭:敬亭山,在今安徽省宣城县北。北邙山:又名北芒、邙山、北山、平逢山、太平山、郏山。位于今河南省洛阳市北,黄河南岸,是秦岭山脉的余脉,崤山支脉。北邙山墓葬众多。唐王建《北邙行》诗:"北邙山头少闲土,尽是洛阳人旧墓。"魏文帝黄初四年(223),曹彰到洛阳朝见,因病逝于府邸。

鸡毛笔①

其 一

图中朱墨感纷如,土锉②何人暖未舒。
欲把风檐比穷屋,一齐愁煞蒋心余③。

其 二

灯心纸上自钞书,坡老当年感索居。④
莫笑毛锥⑤无底用,黄鸡赋罢赋花猪。

其 三

拔豪⑥奚恤载盈车,论价三钱⑦颇有余。
莫笑浚稽⑧封已夺,犹堪老去作中书⑨。

[注释]

①本组诗录自《铁路协会会报》,1921年第107期"文苑",第171页。诗题作"前题",前作诗题下注:"限鱼韵,秭园击钵。"鸡毛笔:笔头用鸡毛制成的毛笔。宋范成大《桂海虞衡志·志器》:"鸡

毛笔:岭外亦有兔,然极少。俗不能为兔毫笔,率用鸡毛,其锋踉蹡不听使。"

②土锉:炊具,犹今之砂锅。唐杜甫《闻斛斯六官未归》诗:"荆扉深蔓草,土锉冷疏烟。"

③蒋心余:蒋士铨。蒋士铨(1725~1785),字心余,一字苕生,号清容,又号藏园,晚号定甫。江西铅山人。清文学家、戏曲家。

④灯心纸二句:宋释惠洪《冷斋夜话》卷五"东坡属对"条载:惠洪在海南时,海南民众言苏轼无日不相从乞园蔬,曾写诗以折菜钱。一日惠洪访姜唐佐,唐佐不在,见其母。惠洪问姜母识苏公否,姜母对曰:"识之。然无奈其好吟诗。公尝杖而至,指西壁木榻,白坐其上,问:'秀才何往?'我言入村落未还。有包灯心纸,公以手拭开,书满纸,祝曰:'秀才归,当示之。'今尚在。"惠洪索读之,醉墨欹倾,曰:"张睢阳生犹骂贼,嚼齿穿龈;颜平原死不忘君,握拳透爪。"

⑤毛锥:毛笔的别称。因其形如锥,束毛而成,故名。亦作"毛锥子"。

⑥豪:此同"毫"。

⑦三钱:黄庭坚《题自书卷后》:"既设卧榻,焚香而坐,与西邻屠牛之机相值。为资深书此卷,实用三钱买鸡毛笔书之。"另《跋与张熙载书卷尾》:"一日饮屠苏,颇有书兴,案上有墨渖,而佳笔莫在,因以三钱鸡毛笔书此卷。"

⑧浚稽:古山名。约在今蒙古国土拉河、鄂尔浑河上源以南一带。汉天汉二年(前99),骑都尉李陵率步兵与匈奴骑兵在此交战,兵败,李陵降匈奴。

⑨中书:毛笔的别称,"中书君"之省称。唐韩愈作寓言《毛颖传》,称毛笔为毛颖。言颖居中山为蒙恬所获,献于秦皇,秦皇封之于管城,号管城子,"累拜中书令,与上益狎,上尝呼为中书君"。后

因以"中书君"为毛笔的别称。宋苏轼《自笑》诗:"多谢中书君,伴我此幽栖。"

答蘧卿①

其 一

人生到处宜行乐,客气休教累性真。
解识水流花发意,空山寂寞四无人。

其 二

万怪罗前剧壮观,一为勉强便难安。
蚊虻清角皆琴趣,只在公明②信手弹。

其 三

曼倩③灵均④两不师,华严浅义颇耽之。
几人香火供桃梗⑤,那是禅家骨与皮。

其 四

笔札如君世所稀,漫将娱戏论依违。
读书顾曲⑥原无俚⑦,一笑从渠⑧万事非。

[注释]

①本组诗录自《铁路协会会报》,1921年第107期"文苑",第176~177页。

②公明:公明仪。战国时音乐家。南朝梁僧祐《弘明集》:"公明仪为牛弹《清角》之操,伏食如故。非牛不闻,不合其耳矣。转为蚊虻之声、孤犊之鸣,即掉尾奋耳,蹀躞而听。"

③曼倩:东方朔。东方朔(前154~前93),本姓张,字曼倩。西汉平原郡厌次县(今山东省德州市陵城区)人。文学家。性格诙谐,言词敏捷,滑稽多智。

④灵均:屈原。

⑤桃梗:用桃木刻制的木偶。旧俗置以辟邪。

⑥顾曲:《三国志》卷五十四《吴书·周瑜鲁肃吕蒙正传第九》:"瑜少精意于音乐,虽三爵之后,其有阙误,瑜必知之,知之必顾,故时人谣曰:'曲有误,周郎顾。'"后遂以"顾曲"为欣赏音乐、戏曲之典。

⑦无俚:亦作"无里"。犹无聊。汉王符《潜夫论·劝将》:"此亦陪克阘茸,无里之尔。"汪继培笺:"里,当作俚。"宋孙奕《履斋示儿编·总说·字训辩》:"无聊之谓无俚。"

⑧渠:第三人称代词,他。

王右军临诸葛武侯远涉帖①

褒斜②归路剧安耽,残帖犹堪劫后探。
始信羲之好师法,不曾专学卫③和南。

[注释]

①本诗录自《铁路协会会报》,1921年第108期"文苑",第148页。诗题作"前题",前作诗题下注:"限覃韵,秭园击钵。"王右军:王羲之。王羲之(321~379,一作303~361),字逸少。琅琊临沂

(今属山东)人。东晋时著名书法家,有"书圣"之称。其书法兼擅隶、草、楷、行各体。诸葛武侯:诸葛亮。死后追谥为忠武侯,故称。远涉帖:章草三行,传晋王羲之摹诸葛亮书。据《太平御览》录其文为:"师徒远涉,道里甚艰,自及褒斜,幸皆无恙。使还,驰此,不复具。"

②褒斜:位于秦岭山间的两个重要谷口。褒:褒谷,谷口在今陕西省勉县褒城北十里。斜:斜谷,谷口在今陕西省眉县西南三十里。《汉书》卷八十七下《扬雄列传第五十七下》:"秋,命右扶风发民入南山,西自褒斜,东至弘农。"颜师古注:"褒斜,南山二谷名也。"

③卫:卫夫人。卫夫人(272~349),名铄,字茂漪。河东安邑(今山西夏县北)人。汝阴太守李矩之妻,世称卫夫人。在书法上她擅长隶、正、行书。据《古今传授笔法人名》记载,她的书法由钟繇一脉传来,然后她又传给王羲之。

叔翔见访偕至酒家夜饮①

难得风光似去年,倚阑闲对月婵娟。
回肠借酒方成醉,芳草经秋觉可怜。
已分余生付歌管,何堪残梦负湖船。
佳游自信城南好,却坐无端独惘然。

[注释]

①本诗录自《铁路协会会报》,1921年第109期"文苑",第159页。

半闲堂斗蟋蟀①

初阳台②畔石崚嶒③,秋草金盘闹翠层。
一样君臣感亡国,有人钦命署纱灯④。

[注释]

①本诗录自《铁路协会会报》,1921年第110期"文苑",第159页。诗题作"前题",前作诗题下注:"限蒸韵,梯园击钵。"半闲堂:南宋权相贾似道在今杭州市西湖葛岭修建的别墅。史载贾似道品行不佳,专权误国。能诗文,酷爱斗蟋蟀,作有《促织经》。

②初阳台:位于今杭州市西湖区宝石山西面葛岭之巅,传为葛洪炼丹所置。每当清晨日出之际,四山皆晦,台上已明,瞬息间,旭日露脸,霞光万道,红满东天,离奇变幻,不可捉摸。

③崚嶒:高耸突兀貌。

④有人句:明张岱《西湖梦寻·苏公堤》载:崇祯元年(1628),杭州太守刘梦谦与士夫陈生甫辈时至苏堤。二月,作胜会于此。城中括羊角灯、纱灯几万盏,遍挂桃柳树上,下以红毡铺地,冶童名妓,纵饮高歌。夜来万蜡齐烧,光明如昼。

伯牙琴台①

其 一

海水天风信有乎? 拿山②铭语出江都③。

成连④去后钟期老,元赏从谁说谅符。⑤

其 二

怀陵遗事客知乎?黄鹤楼高接郢都。

倘使琴纹生手上,陋他曲逆现兵符。⑥

[注释]

①本组诗录自《铁路协会会报》,1921年第110期"文苑",第162页。诗题作"前题",前作诗题下注:"限符、乎、都韵,梯园击钵。"

②弇山:园名。在江苏省太仓县,为明王世贞所筑。因以为王世贞的别称。

③江都:扬州的别称。

④成连:春秋时著名琴师。相传是俞伯牙之师。

⑤原注:谅符、元赏,汪中铭序中语。

⑥原注:《怀陵操》见《琴操》上卷,伯牙所作。编者注:曲逆,古地名,秦置,因曲逆水得名。故城在今河北省完县东南。汉高祖过曲逆封陈平为曲逆侯。因以曲逆指陈平。吕后死,陈平与太尉周勃合谋,用计取得兵符,平定诸吕之乱,迎立代王为文帝。兵符:古代调兵遣将用的一种凭证。

水 仙 花①

凌波罗袜断无尘,鹅管江南几日春。

不是龟台②留琬琰③,更谁能貌洛川神。

[注释]

①本诗录自《铁路协会会报》,1922年第113期"文苑",第166页。诗题作"前题",前作诗题下注:"七绝,嵌'龟'字,不限韵,梯园击钵。"

②龟台:传说中的仙人居处。《太平广记》卷五十六《女仙一·西王母》:"西王母者,九灵太妙龟山金母也,一号太虚九光龟台金母元君。乃西华之至妙,洞阴之极尊。"

③琬琰:琬圭、琰圭。《书·顾命》:"弘璧、琬琰在西序。"《孔传》:"大璧、琬琰之圭为二重。"蔡沉集传:"琬琰,圭名。"

师郑先生见赠新诗赋赠一首①

无才颇恋闲居好,垂老还忧闻道难。
我辈犹然能啸傲,人间谁与计暄寒。
残编直为安心读,池水频将皱面看。
却坐渐知吟兴减,欲从臧丈问渔竿②。

[注释]

①本诗录自《铁路协会会报》,1922年第114期"文苑",第160页。

②欲从句:《庄子·田子方》载:文王至臧地视察,见一丈人钓,而其钓莫钓,非持其钓。文王遂授政于臧丈人,三年而国家大治。文王问可否扩大而治之,以至治理整个天下,臧丈人昧然而不应,泛然而辞,朝令而夜遁,终身无闻。

明建文皇帝画兰①

其 一

数丛翘楚够摩挲,逊国余闻信不讹。
一局兴亡两和尚②,大师无奈少师何。

其 二

帝子离忧托九歌③,红兰写罢意如何。
可怜一样伤心色,铁铉祠边四面荷。④

[注释]

①本组诗录自《铁路协会会报》,1922年第116期"文苑",第164页。诗题作"前题",前作诗题下注:"限歌韵,梯园击钵。"建文皇帝:朱允炆。朱允炆(1377~?),明朝第二位皇帝,明太祖朱元璋之孙、懿文太子朱标次子,年号建文。1399年,朱元璋第四子燕王朱棣以"清君侧"之名起兵靖难,史称"靖难之役"。1402年,燕军渡江直逼南京城下,谷王朱橞与曹国公李景隆开金川门迎降,京师遂破。适皇宫起火,建文帝下落不明。

②一局句:明太祖朱元璋幼时贫困,曾入寺为僧。传说建文帝在城破之际趁乱逃出,隐姓埋名,隐居于湄江的观音崖(也有称是陕西城固观音崖)一带,诚心向佛,终了一生。

③帝子句:屈原据楚地祭神乐歌作《九歌》,怀忧苦毒,愁思沸郁。

④原注:铁冶亭书铁公祠联:"四面荷花三面水。"编者注:铁铉(1366~1402),字鼎石。邓(今河南邓州)人。历官山东布政使、兵部尚书。靖难之变时不肯投降造反夺位的燕王朱棣,并召集溃败的士兵坚守济南,击退燕王朱棣,在朱棣夺位后被施以磔刑,时年37岁。铁冶亭:铁保。铁保(1752~1824),字冶亭,一字铁卿,号梅庵。清代书法家。

龙潜木①

其 一

真位真龙兆已谐,犹余乔树荫长街。
从兹斤斧须教赦,记取先朝旧姓柴②。

其 二

何须吉兆见烟牌,龙爪森然似古槐。
可惜螣蛇③留棍样,湟中无计服崖埋。

[注释]

①本组诗录自《铁路协会会报》,1922年第118期"文苑",第121页。诗题作"前题",前作诗题下注:"限佳韵,梯园击钵。"佳,当为"佳"之误。龙潜木:宋庄绰《鸡肋编》卷上载:宋太祖赵匡胤微时,往凤翔谒节度使王彦才,得钱数千,遂过原州,卧于田间,而树阴覆之不移,至今犹存,谓之"龙潜木"。

②记取句:赵匡胤本仕后周(柴姓),任殿前都点检,掌管殿前

禁军。周恭帝即位后不久,赵匡胤受命抵御北汉及契丹联军。旋即在"陈桥兵变"中被拥立为帝。大军回京后,恭帝被迫禅位,赵匡胤登基改元。

③螣蛇:古代传说中一种能飞的蛇。亦作"腾蛇"。

魏广微以缙绅便览摘怨家姓名授魏忠贤①

忠孝全家叹大中,当朝委鬼②姓偏同。
空将滴露研朱笔,散作茄花满地红。

[注释]

①本诗录自《铁路协会会报》,1922年第120期"文苑",第96页。诗题作"前题",前作诗题下注:"限东韵,稊园击钵。"魏广微:生卒年不详,字显伯,南乐(今属河南)人。天启初,以同乡同姓附结魏忠贤,初召拜礼部尚书兼东阁大学士,参预机务。愈加谄附忠贤,倾陷正人,人称"外魏公"。魏忠贤(1568~1627):字完吾。北直隶肃宁(今河北沧州肃宁县)人。明朝末期宦官。明熹宗时期,出任司礼秉笔太监,极受宠信,称"九千九百岁",排除异己,专断国政。

②委鬼:清夏燮《明通鉴》载:魏忠贤权焰熏天,民怨沸腾,时有道士歌于市曰:"委鬼当头立,茄花满地红。"前句为拆字谜,谜底为"魏",指魏忠贤;后句为谐音谜,因"茄"与"客"谐音,指明熹宗乳母客氏。魏忠贤与客氏对食,把持朝政。

宋之问夺锦袍①

衣锦何曾筮拔茅②,他时口臭柱讥啁③。
夺裘倘使逢仁杰④,谁占投壶⑤第一馌⑥。

[注释]

①本诗录自《铁路协会会报》,1922年第123期"文苑",第167页。诗题下注:"限三肴,稊园击钵。"夺锦袍:《新唐书》卷二〇二《列传第一百二十七·文艺中·宋之问》:"武后游洛南龙门,诏从臣赋诗,左史东方虬诗先成,后赐锦袍,之问俄顷献,后览之嗟赏,更夺袍以赐。"

②拔茅:喻递相推荐引进。《周易·泰》:"拔茅茹以其汇。"王弼注:"茅之为物,拔其根而相牵引者也。茹,相牵引之貌也。"茅:白茅,多年生草本植物,春季先开花,后生叶,花穗上密生白毛。根茎可食,亦可入药。叶可编蓑衣。

③他时句:唐孟棨《本事诗·怨愤第四》载,宋之问谄侍武则天,作《明河篇》,中有"明河可望不可亲,愿得乘槎一问津"之句,欲自荐。武皇以宋之问有口臭拒之。

④仁杰:狄仁杰。狄仁杰(630～700),字怀英。并州太原(今山西太原)人。唐代武周时期政治家,以不畏权贵著称。两次拜相,曾犯颜直谏,力劝武则天复立庐陵王李显为太子,使李唐社稷得以延续。死后被追赠为梁国公,后人又称其为"狄梁公"。宋曾慥《类说》载:"则天时,南海贡集翠裘,后以赐张昌宗。狄仁杰入奏事,命与张昌宗双陆。则天曰:'赌何物?'梁公曰:'赌昌宗毛裘,以臣紫绝袍为对。'则天曰:'此裘价逾千金。'梁公曰:'臣袍乃大臣朝

见之衣,昌宗所衣乃嬖倖宠遇之服,对臣之袍,臣犹怏怏。'昌宗神沮气索,累局连北。公对御褫裘,拜恩而出。及光范门,付家奴衣之,纵马而去。"

⑤投壶:旧时酒筵上宴饮娱乐角逐技艺的一种游戏活动,是由礼射演化而来的最古老的酒令之一。投壶时要求投者站在一定的距离外,将一支支矢投入特制的箭壶中,以投中数量的多寡决定胜负,负者则罚饮酒。

⑥髇:古响箭。

虱念《阿房宫赋》①

太息骊山土最劳,杜郎作赋语犹豪。
从今汤沐②休相吊,侥幸咸阳一炬逃。

[注释]

①本诗录自《铁路协会会报》,1922年第123期"文苑",第169页。诗题作"前题",前作诗题下注:"限豪韵,秭园击钵。"题解:后唐冯贽《云仙杂记》(一名《云仙散录》):"《清异志》曰:'扬州苏隐夜睡,闻被下有数人齐念《阿房宫赋》,声紧而小。急开被视之,无他,惟得虱十余,其大如豆,杀之即止。'"

②汤沐:沐浴。亦特指为死者沐浴所用热水等物。《淮南子·说林训》:"汤沐具而蚊虱相吊,大厦成而燕雀相贺,忧乐别也。"

苏东坡赤壁泛舟①

其 一

由他拗相②管黄麻③,一棹临皋水浸沙。
偕得吹箫杨道士④,不殊吕老袖青蛇⑤。

其 二

蛾眉雪水忆桑麻,棹乌林⑥月唤沙。
箫语尚传山上鹤,诗心休怕井中蛇。⑦

其 三

黄州吊古戟沉沙,休计朝官胖与麻。
风月只今堪共食,残碑千载见秋蛇。⑧

[注释]

①本诗录自《铁路协会会报》,1922年第123期"文苑",第170页。诗题作"前题",前作诗题下注:"限麻、沙、蛇韵,梯园击钵。"

②拗相:王安石。明冯梦龙《警世通言》载:因王安石性子执拗,佛菩萨也劝他不转,人皆呼为"拗相公"。

③黄麻:此指黄麻纸。黄麻纸为古代诏书用纸。亦借指诏书。古代写诏书,内事用白麻纸,外事用黄麻纸。

④偕得句:宋苏轼《与杨道士书帖》:"十月十五日与杨道士泛舟赤壁,饮醉,夜半有一鹤自江南来,……掠余舟而西,不知其为何祥也。"

⑤不殊句：宋张舜民《画墁集》载：吕洞宾曾游岳阳楼，题壁曰："朝游百越暮三吴，袖里青蛇胆气粗。三入岳阳人不识，醉吟飞过洞庭湖。"青蛇：古宝剑名，亦泛指剑。

⑥乌林：即今湖北洪湖县东北邬林矶。东汉建安十三年（208）赤壁之战，孙权与刘备大败曹操于此。

⑦原注：吹箫者，或云杨世昌，或云李委公。《三朵花》诗："四条深怕井中蛇。"

⑧原注：公书《赤壁赋》石刻："吾与子之所共食。"

小乔墓砖砚①

其 一

犹幸东风便汝多，西陵②无分听哀歌。
残砖不是铜台瓦③，留与沉沙戟共磨。

其 二

江东霸气近如何，几点春山想黛螺。④
若使残砖泐⑤芳影，断肠应不减凌波。⑥

[注释]

①本组诗录自《铁路协会会报》，1923年第124～126期"文苑"，第184～185页。诗题下注："限歌韵七绝，稊园击钵。"

②西陵：此当指三国魏武帝之陵寝。在今河北省临漳县西南。《（嘉靖）彰德府志》卷二《地理志二》："操且死，遗令施穗帐于上，朝

哺,上酒及糗粻,使宫人歌吹帐中,望吾西陵。"西陵即高平陵也,在县西南三十里,周回一百七十步,高一丈六尺。"南朝齐谢朓《铜雀台》诗:"郁郁西陵树,讵闻歌吹声。"

③铜台瓦:铜雀台上之瓦。后人取而制为砚,即用作砚名,亦称"铜台砚""铜雀砚",是古代名砚之一。铜台:铜雀台,为汉末建安十五年(210)冬曹操所建。周围殿屋一百二十间,连接榱栋,侵彻云汉。铸大孔雀置于楼顶,舒翼奋尾,势若飞动,故名铜雀台。故址在今河北省临漳县西南古邺城西北隅。

④原注:渔洋过二乔宅诗云:"修眉细细写春山。"又云:"霸气江东久销歇。"

⑤泐:此同"勒"。

⑥原注:孙子潇有洛神小影砚,同社师郑吏部藏其打本。

咏 箫①

其 一

尧章当日过垂虹,船上轻吹命小红②。
自度石湖仙一曲③,寿词歌与顺阳公④。

其 二

秦淮一角小楼红,紫玉⑤吹残夜未中。
听彻新声沙宛在,配他傅寿唱玲珑。⑥

[注释]

①本组诗录自《铁路协会会报》,1923年第127～129期"文

苑",第206页。诗题作"前题",前作诗题下注:"东韵,限'寿'字,秭园击钵。"

②尧章二句:小红,范成大的家妓,有色艺。姜夔访范成大于石湖,范征新声,姜作《暗香》《疏影》二词,范使小红学唱,音节清婉。姜辞别归吴兴,范以小红赠之,大雪中过垂虹桥,赋《过垂虹》诗以纪其事。《过垂虹》诗:"自作新词韵最娇,小红低唱我吹箫。曲终过尽松陵路,回首烟波十四桥。"

③自度句:《石湖仙》为宋姜夔自度曲,乃姜夔为范成大(号石湖居士)祝寿而作,故以《石湖仙》作词调名。

④顺阳公:范成大。范成大(1126～1193),字至能,或作致能、志能。平江府(今江苏苏州)人。早年居昆山,因欲买山而无资,遂取唐人"只在此山中"句意而自号"此山居士",中年又因经营、寓居姑苏郊外之石湖别业而自号"石湖居士"。还曾因郡望派出顺阳之故,而自署顺阳,故称"顺阳公"。

⑤紫玉:此指箫。

⑥原注:事见《板桥杂记》及王士禛《秦淮绝句》。编者注:清余怀《板桥杂记》下卷《轶事》载:吴郡张魁年少风流,善吹箫、度曲。钱财到手辄尽,日益穷困,不名一钱。年过六十,以贩茶、卖芙蓉露为业。"庚寅、辛卯之际,余游吴,寓周氏水阁。魁犹清晨来插瓶花、爇炉香、洗芥片、拂拭琴几、位置衣桁如曩时。酒酣烛跋时,说青溪旧事,不觉流涕。丁酉再过金陵,歌台舞榭,化为瓦砾之场。犹于破板桥边,一吹洞箫。矮屋中,一老妪启户出曰:'此张魁官箫声也。'为鸣咽久之。又数年,卒以穷死。"清王士禛有《秦淮杂诗》(即邵瑞彭原注中的《秦淮绝句》)二十首,其第十首云:"傅寿清歌沙嫩箫,红牙紫玉夜相邀。而今明月空如水,不见青溪长板桥。"傅寿、沙嫩,皆明末秦淮名妓。傅寿能弦索,喜登台演剧。沙嫩,名宛在,字嫩儿,善吹箫,为曲中第一。

妙严公主拜砖①

跏趺②遗影在招提③,不学平阳事鼓鼙④。
凭吊尽同辽女塔,鸾文大脚句重题。⑤

[注释]

①本诗录自《铁路协会会报》,1923 年第 127~129 期"文苑",第 209 页。诗题作"前题",前作诗题下注:"限八齐,秭园古钵。"妙严公主:元世祖忽必烈之女。为替其父赎罪,出家潭柘寺。每日里在观音殿内跪拜诵经,礼忏观音,年深日久,把殿内的一块铺地方砖磨出了两个深深的脚窝。后终老于寺中。现今妙严公主"拜砖"仍供奉于潭柘寺观音殿内。

②跏趺:"结跏趺坐"的省称。佛教中修禅者的坐法。两足交叉置于左右股上,称"全跏坐"。或单以左足压在右股上,或单以右足压在左股上,叫"半跏坐"。据佛经说,跏趺可以减少妄念,集中思想。

③招提:梵语。音译为"拓斗提奢",省作"拓提",后误为"招提"。其义为"四方"。四方之僧称招提僧,四方僧之住处称为招提僧坊。北魏太武帝造伽蓝,创招提之名,后被用为寺院的别称。

④不学句:平阳公主为唐高祖李渊第三女,嫁柴绍为妻。隋大业十三年(617),柴绍从李渊在太原举兵反隋,她回家散财招兵得七万人,亲率帅与李世民会于渭北,时称娘子军。后被封为平阳公主。鼓鼙:古代军中常用的乐器,指大鼓和小鼓,后借指征战。

⑤原注:辽公主塔在西山下,龚自珍诗有"大脚鸾文鞠"之句。

沈阳逢艳秋①

瘿公②示病近如何,小别真成一掷梭。
却喜新声动朝市,要抬愁眼看关河。
朱门夜醉溶溶酒,绿绮春温缓缓歌。
莫向觚棱苦回首,闲沤③随处足烟波。

[注释]

①本诗录自《铁路协会会报》,1924 年第 136～138 期"文苑",第 222 页。艳秋:程砚秋。程砚秋(1904～1958),原名承麟,满族索绰罗氏,后改为汉姓程,初名程菊侬,后改艳秋,字玉霜。1932 年起更名砚秋,改字御霜。京剧四大名旦之一,程派艺术的创始人。

②瘿公:罗惇曧。罗惇曧(1872～1924),字掞东,号瘿公、瘿庵。广东顺德(今属佛山)人。晚清名士,与梁鼎芬等并称"粤东四家"。著有《瘿庵诗集》等。

③闲沤:即闲鸥。后出沤盟、沤鹭、野沤、孤沤、沙沤等,"沤"均同"鸥"。

阮圆海《春灯谜》院本①

其 一

拍手争歌大耳儿,六州铸错②几人知。

春灯若遣侪春雪,一匹还须铁獭驰。③

其 二

河房笑骂太无端,十错吟成倚醉看。
若比当年王癞獭④,原来有锢胜无官。

其 三

怀宁⑤垂老媚貂珰⑥,遥夜高吟裤子裆⑦。
奚用黄陂赋春雨,焦湖一獭是同乡⑧。

[注释]

①本组诗录自《铁路协会会报》,1924年第139～141期"文苑",第195页。诗题作"前题",前作诗题下注:"嵌'獭'字,不限韵,梯('梯'之误,编者注)园击钵。"阮圆海:阮大铖。阮大铖(1587～1646),字集之,号圆海、石巢、百子山樵。南直隶安庆府(今属安徽)人。明末大臣、戏曲作家。先依东林党,后依魏忠贤,崇祯朝以附逆罪去职。明亡后在福王朱由崧的南明朝廷中官至兵部尚书、右副都御史、东阁大学士,对东林、复社人员大加报复,南京城陷后降清。院本:金元时期,行院(妓院)演唱用的戏曲脚本。体制与宋杂剧相同,是北方的宋杂剧向元杂剧过渡的形式。演时仅用五人,又称"五花爨弄"。

②六州铸错:指造成重大失误。宋孙光宪《北梦琐言》卷十四:"弘信卒,子绍威继之,与梁祖通欢结亲,情分甚至。先是,本府有牙军八千人,丰其衣粮,动要姑息,时人云:'长安天子,魏府牙军。'主使频遭斥逐,由此益骄。绍威不平,有意翦灭。因与汴人计会,诈令役夫肩笼内藏器甲,扬言汴帅葬罗氏之女。绍威密令人于兵

仗库断弓弦共甲襻,夜会汴人,摆甲持戈,攻杀牙军。牙军觉之,排闼入库,而弓甲无所施勇也。全营杀尽,仍破其家。人谓牙军久盛,宜其死矣。绍威虽豁素心,而纪纲无有,渐为梁祖陵制,竭其帑藏以奉之。忽患脚疮,痛不可忍,意其牙军为祟,乃谓亲吏曰:'聚六州四十三县铁,打一个错不成也。'绍威卒,其子周翰继之,俄而移镇滑台,罗氏失去其国矣。"

③原注:明末谚云:"一匹马,西南驰,谁其乘此大耳儿。"梅圣俞马名"铁獭"。编者注:"一匹马"指马士英,"大耳儿"指阮大铖。马士英出任南明弘光皇朝宰辅后,重用其同年友阮大铖。阮大铖大权在握后,便对复社成员大张挞伐,或拘捕下狱,或肆意杀害。

④王獭獭:唐张鷟《朝野佥载》卷二:"王熊为泽州都督,府法曹断掠粮贼,惟各决杖一百。通判,熊曰:'总掠几人?'法曹曰:'掠七人。'熊曰:'掠七人,合决七百。法曹曲断,府司科罪。'时人哂之。前尹正义为都督,公平。后熊来替,百姓歌曰:'前得尹佛子,后得王獭獭。判事驴咬瓜,唤人牛嚼沫。见钱满面喜,无镪从头喝。尝逢饿夜叉,百姓不可活。'"

⑤怀宁:地名,今安徽安庆。此指阮大铖。《明史》言阮大铖为安徽怀宁人,故清代有"阮怀宁"之称。一说阮为桐城人。桐城昔多名臣、理学之士,以阮附魏阉,故多讳之,因其常寄居皖城(今安庆),故称之为怀宁人。

⑥貂珰:貂尾和金、银珰,古代侍中、常侍的冠饰。此借指宦官。宋梅尧臣《和谢希深会圣宫》诗:"龟组恭来诣,貂珰肃奉承。"

⑦裤子裆:街巷名,在今江苏省南京市。明代名库司坊,阮大铖曾居此,因其降清为人所恶,故称其旧居所在为裤子裆。

⑧焦湖句:《全唐诗》录一伶人作《戏为冥吏判》:"焦湖百里,一

任作獭。"诗题下注:"张崇帅庐州,索钱无厌。尝因燕次,一伶人假为死者,被谴作水族。冥司判云云,崇大惭。"大惭,一作"亦不惭"。焦湖:即巢湖,在庐州境。獭:水中食鱼兽,作獭即为侵渔、掠夺。又"獭"与"贪"音近。

咏屏风①

其 一

黄獐②几日唱弯弓,镜殿何人肯纳忠③。
输与杨家围妓座,天家私语唤鸦虫。

其 二

武帝当年怒皿虫④,射声校尉⑤夜弯弓。
阿爷夜语将头触,教诏何如竟教忠。

其 三

椒丘止息驾聋虫⑥,天问难寻弚⑦日弓。
吟罢紫茎怀故国,皇穹不鉴屈原忠。

[注释]

①本组诗录自《铁路协会会报》,1924年第139～141期"文苑",第197页。诗题作"前题",前作诗题下注:"限虫、弓、忠韵,颠倒不拘,秭园击钵。"

②黄獐:即《黄獐歌》。据传武则天如意年间以来,民间有《黄

獐歌》流传,后有人认为这首民歌预示了契丹人叛变之事。《旧唐书》卷三十七《志第十七·五行》:"如意初,里歌云:'黄獐黄獐草里藏,弯弓射尔伤。'后契丹李万荣叛,陷营州,则天令总管曹仁师、王孝杰等将兵百万讨之,大败于黄麈谷,契丹乘胜至赵郡。"

③镜殿句:指唐高宗为武则天造镜殿之事。镜殿:壁上嵌镜的宫殿。清褚人获《坚瓠集》乙集卷之四"镜殿"条:"《艺林伐山》:唐高宗造镜殿,武后意也。四壁皆安镜,为白日秘戏之需。帝一日独坐,刘仁轨入奏事,惊走下阶,曰:'天无二日,上无二王。臣见四壁有数天子,不祥莫大焉。'帝命铲去,武后不悦。帝崩,后复建之。……但镜殿隋炀帝所造,《迷楼记》:帝设铜屏四周殿上,白昼与宫人戏乐,纤毫皆人屏中。高宗时武曌用事,中外谓之二圣。仁轨盖假此以讽之也。"

④武帝句:指巫蛊之祸。征和二年(前91),丞相公孙贺之子公孙敬声被人告发以巫蛊咒武帝,与阳石公主通奸,公孙贺父子下狱死,诸邑公主与阳石公主、卫青之子长平侯卫伉皆坐诛。武帝宠臣江充奉命查巫蛊案,以酷刑逼供,牵连甚广。江充与太子刘据有隙,遂趁机陷害太子。太子恐惧,起兵诛杀江充,后遭武帝镇压兵败,皇后卫子夫和太子刘据相继自杀。后武帝悔悟,夷江充三族。建思子宫,于太子被害处筑归来望思之台,以志哀思。此事件牵连者达数万人,史称巫蛊之祸。《左传》:"皿虫为蛊。"

⑤射声校尉:官名。汉制,为汉武帝所置京师屯兵八校尉之一。《汉书》卷十九上《百官公卿表第七上》:"射声校尉掌待诏射声士。"颜师古注:"服虔曰:'工射者也。冥冥中闻声则中之,因以名也。'应劭曰:'须诏所命而射,故曰待诏射也。'"

⑥椒丘句:用屈原之典。椒丘:尖削的高丘。一说生有椒木的丘陵。《楚辞·离骚》:"步余马于兰皋兮,驰椒丘且焉止息。"王逸注:"土高四堕曰椒丘。"洪兴祖补注引如淳曰:"丘多椒也。"止息:

休息,住宿。聋虫:指无知的畜类。《文子·道德》:"夫聋虫虽愚,不害其所爱。"

⑦弆:射。

甲子五月重至京师阆仙桐渊招游可园赋诗言别①

其 一

东暾晞②南陆,巨风洒西郊。
芙蓉有新荣,杨柳无旧条。
比肩接二士,欢宴及清朝。
照影俯深沱,把盏倾浊醪。
高谈众鸟惊,长啸万籁号。
荞麦渐青葱,城阙犹岧峣③。
日昃欲忘反,仰视西山高。

其 二

子渊怀巩县,季重忆南皮④。
旧游虽可追,芳岁忽已移。
鹙鸣感放士⑤,鸿渐失羽仪⑥。
匪车今揭揭⑦,瞻顾涕如縻⑧。
周鼎安足宝,峄山终见刓⑨。
髦发辞玄阙,一去谁能羁。

其 三

哲士友同志，高人忘世情。
尚论发遐想，吾慕严君平⑩。
爰皇戢文采，螣蛇志青冥。
讵以卞禽壁，来登乐喜庭。
道合神自昵，地远德弥馨。
周道直如弦，临别漫沾缨。

[注释]

①本组诗录自《铁路协会会报》，1924 年第 142～144 期"文苑"，第 139 页。阆仙：高步瀛。高步瀛（1873～1940），字阆仙。河北霸县人。师从桐城派古文家吴汝纶，文史学家。著有《唐宋诗举要》《古文辞类纂笺证》等。

②晞：暴晒，晒干。

③苕峣：高峻，高耸。原刊作"苕荛"，误。

④季重句：述友朋雅集宴游。季重：吴质。吴质（177～230），字季重，兖州济阴郡（今山东菏泽）人，汉末三国时文学家。南皮：县名，秦置，今属河北省。汉末建安中，魏文帝曹丕为五官中郎将，与吴质等文酒射雉，欢聚于此，传为佳话。曹丕《与朝歌令吴质书》："每念昔日南皮之游，诚不可忘。"

⑤鹌鸣句：《山海经·南山经第一》："（柜山）有鸟焉，其状如鸱而人手，其音如痺，其名曰鹌，其鸣自号也，见则其县多放士。"放士：被放逐的人士。

⑥鸿渐句：《文选》班固《幽通赋》："皇十纪而鸿渐兮，有羽仪于上京。"李善注引应劭曰："鸿，鸟也；渐，进也。言先人至汉十世，始

进仕。"鸿渐:此喻仕宦的升迁。

⑦揭揭:疾驰貌。汉焦赣《易林·需之小过》:"焱风忽起,车驰揭揭。"

⑧涕如縻:谓泪流不止。《文选》王粲《咏史诗》:"临穴呼苍天,涕下如绠縻。"縻:牛缰绳,泛指绳索。

⑨陊:山崩。疑本字有误。

⑩严君平:本名庄遵,字君平。东汉班固著《汉书》,因避汉明帝刘庄讳,改写为严君平。蜀郡成都人。好黄老,汉成帝时隐居成都市井中,以卜筮为业。扬雄为其弟子。著有《老子指归》《易经骨髓》等。

郭漱霞所藏孙仲容征君诗迹①

其 一

少日扶床拜大师②,世间信有蔡充儿③。
春风玉海楼前路,剩墨残縑又一时。

其 二

读罢城阴贱隶书,抟冰缩地④术终疏。
珠船入手真无价,得宝弘农恐不如⑤。

其 三

牵舟何夕泛中流,入楚犹堪唱越讴。
廿载南船更北马,几回东胜渡西牛。

其　四

和仲能知海岳翁，两家小子虎儿同。
荷锄我已惭黄犊，难得元晖有父风。

[注释]

①本组诗录自《铁路协会会报》，1925年第148～149期"文苑"，第102页。孙仲容：孙诒让。孙诒让（1848～1908），幼名效洙，又名德涵，字仲容，一字仲颂，别号籀庼。浙江瑞安（今浙江温州）人。晚清经学大师。与俞樾、黄以周合称"清末三先生"。有"晚清经学后殿""朴学大师"之誉。著有《周礼正义》《墨子间诂》《契文举例》等。征君：征士的敬称。

②少日句：有言邵瑞彭私淑孙仲容。

③蔡充儿：语出南朝宋刘义庆《世说新语·轻诋第二十六》："王丞相轻蔡公，曰：'我与安期、千里共游洛水边，何处闻有蔡充儿？'"刘孝标注引《妒记》载：丞相王导之妻曹夫人性甚忌，禁制王导不得有侍御。王导乃秘营别馆，众妾罗列，儿女成行。后曹夫人无意中发现，大怒，率仆从婢女，人持食刀，自出寻讨。王导听闻，亦遽命驾，飞辔出门，犹患牛迟，乃以左手攀车栏，右手捉麈尾，以柄助御者打牛，狼狈奔驰，劣得先至。蔡谟（蔡充之子）闻而笑之，乃故诣王公，以此事讥讽。王导羞愧不已，以此语反击。蔡充，字子尼，蔡邕三世孙。官成都王东曹掾。少好学，有雅尚，体貌尊严。

④缩地：传说中化远为近的神仙之术。晋葛洪《神仙传·壶公》："房（费长房）有神术，能缩地脉，千里存在，目前宛然，放之复舒如旧也。"

⑤得宝句：唐郑綮《开天传信记》："唐开元末，于弘农古函关得宝符。……得宝之时，天下歌之曰：'得宝耶？弘农耶？弘农耶？

得宝耶？'得宝之年，遂改元为'天宝'。"《资治通鉴》和《唐诗纪事》等记载，唐代陕郡一代原来流传着一种"得体歌"，至开元末有人上疏桃林县发现宝符，遂改桃林县为灵宝县，陕县尉崔成甫把原来的"得体歌"改成《得宝歌》，让百姓传唱。后《得宝歌》又附会到杨贵妃身上。谓唐玄宗初得太真妃，喜而谓后宫曰："予得杨氏，如得至宝。"乐府遂作此曲。《乐府诗集》有录，题解亦言此事。

沈阳西门别桐渊①

送汝自崖返，真成歧路看。
此时能忍泪，别后且加餐。
客梦随年改，春风带雪寒。
回车河泮泮，济此若为难。

[注释]

① 本诗录自《铁路协会会报》，1925 年第 150～151 期"文苑"，第 117 页。

重九日颖人约集北海未果往既而悔之作此诗也

射眼纁黄①忽在林，强凭茶梦想登临。
重阳不分无风雨，万事从教变古今。

入座霜花宜独好,出城吟侣更难寻。
明朝直上萧娘塔,招手期君烟水深。

[注释]

①纁黄:绛与黄之间色。此指落日。亦指黄昏。《楚辞·九章·思美人》:"指嶓冢之西隈兮,与纁黄以为期。"王逸注:"纁黄,盖黄昏时也。纁,一作曛。"

中秋前三夕与公达少微经过东城

其 一

照眼明灯簇万星,草根新露湿秋萤。
楼台歌管今何夕,曾取筝琵洗耳听。

其 二①

小车犹及三人共,倦客能消一日闲。
忽讶流云吐华月,剧思回首看西山。

[注释]

①上三首诗录自《铁路协会会报》,1925年第154～155期"文苑",第118页。

独游北海二首

丙辰九月与胡夔文①同过玉𬭚桥②,夔文有句云:"水浅正宜孤艇下,秋深还有数花开。"览物感旧,为之怆然,故第二首及之。

其 一

流云下乔木,隔水见荷渠。
无复鸾舆过,微闻饥鸟呼。
苔生折粮石③,月暗奉宸居。
塔铃作胡语,得似秃当④无。

其 二

夔文已黄土,花发又秋深。
孤艇晚难下,万蝉寒欲喑。
旧臣思退食⑤,游女避行吟。
览物不成感,日斜天渐阴。

[注释]

①胡夔文:胡璧城。胡璧城(1870～?),字夔文。安徽泾县人。官内阁中书。工诗,著有《知困斋诗存》。

②玉𬭚桥:亦称"御河桥""金海桥""金鳌玉𬭚桥"。位于北京市文津街中段,横贯中南海与北海间。东西两端旧有两坊,西曰金鳌,东曰玉𬭚,因而得名。

③折粮石:今北京北海公园内的太湖石,亦称"艮岳石"。北宋

时期,宋徽宗造艮岳,发花石纲运来江南太湖石于汴京东北叠石筑山。后,金兵入侵,金兀术攻陷汴梁,山被拆毁,金迁都北京后因营造御苑无美石,遂派人南去开封运回艮岳遗石。为加快运送,朝廷下令湖石可按重量折成钱粮,让沿途各州府县以等量粮食支付湖石价款,故称。

④秃当:胡语。捉也。

⑤退食:语出《诗·召南·羔羊》:"退食自公,委蛇委蛇。"郑玄笺:"退食,谓减膳也。自,从也;从于公,谓正直顺于事也。"朱熹集传:"退食,退朝而食于家也。自公,从公门而出也。"指食量减退,不进食。亦用作退朝就食于家、公余休息或归隐、退休之意。

十月初三日自西郊至翠微①小憩旅店遂上灵光寺②题名而去

其 一

秋尽幽州气渐寒,懒人③每觉出城难。
谁知千变西山色,今日真从近处看。

其 二

西苑垂杨绿似春,长街踏④马不生尘。
休将摇落江潭意,来诉灵和殿⑤里人。

其　　三

促坐婵娟悄自怜,眉痕黛色定谁妍。

人生相保原难必,他日重来倘惘然。

其　　四

八年不到灵光寺,浅水疏林又此时。

亲手题名崖⑥隙里,不曾一个涴⑦燕支⑧。

其　　五⑨

射眼楼台倚夕阳,卢师⑩辽女两荒唐。

须臾野寺疏钟起,欲为名山作道场。

[注释]

①翠微:翠微山。在北京西郊。

②灵光寺:此指北京灵光寺。位于北京西山余脉翠微山东麓,是著名的"西山八大处"之一,因供奉释迦牟尼佛牙舍利而闻名于世。始建于唐大历年间,初名"龙泉寺"。金世宗大定二年(1162)重修,改称"觉山寺"。明英宗正统年间该寺扩建,改称"灵光寺"。

③人:原刊似"入"字,当为"人"。

④踏:原刊作"蹋",后出径改不注。

⑤灵和殿:南朝齐宫殿名。南朝齐张绪美风仪,善谈吐,为人清简寡欲,以风度脱俗知名当时,人称有"正始遗风"。齐武帝见灵和殿前杨柳的美姿,认为"似张绪当年时"。后因以"灵和殿"称颂人风度超俗。

⑥崖:原刊作"厓",后出径改不注。

⑦浼:污,弄脏。

⑧燕支:即胭脂。一种红色的颜料,女性用作化妆品,多用以涂脸颊或嘴唇。亦用作国画的颜料。亦作"燕脂""焉支"。清郑方坤《五代诗话》卷一引《稗史汇编》:"北方有焉支山,上多红蓝,北人采其花染绯,取其英鲜者作胭脂,妇人妆时用此,颜色殊鲜明可爱。"程善之《译蒙古军歌》:"白马溅赤血,少女施焉支。"

⑨上七首诗录自《铁路协会会报》,1925年第156~157期"文苑",第99~100页。

⑩卢师:山名。在今北京市西翠微山后。相传隋僧卢师居此,驯服大青小青二龙子。山有卢师寺,元建大天源延圣寺,明改名清凉寺。见明刘侗、于奕正《帝京景物略》。

车中漫成四绝句①

其 一

疏林微绿冲车过,刮目西山渐近人。
廿日关门理②秋梦,今朝才觉入新春。

其 二

听雨看花过少年,安心容易得天全。
道旁危语从渠说,且倚车窗③跂脚眠。

其 三

战垒无人白日斜,陈涛④十郡委⑤虫沙⑥。

兴亡何与春风事,野草无名渐⁷著花。

其 四

是非忧乐两相忘,闲客当春日易长。
睡醒微闻人语杂,舳棱如画隔垂阳⁸。

[注释]

①本组诗录自《铁路协会会报》,1925 年第 158～159 期"文苑",第 105 页。亦见于《国闻周报》,1926 年第三卷第 20 期,署名"邵次公",诗题作"自天津入京师车中杂诗",为补白。

②理:《国闻周报》作"续"。

③车窗:《国闻周报》作"车棂"。

④陈涛:陈涛斜。地名,在咸阳县,一名陈陶泽。唐至德元年(756)十月,房琯与安守忠战,败绩于此。杜甫《悲陈陶》诗:"孟冬十郡良家子,血作陈陶泽中水。"

⑤委:《国闻周报》作"感"。

⑥虫沙:比喻战死的兵卒,亦泛指死于战乱者。见前"身似鹤"注。

⑦渐:《国闻周报》作"目"。

⑧垂阳:《国闻周报》作"垂杨"。

上巳日京师吟社诸贤修禊水榭予以淹留天津未与良会子威代拈年字是日偶同逸塘督办宴集弢老太傅海藏方伯木斋议长师息侯侍御晴初阁丞侗伯省长味云署长众异秘监少微文学于秋山街之百花村赋此寄京师同社兼呈诸老①

液池②春水碧于天，难得风光似去年。
坠地谁惊蛇利炮③，看花未碍鹢头船④。
沉沉风雨真无定，草草杯盘⑤觉可怜。
聊与登楼挹西爽，自襟潸泪写云笺。

[注释]

①本诗录自《铁路协会会报》，1925 年第 158～159 期"文苑"，第 111～112 页。子威：宗威。宗威，生卒年不详，字子威。江苏常熟人。著有《度辽吟草》《南归集》《诗钟小识》等。逸塘：王赓。王赓（1877～1948），初名志祥（一说志洋），字慎吾，后改名赓，号揖唐、逸唐、逸塘，又号什公，安徽合肥人。著有《今传是楼诗话》等。弢老：陈宝琛。陈宝琛（1848～1935），字伯潜，号弢庵、陶庵、听水老人。福建闽县（今福州市）人。学者、诗人。著有《沧趣楼诗集》《沧趣楼文存》《沧趣楼律赋》《南游草》等。海藏：郑孝胥。郑孝胥（1860～1938），字苏戡，一字太夷，号海藏。

书法家、诗人。福建闽侯人。历任广西边防大臣、湖南布政使等。辛亥革命后以遗老自居，寓居于上海，其居所题为海藏楼。1932年任伪满洲国总理大臣兼文教总长。善楷书，取径欧阳询及苏轼，得力于北魏碑，所作苍劲朴茂。著有《海藏楼诗集》。木斋：李盛铎。李盛铎（1859～1934），字义樵，又字椒微，号木斋，别号师子庵旧主人、师庵居士等，晚号麐嘉居士。江西德化（今九江市）人。政治家、收藏家。著有《木犀轩藏书题记及书录》，编撰藏书目录多种。晴初：胡嗣瑗。胡嗣瑗（1869～1949），字晴初，亦字琴初，又字愔仲，别号自玉。贵州贵阳人。精通史学，擅长诗词、书法。侗伯：郭宗熙。郭宗熙（1878～1934），字侗伯，一作桐伯，号臣庵，别号三焦山人。书法家、藏书家。家中藏书十余万卷，藏于绠古楼，并编撰有《绠古楼行箧书目》。味云：杨寿枏。杨寿枏（1868～1948），初名寿械，字味云，晚号苓泉居士。江苏无锡人。著有《云在山房类高》《云在山房骈文诗词选》《云荳漫录》等。众异：梁鸿志。梁鸿志（1882～1946），字仲毅，一字众异，号迂叟。福建长乐人。北洋政府时期任参议院秘书长、段祺瑞执政府秘书长。抗日战争时期出任伪职。著有《爰居阁诗》。秋山街：在天津日租界内，现为锦州道。

②液池：太液池。汉太液池，在陕西省长安县西。唐太液池，在大明宫中含凉殿后，中有太液亭。元、明、清太液池，即今北京故宫西华门外的北海、中海、南海三海。元时名西华潭，清称太液池。南北四里，东西二百余步，池上跨长桥，旧有石牌坊，东西对峙，东曰玉蛛，西曰金鳌。桥北称北海，桥南称中海，其中瀛台以南称南海。卜源自玉泉山合西北诸水，出地安门水门流入。

③坠地句：《魏书》卷九十九《列传第八十七·张寔》："平文皇帝四年，寔为左右阎沙等所杀。先是谣曰：'蛇利炮，蛇利炮，公头坠地而不觉。'寔所住室梁间有人象而无头，久之乃灭。寔恶之，未

几见杀。"

④鹢头船：《淮南子·本经训》："龙舟鹢首，浮吹以娱。"高诱注："鹢，大鸟也。画其像着船头，故曰鹢首。"

⑤盘：原刊作"槃"，后出作此意者径改不注。

二月九日自京师乘汽车还天津途中漫成绝句①

其 一

十日看山兴未阑，朝朝临水理春寒。
随身自挈胡籹酒②，那有鲇鱼上竹竿③。

其 二

次律真成过去僧④，江湖回首即觚棱。
东华香土南楼月，持较巢居恐未胜。

其 三

去去风轮疾似梭，幽州春草碧如何。
烽烟不入诗人眼，浅水斜阳过潞河。

其 四

刘⑤项⑥何曾不读书，客途聊与慰离居。
茅檐明月河西务，此境他年梦不除。

其 五

孝经却敌原难事,未必黄巾识大师。
闭眼闲温蔡州帖⑦,这回不免送头皮⑧。

其 六

听彻高楼丽玉歌,坎侯⑨弹罢奈公何。
吕梁悬水三千丈,不信狂夫已渡河。

其 七

闲日青山荷锸⑩行,万缘销尽一身轻。
何尝单豹输张毅⑪,一例巴且⑫只暂荣。

其 八

肉人⑬剑解宜无福,鬼路车趋信有神。
归去不须治了饮⑭,砌花红放二分春。

[注释]

①本组诗录自《铁路协会会报》,1926年第160～162期"文苑",第130～131页。

②胡麰酒:宋陆游《老学庵笔记》卷十:"杨朴处士诗云:'数个胡麰彻骨干,一壶村酒胶牙酸。'《南楚新闻》亦云:'一榠毡根数十麰,盘中犹自有红鳞。'不知麰何物,疑是饼饵之属。"明郎瑛《七修类稿续稿·辩证·麰》:"殊不知胡麰乃牛颔卜之垂皮,对之酸酒,杨言其味之恶也。"

③鲇鱼上竹竿:宋欧阳修《归田录》:"梅圣俞以诗知名,三十年

终不得一馆职。晚年与修《唐书》，书成，未奏而卒。士大夫莫不叹惜。其初受敕修《唐书》，语其妻刁氏曰：'吾之修书，可谓猢狲入布袋矣。'刁氏对曰：'君于仕宦，亦何异鲇鱼上竹竿耶！'"

④次律句：宋苏轼《白鹤峰新居欲成夜过西邻翟秀才二首》其二："佐卿恐是归来鹤，次律宁非过去僧。"《高道传》载：房琯与邢和璞游废佛堂。和璞以杖叩地，掘之，得一瓦瓶，瓶中有娄师德《与永禅师书》。和璞笑曰："省此乎？"琯仿佛记得前世尝为僧，名智永。琯字次律。

⑤原注：倚仁。

⑥原注：英王。

⑦蔡州帖：南宋刻帖。蔡州临摹《绛帖》上十卷所成刻帖。

⑧送头皮：宋赵令畤《侯鲭录》卷六："真宗东封，访天下隐者，得杞人杨朴，能为诗。召对，自言不能。上问：'临行有人作诗送卿否？'朴言：'独臣妻有诗一首云：更休落魄贪杯酒，亦莫猖狂爱咏诗。今日捉将官里去，这回断送老头皮！'上大笑，放还。"

⑨坎侯：古乐器名，即箜篌，亦称"空侯"。一种拨弦乐器，形状似瑟而小，弦数因乐器大小而不同，最少的五根弦，最多的二十五根弦。汉应劭《风俗通义》卷六《声音·空侯》："孝武皇帝……始用乐人侯调，依琴作坎坎之乐，言其坎坎应节奏也，侯以姓冠章耳。或说：空侯取其空中。琴瑟皆空，何独坎侯耶。斯论是也。"或谓坎空声近，坎亦训空。《宋书》卷十九《志第九·乐一》："空侯，初名坎侯。汉武帝赛灭南越，祠太一后土用乐，令乐人侯晖依琴作坎侯，言其坎坎应节奏也。侯者，因工人姓尔。后言空，音讹也。"

⑩荷锸：《晋书》卷四十九《列传第十九·刘伶》："（刘伶）常乘鹿车，携一壶酒，使人荷锸而随之，谓曰：'死便埋我。'"

⑪何尝句：《庄子·达生》："鲁有单豹者，岩居而水饮，不与民共利，行年七十而犹有婴儿之色，不幸遇饿虎，饿虎杀而食之。有

张毅者,高门县薄,无不走也,行年四十而有内热之病以死。豹养其内而虎食其外,毅养其外而病攻其内。此二子者,皆不鞭其后者也。"

⑫扶且:即芭蕉,亦作"巴苴"。多年生草本植物,叶子很大,花白色,果实与香蕉相似,可以吃。

⑬肉人:肥胖之人。《灵枢经·卫气失常》:"肉人者,上下容大。"亦指凡俗之人。

⑭了饮:边唱挽歌边哭泣的豪饮。宋张舜民《画墁录》:"苏舜钦、石延年辈,有名曰鬼饮、了饮、囚饮、鳖饮、鹤饮。鬼饮者,夜不以烧烛;了饮者,饮次挽歌哭泣而饮;囚饮者,露头围坐;鳖饮者,以毛席自裹其身,伸头出饮,毕,复缩之;鹤饮者,一杯复登树下再饮耳。"

西　郊①

暮春憺游兴,驱车厉西郊。
朝晖敞清霁,桂观何苕峣。
平畴滋野卉,和风动桑条。
漠漠丹棱水②,湛湛不容刀③。
昔日公与侯,今为蓬与蒿。
胡马怨长征,悲鸣声萧萧。
涉川岂无裳,回车今则劳。
黄虞④邈已远,吾衰心焉忉⑤。

[注释]

①本诗录自《新中国》,1919 年第一卷第 3 期,署名"次公"。亦见于《河南大学校刊·文艺副刊》第 2 期,1937 年 5 月 24 日出版,署名"次公",诗题作"出西直门自玉泉山至碧云寺",见后录。

②丹棱水:指丹棱沜。位于今北京市海淀区西部,为万泉河与巴沟汇集成湖,再流入西花园、畅春园。今海淀公园的小湖取其旧名。《直隶河渠书》载:丹棱沜水在宛平县西,畅春苑之万泉庄平地涌泉,汇于丹棱沜。明王嘉谟有《丹棱沜记》。

③不容刀:《诗·卫风·河广》:"谁谓河广?曾不容刀。"刀:小舟。

④黄虞:黄帝、虞舜的合称。晋陶渊明《赠羊长史》诗:"愚生三季后,慨然念黄虞。"

⑤忉:忧愁,焦虑。

杂诗九首①

其 一

朔方春气迟,微暄始三月。

杨柳②方夭夭,红桃亦发发。

弢精③致高咏,深心纷自说。

仓庚④三四鸣,余芳殊未歇。

孤馨生广野⑤,娟娟聊自别。

礼防不足陈,纤枝岂堪折。

感君缠绵心,保此岁寒节。

其 二

大道贵达时,小人苦怀土。
和光诚未安,流议亦难迕。
长安盛车骑,夹道开朱户。
美人扬修蛾⑥,回裾相尔汝⑦。
杯酒一失意,涕泗忽如雨。
容颜难久持,沉冥孰能妒。
彭咸⑧不可从,蓬累⑨以终古。

其 三

黄尘交广陌,长风自东来。
甲帐忽零落⑩,玉扆⑪生蒿莱。
胡雁思故巢,悲鸣有余哀。
道旁游侠子,腰弓相与谋。
微物岂无心,天道徒恢恢。

其 四⑫

中庭有明镜,皎皎自生光。
持比天上月,圆栾⑬岂无双。
玄氛飒以暮,耿耿夜何长。
熠耀⑭飞东壁,蟏蛸⑮走西床。
启户望遥汉,扁舟不可方。
人生感相逢,何如参与商⑯。

其　五

穆满⑰骋遐极，秦皇望蓬莱。
神仙未易求，壮心何雄哉。
衰世侈淫巧，颓飙⑱控恢佹⑲。
遥遥万里余，去去曾几时。
皇池既流沙，沧海亦尘埃⑳。
餐霞㉑独无人，征战徒为灾。
世事长代谢，俯仰成愕眙㉒。

其　六

妖丽出京洛㉓，灼灼若秋华。
高髻切浮云，长袖翩流波。
明灯粲朱闼，清讴发扬荷㉔。
竽瑟纷玩㉕陈，四座静不哗。
艳色世所羡，明珠谁不夸。
含凄独辞去，寂寂长嗟吁。

其　七

王风昔委靡，下泉思苞萧㉖。
龙战㉗浩未已，白骨一何高。
函并㉘游侠子，腰间金错刀。
朝渡黄河去，暮至云阳㉙郊。
西风一以厉，征马忽长号。
行行苦不前，辗转心烦劳。

其 八

东城何委蛇㉚,驰道广且长。

高楼有四五,朱甍连建章㉛。

修林蔽白日㉜,婀娜间秋阳㉝。

跃马谁家子,金络来煌煌。

汉家朝四夷,匈奴如弟兄。

王道一云替,白露为繁霜。

黄鸟㉞声鸣悲,忼慨怨中行㉟。

怀沙㊱将焉如,吾谋良不臧。

其 九

朝代行路难㊲,夕吟独不见㊳。

所思岂不遥,岁华良未晏。

崇兰㊴转朱明㊵,婉娈怀团扇㊶。

缅彼谷风㊷诗,同心易成怨。

玄芝㊸生晔晔㊹,中洲㊺一何浅。

离居若可遗㊻,采采泪如霰。

[注释]

①本组诗录自《新中国》,1919年第一卷第4期。亦见于《小说月报》,1919年第十卷第六号,诗题作"杂诗"。

②杨柳:《小说月报》作"杨叶"。

③弢精:即韬精。掩藏光明或才华。南朝宋颜延之《五君咏·刘参军》:"韬精日沉饮,谁知非荒宴。"

④仓庚:亦作"仓鹒"。黄莺的别名。《诗·豳风·东山》:"仓

庚于飞,熠耀其羽。"《禽经》:"仓鹒,鵹黄、黄鸟也。"张华注:"今谓之黄莺,黄鹂是也。"

⑤广野:《小说月报》作"旷野"。

⑥修蛾:《小说月报》作"修娥"。

⑦尔汝:此意为彼此亲昵的称呼,表示不拘形迹,亲密无间。唐韩愈《听颖师弹琴》诗:"昵昵儿女语,恩怨相尔汝。"本句"回裾",《小说月报》作"回裙"。

⑧彭咸:屈原《离骚》:"吾将从彭咸之所居。"王逸《楚辞章句》注:"彭咸,殷贤大夫,谏其君不听,自投水而死。"后多从此说。林庚《彭咸是谁》一文认为屈原引彭咸之事意在表明退隐之志。按,本诗当用自沉意。

⑨蓬累:像飞蓬飘转流徙而行,转停皆不由己。《史记》卷六十三《老子韩非列传第三》:"且君子得其时则驾,不得其时则蓬累而行。"张守节正义:"蓬,沙碛上转蓬也;累,转行貌也。言君子得明主则驾车而事,不遭时则若蓬转流移而行,可止则止也。"

⑩零落:原刊作"蘦落"。蘦,古通"零",零落。《小说月报》作"蘦苓"。后出作此意者,径改不注。

⑪阺:门槛。另,阺亦可作"门"之异体字。

⑫《小说月报》本诗缀于前诗之后,未分。

⑬圆栾:《小说月报》作"团栾"。

⑭熠耀:此指萤火虫。唐元稹《江边四十韵》诗:"断帘飞熠耀,当户网蟏蛸。"本句与后一句当化用此诗。

⑮蟏蛸:一种蜘蛛。身体细长,脚很长。多在室内墙壁间结网。通称"喜蛛"或"蟏子",旧时认为是喜庆的预兆。《小说月报》作"蛸蟏"。

⑯参与商:参星和商星。参星和商星,此出则彼没,两不相见,喻亲友隔离不得相见或彼此对立不和睦。杜甫《赠卫八处士》诗:

"人生不相见,动如参与商。"

⑰穆满:周穆王,周康王之孙,周昭王之子,名满,后人称之为"穆天子"或"穆满"。亦借指出巡的帝王,典出《史记》卷四《周本纪》。

⑱飙:暴风。

⑲恢炱:旺盛貌,广大貌。《楚辞·九辩》:"收恢台之孟夏兮,然欿傺而沉臧。"《楚辞补注》:"台,一作炱,一作魚。《五臣》云:'恢台,长养也。'《释文》:'台,他来切。'《舞赋》云:'舒恢炱之广度。'注云:'恢炱,广大貌。炱,与台古字通。'黄鲁直云:'恢,大也;台,即胎也。言夏气大而育物。'《尔雅》曰:'夏为长赢是也。'《集韵》:'炱,煤尘也。台、胎,二音。'"

⑳沧海句:晋葛洪《神仙传》卷三《王远》:"麻姑自说:'接侍以来,已见东海三为桑田。向到蓬莱,水又浅于往昔会时略半也,岂将复还为陵陆乎?'方平笑曰:'圣人皆言海中行复扬尘也。'"

㉑餐霞:一种道家修炼的方术。清晨迎霞行吐纳之气,以朝霞为食。用之指代修仙学道。《汉书》卷五十七下《司马相如传第二十七下》:"呼吸沆瀣兮餐朝霞,咀噍芝英兮叽琼华。"张揖注引应劭曰:"《列仙传》陵阳子言春(食)朝霞,朝霞者,日始欲出赤黄气也。夏食沆瀣,沆瀣,北方夜半气也。并天地玄黄之气为六气。"

㉒愕眙:惊视的样子。

㉓妖丽句:《小说月报》作"媟丽出京洛"。

㉔扬荷:《楚辞·招魂》:"《涉江》《采菱》,发《扬荷》些。"王逸注:"楚人歌曲也。言己涉渡大江,南入湖池,采取菱芰,发扬荷叶。喻屈原背去朝堂,隐伏草泽,失其所也。"一本作"阳阿"。亦同"扬阿"。邵瑞彭有词集《扬荷集》,当用此意。

㉕玩:《小说月报》作"既"。

㉖下泉句:《诗·曹风·下泉》:"冽彼下泉,浸彼苞萧。忾我寤

叹,念彼京周。"伤周室衰败之作。

㉗龙战:本谓阴阳二气交战。《易·坤》:"上六,龙战于野,其血玄黄。"后遂以喻群雄争夺天下。晋潘岳《杨荆州诔》:"天厌汉德,龙战未分。"

㉘函并:当指函谷关和并州。函谷关,关名。古关为战国秦置,在今河南省灵宝县境。因其路在谷中,深险如函,故名。汉元鼎三年(前114)移至今河南省新安县境,去故关三百里。并州,古州名。相传禹治洪水,划分域内为九州。据《周礼》《汉书·地理志上》记载,并州为九州之一。其地约为在今河北保定和山西太原、大同一带地区。《周礼·夏官·职方氏》:"乃辨九州之国,……正北曰并州,其山镇曰恒山。"此或为"幽并"之误。《小说月报》作"幽并"。

㉙云阳:古县名,即今江苏省丹阳市。《文选》谢灵运《庐陵王墓下作》诗:"晓月发云阳,落日次朱方。"李善注引《越绝书》:"曲阿为云阳县。"唐李白《丁都护歌》:"云阳上征去,两岸饶商贾。"王琦注:"《元和郡县志》:江南道润州丹阳县,本旧云阳县。秦时……截其直道使之阿曲,故曰曲阿。"天宝初改丹阳,属江南道润州,是长江下游商业繁荣区,有运河直达长江。

㉚委蛇:弯曲回旋的样子。亦作"逶迤"。《小说月报》作"逶迟"。逶迟:徐行貌。《文选》江淹《别赋》:"舟凝滞于水滨,车逶迟于山侧。"

㉛建章:指建章宫,汉武帝刘彻于太初元年(前104)建造的宫苑。《三辅黄图·汉宫》:"武帝太初元年,柏梁殿灾。粤巫勇之曰:'粤俗,有火灾即复大起屋,以厌胜之。'帝于是作建章宫,度为千门万户。宫在未央宫西,长安城外。"汉武帝为了往来方便,跨城筑有飞阁辇道,可从未央宫直至建章宫。

㉜白日:《小说月报》作"皓日"。

㉝阳:《小说月报》作"杨"。

㉞黄鸟:《诗·秦风·黄鸟》一诗是讽刺秦穆公以人殉葬,痛悼"三良"的挽诗。《左传·文公六年》:"秦伯任好卒,以子车氏之三子奄息、仲行、针虎为殉,皆秦之良也。国人哀之,为之赋《黄鸟》。"

㉟中行:此当指中庸之道。《论语·子路》:"子曰:'不得中行而与之,必也狂狷乎!狂者进取,狷者有所不为也。'"本句"忼慨"《小说月报》作"慷慨"。

㊱怀沙:屈原《怀沙》之作,一般认为是其绝命词,感时忧国,希冀以自沉震撼民心、激励国君。

㊲行路难:指乐府诗《行路难》。见宋郭茂倩《乐府诗集》卷七十一《杂曲歌辞十一》,内容多写世路艰难及离别悲伤之意。

㊳独不见:指乐府诗《独不见》。《乐府诗集》卷七十五《杂曲歌辞十五·独不见》题解:"《乐府解题》曰:'《独不见》,伤思而不得见也。'"

㊴丛兰:丛生的兰草。《楚辞·招魂》:"光风转蕙,泛崇兰些。"王念孙《读书杂志余编·楚辞》:"崇兰,犹丛兰耳。《文子·上德篇》:'丛兰欲茂,秋风败之。'《说文》:'丛,聚也。'《广雅》:'崇,聚也。'……是崇与丛同义。"

㊵朱明:此当指夏季。《尔雅注疏》卷六《释天》:"春为青阳,夏为朱明,秋为白藏,冬为玄英。"晋郭璞注:"气赤而光明。"

㊶婉娈句:用《团扇歌》意。《团扇歌》又名《怨歌行》,传为班婕妤所作。其辞曰:"新裂齐纨素,皎洁如霜雪。裁为合欢扇,团团似明月。出入君怀袖,动摇微风发。常恐秋节至,凉飚夺炎热。弃捐箧笥中,恩情中道绝。"婉娈:依恋貌。

㊷谷风:《诗·邶风·谷风》是描写弃妇之作。

㊸玄芝:黑芝,灵芝的一种。《楚辞》东方朔《七谏·乱词》:"拔搴玄芝兮,列树芋荷。"王逸注:"玄芝,神草也。"洪兴祖补注:"《本

草》：'黑芝，一名玄芝。'"三国魏曹植《洛神赋》："攘皓腕于神浒兮，采湍濑之玄芝。"

㊹晔晔：美盛貌。《汉书》卷一百下《叙传第七十下》："世宗晔晔，思弘祖业。"颜师古注："晔晔，盛貌也。"宋司马光《和同舍对菊无酒》诗："黄花倚秋色，晔晔为谁开。"

㊺中洲：洲中。《楚辞·九歌·湘君》："君不行兮夷犹，蹇谁留兮中洲。"王逸注："中洲，洲中也。水中可居者曰洲。"

㊻遗：《小说月报》作"贻"。

独游西山至潭柘寺①

西郊旷清赏，兹山独幽迈。
崇冈互回复，石濑若鞶带②。
朝霞度飞鸟，朱暾散烟暧③。
松声杂鸣蝉，余响④入清呗⑤。
登高发遐瞩，滹沱⑥渺东逝。
幽州既纷纭，怀古足长喟⑦。
山阿无美人，胡为苦留滞⑧。

[注释]

①潭柘寺：正名为岫云禅寺，位于北京西郊潭柘山宝珠峰麓。始建于晋代，初名嘉福寺，唐代改名为龙泉寺。金皇统年间改名为万寿寺，明代复名为嘉福寺，清康熙年间更名为岫云禅寺。因寺后有龙潭，寺旁有柘树，俗称潭柘寺，并以此名传播天下。

②鞶带：皮制的大带，为古代官员的服饰。《易·讼》："或锡之

鞶带,终朝三褫之。"孔颖达疏:"鞶带,谓大带也。"鞶:古人佩玉的皮带。

③曀:阴沉而有风;昏暗。

④响:《小说月报》作"韵"。

⑤呗:印度咏经或唱赞都称为"呗",中国只有唱赞称为"呗"。南朝梁简文帝《吴郡石像碑》:"顶礼归依,歌呗赞德。"

⑥滹沱:水名,即滹沱河。在今河北省西部,出山西省繁峙县东之泰戏山,穿割太行山,东流入河北平原,在献县和滏阳河汇合为子牙河。至天津市,会北运河入海。

⑦幽州句:当隐括陈子昂《登幽州台歌》诗意。

⑧山阿句:合屈原诗意而成。屈原《楚辞·九歌·山鬼》:"若有人兮山之阿,被薜荔兮戴女萝。"《离骚》:"忽反顾以流涕兮,哀高丘之无女。"

潭柘后山

绝巘瞰穷谷,四顾心彷徨①。
猿啼②枫树根,鸟憩屏风旁。
玄雾忽成海,白日惨无光。
长风自东来,急雨沾我裳。
殷雷乍收声,仰视天苍苍。
阴阳有变化,人意慎所防。
下山长感叹,悠然念河梁。

[注释]

①彷徨:《小说月报》作"旁皇"。

②猿啼:猿啼之声与人悲凄号哭之声相似,在古诗中常用以表达感伤之情。

潭柘度七夕

山居谢炎景,佳时忽云暮。
明月下前除,流光在高树。
清泉发远籁,修竹泫微露。
生理易相违,独言自成悟。
迢迢牵牛星,渺渺银河渡。
我歌空侯引,踯躅感中路。

戒　坛①

路险②易成游,山高难为深。
古寺郁秋气,高松森旧林。
丹楼未改色,颓云忽欲沉③。
一水泻寒流,千峰喧梵音。
坛空花雨散,悠悠成古今。
登临憯④将夕,瞻言⑤劳我心。

[注释]

①上四首诗录自《新中国》,1919 年第一卷第 6 期。亦见于《小说月报》,第十卷第九号,四诗次序亦同。戒坛:戒坛寺,亦称戒

台寺。在今北京市门头沟区马鞍山麓,又名万寿禅寺。以寺内有戒坛,故称。

②险:《小说月报》作"崄"。

③沉:《小说月报》作"湛"。

④憯:忧虑。

⑤瞻言:有远见的言论。《诗·大雅·桑柔》:"维此圣人,瞻言百里。"郑玄笺:"圣人所视而言者百里,言见事远而王不用。"一说,瞻,明见;言,助词,无义。

樊山师见谢饷茶赋诗属和次韵①

少年未读东方书②,梦中见鬼不敢骂。
竭③来京国接盛流,诗坛岌嶪④旗鼓罢。
天琴先生地行仙,颇许牛鸣和阤夏⑤。
法乳⑥口承五百道,玉带要量十三铐⑦。
达家四月雨毛天,麦颗⑧平章废耕稼。
越茶往往诩龙井,异人何人问鸮炙⑨。
已分余辛捣姜桂⑩,未可粗头浼兰麝。
恨不同携十九泉⑪,来煎百寿汤华泻。
先生爱茶如爱诗,茅草都教化甘蔗。⑫
诗肠⑬夜沃小团月,清辉远斗中秋霸。
笑我残篇苦海⑭资,红颜还仗毛生画。
呜呼!癖王⑮怪魁渺已远,仙山灵草斤论价。
且随龙尾⑯叩洪钟,休管猫儿生赤瘕⑰。

[注释]

①本诗录自《小说月报》，1918年第九卷第十号"文苑"，署名"次公"。樊山：樊增祥。樊增祥(1846～1931)，原名樊嘉、樊增，字嘉父，别字樊山、天琴，号云门，别署天琴居士、武威樊嘉等，晚年自署天琴老人。湖北恩施人。有诗词著作多种，收入《樊山全集》。今人编校有《樊樊山诗集》。

②东方书：指旧题汉东方朔所撰之《神异经》《十洲记》，体例皆仿《山海经》，述山川异物奇闻等。

③榾：句首助词。

④岌嶪：高壮的样子。张衡《西京赋》："疏龙首以抗殿，状巍峨以岌嶪。"

⑤陔夏：古乐章名，《九夏》之一。古代宴饮终了时奏。《周礼·春官·钟师》："祴夏"，汉郑玄注引汉杜子春曰："客醉而出奏《陔夏》，公出入奏《骜夏》。"《仪礼·乡饮酒礼》："宾出奏《陔》"。郑玄注："《陔》，《陔夏》也。陔之言戒也。终日燕饮，酒罢，以《陔》为节，明无失礼也。"

⑥法乳：佛教语，喻佛法。谓佛法如乳汁哺育众生。《涅槃经·如来性品》："饮我法乳，长养法身。"

⑦铐：量词，计算茶叶铐数的单位。亦可指铐茶，形似带铐，故称。

⑧麦颗：茶芽。形似麦粒，故称。宋沈括《梦溪笔谈·杂志一》："茶牙，古人谓之雀舌、麦颗，言其至嫩也。"宋曾巩《尝新茶》诗："麦粒收来品绝伦，葵花制出样争新。"自注："丁晋公《北苑新茶诗序》云：'茶芽采时如麰麦之大者。'"

⑨鹓炙：谓炙鹓鸟为食。《庄子·齐物论》："且女亦大早计，见卵而求时夜，见弹而求鹓炙。"成玄英疏："鹓，即鹏鸟，贾谊之所赋者也。大小如雌鸡，而似斑鸠，青绿色，其肉甚美，堪作羹炙，出

江南。"

⑩姜桂:生姜和肉桂。汉刘向《新序·杂事五》:"夫姜桂因地而生,不因地而辛。"南朝梁刘勰《文心雕龙·事类》:"夫姜桂同地,辛在本性。"后常以"姜桂"比喻人本性刚直。

⑪十九泉:此指位于浙江桐庐县西之十九泉。在富春山下,东濒钱塘江,水色莹碧,其味甘洌,适宜烹茶。唐陆羽品此为天下第十九泉,故名。

⑫原注:见《释迦志注》。编者注:《释迦志注》载:大茅草王老而无子,传位大臣,出家学道。弟子以笼盛之,悬于树上。猎人射之,滴血于地。出二甘蔗,化为一男一女,即善生与贵妃也。故佛以甘蔗为姓。

⑬诗肠:指诗思、诗情。唐孟郊《哭刘言史》诗:"精异刘言史,诗肠倾珠河。"

⑭苦海:此指投置平庸诗文的箱笼。五代王定保《唐摭言》卷十二《轻佻》:"(郑)光业弟兄共有一巨皮箱,凡同人投献,辞有可嗤者,即投其中,号曰苦海。"清钱谦益曾汇集应酬之作,题名《苦海集》,殆本此意。本句为邵瑞彭自谦之语。

⑮癖王:唐诗人卢仝的自号。唐卢仝《自咏》诗之三:"物外无知己,人间一癖王。"

⑯龙尾:此当指星宿名。即箕宿,二十八宿之一。居东方苍龙七宿之末,故称。《左传·僖公五年》:"童谣云:'丙之晨,龙尾伏辰,均服振振,取虢之旂。'"杜预注:"龙尾,尾星也。"此当以龙尾喻樊增祥。

⑰赤瘕:眼病。《全唐诗》卷八七八载《李后主童谣》:"猪儿狗儿都死尽,养得猫儿患赤瘕。"童谣原注:"赤瘕,目病。猫有目病,则不能捕鼠。"

赠冯冶吾肖吾二生①

我生六龄爱纸笔,九岁能作浯溪碑②。
十三心折洛神赋,无那出手近灵飞③。
当初旁薄蛟鼍走,长乃侧媚成委迆。
弱冠著文日千万,挥斥一气神不罢。
死蛇无意黄鲁直④,墨猪悔作苏灵芝⑤。
中间涉猎及篆隶,欲以书法副文辞。
戈铤杂出喜宝子⑥,北碑间取文公肥⑦。
艺舟自幼轻慎伯⑧,腕鬼⑨终靳逢羲之。
迄今三十无一是,恨不投笔焚墨池。
黄陂二冯郁惊采,神异上比圣小儿。
跃冶金精出双剑⑩,也如孝经分雄雌⑪。
齐锋电扫有绳尺,硬气盘胸⑫无柯枝。
伏几未肯嫌足短,动墨何尝愁手胝⑬。
大字直逼金刚峪⑭,小者亦近双云麾⑮。
人间锽璧重一字,不胫而走穷遐夷。
揭来京国犹襁负⑯,郎郎姹姹相与随。
愿为笔虎⑰镇榯柅⑱,那解竹马间遨嬉。
江汉炳灵⑲古所羡,一家两妙尤恢奇。
令我盘桓不能赋,回首汗出如绠縻⑳。
阴阳五行有间气,正须□㉑养成宏姿。
祝君金石长寿考,女为吴卫㉒男冰斯㉓。

莫学颜鲁公举家食粥但草乞米帖㉔,

要学淮西片石以为七十二代封禅玉检明堂基㉕。

[注释]

①本诗录自《小说月报》,1919年第十卷第二号"文苑"。

②浯溪碑:唐诗人元结作《大唐中兴颂》,颜真卿书摩崖石而刻之,称浯溪碑,在湖南祁阳西南约2公里湘江西岸与浯溪交汇处。唐以后,历代文人游此多留题刻。题刻者有皇甫湜、黄庭坚、秦观、李清照、米芾、范成大、沈周、顾炎武等。

③灵飞:即《灵飞经》,也称《灵飞六甲经》,道教经卷,唐代著名小楷墨迹之一,无名款。元袁桷、明董其昌皆以为唐钟绍京书。

④死蛇句:宋曾敏行《独醒杂志》卷三载:"东坡曰:'鲁直(黄庭坚字)近字虽清劲,而笔势有时太瘦,几如树梢挂蛇。'山谷曰:'公之字固不敢轻议,然间觉褊浅,亦甚似石压虾蟆。'二公大笑,以为深中其病。""树梢挂蛇",亦称"死蛇挂树",与"石压虾蟆"同出自王羲之作《笔势论十二章》:"字之形势,……不宜伤长,长则似死蛇挂树;不宜伤短,短则似踏死虾蟆。"

⑤苏灵芝:唐代著名书法家。宋黄庭坚《跋潞公帖》:"余尝论潞公书极似苏灵芝,公曰:灵芝墨猪耳。"潞公,指宋代著名政治家、书法家文彦博(封爵为潞国公),其行笔颇丰。

⑥宝子:此当指《爨宝子碑》,全称为《晋故振威将军建宁太守爨府君墓碑》,碑质为沙石。乾隆四十三年(1778)出土于云南省曲靖市扬旗田村,1852年移置曲靖城内,现存于曲靖一中爨轩内爨碑亭。碑文为隶楷书,用笔以方笔为主,其结字亦多为方形结构,用笔内敛。

⑦北碑句:北碑当指《郑文公碑》,系北魏光州刺史郑道昭于宣武帝永平四年(511)为其父郑羲所立。全称《魏故中书令秘书监使

持节督兖州诸军事安东将军兖州刺史南阳文公郑君之碑》，又名《郑羲碑》。系崖刻，共有内容近同的上、下两碑。上碑在中国山东平度市天柱山，下碑在莱州市云峰山。下碑51行，比上碑书写略晚，字亦较大，剥泐较少，因而比上碑更为著名。《郑文公碑（下碑）》肃穆庄重、气宇轩昂，结字宽博舒展，笔力雄强圆劲，字体近楷书，并有篆隶意趣相附，为魏碑佳作之一。

⑧慎伯：包世臣。包世臣(1775～1855)，字慎伯，晚号倦翁、小倦游阁外史，安吴（今安徽泾县）人。清诗人、书法家、书学理论家。其著作总辑为《安吴四种》传世，其中《艺舟双楫》一书系统阐释碑学书法的技法精要，影响颇著。

⑨腕鬼：古人戏称。指执笔时肘腕有如鬼使神差，变化不可端倪。

⑩跃冶句：当合《庄子》与干将莫邪之典而成。跃冶金精：《庄子·大宗师》："今之大冶铸金，金踊跃曰：'我且必为镆铘。'大冶必以为不祥之金。今一犯人之形，而曰'人耳人耳'，夫造化者必以为不祥之人。今一以天地为大炉，以造化为大冶，恶乎往而不可哉！"成玄英疏："夫洪炉大冶，镕铸金铁，随器大小，悉皆为之。而炉中之金，忽然跳踯，殷勤致请，愿为良剑，匠者惊嗟，用为不善。"此指乐于接受锻炼而成良器。双剑：《太平御览》卷三四三载《列士传》：干将莫邪为吴王作剑，三年而成，剑有雌雄，天下名器也。此以双剑誉冯氏兄弟，并无轩轾之分。

⑪也如句：《孝经》纬书中有《孝经雌雄图》。邵瑞彭是经学家，其著作中多有引用纬书之处，此当与前句意同，以此类比赞誉之意。

⑫胸：原刊作"匈"。

⑬胝：手、脚掌因摩擦所产生的厚皮。

⑭金刚峪：当指《泰山经石峪金刚经》。又名《泰山佛说金刚

经》,简称《泰山经石峪》。是著名的摩崖刻石,刻于泰山南麓斗母宫东北一公里处的花岗岩溪床之上。刻石南北长五十六米,东西宽三十六米,约计两千多平方米,是汉字刻石面积最大的作品。

⑮双云麾:指唐书法家李邕所书《云麾将军李思训碑》和《云麾将军李秀碑》。云麾:古将军名号。南朝梁置,陈承梁制。唐时定为武散阶,从三品上。

⑯襁负:用布幅包裹小儿而负于背。此当指冯氏兄弟到京时年龄尚小。

⑰笔虎:唐代李阳冰善作篆书,时人称为"笔虎"。宋周越《法书苑》:"李阳冰善小篆,自谓苍颉后身,时谓之笔虎。"

⑱樆㭫:经营驰逐。汉王延寿《王孙赋》:"扶枝𣗥以樆㭫。"亦作"陈㯲"。

⑲炳灵:焕发灵气。《文选》左思《蜀都赋》:"近则江汉炳灵,世载其英。"吕向注:"炳,明也;载,犹生也。言江汉明灵,故代生英哲。"

⑳绠縻:绳索,比喻连绵不绝。

㉑原刊此处有墨渍,辨识不清,疑为"弢"字。

㉒吴卫:指唐代著名女书法家吴彩鸾和魏晋时期的女书法家卫夫人。吴彩鸾,唐代吴猛之女,夫文箫。其小楷字体遒丽,用笔圆润。

㉓冰斯:唐李阳冰和秦李斯的并称,二人皆以篆书名世。清赵翼《题李静庵印谱》诗:"直将斯冰手,妙仿汉唐制。"

㉔乞米帖:唐代著名书法家颜真卿的作品,约书于永泰元年(765)。本为颜真卿向好友李光进借米的信札。又称《与李太保帖》。

㉕要学句:淮西,指唐韩愈《平淮西碑》,又名"韩碑"。唐李商隐《韩碑》诗:"传之七十有二代,以为封禅玉检明堂基。"此诗与韩

愈碑文观点相同,赞扬宰相裴度平叛的丰功伟绩。玉检:玉牒书的封箧,古代天子封禅所用。明堂:是古代帝王所建的最隆重的建筑物,用作朝会诸侯、发布政令、秋季大享祭天,并配祀祖宗。在泰山历代皇帝封禅中,明堂是帝王祭祀活动的重要场所。古人认为,明堂可上通天象,下统万物,天子在此既可听察天下,又可宣明政教,是体现天人合一的神圣之地。另,唐洛阳城紫微宫正殿亦名明堂,又称天宫,多次重建,又有"万象神宫""通天宫"之名。

上巳禊集瀛台二首限南海二字韵①

其　一

春阳发妍思,西崦回虚岚。
驾言②盍③宾朋,祓衅④及重三。
淋池⑤通太液,曾⑥波何郁蓝。
游丝横辇路,细草抽瑶簪⑦。
俯视文鳞⑧潜,遐听禽声酣。
胜游穷佳辰,谈宴亦已耽。
临流忽怀古,忧心一何惔。
行行聊周章⑨,长歌哀江南。

其　二

神京宅幽燕,绳绳⑩三百载。
白日忽西匿,高丘⑪化为海。
瀛台何巍峨,金床⑫犹未改。

仰瞻龙鸾书⑬,神灵赫然在。

废兴自有常,亡国诚奚罪。

天风吹枯桑⑭,中洲生兰茝⑮。

沉思曲水游,悲怀欲成痗⑯。

搀枪⑰亦云销,河清或能待。

一为黄鹄⑱歌,涟洏耿⑲盈颏。

[注释]

①本组诗录自《小说月报》,1919年第十卷第五号"文苑"。瀛台:位于中南海南海中的皇家宫苑。始建于明朝,清朝顺治、康熙年间曾两次修建,是帝王、后妃的听政、避暑和居住地。因其四面临水,衬以亭台楼阁,像座海中仙岛,故名瀛台。

②驾言:驾,乘车;言,语助词。语本《诗·邶风·泉水》:"驾言出游,以写我忧。"后用以指代出游,出行。

③盍:合,聚合。

④祓衅:以香薰草药沐浴祓除不详。《周礼·春官·女巫》载女巫掌岁时祓除衅浴。郑玄注:"岁时祓除,如今三月上巳,如水上之类。"

⑤淋池:古池名。故址在今陕西省西安市附近,为汉昭帝始元元年(前86)所凿。此代指南海以北之中海、北海。

⑥曾:古同"层(層)"。

⑦瑶篸:犹玉簪。篸,此通"簪"。此以瑶簪喻草细长且有鲜润之色。

⑧文鳞:指鱼。清彭孙遹《苏幕遮》词:"欲倩文鳞传尺素。娄水无情,不肯西流去。"

⑨周章:此意为迟疑不决。

⑩绳绳:绵绵不绝貌。《诗·周南·螽斯》:"螽斯羽,薨薨兮。宜尔子孙,绳绳兮。"朱熹集传:"绳绳,不绝貌。"

⑪丘:原刊作"邱"。

⑫金床:尊者所坐的交椅。唐李延寿《南史》卷七十九《列传第六十九·西域·滑国》:"无城郭,毡屋为居,东向开户。其王坐金床,随太岁转,与妻并坐接客。"亦可指华美的床。此为第一义。

⑬龙鸾书:喻华美的文章。《文选》吴质《答魏太子笺》:"摛藻下笔,鸾龙之文奋矣。"李善注:"鸾龙,鳞羽之有五彩,故以喻焉。"吕向注:"鸾龙,有五色文章也。"唐李白《留别于十一兄逖裴十三游塞垣》诗:"裴生览千古,龙鸾炳天章。"

⑭枯桑:老桑树。汉蔡邕《饮马长城窟行》诗:"枯桑知天风,海水知天寒。"

⑮茝:香草名。

⑯瘏:忧伤成病。《诗·卫风·伯兮》:"愿言思伯,使我心瘏。"

⑰搀枪:亦作"搀抢"。彗星名。即天搀,天抢。《淮南子·俶真训》:"古之人有处混冥之中,……搀抢衡杓之气,莫不弥靡,而不能为害。"高诱注:"搀抢,彗星也。杓,北斗柄第七星。"汉刘向《说苑·辨物》:"搀抢、彗孛、旬始、枉矢、蚩尤之旗,皆五星盈缩之所生也。"

⑱黄鹄:晋葛洪《抱朴子·逸民》:"(汉高帝)虽饥渴四皓,而不逼也,及太子卑辞致之,以为羽翼,便敬德矫情,惜其大者,发《黄鹄》之悲歌,杜婉娈之觊觎,其珍贤贵隐,如此之至也。"刘邦《鸿鹄歌》:"鸿鹄高飞,一举千里。羽翮已就,横绝四海。横绝四海,当可奈何。虽有矰缴,尚安所施。"传此诗为刘邦欲废太子立戚夫人之子而不得所作。黄鹄:宋谢维新《古今合璧事类备要》:"鹄,禽之大者,色白,又有黄者,有丹者,善高翔,湖海江汉间有之。"

⑲耿:心情不安,悲伤。《诗·邶风·柏舟》:"耿耿不寐,如有隐忧。"

悯忠寺①看丁香花四首

其 一

幽姿媚晚春,簌簌散轻尘。
溅泪能禁雨,含香不寄人。
欲将琼琋意,持问洛川神。

其 二

有雨春偏好,看花日易长。
从来瑶瑟怨,多在郁金堂②。
上客徘徊去,余情渺未央。

其 三

京洛二三月,嬉春信马蹄。
海棠金作萼,文杏玉为枝。
上林③千百树,都道不如伊。

其 四

谢客羁栖久,唐家④征战频。
好冯⑤壮士魂,来护此花身。
酹酒清思发,斜日自逡巡。

[注释]

①悯忠寺:古名悯忠寺,现名法源寺,位于北京市西城区(原宣

武区)教子胡同南端的法源寺前街。唐贞观十九年(645)唐太宗李世民为纪念跨海东征中死难的将士,在幽州(今北京)城内兴建寺庙。未及建成,李世民去世。后于武后万岁通天元年(696)建成,命名为"悯忠寺"。悯忠寺曾毁于火灾和地震,辽咸雍六年(1070)称"大悯忠寺"。清雍正年间赐名"法源寺"。后乾隆亲临该寺,赐御书"法海真源"匾额。悯忠寺丁香颇负盛名,号称香雪海,曾与崇效寺牡丹、恭王府海棠一起并称京畿三大花事。

②郁金堂:《玉台新咏》卷九引南朝梁武帝《河中之水歌》有"卢家兰室桂为梁,中有郁金苏合香"之句,描绘卢家妇莫愁的居室,后因以"郁金堂"或"郁金屋"美称女子芳香高雅的居室。

③上林:古宫苑名。此泛指帝王园囿。

④唐家:指唐朝。

⑤冯:同"凭",凭借,依靠。

有怀徐中可舍人①

其 一

乱后山偏好,春深气尚寒。
长吟消日易,强笑破愁难。
故国钱唐水,遥连五百滩。
何时棹歌去,相为理渔竿。

其 二

吴王台下女,罗袜粲雅头②。

冉冉路旁树,沉沉春复秋。

歌前浑易感,身外定何求。

此意无人晓,长持问野沤。

其 三

临水伤行役,回镫梦所思。

雨声三月树,心事去年衣。

天意归芳草,文章谢世羁。

愿言期皓首,缮性③两忘机。

[注释]

①本组诗与上组诗录自《小说月报》,1919年第十卷第八号"文苑"。

②雅头:即鸦头,"鸦头袜"之省称。大脚拇趾与其他四趾分开的袜子。唐李白《越女词》之一:"屐上足如霜,不着鸦头袜。"宋姜夔《鹧鸪天·己酉之秋苕溪记所见》词:"京洛风流绝代人。因何风絮落溪津。笼鞋浅出鸦头袜,知是凌波缥缈身。"吴无闻注:"鸦头袜,女子歧头袜。"雅:此同"鸦"。

③缮性:涵养本性。《庄子·缮性》:"缮性于俗。"成玄英疏:"缮,治也;性,生也。"

斗 鸡①

丹鸡不能飞,华采如凤凰②。

两雄仡③相质,于此羊沟④旁。

双距⑤若钩戟,利咮⑥锐⑦且长。

逆翰⑧拂霜风,神气一何扬。

杀机一以至,辗转成夷伤。

文德焉足恃,胜败徒张皇。

齱䶗血见求,拳觟谁能当。

[注释]

①本诗录自《唯是》,1920年第3期,署名"邵瑞彭"。

②凰:原刊作"翚",同"凰"。

③仡:勇猛雄壮貌。

④羊沟:此指古代斗鸡之所。《困学纪闻》卷十《诸子》引《庄子》逸篇:"羊沟之鸡,三岁为株。相者视之,则非良鸡也。然而数以胜人者,以狸膏涂其头。"该书原注:"羊沟,斗鸡处。"

⑤距:指雄鸡爪子后面突出像脚趾的部分。距:原刊作"岠",同"距"。

⑥咮:鸟嘴。

⑦锐:原刊作"兊",同"锐"。

⑧翰:原刊此处漫漶,形似"翰"字,即"翰"之异体字。翰:长而坚硬的羽毛。《广韵·去声·翰韵》:"翰,鸟羽也。"

拟枚乘诗九首①

其 一

飞楼十二重,苕峣切云端。

朱扉敞②绣幕，曲道三四环。
佳③人工妙舞，妍迹陵七盘④。
挥手弄哀音，奋袖激清澜。
掩泪忽回眄，春风吹素颜。
余响未及终，坐客起长叹。
不识离居苦，焉知行路难。
亮无晨风翼⑤，徒然念关山。

其 二

步出城东门，平川郁相缭。
朔风一以厉，严霜凋百草。
佳时良易失，行乐须及蚤。
鹿鸣念嘉宾⑥，关雎哀窈窕⑦。
胡为苦局促，离忧以终老。
燕赵多名倡，容色一何佼。
幽响发青琴，音声一何好。
丽色谁不慕，曲意苦难晓。
愿为梁上尘⑧，因风入怀抱。

其 三

遥遥复遥遥，遥遥天一方。
尊酒一为别，万里间河梁。
梦寐归无期，修夜惨不阳。
塞草摇秋风，寡鹄啼晨霜。
明镜霾⑨以漫，愁心郁以乱。

黄尘蒙大野,相望不可见。
回车岂无辙,岁序倏已换。
令名如可得,弃捐宁足叹。

其 四

江南多夫容⑩,游女弄江水。
采采匪所难,常恐风波起。
倾城岂在色,情多易为美。
怅望独何为,盛年不相待。

其 五

娟娟风前花,袅袅当窗人。
寂寂初长夜,脉脉怀芳春。
年年远别离,日日沾罗裙。
娟女嫁宕子⑪,暂悦难久亲。
舞袖空复长,谁信生寒尘。

其 六

春兰生幽谷,绿叶何葳蕤。
君子攘⑫其华,芳秀袭人衣。
夙昔承隆宠,弃置忽如遗。
秋露下中庭,怅然怀所思。
岂无忘忧草,采撷亦奚为。

其 七

灵芝本无根,托生在河洲。

临风发奇彩,馨香世莫俦。
美人期不来,公子徒离忧。
道远奚足悲,日夕倘见求。

其 八

湛湛长江水,峨峨高唐⑬山。
皎皎巫山女,隐隐开笑颜。
独居守贞信,愁思亮无端。
梦寐想见之,佳期忽云迁。
凄凄神灵雨,怅怅往复还。

其 九

独居怨长夜,览此明月辉。
起坐觉夜凉,白露沾人衣。
苦乐异怀抱,行客各自知。
一为乱根蓬,归家安有时。
徘徊以旁皇,闭门还自疑。

[注释]

①本组诗录自《国学汇编》,1923年第一集,署名"邵次公"。亦见于《国学周刊》,1923年第25期,署名"邵公次",当误。题解:《玉台新咏》录《枚乘杂诗九首》,即《文选》所录《古诗十九首》其中九首,依次为《西北有高楼》《东城高且长》《行行重行行》《涉江采芙蓉》《青青河畔草》《兰若生春阳》《庭前(《文选》作'中')有奇树》《迢迢牵牛星》《明月何皎皎》。

②敲:《国学周刊》作"敲"。

③佳:《国学周刊》作"佳",误。本组诗《国学周刊》"佳"均误作"佳",后出不再加注。

④七盘:古舞名。在地上排盘七个,舞者穿长袖舞衣,在盘的周围或盘上舞蹈。《宋书》卷十九《志第九·乐一》:"张衡《舞赋》云:'历七盘而纵蹑。'王粲《七释》云:'七盘陈于广庭。'近世文士颜延之云:'递间关于盘扇。'鲍照云:'七盘起长袖。'皆以七盘为舞也。"《旧唐书》卷二十九《志第九·音乐二》:"乐府诗云:'妍袖陵七盘',言舞用盘七枚也。"

⑤亮无句:《古诗十九首·凛凛岁云暮》:"亮无晨风翼,焉能凌风飞?"李善注:"《尔雅》曰:'晨风,鹯也。'《庄子》曰:'鹊凌风而起。'"刘良注:"亮,信也。晨风,鸟名,飞疾也。信无此鸟疾翼,何能陵风而飞以随夫去。"

⑥鹿鸣句:《诗·小雅·鹿鸣》:"呦呦鹿鸣,食野之苹。我有嘉宾,鼓瑟吹笙。"

⑦关雎句:《诗·周南·关雎》:"关关雎鸠,在河之洲。窈窕淑女,君子好逑。"雎:本刊及《国学周刊》均作"睢",误。

⑧梁上尘:《艺文类聚》卷四十三《乐部三·歌》:"《别录》曰:有丽人歌赋,汉兴以来,善雅歌者,鲁人虞公,发声清哀,盖动梁尘。"

⑨霾:云浓重貌。此指明镜昏暗。

⑩夫容:即"芙蓉"。

⑪宕子:即荡子。指离乡外游,久而不归之人。三国魏曹植《七哀》诗:"借问叹者谁,言是宕子妻。"

⑫攓:此同"搴",拔取,取。

⑬高唐:战国时楚国台观名,在云梦泽中。传说楚襄王游高唐,梦见巫山神女,幸之而去。宋玉《高唐赋》:"昔者楚襄王与宋玉游于云梦之台,望高唐之观。"

浣华①在京师,歌洛灵之曲,妙极人天,竭来海隅,宜有雅奏,闻声相思,意溢乎辞矣

其 一

十载幽思感洛灵,镮辕②山色背人青。
天风吹堕婵娟影,法曲③凌波梦里听。

其 二

歌吹飘零铜雀台,斯灵何事又重来。
一般去国陈王④恨,要费平生八斗才⑤。

其 三

江南终古有明珰,渺渺微波万里长。
可惜兰成⑥哀怨后,奇心无处觅君王。

其 四

广乐⑦钧天赞颂难,何时来向月中看。
闭门试读樊山赋,定许文章压建安。

[注释]

①浣华:梅兰芳。梅兰芳(1894~1961),名澜,字畹华,又字浣华。书室名缀玉轩。京剧、昆曲兼擅,中国京剧表演艺术大

师。祖籍江苏泰州,生长于北京。对京剧旦角的表演有所发展,风格独特,世称"梅派"。代表剧目有《宇宙锋》《贵妃醉酒》《洛神》等。

②辗辕:盘旋往还。形容道路环曲。《管子》卷十《地图第二十七》:"凡兵主者,必先审知地图。辗辕之险,滥车之水,……名邑废邑,困殖之地,必尽知之。"尹知章注:"谓路形若辕,而又辗曲。缑氏东南有辗辕道是也。"

③法曲:一种古代乐曲。东晋南北朝称作法乐,因其用于佛教法会而得名。原为含有外来音乐成分的西域各族音乐,后与汉族的清商乐结合,并逐渐成为隋朝的法曲。其乐器有铙钹、钟、磬、幢箫、琵琶。至唐朝又搀杂道曲而发展至极盛阶段。著名的曲子有《赤白桃李花》《霓裳羽衣》等。

④陈王:三国魏曹植。曹植曾被封为陈王,作有《洛神赋》。《三国志》卷十九《魏书·任城陈萧王传第十九·陈思王》:"陈思王植字子建。年十岁余,诵读诗论及辞赋数十万言,善属文。……时邺铜爵台新成,太祖悉将诸子登台,使各为赋。植援笔立成,可观,太祖甚异之。……其年冬,(魏明帝曹叡)诏诸王朝六年正月。其二月,以陈四县封植为陈王,邑三千五百户。植每欲求别见,独谈论及时政,幸冀试用,终不能得。既还,怅然绝望。时法制,待藩国既自峻迫,寮属皆贾竖下才,兵人给其残老,大数不过二百人。又植以前过,事事复减半,十一年中而三徙都,常汲汲无欢,遂发疾薨,时年四十一。遗令薄葬。"

⑤八斗才:南朝宋无名氏《释常谈·八斗之才》:"谢灵运尝曰:'天下才有一石,曹子建独占八斗,我得一斗,天下共分一斗。'"唐李商隐《可叹》诗:"宓妃愁坐芝田馆,用尽陈王八斗才。"

⑥兰成:庾信。庾信(513～581),字子山,小字兰成。南阳新野(今河南新野县)人。北朝周诗人、辞赋家、骈文家。有集二十一

卷,所著以《哀江南赋》最为著名。庾信《哀江南赋》:"王子滨洛之岁,兰成射策之年。"唐陆龟蒙《小名录》:"(庾信)幼而俊迈,聪敏绝伦,有天竺僧呼信为兰成,因以为小字。"

⑦广乐:盛大之乐。多指仙乐。《穆天子传》卷一:"天子乃奏广乐。"晋葛洪《抱朴子·尚博》:"真伪颠倒,玉石混淆,同广乐于桑间,钧龙章于卉服,悠悠皆然,可叹可慨者也。"

桐庐江楼有怀京师游好①

十月沧江只薄寒,北人真当早秋看。
如今始信还乡好,到此宁忧行路难。
隔浦何人歌水调②,空山容我置渔竿。
寂寥天地无多客,为数飞鸿独倚阑。

[注释]

①本诗与上组诗录自《东北》,1924年第2期,署名"邵瑞彭"。

②水调:乐府古题。《乐府诗集》卷七十九《近代曲辞一·水调歌第一》题解:"《乐苑》曰:'《水调》,商调曲也。'旧说,《水调》《河传》,隋炀帝幸江都时所制。曲成奏之,声韵怨切。王令言闻而谓其弟子曰:'但有去声而无回韵,帝不返矣。'后竟如其言。"

题《无价宝》杂剧①

其 一

千载贤愚论定难,女儿身世太无端。
可怜朱泚②非尧舜,一例伤心李季兰③。

其 二

画栀④摩挲记复翁,传家缃素⑤感秋蓬。
遥知此夜西窗烛,填罢新词别样红。

[注释]

①本诗录自《学衡》,1924 年第 32 期"文苑",署名"淳安邵瑞彭次公"。题目为编者所加。《无价宝》杂剧:吴梅作,述唐代女诗人鱼玄机事。鱼玄机,晚唐诗人,长安(今陕西西安)人。初名鱼幼微,字蕙兰。少时为补阙李亿妾,以李妻不能容,进长安咸宜观出家为女道士。后以打死婢女之罪名被处死。鱼玄机诗有"易求无价宝,难得有心郎"之句。

②朱泚:唐朝中期将领,后叛变。783 年,泾原兵变,朱泚被哗变的士兵拥立为帝,占据长安,国号秦,年号应天。784 年,李晟收复长安,朱泚逃亡,被部下杀死。

③李季兰:李冶。李冶(?～784),字季兰,唐代著名女诗人。乌程(今浙江吴兴)人。后为女道士。朱泚自立为帝后与之交往甚密,书信频繁,朱泚被平定后,李季兰被捕,遭唐德宗责怪,被处决。

④桁:此指挂字画的横木架。

⑤缃素:书卷、书籍。本意为浅黄色的绢帛,因古时多用以书写,故亦指书卷、书籍。

河干野眺和王三开府①

墙子河②边春水滑,拍浮③宛宛见鹅群。
橹声人语刚柔混,麦陇盐田左右分。
柳色沾衣疑带雨,梨花入梦忽成云。
江南那抵长芦④好,饮得波光意便醺。

[注释]

①本诗录自《国闻周报》,1927年第四卷第25期"采风录",署名"次公"。王三开府:王赓。

②墙子河:天津市历史上的一条运河。始建于清咸丰十年(1860),原为清政府统兵大臣僧格林沁为增强天津防御能力所筑壕墙的护城河,后几经更名和改变。中华人民共和国成立后,因城市建设等原因,原墙子河的部分河段更名为"津河",部分河段被填埋,不复存在。

③拍浮:浮游、游泳。南朝宋刘义庆《世说新语·任诞第二十三》:"毕茂世云:'一手持蟹螯,一手持酒杯,拍浮酒池中,便足了一生。'"后因以"拍浮"为诗酒娱情之典。此仅用浮游意。

④长芦:长芦县,北周大象二年(580)置,县治在今沧州市境内(据《沧县志》载,长芦故城在州北十里),属章武郡。北宋乾德二年(964)废长芦县并入清池县,后复置,熙宁四年(1071)废为镇。

无复一首①

无复缁尘②染素衣,霜前花木故芳菲。
秋来容我消长夜,事去凭人萃百非。
皱面渐忘欢意假,回头犹幸世缘稀。
西山不改青青色,未必从君乞疗饥。

[注释]

①本诗录自《国闻周报》,1927 年第四卷第 40 期"采风录",1927 年 10 月 16 日出版。

②缁尘:指黑色污垢,常喻世俗污垢或功名利禄等尘俗之事。晋陆机《为顾彦先赠妇二首》其一:"京洛多风尘,素衣化为缁。"南朝谢朓《酬王晋安》诗:"谁能久京洛,缁尘染素衣。"

丁卯禊集墙子河畔得灵字

眼中风物似兰亭①,一水拖蓝②万柳青。
此地端宜著蛮语,频年无奈负山灵。
春愁了了当花减,酒力沉沉对客醒。
恰好明朝是寒食,饧箫③吹彻倚阑听。

[注释]

①兰亭:亭名。在浙江省绍兴市西南之兰渚山上。东晋永和

九年(353),王羲之、谢安等同游于此,王羲之作《兰亭集序》。

②拖蓝:披着蓝色。宋史浩《蓦山溪·次韵贝守柔幽居即事》词:"名场利海,毕竟白头翁,山簇翠,水拖蓝,只个生涯好。"

③饧箫:卖饴糖人所吹的箫。《诗·周颂·有瞽》:"箫管备举。"郑玄笺:"箫,编小竹管,如今卖饧者所吹也。"孔颖达疏:"其时卖饧之人吹箫以自表也。"

陈叔良小字《金刚经》①

其 一

金刚力士出河图②,象背犹留贝叶书③。
一杵降魔④无处着,仓牙⑤从此压佉卢⑥。

其 二

疑君腕有羲之鬼,值得霄霞换白鹅⑦。
何日偷裁礬口去,姜芽敛手笑元和⑧。

[注释]

①本组诗与上首诗录自《国闻周报》,1927年第四卷第45期"采风录",1927年11月20日出版。陈叔良:陈之骥。陈之骥(1884~1964),字叔良。河北丰润人。冯国璋长婿。

②河图:"河图""洛书",历来被认为是华夏文化的源头。《易·系辞上》:"河出图,洛出书,圣人则之。"圣人即指伏羲。传说伏羲氏时,有龙马从黄河出现,背负"河图";有神龟从洛水出现,背

负"洛书"。伏羲根据这种"图""书"画成八卦,后来周文王又依据伏羲八卦研究成文王八卦和六十四卦,并分别写了卦辞。

③贝叶书:即贝叶经,佛教僧侣先把一种棕榈树的树叶采摘下来,切割成条状,经烹煮与晒干,造成刻载经文的贝叶。这种记录在棕榈叶上的佛教经典即称为"贝叶经"。古印度佛教僧徒在1世纪~11世纪间,远赴中亚、新疆、西藏、尼泊尔等地传教,而上述地区僧人前往印度求法时,将佛教各种典籍刻写在贝叶上,以方便携带。汉时佛教传入中国,以大象驮经而来。

④一杵降魔:降魔杵为佛教法器,亦名"金刚杵""金刚杖"。佛寺中金刚塑像手执之杵。亦泛指古代的一种棒状武器。

⑤仓牙:此当指"苍牙"。苍牙,相传为伏羲别称。《易纬坤灵图》:"苍牙通灵,昌之成运;孔演命明经道。"旧注:"苍牙则伏羲也,昌则文王也,孔则孔子也。"

⑥佉卢:亦作"佉楼","佉卢虱吒"的省称。《出三藏记集》卷一:"昔造书之主凡有三人,长名曰梵,其书右行,次曰佉楼,其书左行,少者仓颉,其书下行。"借指横行书写的文字。黄质《题朱生君实延龄遗墨》:"佉卢旁行竞欧化,变色风云惊叱咤。"

⑦换白鹅:指王羲之以《黄庭经》换白鹅的典故。

⑧姜芽句:唐刘禹锡《酬柳柳州家鸡之赠》诗:"柳家新样元和脚,且尽姜芽敛手徒。"姜芽:指握笔的手指和手的形态像姜苗的幼芽。敛手:缩手,表示尊敬,不敢恣意妄为。元和:唐宪宗年号。柳宗元于元和年间出名,刘禹锡以"元和脚"指柳宗元书法中比较独特的捺的笔画。

太侔礼部《晚闻室填词图》今归芸子既感且幸为赋二绝①

其 一

异世清才海雪堂②,无弦琴里见沧桑。
同光朝士垂垂尽,那得重逢说老苍。

其 二

短榻孤灯又一时,邻人吹笛绝凄其。
传薪只有僧鞋客,直向图中拜本师。

[注释]

①本组诗录自《国闻周报》,1927年第四卷第50期"采风录",1927年12月25日出版。亦见于《南金杂志》,1927年第4期,署"次公近作"。太侔:沈宗畸。沈宗畸(1857～1926),字太侔,号南雅、孝耕、繁霜阁主,广东番禺人。曾供职于光禄寺、礼部。与记者徐凌霄、袁世凯之子袁克文、书法家徐半梦并称为"京师四大才子"。芸子:傅芸子。傅芸子(1902～1948),原名宝坤,字韫之,别号餐英、竹醉生。北京人。戏曲理论家傅惜华之兄。主编《北京画报》《国剧画报》等,著有《春明鳞爪录》《餐英庐随笔》等。

②海雪堂:明末广东南海人邝露的室名。邝露(1604～1650),

字湛若。工诗善书。唐王于福州称帝,任邝露为中书舍人。刻印过自撰《峤雅》十卷、《附文》一卷,又《赤雅》三卷。

缵蘅写示游厂肆新诗奉酬一首①

没踝春泥带雪干,意行未碍破车安。
渐教估客②惊头白,且与唐花说岁寒。
胜日颇嫌欢语少,独游微觉避人难。
吟边心事随年改,急取南园好句看。

[注释]

①本诗录自《国闻周报》,1928年第五卷第10期"采风录",1928年3月18日出版。缵蘅:曹经沅。曹经沅(1891~1946),原字宝融,后字缵蘅,亦作缃蘅、湘蘅。四川绵竹人。擅书法、诗文,著有《借槐庐诗集》。

②估客:即行商。南朝宋刘义庆《世说新语·文学第四》:"闻江渚间估客船上有咏诗声。"明何景明《送卫进士推武昌》诗:"仙人楼阁春云里,估客帆樯晚照余。"

早春同释戡作①

着意消闲转费诗,眼前风物共矜持②。
如今短夜都堪惜,毕竟西山最耐思。
海内几人知我老,花朝③有雪觉春迟。

输君叉手④团焦⑤屋,坐守庚申⑥养玉池⑦。

[注释]

①本诗录自《国闻周报》,1928年第五卷第12期"采风录",1928年4月1日出版。释戡:李宣倜。李宣倜(1888~1961),原名汰书,字释龛、释堪、释戡,号苏堂,别号阿迦居士,晚号蔬畦老人。福建侯官人。诗人,京剧剧作家。诗词大多散佚,有《苏堂拾遗》传世。

②矜持:此指春光不盛。

③花朝:花朝节,也叫花神节,我国民间岁时八节之一,俗称百花生日,在每年农历二月十二。民俗有赏花、祝神庙会、晒种祈丰、吃花糕等。

④叉手:此当为袖手意。

⑤团焦:圆形草屋。亦称"团标""团瓢""团茅"。《北齐书》卷一《帝纪第一·神武上》:"(神武帝)后从荣(尒朱荣)徙据并州,抵扬州邑人庞苍鹰,止团焦中。"明方以智《通雅》卷三十八《宫室》:"团焦,团标也。《北齐书》神武徙并州,抵邑人庞氏团焦中。团标也。焦弱侯(焦竑)曰:标音瓢,今人曰团瓢,谓为一瓢之地也。"

⑥守庚申:炼丹术(外丹)术语,道家的一种修炼方式。即当庚申之夜,揭三猿之像以祭祀帝释天和青面金刚的仪式。乃起源于道教避三尸之说。道教说人身皆有三尸虫(又称三彭、三虫),能记人过失,每逢庚申日,乘人睡时将人之过恶禀奏上帝。故此日之夜晚应不睡以守候之,此即守庚申的由来。三尸虫中之上尸名清姑,中尸名白姑,下尸名血姑;或说,上尸称彭踞,中尸称彭踬,下尸称彭腾。

⑦玉池:道教语,指口。《黄庭外景经·上部经》:"玉池清水灌灵根。"《黄庭内景经》:"口为玉池太和宫。"宋陆游《亲旧见过多见贺强健戏作此篇》诗:"偶向人间脱骇机,玉池中夜自生肥。"肥,指积聚的唾液。

戊辰元日次缥蘅均①

好凭霜霰报芳晨,百悔随春入此身。
吾辈宁无来日事,眼前谁是去年人。
却嫌脾肺难禁醉,未必文章解逐贫。
强意相看果何有,六街踏马不生尘。

[注释]

①均:即韵,古时表达音韵之义时"均""韵"通用,后出不再加注。

夜读缥蘅示和海藏闻笳之作率赋次均

永夜城头起戍笳①,梦回不信在京华。
从知物变由天数,枉把人才比岁差。
寒意入春浑未减,霜丝明日直须加。
移情愿伴成连去②,早晚扁舟到海涯。③

[注释]

①戍笳:边防驻军的笳声。笳:中国古代北方民族的一种乐器,类似笛子,通常称"胡笳"。
②移情句:传说伯牙曾学琴于成连,三年未能精通。成连因与伯牙同往东海中蓬莱山,使闻海水激荡、林鸟悲鸣之声,伯牙叹曰:

"先生将移我情。"从而得到启发,技艺大进,终于成为天下妙手。见唐吴兢《乐府古题要解·水仙操》。

③原注:收句借坡诗。编者注:苏轼《寄高令》诗:"田园知有儿孙委,早晚扁舟到海涯。"

花朝二首

其 一

花朝微雨冷于风,洒面真宜退酒红。
试向城南望城北,行人多处更濛濛。

其 二①

江柳山桃着意春,年光何与闭门人。
情知老懒无由讳,暂可车帏置此身。②

[注释]

①上四首诗录自《国闻周报》,1928年第五卷第13期"采风录",1928年4月8日出版。

②原注:坡诗"十日春寒不出门,不知江柳已摇村",殆由讳懒。不若竹垞诗"年光冷笑长安客,开遍山桃不出城"较直爽耳。

龙泉寺检书图①

其 一

新安②文献凭谁记,汉学③师承与世衰。
一纸烟云数行墨,前贤高谊系人思。

其 二

阮程经术④开风气,旷世相望广雅堂⑤。
龙树龙泉两萧瑟,惟余蔓草送斜阳。

其 三

人能命世书才重,生倘逢辰死不愁。
禅榻茶烟宜未改,百年过眼几名流。

[注释]

①本组诗录自《国闻周报》,1928年第五卷第14期"采风录",1928年4月15日出版。龙泉寺,有多处,此应指位于北京陶然亭西侧龙爪槐胡同的龙泉寺,又称龙树院。始建于宋代,创建人为谷静端禅师,号龙泉老人,故寺名"龙泉"。寺内原有龙泉井,水味甘美,后倾废。

②新安:指新安理学。宋明理学之一支,崛起于南宋时期,上承北宋二程,以朱熹为宗师,下迄明清,由江永、戴震终其结。程颢、程颐及朱熹祖籍均在新安江畔的徽州,徽州的前称为新安郡,

故名。

③汉学:指明末清初依汉世儒林家法之说研治经学名物制度、小学训诂的考证学。其研究范围,以经学为中心,而衍及小学、音韵、史学、天算、水地、典章制度、金石、校勘、辑佚等。而引证取材,多极于两汉。汉学奠基者惠栋一生治经以汉儒为宗,惠栋的再传弟子江藩著《汉学师承记》。

④阮程经术:当指经学家阮元和程瑶田。阮元(1764～1849),字伯元,号芸台、雷塘庵主,晚号怡性老人,江苏仪征人。他是著作家、思想家,在经史、数学、天算、舆地、编纂、金石、校勘等方面造诣极高,作为徽派朴学发展后期的重镇巨擘,其治学师承戴震,守以古训发明义理之旨。程瑶田(1725～1814),字易田,字易畴,号让堂,安徽歙县人。清代著名学者、徽派朴学代表人物之一。与戴震同师事江永。精通训诂,提倡"用实物以整理史料",开启了传统史料学同博物考古相结合的研究路径。在数学、天文、地理、生物、农业种植、水利、兵器、农器、文字、音韵等领域,皆有深入研究,堪称一代通儒。著有《通艺录》《释虫小记》《释草小记》等。

⑤广雅堂:此或指晚清名臣张之洞。张之洞(1837～1909),字孝达,号香涛。祖籍直隶南皮(今属河北省)。洋务名臣、经学家、目录学家。创办有广雅学堂,其诗集名《广雅堂集》。

夜坐拈豪书五十六字奉呈 纕蘅仍次前均①

自呷华池②抵曲晨,未妨臭肺③恋闲身。
传灯④白足⑤三桠树⑥,入镜朱颜半个人。

生趣醉中羡蒙贵,别名老去署寒贫。
欧公雏鸜⑦庄周蝶,笑看纷纷野马尘⑧。

[注释]

①本诗录自《国闻周报》,1928年第五卷第17期"采风录",1928年5月6日出版。豪:同"毫",此指毛笔。

②华池:口的舌下部位,泛指口。《太平御览》卷三六七引《养生经》:"口为华池。"《黄庭外景经·下部经》:"沐浴华池生灵根。"务成子注:"华池,玉池。"

③臭肺:道家谓人有七魄,各有名目。第一魄名尸狗,第二魄名伏矢,第三魄名雀阴,第四魄名吞贼,第五魄名非毒,第六魄名除秽,第七魄名臭肺。

④传灯:佛家指传法。佛法犹如明灯,能破除迷暗,故称。

⑤白足:指白足和尚。唐李白《登梅冈望金陵赠族侄高座寺僧中孚》诗:"吴风谢安屐,白足傲履袜。"

⑥三桠树:指人参。以其三桠五叶,故称。宋苏轼《次韵正辅游白水山》诗:"咨倾白蜜收五棱,细劚黄土栽三桠。"苏诗原注:"正辅分人参一苗,归种韶阳。"

⑦欧公雏鸜:野史载欧阳修曾梦见自己化作一只鸲鹆(八哥)飞上枝头。此梦出自其母的一个梦。欧阳修上有位胞兄,未到百天即夭折,母亲痛苦不已,随后做一梦,梦见神人赐予一子,一身白毛。不久,欧阳修母亲再次怀孕,孕时身上生出许多白色毫毛,直到欧阳修出生后,白毛才逐渐消退。雏,此当为"鸲";雏,"鸲"之异体字。鸲鹆,八哥的别名。鸟纲燕雀目八哥科。毛色纯黑,头及背部微带绿色光泽。头上羽毛细长而尖,呈柳叶状。可仿人声或其他鸟类的鸣声。

⑧野马尘:语出《庄子·逍遥游》:"野马也,尘埃也,生物之以

息相吹也。"野马,谓空中游气变化腾涌好像野马的样子;尘埃,谓空中游尘。

沽上别章行严即送欧游①

其 一

鸣鸦声急夜如何,去国堂堂②五噫歌③。
凤德④未衰龙性⑤在,天教留眼看铜驼⑥。

其 二

花时送客伤心易,乱世怀才徇俗难。
九万里风⑦吹海立,不须辛苦望长安。

其 三

几辈相哀各自怜,一时急泪落君前⑧。
归期倘及樱桃雨,定许风光似昔年。

[注释]

①本组诗录自《国闻周报》,1928年第五卷第22期"采风录",1928年6月10日出版。章行严:章士钊。章士钊(1881～1973),字行严,笔名黄中黄、青桐、秋桐。学者、作家、教育家和政治活动家。曾任中华民国北洋政府段祺瑞政府司法总长兼教育总长,中华人民共和国全国人大常委会委员,中央文史研究馆馆长。

②堂堂:此处可用为公然意,亦可指乐府古曲名。《旧唐书》卷

二十九《志第九·音乐二》:"《春江花月夜》《玉树后庭花》《堂堂》,并陈后主所作。叔宝常与宫中女学士及朝臣相和为诗,太乐令何胥又善于文咏,采其尤艳丽者以为此曲。"《乐府诗集》卷七十九《近代曲辞一·堂堂二首》题解:"《乐苑》曰:'《堂堂》,角调曲,唐高宗朝曲也。'《会要》曰:'调露中,太子既废,李嗣真私谓人曰:"祸犹未已。主上不亲庶务,事无巨细决于中宫。宗室虽众,俱在散位,居中制外,其势不敌,恐诸王藩翰,为中宫所蹂践矣。……将见患难之作不久矣。"后皆如其言。'按,《堂堂》本陈后主所作,唐为法曲,故白居易诗云:'法曲法曲歌堂堂'是也。"

③五噫歌:诗歌篇名。相传为东汉梁鸿所作。全诗五句,句末均有"噫"字。《后汉书》卷八十三《逸民列传第七十三·梁鸿》:"因东出关,过京师,作五噫之歌,曰:'陟彼北芒兮,噫!顾览帝京兮,噫!宫室崔嵬兮,噫!人之劬劳兮,噫!辽辽未央兮,噫!'"梁鸿东出函谷关路过京师洛阳,登北邙山,见宫殿之华丽,感人民之疾苦,触景生情,遂作此诗。

④凤德:《论语·微子》:"楚狂接舆歌而过孔子曰:'凤兮!凤兮!何德之衰!'"后即以"凤德"指德行名望。

⑤龙性:倔强难驯的性格。南朝宋颜延之《五君咏·嵇中散》:"鸾翮有时铩,龙性谁能驯。"

⑥铜驼:铜铸的骆驼,古代置于宫门外。晋陆翙《邺中记》:"二铜驼如马形,长一丈,高一丈,足如牛,尾长二尺,脊如马鞍,在中阳门外,夹道相向。"借指宫廷、京城。多喻亡国之悲。

⑦九万里风:喻指志向或前程远大。《庄子·逍遥游》:"鹏之徙于南冥也,水击三千里,抟扶摇而上者九万里,去以六月息者也。"

⑧一声句:唐张祜《宫词二首》其一:"一声河满子,双泪落君前。"

暮春杂诗①

其 一

六街风起软尘②生,扶病③看山眼暂明。
闲却茂宏麈扇④手,自障方䍀⑤过西城。

其 二

谁将百里诉相思,小别曾无掩面悲。
只有西山抛未忍,黄村⑥驿畔立多时。

其 三

客馆明灯照独眠,了无闲梦到婵娟。
盈盈墙子河边水,草长莺飞又一年。

其 四

八里台⑦前落日昏,海光寺⑧畔晚霞翻。
去年临水湔兰⑨处,举目新亭有泪痕⑩。

其 五

隔坐谁传企喻歌⑪,一时流怨满沽河⑫。
吴儿自分心如石⑬,奈此潇潇暮雨何。

[注释]
①本组诗录自《国闻周报》,1928年第五卷第23期"采风录",

1928年6月17日出版。

②软尘：飞扬的尘土。指都市的繁华热闹。宋陆游《仗锡平老自都城回见访索怡云堂诗》："东华软尘飞扑帽，黄金络马人看好。"

③扶病：支撑病体。亦指带病工作或行动。《礼记·问丧》："身病体羸，以杖扶病也。"

④茂宏麈扇：南朝宋刘义庆《世说新语·轻诋第二十六》："庾公（庾亮，字元规）权重，足倾王公（王导）。庾在石头，王在冶城坐。大风扬尘，王以扇拂尘曰：'元规尘污人！'"亦见《晋书》卷六十五《列传第三十五·王导》。茂宏：此当为"茂弘"之误。王导（276～339），字茂弘，小字赤龙、阿龙。琅琊临沂（今山东省临沂市）人。东晋时期著名政治家、书法家，历仕晋元帝、晋明帝和晋成帝三朝，是东晋政权的奠基人之一。太宁三年（325），明帝崩，王导与外戚庾亮等共同辅政。

⑤方麴：即"方曲"。竹织方扇，多用以障面。《北史》卷四十一《列传第二十九·杨愔》："后有选人鲁漫汉，自言猥贱，独不见识。愔曰：'卿前在元子思坊骑秃尾草驴，经见我不下，以方麴鄣面，我何不识卿。'漫汉惊服。"明杨慎《丹铅总录·物用·方曲》："《北史·杨愔传》'以方曲障面'，读者不解'方曲'为何语。按《说文》作籅，蚕薄也，……《方言》'薄谓之曲'，此云'方曲障面'，盖竹织方扇也。"一说方曲形如饼而四棱，以木为之，亦团扇之类。见清褚人获《坚瓠秘集·扇》。

⑥黄村：地名，位于今北京市区南部，是大兴新城和大兴区政府所在地。

⑦八里台：地名，位于天津市津南区西部。

⑧海光寺：原是津门名刹，游览胜地。始建于清康熙四十四年（1705）。咸丰八年（1858）英法联军进犯天津，胁迫清政府在海光寺正殿签订《天津条约》。海光寺于清光绪二十四年（1898）划归天

津日租界。光绪二十六年(1900),海光寺毁于八国联军炮火,随后被日军占领并在其废墟上建造兵营,1903年做日本华北驻屯军司令部,日军天津宪兵队也在此驻扎。

⑨湔兰:洗兰以祓除不祥。上巳节习俗,出游水滨,湔兰以祓除不祥。湔:洗。宋高承《事物纪原》卷八《岁时风俗部四十二·祓禊》:"韩诗曰:三月桃花水下之时,郑国之俗以上巳于溱洧之上,执兰招魂续魄,祓除不祥。"

⑩举目句:典出《晋书》卷六十五《列传第三十五·王导》:"过江人士,每至暇日,相要出新亭饮宴。周顗中坐而叹曰:'风景不殊,举目有江河之异。'皆相视流涕。惟导愀然变色曰:'当共勠力王室,克复神州,何至作楚囚相对而泣邪!'众收泪而谢之。"南朝宋刘义庆《世说新语·言语第二》亦载此事。后因以"新亭对泣""新亭堕泪"等表示怆怀故国之意,忧国忧时之情。

⑪企喻歌:南朝梁鼓角横吹曲名,本为北方民族马上之乐。《乐府诗集》卷二十五《横吹曲辞五·梁鼓角横吹曲》录《企喻歌》四首。

⑫沽河:即海河。河北省最大水系。由北运河、永定河、大清河、子牙河、南运河等五大河在天津附近会合而成。东流到大沽口入渤海。

⑬吴儿句:《晋书》卷九十四《列传第六十四·隐逸·夏统》:"充(贾充)等各散曰:'此吴儿是木人石心也。'"自分:自料,自以为。《汉书》卷五十四《李广苏建传第二十四·苏武》:"自分已死久矣!王必欲降武,请毕今日之驩,效死于前!"

次韵和湘蘅祠部江亭之作①

西山随意向人青,分得秋光到此亭。
胜日每从闲里过,浩歌犹耐病余听。
楼高尚觉天难倚,客去才知酒未醒。
死傍陶家吾不靳②,几回荷锸效刘灵③。

[注释]

①本诗录自《国闻周报》,1928 年第五卷第 38 期"采风录"。湘蘅:即缃蘅,曹经沅。

②靳:吝惜。

③刘灵:此当为刘伶之误。

于缃衡所见海藏老人舞子纪游之作次均奉寄①

黄鹄孤飞破碧空,船头有客候樵风②。
直令晞发阳阿③外,真见生桑海水中。
诗好定知游兴足,月明应与故园同。
南山射虎④归来夜,无数弓衣⑤绣放翁。

[注释]

①本诗录自《国闻周报》,1928 年第五卷第 41 期"采风录"。

舞子:地名,位于日本神户地区的一处渔港。

②樵风:亦称"郑风""郑公风"。《后汉书》卷三十三《朱冯虞郑周列传第二十三·郑弘》:"郑弘字巨君,会稽山阴人也。"李贤注引南朝宋孔灵符《会稽记》:"射的山南有白鹤山,此鹤为仙人取箭。汉太尉郑弘尝采薪,得一遗箭,顷有人觅,弘还之,问何所欲,弘识其神人也,曰:'常患若邪溪载薪为难,愿旦南风,暮北风。'后果然。故若耶溪风至今犹然,呼为'郑公风'也。"后因以"樵风"指顺风、好风。

③晞发阳阿:语出屈原《楚辞·九歌·少司命》:"与汝游兮九河,冲飙起兮水扬波。与汝沐兮咸池,晞汝发兮阳之阿。"王逸注:"阿,曲隅,日所行也。言己愿托司命,俱沐咸池,干发阳阿。"晞发:晒发使干。阳阿:古代神话传说中的山名,朝阳初升时所经之处。

④南山射虎:宋陆游《三月十七日夜醉中作》:"去年射虎南山秋,夜归急雪满貂裘。"

⑤弓衣:装弓的袋。《礼记·檀弓下》:"赴车不载櫜韔。"汉郑玄注:"韔,弓衣。"清赵翼《六十自述》诗之三:"翻来箑拍传红粉,绣入弓衣抵碧纱。"

中秋次均释戡①

雨余喜见碧云收,依旧清光照马头②。
寒暖岂干吾辈事,星辰犹恋帝城秋。
夜来玉露③真堪饮,天上玄霜④莫浪求。
抛尽长安儿女话,自偎孤枕写闲愁。

[注释]

①本诗录自《国闻周报》,1928年第五卷第42期"采风录"。

②马头:船只停泊处,即码头。《资治通鉴》卷二百四十三《唐纪五十九》:"又于黎阳筑马头,为度河之势。"胡三省注:"附河岸筑土植木夹之至水次,以便兵马入船,谓之马头。"

③玉露:指秋露。南朝齐谢朓《泛水曲》诗:"玉露沾翠叶,金风鸣素枝。"亦可指美酒。

④玄霜:厚霜。亦指神话中的一种仙药。《初学记》卷二引《汉武帝内传》:"仙家上药有玄霜、绛雪。"唐裴铏《传奇·裴航》:"一饮琼浆百感生,玄霜捣尽见云英。"

释戡见示九日陟香山诗次均①

冷枫残菊②为谁妍,缓辔寻山过玉泉③。
闲客登高当公事,骄儿贪耍盼新年。
秋深真觉烟岚老,城大何妨燕爵④专。
忘尽行云楚台约⑤,不曾怊怅学临川。⑥

[注释]

①本诗录自《国闻周报》,1928年第五卷第44期"采风录"。

②菊:原刊作"鞠"。

③玉泉:此指北京玉泉山之泉水。玉泉山位于北京海淀区西山东麓、颐和园西侧,紧邻香山,山行如马鞍,因泉得名。玉泉垂虹为"燕京八景"之一。

④燕爵：谓天子所赐之酒。爵：古代饮酒的器皿。《诗·小雅·湛露》："湛湛露斯。"汉郑玄笺："露之在物湛湛然，使物柯叶低垂，喻诸侯受燕爵，其仪有似醉之貌。"孔颖达疏："露比王燕诸侯，物得露而低，犹诸侯得酒而醉。"

⑤行云楚台约：语出宋玉《高唐赋》："妾在巫山之阳，高丘之阻，旦为朝云，暮为行雨。朝朝暮暮，阳台之下。"记宋玉与楚襄王游云梦台遇巫山神女之事。

⑥原注：荆公《千秋岁》词郁伊善感，当是罢居金陵时所作，不及东坡《水调歌头》之超旷，二公胸怀于此可见也。

夜坐不瞑再和一首乞叠韵①

入望西山故故妍，几回洗耳听松泉。②
悄无风雨酬佳节，独有穷愁胜去年。
符失坐冯群魅侮，室虚不碍一人专。
鹿门③倘便携家去，定许新诗寄辋川④。

[注释]

①本诗录自《国闻周报》，1928年第五卷第47期"采风录"。

②原注：昔年曾遍历西山诸胜，所惓惓者龙王堂山泉耳。

③鹿门：鹿门山之省称。在湖北省襄阳县。后汉庞德公携妻子登鹿门山，采药不返。后因用指隐士所居之地。唐杜甫《冬日有怀李白》诗："未因乘兴去，空有鹿门期。"

④辋川：水名，即辋谷水。诸水会合如车辋环凑，故名。在陕西省蓝田县南，源出秦岭北麓，北流至县南入灞水。唐诗人王维曾

置别业于此。《新唐书》卷二〇二列传第一百二十七《文艺中·王维》:"别墅在辋川,地奇胜,有华子冈、欹湖、竹里馆、柳浪、茱萸沜、辛夷坞,与裴迪游其中,赋诗相酬为乐。"

南海看雪同缥蘅蛰闇①

苑树经风尚有枝,晚云作雪觉年衰。
路迂已幸冰能渡,世变宁知海不移。
入望高楼随地起,倚墙残笛定谁思。
佳游乘兴须教尽,莫待重来感鬓丝。

[注释]

①本诗录自《国闻周报》,1928 年第六卷第 1 期"采风录",1928 年 12 月 30 日出版。

孤桐自伦敦寄诗见怀赋答①

琴高赪鲤倘相期②,倚杵③看天共此时。
世变顿令才思减,花开如证报书④迟。
吾生失路犹成谤,故国怀人忍见遗。
分付短长供一咉⑤,海风吹雪泪连丝。

[注释]

①本诗录自《国闻周报》,1929 年第六卷第 2 期"采风录",

1929年1月6日出版。

②琴高句：东晋干宝《搜神记》卷一："琴高，赵人也。能鼓琴。为宋康王舍人。行涓彭之术，浮游冀州、涿郡间二百余年。后辞入涿水中，取龙子，与诸弟子期之。曰：'明日皆洁斋候。'于水旁设祠屋。果乘赤鲤鱼出，来坐祠中。且有万人观之。留一月，乃复入水去。"赪：红色。

③倚杵：古代谶纬家言，谓若干年后天地将变得相近，立杵于地可倚于天。《太平御览》卷二引《河图挺佐辅》："百世之后，地高天下，不风不雨，不寒不暑，……如此千岁之后而天可倚杵，汹汹隆隆，曾莫知其始终。"明孙毂《古微书》卷十六引《易筮类谋》："天卑地高，雷谨公行。星昼奔蜺，夜暗无光。上无乾，下无常。天昧昧，履践冰。民衣雾，主吸霜。间可倚杵于何藏。"该书原注："天卑地高，天地相去，其间才可倚一杵耳。"

④报书：回信。

⑤一呋：轻轻一吹的声音。呋：如口吹物发出的小声音。《庄子·则阳》："惠子曰：'夫吹管也，犹有嚆也；吹剑首者，呋而已矣。尧舜，人之所誉也；道尧舜于戴晋人之前，譬犹一呋也。'"唐成玄英疏："嚆，大声；呋，小声也。夫吹竹管，声犹高大；吹剑环，声则微小。唐尧，俗中所誉，若于晋人之前盛谈斯道者，亦何异乎吹剑首声，曾无足可闻也。"

简缵襄①

工风委靡今无恐，天意期君独角麟。
佳句每从随手得，修名长与此身亲。
闭门风雨春明录②，斜日山河汐社③人。

玉佩陈芳须护惜,眼前苍世太纷纶。

[注释]

①本诗录自《国闻周报》,1929 年第六卷第 3 期"采风录",1929 年 1 月 13 日出版。

②春明录:当指《春明梦余录》,清孙承泽撰。记载明代北京的情况,体例似政书,又似方志,分"建置""形胜""城池""畿甸""城坊""宫阙""坛庙""官署""名迹""寺庙""石刻""岩麓""川渠""陵园"等十四门,其中"官署"四十卷,篇幅最多。是研究明朝章典源流沿革的重要材料。

③汐社:元初遗民诗社,由南宋遗民谢翱(字皋羽)、王英孙、林景熙、方凤等入元后创立。宋方凤《谢君皋羽行状》:"(谢翱)后避地浙水东,留永嘉、括苍四年,往来鄞越复五年。……大率不务为一世人所好,而独求故老与同志,以证其所得。会友之所名汐社,期晚而信,盖取诸潮汐。"

新岁次均和王开府①

了了春光入画中,为谁桂苑记珠丛。
看花已负西崦雪,剪烛还愁昨夜风。
留取余生薄汤武,欲回残泪话熙丰。
桑干②水畔明明月,流照天涯倘不同。

[注释]

①本诗录自《国闻周报》,1929 年第六卷第 16 期"采风录",

1929 年 4 月 28 日出版。

②桑干：河水名。今永定河之上游。相传每年桑椹成熟时河水干涸，故名。亦名无定河、卢沟河，源出山西省朔县东洪涛山，东入河北省北部至怀来，折东南称永定河，经北京至天津入海河。

纕蘅移居东城以诗见示次均①

菉竹堂②深似水东，此身真合住巢中。
从教③丘壑因人美，怕遣酸咸④与俗同。
地静未妨车有耳，诗成闲对月当空。
相期芍药⑤花开日，留取余红付病翁。⑥

[注释]

①本诗录自《国闻周报》，1929 年第六卷第 22 期"采风录"，1929 年 6 月 9 日出版。

②菉竹堂：明代藏书家叶盛书斋名。叶盛，字与中，号蜕庵，江苏昆山人。性喜聚书，著有《菉竹堂书目》六卷。

③从教：从此使得，从而使。

④酸咸：比喻人不同的爱好、兴趣。唐韩愈《酬司门卢四兄云夫院长望秋作》诗："云夫吾兄有狂气，嗜好与俗殊酸咸。"

⑤芍药：多年生草本植物。五月开花，花大而美丽，有紫红、粉红、白等多种颜色，供观赏。根可入药。

⑥原注：富郑公。编者注：富郑公，富弼。富弼（1004～1083），字彦国，宋时名相。曾封郑国公，故称。宋苏轼《追和子由去岁试举人洛下所寄暴雨初晴楼上晚景五首》其二："洛邑从来天地中，嵩

高苍翠北邙红。风流耆旧消磨尽,只有青山对病翁。"苏诗自注:谓富公也。

叠移居均再柬缫蘅①

吾生作计太笼东②,仿弗③修蛇④处井中。
天意何曾嫌我老,夜谈最喜与君同。
不愁摊饭抄云子⑤,却畏披裘入土空⑥。
羖䍽歌残⑦总多事,安心做个嗫嚅翁⑧。

[注释]

①本诗录自《国闻周报》,1929年第六卷第24期"采风录",1929年6月23日出版。

②笼东:犹东笼。摧败披靡之貌。《北史》卷五十九《列传第四十七·李穆》:"芒山之战,周文马中流矢,惊逸坠地。敌人追及,左右皆散。穆下马,以策击周文背,因大骂曰:'笼东军士,尔曹主何在。尔独住此!'敌人见其轻侮,不疑是贵人,遂舍而过。穆以马授周文,遂俱逸。"

③仿弗:此同"仿佛"。

④修蛇:长蛇,大蛇。《淮南子·本经训》:"逮至尧之时,十日并出,焦禾稼,杀草木,而民无所食。猰貐、凿齿、九婴、大风、封豨、修蛇皆为民害。"高诱注:"修蛇,大蛇也,吞象三年而出其骨之类。"

⑤云子:一种白色小石,细长而圆,状如饭粒。《汉武故事》:"太上之药,有中华紫蜜、云山朱蜜、玉液金浆,其次药有五云之浆、风实、云子、玄霜、绛雪。"唐杜甫《与鄠县源大少府宴渼陂》诗:"饭

抄云子白,瓜嚼水精寒。"另有米饭、米粒之义,也可指云状的装饰物。此应为第一义。

⑥土空:土窟。宋魏泰《东轩笔录》卷十五:"有张师雄者,西京人,好以甘言悦人,晚年尤甚。洛中号曰蜜翁翁。出官在边郡,一夕贼马至界上,忽城中失雄所在。至晓方见师雄重衣披裘,伏于土窟中,已痴矣。西人呼土窟为空。寻为人改旧诗以嘲曰:'昨夜阴山吼贼风,帐中惊起蜜翁翁。平明不待全师出,连着皮裘入土空。'"南宋范成大《范阳驿》诗:"邮亭逼仄但宜冬,恰似披裘坐土空。"

⑦羖䍽歌残:典出《三国志》卷十一《魏书·袁张凉国田王邴管传第十一》:"初,昭(胡昭)善史书,与钟繇、邯郸淳、卫觊、韦诞并有名,尺牍之迹,动见模楷焉。"裴松之注引《魏略》曰:"其明年,大发卒将伐吴。有窃问先(焦先):'今讨吴何如。'先不肯应,而谬歌曰:'祝䖘祝䖘,非鱼非肉,更相追逐,本心为当杀牂羊,更杀其羖䍽邪!'郡人不知其谓。会诸军败,好事者乃推其意,疑牂羊谓吴,羖䍽谓魏,于是后人佥谓之隐者也。"羖䍽,山羊。

⑧喏喏翁:《新唐书》卷一百七十五《列传第一百·窦巩》:"巩字友封,雅裕,有名于时。平居与人言若不出口,世号'喏喏翁'。"后因以称懦弱畏事或不善辞令之人。

寄怀缠蘅碣石游次①

其 一

频年饮马长城窟,天柱桥边得得行。
老去渐于游事懒,松风海水不能听。

其 二

曹唐诗骨胜仙游,高誓②卢敖③许共求。
持问安禅王梵志④,骑驴⑤宁复抵骑牛⑥。

其 三

西郊不厌百回过,胜处差同冯德河。
破晓出城归未暮,忍看襁褓⑦傲烟萝⑧。

[注释]

①本组诗录自《国闻周报》,1929年第六卷第29期"采风录",1929年7月28日出版。

②高誓:传说中仙人名。《史记》卷六《秦始皇本纪第六》:"三十二年,始皇之碣石,使燕人卢生求羡门、高誓。"张守节正义:高誓"古仙人"。亦作高溪。宋玉《高唐赋》:"有方之士,羡门高溪。上成郁林,公乐聚谷。"

③卢敖:秦代博士。卢敖(前275~前195),字雍照,徙居范阳(今河北涿州市)。本齐国(一说燕国)方士。曾为秦始皇寻求古仙人羡门、高誓及长生仙药,秦始皇赏赐甚厚,进为博士。后见秦始皇刚愎拒谏,专横失道,遂避难隐遁,居于故山(今诸城市区东南13公里处)。秦始皇大怒,下令搜捕,终因未得而作罢。

④王梵志:唐初白话诗僧,原名梵天,生卒年、字、号、生平、家世均不详,隋炀帝杨广至唐高宗李治年间前后在世。诗歌以说理议论为主,多据佛理教义以劝诫世人行善止恶,对世态人情多讽刺和揶揄,对社会问题间或涉及。语言浅近,通俗幽默。原有集,已佚。今人辑有《王梵志诗校辑》,收诗348首。

⑤骑驴：此应指八仙之一的张果老倒骑驴。

⑥骑牛：此应指老子骑青牛西出函谷关。

⑦襟襟：此当指衣服粗厚臃肿貌。明张煌言《雨中寒甚再迭前韵》诗："春衣襟襟还如铁，岛树槎枒转似金。"清郝懿行《证俗文》卷六："今俗所谓襟襟者，为其不俏醋也。褒衣大袖不合时尚，亦为襟襟。"

⑧烟萝：草树茂密，烟聚萝缠，谓之"烟萝"。唐李端《寄庐山真上人》诗："更说谢公南座好，烟萝到地几重阴。"

缵蘅归自天津出示群公九日诗偶次其韵

诗兴游情两欠豪，相思聊与托醇醪。

隔城秋色随人去，一握苍天倚杵高。

晦迹①何妨依马磨②，哀时无分泣乌号③。

江亭郑重明年约，清暇烦君记水曹。

[注释]

①晦迹：隐居匿迹。南朝梁沈约《郊居赋》："侨栖仁于东里，凤晦迹于西堂。"

②马磨：用马拉磨。谓辛苦劳作。《三国志》卷三十八《蜀书八·许麋孙简伊秦传第八》："（许靖）少与从弟劭俱知名，并有人伦臧否之称，而私情不协。劭为郡功曹，排摈靖不得齿叙，以马磨自给。"陆游《病中自遣》诗："穷阎依马磨，小石写驴券。"

③乌号:原指良弓。《淮南子·原道训》:"射者扞乌号之弓,弯綦卫之箭。"《淮南鸿烈解》注:"乌号,柘桑,其材坚劲。乌峙其上,及其将飞,枝必挠下,劲能复起,巢乌随之,乌不敢飞,号呼其上。伐其枝以为弓,因曰乌号之弓也。一说黄帝铸鼎于荆山鼎湖,得道而仙,乘龙上,其臣援弓射龙,欲下黄帝,不能也。乌,於也;号,呼也。于是抱弓而号。因名其弓为乌号之弓也。"后引申为称人死亡的敬辞,表示对死者的哀悼。北魏郦道元《水经注》卷三十九《庐江水》:"(匡俗)屡逃征聘,庐于此山,时人敬事之。俗后仙化,空庐犹存。弟子睹室悲哀。哭之旦暮,事同'乌号'。"

叠次前韵①

九能②未敢接群豪,拚③为黄花倒浊醪。
投杖肯教龙性改④,回车真见蜃楼高。
吟边蓬累⑤当风落,门外蒲牢⑥彻夜号。
倘使海神残骨在,好将马皂效卢曹。⑦

[注释]

①上两首诗录自《国闻周报》,1929年第六卷第43期"采风录",1929年11月3日出版。

②九能:古指大夫应当具备的九种才能。《诗·鄘风·定之方中》:"卜云其吉。"《毛传》:"建邦能命龟,田能施命,作器能铭,使能造命,升高能赋,师旅能誓,山川能说,丧纪能诔,祭祀能语,君子能此九者,可谓有德音,可以为大夫。"

③拚:甘愿。

④投杖句：用掷杖成龙之典。《后汉书》卷八十二下《方术列传第七十二下·费长房》载：东汉费长房在市集中看到一老翁挂着一把壶卖药，卖完药后就跳进壶里去。第二天，费长房特意去拜访他，老翁请他一起入壶，但见房屋华丽，酒菜甚佳。费于是向老翁学道，学成后骑着老翁所给的竹杖回家，投杖于葛陂，变成一条龙。

⑤原注：王荆公以为笠。

⑥蒲牢：传说龙生九子，第四子是蒲牢。蒲牢受击就大声吼叫，故古人常在钟上铸造蒲牢的形象，助其鸣声远扬。汉班固《东都赋》："于是发鲸鱼，铿华钟。"李善注引薛综曰："海中有大鱼曰鲸，海边又有兽名蒲牢。蒲牢素畏鲸，鲸鱼击蒲牢，辄大鸣。凡钟欲令声大者，故作蒲牢于上，所以撞之者为鲸鱼。钟有篆刻之文，故曰华也。"后因以蒲牢为钟之别名。

⑦原注：卢曹，高昂弟，见《北史》。编者注：《北史》卷三十一《列传第十九·卢曹》："（卢曹）遂率其徒自蓟入海岛。得长人骨，以髑髅为马皂；胫长丈六尺，以为二槊。送其一于神武，诸将莫能用，唯彭乐强举之。未几，曹遇疾，恫声闻于外。巫言海神为祟，遂卒。其徒五百人皆服斩衰，葬毕潜散。"马皂：即马槽。皂：喂马或喂牛的饲槽。

花朝日奉怀逸塘开府津海寓居求政和①

春光无意上梅丛，独倚高楼咏朔风。
江左文章②闲处好③，平山宾客醉时同④。
园中花竹天难赭⑤，门外蓬莱海不红。
鱼鸟⑥三年忍相忘，有人立马待君公。

[注释]

①本诗录自《国闻周报》,1930年第七卷第12期"采风录",1930年3月30日出版,4月25日再版。

②江左文章:典出《南史》卷十九《列传第九·谢灵运》:"灵运少好学,博览群书,文章之美,与颜延之为江左第一。"

③闲处好:宋李清照《摊破浣溪沙》词:"枕上诗书闲处好,门前风景雨来佳。"

④平山句:当用欧阳修之典。平山当指平山堂。位于扬州市西北郊蜀冈中峰大明寺内。始建于宋仁宗庆历八年(1048),时任扬州知府的欧阳修极为欣赏其清幽古朴,于此筑堂。是专供士大夫、文人吟诗作赋的场所。明彭大翼《山堂肆考》卷一百七十三:"(平山堂)在蜀冈上,宋庆历中郡守欧阳修建。江南诸山拱列檐下,因名平山。"宋叶梦得《避暑录话》:"公(欧阳修)每暑时,辄凌晨携客往游。遣人走邵伯,取荷花千余朵,以画盆分插百许。盆与客相间。遇酒行,即遣妓取一花传客,以次摘其叶,尽处则饮酒,往往侵夜,载月而归。"

⑤原注:用坡公上温国诗。编者注:本句当出自苏轼《司马君实独乐园》诗:"青山在屋上,流水在屋下。中有五亩园,花竹秀而野。花香袭杖履,竹色侵杯斝。樽酒乐余春,棋局消长夏。洛阳古多士,风俗犹尔雅。先生卧不出,冠盖倾洛社。虽云与众乐,中有独乐者。才全德不形,所贵知我寡。先生独何事,四海望陶冶。儿童诵君实,走卒知司马。持此欲安归,造物不我舍。名声逐吾辈,此病天所赭。抚掌笑先生,年来效瘖哑。"温国,司马光。司马光逝世后被追封为温国公,故称。

⑥鱼鸟:隐者遁迹山林,以狎玩鱼鸟为乐。亦用以指隐居生活。《后汉书》卷八十三《逸民列传第七十三》:"然观其甘心畎亩之

中,憔悴江海之上,岂必亲鱼鸟乐林草哉,亦云性分所至而已。"

纕蘅诗述海滨之胜次均寄怀①

一壑能容万古春,长城如带海如茵。
似闻水国生孤竹,直唤山灵作主人。
别后应知凉意近,吟边还见酒痕新。
扁舟便拟相追去,遥夜高谈动四邻。

[注释]
①本诗录自《国闻周报》,1930年第七卷第34期"采风录"。

次均和纕蘅①

欲传寒意背诗盟,险韵②输君唾手成。
名士能忘南渡感,秋风犹带去年声。
木侯③升座看都厌,饥鼠窥灯梦偶惊④。
何似卢龙山⑤下卧,朝朝欹枕听钟鸣。

[注释]
①本诗录自《国闻周报》,1930年第七卷第37期"采风录"。
②险韵:险僻难押的诗韵。
③木侯:亦作"沐猴"。即猕猴。汉扬雄《法言·重黎》:"生(蔡生)舍其木侯,而谓人木侯,亨(烹)不亦宜乎!"宋王观国《学林·省

文》:"《史记·项羽纪》曰:'人言楚人沐猴而冠。'沐猴者,猕猴也。而扬子《法言》曰:'生舍其木侯,而谓人木侯。'变沐为木,变猴为侯者,皆省文也。"

④饥鼠句:宋秦观《如梦令》词:"梦破鼠窥灯,霜送晓寒侵被。无寐。无寐。门外马嘶人起。"

⑤卢龙山:古山名,即今南京市内狮子山。西临长江,晋元帝初渡江,见其山岭连绵,险要似塞北卢龙,故名。

缵蘅枉过夜话即柬①

黑头京辇②主诗盟③,人海将君当老成。
谁信华年才四十④,不辞闲话到三更。
交期已觉随时厚,志业真堪与古争。
好趁重阳作生日⑤,霜花开处午霞明。

[注释]

①本诗录自《国闻周报》,1930年第七卷第43期"采风录",1930年11月3日出版。

②京辇:指国都。晋葛洪《抱朴子·讥惑》:"其好事者,朝夕放效,所谓京辇贵大眉,远方皆半额也。"

③主诗盟:曹经沅从1927年至1937年主编《国闻周报》之"采风录"一栏,所载皆各省名诗人之诗词作品。

④谁信句:曹经沅出生于1891年,时年四十岁,故有此语。

⑤好趁句:曹经沅生日在九月。

庚午重阳夜雪①

雪意能随风雨至,不辞笼烛②照黄花。

客来已失登高约,夜冷偏宜③处士④家。

拌对穷阴连岁晚,断无残梦感天涯。

牛羊日历⑤吾慵记,卧听髡林⑥噪曙鸦。

[注释]

①本诗录自《国闻周报》,1930年第七卷第46期"采风录",1930年11月14日出版。

②笼烛:笼灯。宋曾巩《冬夜即事》诗:"闻说丰年从此始,更回笼烛卷帘看。"

③偏宜:最宜;特别合适。

④处士:本指有才德而隐居不仕的人,后亦泛指未做过官的士人。《孟子·滕文公下》:"圣王不作,诸侯放恣,处士横议,杨朱、墨翟之言盈天下。"

⑤牛羊日历:传奇小说名,唐刘轲撰。《新唐书》卷五十九《志第四十九·艺文三》著录此书一卷,注云:"牛僧孺、杨虞卿事。檀栾子皇甫松序。"原书已佚,现存佚文。刘轲,字希仁,沛(今江苏沛县)人,曾出家为僧。元和末进士及第,任侍御史、洛州刺史等职。"牛"指牛僧孺,"羊"指杨虞卿、杨汉公兄弟。此篇以小说形式对政敌进行攻击,系诽谤牛党之作,当是牛李党争的产物。

⑥髡林:即淳于髡墓林,在山东省聊城市茌平县城西一公里处,以"髡林夕照"列茌平古八景之一。

秋岳四十生日①

廿载闻声会面难,遥知同此凤城②寒。
闭门倘信贫为累,得句能教梦亦安。
江上愁心山万叠③,平生才思竹千竿。
鬓丝肯令随人改,试倚高楼把镜看。

[注释]

①本诗录自《国闻周报》,1931年第八卷第5期"采风录"。秋岳:黄濬。黄濬(1891~1937),字秋岳,号哲维,福建福州人。受知于梁启超。著有《壶舟笔记》《花随人圣庵摭忆》等。

②凤城:京城的美称。唐杜甫《夜》诗:"步檐倚杖看牛斗,银汉遥应接凤城。"仇兆鳌注引赵次公曰:"秦穆公女吹箫,凤降其城,因号丹凤城。其后言京城曰凤城。"

③江上句:宋苏轼《书王定国所藏烟江叠嶂图》诗:"江上愁心千叠山,浮空积翠如云烟。"

太平花限均一首和释戡秋岳①

一重楼阁现华严,浩态浓香隔夜添。
故苑何年移玉蕊,人间从此闷珠帘。
春回海国曼陀雨②,梦断仙囊甲乙签。
留取太平余愿在,不教残泪泫明蟾③。

[注释]

①本诗录自《国闻周报》,1931年第八卷第27期"采风录"。太平花:又名丰瑞花、太平瑞圣花。落叶灌木,叶对生,长椭圆形,夏季开花,总状花序,花冠乳白色,花瓣四枚。相传原产四川青城,宋仁宗时移植北地。今我国中部、北部均有。宋陆游《太平花》诗:"宵旰至今劳圣主,泪痕空对太平花。"陆诗原注:"花出剑南,似桃四出,千百包骈萃成朵。天圣中,献至京师,仁宗赐名太平花。"

②曼陀雨:《法华经》卷五《分别功德品》:"佛说是诸菩萨摩诃萨得大法利时,于虚空中,雨曼陀罗华,摩诃曼陀罗华。以散无量百千万亿众宝树下师子座上诸佛。"《佛说阿弥陀经》:"昼夜六时,天雨曼陀罗华。"曼陀:即曼陀罗。曼陀罗为梵语音译,意译为悦意花。在印度被视为神圣的植物,特栽培于寺院之间。又称风茄儿。

③明蟾:指月亮。《淮南子·精神训》:"日中有踆乌,而月中有蟾蜍。"《艺文类聚》卷一《天部上·月》:"姮娥奔月,是为蟾蜍。"《太平御览》卷四《天部四》引《春秋演孔图》:"蟾蜍,月精也。"

小鲁召饮赋诗奉同①

惜取花时窈窕心,暂回舞袖换沉吟。
眼中蒲柳经年长,杯底江湖百悔侵。
握手从人惊蒜发②,解衣聊与听林禽。
不须属句量工拙,一往康娱烛泪深。

[注释]

①本诗录自《国闻周报》,1931年第八卷第29期"采风录"。

小鲁:曾小鲁。曾小鲁,生卒年不详,字学孔,四川筠连人。曹经沅弟子。民国时期曾任蒙藏委员会委员,蒙藏委员会总务处长,1944年任新疆省秘书长,后任福建省政府秘书长。

②蒜发:壮年人的花白头发。亦泛指斑白的头发。《北齐书》卷二十《列传第十二·慕容绍宗》:"吾自年二十已还,恒有蒜发,昨来蒜发忽然自尽。"宋张淏《云谷杂记·蒜发》:"今人言壮而发白者,目之曰蒜发,犹言宣发也。"

小鲁芸子镜汀屡过夜谈今雨不来弥感岑寂赋此自遣①

凉意侵人苦未归,自持秋梦理春衣。
渐知词笔年来长,独怪园花雨后稀。
入夜星河任明灭,平生肝肺肯依违。
江湖相忘②凭君说,不用扁舟觅钓矶。③

[注释]

①本诗录自《国闻周报》,1931年第八卷第33期"采风录"。

②江湖相忘:《庄子·大宗师》:"泉涸,鱼相与处于陆,相呴以湿,相濡以沫,不如相忘于江湖。"

③原注:樊山翁赠诗有"肺肝如雪友朋知"句,芸子举以为言,故及之。编者注:樊增祥《己巳新岁赋示次公》诗:"儒侠参差两不疑,长安旧雨此君奇。坐挥彩笔无余子,手散黄金彼一时。经术有源师法在,肺肝如雪友朋知。汉庭表德遥相印,除却宽饶复有谁。"

钓矶:钓鱼时坐的岩石。《后汉书》卷八十三《逸民列传第七十三·严光》:"严光字子陵,一名遵,会稽余姚人也。少有高名,与光武同游学。及光武即位,乃变名姓,隐身不见。帝思其贤,乃令以物色访之。……除为谏议大夫,不屈,乃耕于富春山,后人名其钓处为严陵濑焉。"唐李贤注引顾野王《舆地志》:"桐庐县南有严子陵渔钓处,今山边有石,上平,可坐十人,临水,名为'严陵钓坛'也。"

小鲁卜居遂安伯胡同①

淳遂本同县,古称叶东乡。
一水界两城,分治自李唐。②
有明胙茅土③,下邑成封疆。
制等关内侯,爵次异姓王。
绩茂报斯厚,支弱干则强。
赐第在京城,不用就殊方④。
重楼连广陌,出入近朝阳。
白马红障泥⑤,炯炯何皇皇。
人事几代谢,名园亦已荒。
惟余藩邸名,犹挂深巷旁。
曾子今伯鸾,赁庑偕孟光⑥。
宝此遂安字,美荫同高桑。
小人苦怀土,归计诚未忘。
天涯有比邻,跬步胜苇杭。
我昔居燕都,君家寄官场。
君今居遂安,我乃游大梁⑦。

安安而能迁,久久自芬芳。
作歌当招隐,文字妙吉祥。

[注释]

①本诗录自《国闻周报》,1932 年第九卷第 25 期"采风录",1932 年 6 月 27 日出版。遂安伯胡同:位于北京市东城区朝阳门内南小街路西。形成于元代,定名于明代。遂安伯是明朝永乐年间所封的爵位,受爵人是陈志。据《明使功臣表》记载:遂安伯陈志,永乐元年五月丁亥封。后因陈志的府邸在此而得名。2000 年前后拆毁,原址改建为金宝街。

②首四句:淳安县始建制于东汉建安十三年(208),孙权遣威武中郎将贺齐击山越,分歙县东之叶乡置始新县,分歙县南之武强乡置新定县。此为淳安、遂安建县之始。始新县为新都郡治。三国东吴时仍为新都郡治(一说黄武元年始置始新县)。晋太康元年(280),改始新县为新安郡治,改新定县为遂安县。隋开皇九年(589)废新安郡,改始新县为新安县,并遂安、寿昌县入新安县,属婺州。仁寿三年(603)为睦州治。大业初,改名雉山县,为遂安郡治。唐文明元年(684),改雉山县为新安县,为睦州治。万岁通天二年(697),移睦州治于建德。开元二十年(732),改名还淳县。永贞元年(805),因避唐宪宗讳,改名青溪县,属睦州。北宋宣和三年(1121)改青溪县为淳化县,属严州。南宋绍兴元年(1131)改淳化为淳安,属严州。咸淳元年(1265)后属建德县。元时属建德路。明、清时属严州府。民国初属金华道,1927 年后直隶于省。1949 年,属建德专区。1950 年,属金华专区。1955 年,又属建德专区。1958 年,淳安县与遂安县合并为淳安县,原县治淳城因建新安江水库沦为水域,县治迁至排岭镇(现改千岛湖镇)。同年 12 月,建德专区撤销,淳安县改属金华地区。1963 年,划属杭州市。

③胙茅土：帝王以土地赐封功臣，酬其勋绩。胙：赐予。茅土：指王、侯的封爵。古天子分封王、侯时，用代表方位的五色土筑坛，按封地所在方向取一色土，包以白茅而授之，作为受封者得以有国建社的表征。《文选》李陵《答苏武书》："陵（李陵）谓足下当享茅土之荐，受千乘之赏。"李善注："《尚书纬》曰：'天子社，东方青，南方赤，西方白，北方黑，上冒以黄土，将封诸侯，各取方土，苴以白茅，以为社。'"

④殊方：远方，异域。汉班固《西都赋》："逾昆仑，越巨海，殊方异类，至于三万里。"

⑤障泥：垂于马腹两侧，用于遮挡尘土之物。

⑥曾子二句：以梁鸿孟光喻曾氏夫妇。伯鸾：东汉隐士梁鸿的字。鸿家贫好学，不求仕进。与妻孟光（字德曜）共入霸陵山中，以耕织为业。后至吴。鸿为佣工，每食时，光必举案齐眉，以示敬爱。事见《后汉书》卷八十三《逸民列传第七十三·梁鸿》。

⑦我乃句：邵瑞彭于1931年受聘为河南大学国文系主任，寓居开封，直至1937年逝世。

汴梁旅次祝逸老生辰①

节后霜花着意新，天教留骨拜诗人。

欲持嵩少②清秋色，换取中原百万春。

[注释]

①本诗录自《国闻周报》，1933年第十卷第46期"采风录"，1933年11月20日出版。逸老：指王赓。

②嵩少：指嵩山和少室山。嵩山，古称"外方"，夏商时称"崇

高""崇山",西周时称为"岳山",以嵩山为中央,左岱(泰山)右华(华山),定嵩山为中岳,始称"中岳嵩山"。嵩山位于河南省西部,地处登封市西北面,西邻古都洛阳,东临郑州,属伏牛山系,由太室山与少室山组成。少室山,又名"季室山",位于河南省登封市西北,东面与太室山相对。相传夏禹王的第二个妻子,涂山氏之妹栖于此,人于山下建少姨庙敬之,故山名谓"少室"。

寿寒云二哥四十①

眼看河水西流去,人海疑君尚少年。
敢把高才量以斗,未妨随分乐其天。
论交久托酸咸②外,多寿能齐怀葛③前。
弹罢祥琴听击壤④,月明千里共婵娟。

[注释]

①本诗录自《北洋画报》,1929年第8卷第399期,1929年11月19日出版,署名"次公邵瑞彭"。寒云:袁克文。袁克文(1889~1931),字豹岑,号寒云,法名陀旷、觉旷,又号抱存、抱公、龟盦、寒云子等。河南项城人。袁世凯次子。民国四公子之一。精通书法绘画,喜好诗词歌赋,为昆曲名家。有《辛丙秘苑》《洹上词》等行世。

②酸咸:比喻各人不同的爱好、兴趣。唐韩愈《酬司门卢四兄云夫院长望秋作》诗:"云夫吾兄有狂气,嗜好与俗殊酸咸。"

③怀葛:无怀氏、葛天氏的并称。二人皆为传说中的上古帝王名。古人以为其世风俗淳朴,百姓无忧无虑。

④击壤：古代的一种游戏。把一块鞋子状的木片侧放地上，在三四十步处用另一块木片去投掷它，击中的就算得胜。《艺文类聚》卷十一引晋皇甫谧《帝王世纪》："（帝尧之世）天下大和，百姓无事，有五十老人击壤于道。观者叹曰：'大哉！帝之德也。'老人曰：'吾日出而作，日入而息，凿井而饮，耕田而食。帝何力于我哉！'"

海藏老人七十寿诗①

杜陵自是皋夔侣②，呼作诗王觉未安。
直把桑蓬③扶像纬④，闲收江海入渔竿。
儒仙骨硬登楼见，寿客花黄傍日看。
倘为河清妨皱面，愿从肘后乞余丹。

[注释]

①本诗录自《北平铁路大学周刊》，1930年第135期"文苑"，署名"次公"。

②皋夔侣：《尚书·虞书·舜典》："帝曰：'皋陶，蛮夷猾夏，寇贼奸宄，汝作士，五刑有服。'""帝曰：'夔，命汝典乐，教胄子。'"皋陶为虞舜时掌管刑法的官；夔为尧舜时掌管音乐的官。后因以代指贤臣。宋邓肃《菩萨蛮》词："主人承湛露。元是皋夔侣。"

③桑蓬："桑弧蓬矢"的略语。古时男子出生，以桑木作弓，蓬草为矢，射天地四方，象征男儿应有志于四方。后用作勉励人应有大志之辞。《礼记·内则》："国君世子生，告于君，接以大牢，宰掌具。三日，卜士负之，吉者宿齐，朝服寝门外，诗负之。射人以桑弧蓬矢六，射天地四方。"郑玄注："桑弧蓬矢，本大古也。天地四方，

男子所有事也。"宋苏轼《赐皇弟大宁郡王偲生日礼物口宣》:"桑蓬示喜,复临载育之辰;金币展亲,往致友于之爱。"

④像纬:即象纬。象数谶纬。亦指星象经纬,谓日月五星。

庚午七夕①

画屏银烛引秋光,听尽宫城漏点长。
户外三星犹炯炯,梦回百感总茫茫。
离多始信天仙巧,坐久能禁②夜色凉。
输与西邻好儿女,针楼③深处怨河梁。

[注释]
①本诗录自《北平铁路大学周刊》,1930年第146期"文苑"。
②禁:原刊此处漫漶,疑为"禁"字。
③针楼:《太平御览》卷八三〇引南朝梁顾野王《舆地志》:"齐武起曾城观,七月七夕,宫人登之穿针,世谓之穿针楼。"后以"针楼"谓女子所居之楼。

次韵和张梓铭①

其 一

缩手藏头避少年,堆檐余雪渐成烟。
开窗恰听葭灰②动,招隐宜从藕孔③迁。

天意增寒浑耐得,交亲如水最陶然。

遥知弭棹秦淮畔,日日高吟和玉田。

其 二

一席名山动万年,不须北望怖烽烟。

高踪每羡屠羊说④,谤史空疑司马迁。

乱雪侵人知地冷,浮云如我总天然。

何时戴笠江南去,乞与官家扫莳田⑤。

[注释]

①本组诗录自《河南民国日报》副刊《庠声》,1933年第12期,第47页,署名"次公"。张梓铭:张廷休。张廷休(1898～1961),字梓铭。贵州安顺人。历史学家、教育家,亦工书法。1930年任河南省政府秘书长。1942年筹建国立贵州大学,出任校长。著有《欧洲大学起源考》《近代革命史概要》《贵州文化之开拓》《论为学与从政》等。

②葭灰:古人烧苇膜为灰,置于十二律管中,以占气候。某一节候至,则相应律管中的葭灰飞动,表示节候已到。后因以咏季候。亦作"灰律""飞律灰""清葭"。《后汉书·志第一·律历上》:"候气之法,为室三重,户闭,涂衅必周,密布缇缦。室中以木为案,每律各一,内庳外高,从其方位,加律其上,以葭莩灰抑其内端,案历而候之。气至者灰动。"

③藕孔:《长阿含经》载:阿修罗与天帝战,败北,四兵尽入 藕孔中。《佛说观佛三昧经》载:阿修罗王往攻帝释于虚空中,有刀轮自然而下,当阿修罗上。耳鼻手足,一时尽落。时阿修罗即便惊怖,遁走无处,入藕丝孔中。

④屠羊说:《庄子·让王》:"楚昭王失国,屠羊说走而从于昭王。昭王反国,将赏从者,及屠羊说。屠羊说曰:'大王失国,说失屠羊;大王反国,说亦反屠羊。臣之爵禄已复矣,又何赏之有哉!'王曰:'强之!'屠羊说曰:'大王失国,非臣之罪,故不敢伏其诛;大王反国,非臣之功,故不敢当其赏。'……王谓司马子綦曰:'屠羊说居处卑贱而陈义甚高,子其为我延之以三旌之位。'屠羊说曰:'失三旌之位,吾知其贵于屠羊之肆也;万钟之禄,吾知其富于屠羊之利也;然岂可以贪爵禄而使吾君有妄施之名乎!说不敢当,愿复反吾屠羊之肆。'遂不受也。"

⑤葑田:架田。在湖沼深水中用木作架,四周及底部以泥土和水生植物封实而成的漂浮在水面的农田。可随水高下,故不受旱涝。元王祯《农书·田制门》:"架田。架犹筏也,亦名葑田。"葑:原注"去",意为去声。后出原注"去"者,与此意同,不再加注。

和孙师郑六十七自寿①

其 一

一静真能压万忧,漫持巢许②换伊周③。
早闻焦赣占乾鹊④,待叩汸山论牯牛⑤。
永夜归心吾谷树,弥天诗意蓟门秋。
济南章句⑥兰陵学⑦,健药宁须跨海求。

其 二

不随稷下侣邹吁,晚节先生道岂孤。⑧

儒术成仙荀景倩⑨，文章为号李君虞⑩。

沧桑纵领兴亡感，水竹犹供耳目娱。

欲写千文题补寿，摩崖大字刻番吾。⑪

[注释]

①本组诗录自《河南民国日报》副刊《庠声》，1933年第19期，第75页。

②巢许：巢父和许由。

③伊周：伊尹和周公。

④早闻句：汉焦赣著有《焦氏易林》，在《易经》基础上增补卦爻辞。焦赣：字延寿。或谓焦延寿，字赣。梁国睢阳（今河南商丘）人。曾从孟喜学《易经》。乾鹊：即喜鹊。其性好晴，其声清亮，故名。

⑤待叩句：宋普济《五灯会元》卷九载沩山曾言："老僧百年后，向山下作一头水牯牛。左胁下书五字，曰：'沩山僧某甲。'当恁么时，唤作沩山僧又是水牯牛，唤作水牯牛又是沩山僧。毕竟唤作什么即得？"沩山（771－853）：唐代高僧。沩仰宗（禅宗五家七宗之一）初祖。牯牛：阉割过的公牛。多泛指牛。

⑥济南章句：或指伏生所传今文《尚书》之学。伏生，名胜，字子贱。济南（今山东章丘）人。秦时为博士，秦始皇焚书，伏生壁藏之。汉惠帝时，伏生出所藏书，教于齐鲁之间。章句：经学家解说经义的一种方式。亦泛指书籍注释。

⑦兰陵学：汉代兰陵经学兴盛，经师辈出。代表人物有王臧、孟喜、匡衡、段嘉、王朗等。汉刘向称："兰陵多善为学。"兰陵：位于今山东省苍山县西南部。

⑧原注：改坡诗。

⑨荀景倩：荀顗。荀顗（？～274），字景倩，颍川颍阴（今河南

许昌)人,曹魏太尉荀彧之子。博学洽闻,精通"三礼"(《周礼》《仪礼》《礼记》)。

⑩李君虞:李益。李益(748～829),字君虞,陇西姑臧(今甘肃武威)人,唐代诗人。以边塞诗作名世,尤工于七绝。

⑪原注:明人有补寿千文。

默君社长典试中州锁院联吟一时称盛奉赠一首①

桂殿新秋夜欲寒,使星②炯炯万人看。
擎杯乍喜闻声久,下笔真教数典难。
坐听青袍③歌乐职④,好凭玉手起回澜。
吾宗掌故烦君补,又长淇园⑤竹几竿。

[注释]

①本诗录自印水心著《高等考试锁闱日录》,京华书局,1934年版。默君:张默君。张默君(1884～1965),原名昭汉,字漱芳,英文名莎非亚。湖南省湘乡县人,中国近代著名的女诗人、妇女活动家和教育家。著有《白华草堂诗集》《默君诗草》等。锁院:此指科举考场。时张默君任国民政府考试院考选委员会委员。

②使星:《后汉书》卷八十二上《方术列传第七十二上·李郃》:"和帝即位,分遣使者,皆微服单行,各至州县,观采风谣。使者二人当到益部,投郃候舍。时夏夕露坐,郃因仰观,问曰:'二君发京师时,宁知朝廷遣二使邪。'二人默然,惊相视曰:'不闻也。'问何以

知之。郃指星示云：'有二使星向益州分野，故知之耳。'"后因称使者为"使星"，此以喻张默君。

③青袍：学子所穿之服。亦借指学子。唐许浑《酬殷尧藩》诗："莫怪青袍送，长安隐旧春。"

④乐职：诗篇名。汉王褒《四子讲德论》："浮游先生陈丘子曰：'所谓《中和》《乐职》《宣布》之诗，益州刺史之所作也。刺史见太上圣明，股肱竭力，德泽洪茂，黎庶和睦，天人并应，屡降瑞福，故作三篇之诗，以歌咏之也。'"后用为称颂太守之词。宋苏轼《上留守宣徽启》："少年游学，方成都乐职之秋；壮岁效官，复淮阳卧理之日。"

⑤淇园：西周古园林，遗址在今朝歌城西北三十里思德河畔耿家湾（今武公湖）。西周时期卫武公（前813～前785在位）时修建，是中国古代最早的园林。以绿竹茂盛为特征。南朝梁任昉《述异记》载："卫有淇园出竹，在淇水之上，《诗》云：'瞻彼淇奥，绿竹猗猗'是也。"

天津春日作

客心恋游冶，歧路当故乡。
泠然昨夜雨，倍觉今朝凉。
津柳绿已荑①，春草抽渐长。
钿车②趁浮壒③，夹道生明光。
及兹东隅蚤，奚害斥鷃④翔。
翘首望沧溟，寂寞谢高骧⑤。

[注释]
①荑：草木初生的嫩芽。

②钿车:用金宝嵌饰的车子。

③壒:尘埃。

④斥鷃:即鹌雀。《庄子·逍遥游》:"穷发之北有冥海者,天池也。有鱼焉,其广数千里,未有知其修者,其名为鲲。有鸟焉,其名为鹏,背若太山,翼若垂天之云,抟扶摇羊角而上者九万里,绝云气,负青天,然后图南,且适南冥也。斥鷃笑之曰:'彼且奚适也!我腾跃而上,不过数仞而下,翱翔蓬蒿之间,此亦飞之至也。而彼且奚适也!'"成玄英疏:"鷃雀也。"

⑤高骧:腾越;腾飞。汉班固《西都赋》:"列棼橑以布翼,荷栋桴而高骧。"

西 郊①

江南寒未深,蓟北年已晚。
客思绕峦壑,颇惜西山远。
霜晨戒徒仆,严驾②陟长阪。
白草枯有余,黄尘积犹浅。
曾峰濯朝曦,飞霭挹心眼。
岚光觉沉浮,道路自回转。
皇畿③信壮美,西瞰独萧散。
俯仰旷心神,烦忧岂能展。
离宫昔禁地,荆蔓凄已满。
五噫歌未成,还叹归车缓。

[注释]

①上两首诗录自《河南大学校刊·文艺副刊》,1937年第1

期,1937 年 4 月 19 日出版,署名"次公"。

②严驾:整备车马。《后汉书》卷八十二上《方术列传第七十二上·杨由》:"由尝从人饮,敕御者曰:'酒若三行,便宜严驾。'"三国魏曹植《杂诗》之五:"仆夫早严驾,吾将远行游。"

③皇畿:旧指京城管辖的地区。

出西直门自玉泉山至碧云寺①

其 一

暮春憺游兴,驱马厉西郊。
朝晖敞清霁,桂观何岧峣。
平畴滋野卉,和风动桑条。
悠悠丹棱水,沉沉不容舠。
涉川岂无裳,回车今则劳。
重华邈已远,感此心焉忉。

其 二

小山无乔枝,曾台起天际。
石磴纡且盘,芳草弄春气。
摄衣上崇冈②,城郭变阴曀。
氿泉③牛微澜,洗耳④发幽喟。
燕昭求神仙,子丹悲易水。
称意良独难,枯丘⑤忽千岁。

其　三

幼年志林壑⑥,弱冠事长征⑦。

行乐苦不足,懔此迟暮情。

琳宫俯颓景,松杉扬悲声。

盘桓匪所难,百患何由平。

临风发清讴,浩渺思九成⑧。

景公泣牛山⑨,寂寞后世名。

晏子亦间渠⑩,梁父徒硁硁⑪。

[注释]

①本组诗录自《河南大学校刊·文艺副刊》,1937年第2期,1937年5月24日出版。碧云寺:位于北京市西郊香山南麓。始建于元至顺二年(1331),后经明、清扩建,始具今日规模。寺院坐西朝东,依山势而建造。初名碧云庵,明正德十一年(1516)改称今名。民间因太监于经修寺而俗称于公寺。玉:原刊作"王"。

②摄衣句:晋左思《咏史》其五:"振衣千仞岗,濯足万里流。"

③汔泉:从侧旁流出的泉水。《诗·小雅·大东》:"有洌汔泉,无浸获薪。"《毛传》:"侧出曰汔泉。"《释名·释水》:"侧出曰汔泉。汔,轨也,流狭而长如车轨也。"

④洗耳:表示厌闻污浊之声。《孟子·尽心上》:"古之贤士,何独不然。"汉赵岐注:"乐道守志,若许由洗耳,可谓忘人之势矣。"晋皇甫谧《高士传·许由》:"尧让天下于许由,……由于是遁耕于中岳颖水之阳,箕山之下,终身无经天下色。尧又召为九州岛长,由不欲闻之,洗耳于颖水滨。"

⑤枯丘:枯骨堆成的丘。《战国策》卷四《齐策》:"攻狄不能,下

垒枯丘。"

⑥林壑：指隐居之地。

⑦长征：远处征伐、征戍。

⑧九成：犹九阕。乐曲终止叫成。此当代指《箫韶》。《书·益稷》："《箫韶》九成，凤皇来仪。"孔颖达疏："郑云：'成犹终也。'每曲一终，必变更奏。故经言'九成'，传言'九奏'，《周礼》谓之'九变'，其实一也。"唐张祜《箫》诗："还将九成意，高阁仁芳音。"

⑨景公句：《晏子春秋》卷一《谏上第一》："景公游于牛山，北临其国城而流涕曰：'若何滂滂去此而死乎？'艾孔、梁丘据皆从而泣，晏子独笑于旁。公刷涕而顾晏子，曰：'寡人今日游悲，孔与据皆从寡人而涕泣，子之独笑，何也。'晏子对曰：'使贤者常守之，则太公、桓公将常守之矣；使勇者常守之，则庄公、灵公将常守之矣；数君者将守之，则吾君安得此位而立焉。以其迭处之，迭去之，至于君也。而独为之流涕，是不仁也。不仁之君见一，谄谀之臣见二，此臣之所以独窃笑也。'"后以"牛山叹""牛山泪""牛山悲""牛山下涕"喻为人生短暂而悲叹。牛山：山名，在今山东省淄博市。

⑩间渠：此当为徒然感慨之意。《南齐书》卷十九《志第一·五行》："永元中，童谣云：'野猪虽嗃嗃，马子空间渠。不知龙与虎，饮食江南墟。'"

⑪砼砼：象声词。

题红薇老人《百花手卷》①

其 一

玉台丽句思薇淋，苕上②风流数仲姬③。

描出蔷薇新样子,也应破费女郎诗。

其 二

飞云江④上水漫漫,曾记当时种牡丹⑤。
二十年来沧海事,旧游都在画中看。

[注释]

①本组诗录自《客观》,1945 年第 4 期,署名"邵瑞彭"。原刊混为一首,无题,题目为编者所加。编者识语云:"红薇老人所作之《百花手卷》,始于清末宣统二年,凡三年始成,细致生动,得未曾有。经历两劫,完好如初。海内名士,题咏殆遍。兹选录(原刊此处字迹漫漶,疑为'选录'二字,编者注)所题诗词若干首如右。"红薇老人:张红薇。张红薇(1878～1970),原名张光,字德怡,亦作静仪,晚号红薇老人。浙江温州人。曾为上海中国画院画师、中国美术家协会会员、中国美术家协会上海分会理事、上海市文史馆馆员。亦工诗,著有《夏仙馆诗钞》《红薇吟馆诗集》等。

②苕上:此指苕溪。苕溪,水名。位于浙江北部。有二源,出浙江天目山之南者为东苕,出天目山之北者为西苕。两溪合流,由小梅、大浅两湖口注入太湖。夹岸多苕(芦苇),秋后花飘水上如飞雪,故名。

③仲姬:管道升。管道升(1262～1319),字仲姬,一字瑶姬。浙江德清茅山(今干山镇茅山村)人,一说华亭(今上海青浦)人。元代著名的女性书法家、画家、诗词创作家。嫁元代吴兴书画名家赵孟頫为妻,封吴兴郡夫人,世称管夫人,延祐四年(1317),封魏国夫人。尤擅画墨竹梅兰。晴竹新篁,为其首创。此喻张红薇。

④飞云江:水名,位于浙江省境内。三国吴时名罗阳江、安阳江,晋代称安固江,唐初名瑞安江。当时横渡瑞安江的渡口叫飞云

渡,唐天复三年(903)易名飞云江。

⑤牡丹:原刊作"牧丹"。毛茛科、芍药属植物,为多年生落叶灌木。花色泽艳丽,富丽堂皇,素有"花中之王"的美誉。

录旧诗写赠武福鼐①

鬲岁相思失报书,重逢那复计迂疏②。
到门倘为夔怜蚿③,入世从教马作驴④。
幸有高名压穷塞,不堪掩面避回车。
天涯兄弟它生事,百忧应随一笑除。

[注释]

①本诗录自王宝贵,刘兆英,宗致远编《二十世纪开封书法作品选集》,河南美术出版社,2001年版,第25页。原诗无题。为邵瑞彭手书,落款:"录旧诗一首　慕姚老弟一哂(同"哂",编者注)瑞彭"。武福鼐(1900～1982):字慕姚,自号拙叟、瓶翁,斋号贞默。河北永年人,河南省当代著名的书法家、鉴赏家、诗人。

②迂疏:犹言迂远疏阔。唐权德舆《自杨子归丹阳初遂闲居聊呈惠公》诗:"寒浅逢机少,迂疏应物难。"

③夔怜蚿:《庄子·秋水》:"夔怜蚿,蚿怜蛇,蛇怜风,风怜目,目怜心。夔谓蚿曰:'吾以一足趻踔而行,予无如矣。今子之使万足,独奈何?'蚿曰:'不然。子不见夫唾者乎?喷则大者如珠,小者如雾,杂而下者不可胜数也。今予动吾天机,而不知其所以然。'"成玄英疏:"怜是爱尚之名。夔是一足之兽。……《山海经》云:'东海之内有流波之山,其山有兽,状如牛,苍色无角,一足而行,声音

如雷,名之曰夔。'……蚿,百足虫也。"

④马作驴:《晋书》卷三十三《列传第三·石苞》:"苞既勤庶事,又以威德服物。淮北监军王琛轻苞素微,又闻童谣曰:'宫中大马几作驴,大石压之不得舒。'因是密表苞与吴人交通。先时望气者云'东南有大兵起'。及琛表至,武帝甚疑之。"

为金梁吟社社刊题词①

其 一

梁园风雅今能继,岳色河声起万喑。
莫漫登坛拜何李②,要知八代有遗音。

其 二

金梁桥外如霜月,又照诗人侧帽来。
眼看瑶天下鸾鹤,清声历历夏王台③。

[注释]

①原诗未录标题,标题为编者所加。

②何李:何景明、李梦阳。开封禹王台建有三贤祠,于明正德十二年(1517),为纪念唐代著名诗人李白、杜甫、高适同登吹台而建。明嘉靖四年(1525),将三贤祠改称五贤祠,增李梦阳、何景明像。

③夏王台:此指禹王台。又名古吹台,位于河南省开封市城区东南隅。相传春秋时,晋国大音乐家师旷曾在此吹奏乐曲,故后人

称此台为"吹台"。西汉初年,汉文帝封其次子刘武于大梁,为梁孝王,封疆初都于大梁,后迁睢阳(今商丘)。梁孝王喜好同墨客吟诗吹弹游乐,为此又增筑吹台,并在吹台兴建殿字亭楼,种植名贵花木,修建成一座豪华的园林,称为梁园,又称兔园。后因战乱而荒废。明嘉靖二年(1523),因开封屡遭黄河水患,为怀念大禹治水的功绩,在台上建禹王庙,故吹台被改称为禹王台。因禹为夏后氏首领,称夏禹。故此诗称禹王台为夏王台。

为靳仲云①题樊山回文词

樊园②春去黄垆③在,一卷吟痕忍泪看。
投老山阳感邻笛④,了无残梦到长安。

[注释]

①靳仲云:靳志。靳志(1877～1969),字仲云,河南开封人。有《居易斋诗存》等。

②樊园:樊增祥藏书楼。

③黄垆:南朝宋刘义庆《世说新语·伤逝第十七》载:"王濬冲(王戎)为尚书令,著公服,乘轺车,经黄公酒垆下过。顾谓后车客:'吾昔与嵇叔夜、阮嗣宗共酣饮于此垆。竹林之游,亦预其末。自嵇生夭、阮公亡以来,便为时所羁绁。今日视此虽近,邈若山河。'"

④投老句:晋向秀《思旧赋·序》:"余与嵇康、吕安,居止接近。其人并有不羁之才,……其后各以事见法,……余逝将西迈,经其旧庐,于时日薄虞渊,寒冰凄然,邻人有吹笛者,发声寥亮。追思曩昔游宴之好,感音而叹。"

朱守一①主吟社编纂，为长歌代序②

诗骚摧为薪，风雅久不作。
日月既已泯，爝火焉能灼。
新体失陶钧③，情性渐自薄。
四野走豺狼，深堂巢燕雀。
朝令暮复更，浑沌不可凿。
礼乐失其常，纲纪败其约。
非无斧钺资，阋墙④尚可搏。
非无千里才，操莽不可托。
谁能振高响，藉以讽时恶。
谁能发清音，以为重门柝。
化俗令其醇，移风振其弱。
香草见性情，美人喻栖泊。
金梁多高人，诗怀常磊落。
何不结社吟，因风传远铎。
高才推子建，妙手惟康乐。
江郎有彩笔，逸思不可缚。
二月及花朝，履舃⑤宜交错。
若无刍荛⑥功，此心在云壑。

[注释]

①朱守一：字梅痴。四川井研人。时为河南大学学生，邵瑞彭

弟子。著有《梅痴吟稿》。

②上四首诗辑自孙诒鼎《拜禊堂诗话》(一名《大谷山房诗话》)。见中国人民政治协商会议河南省委员会文史资料委员会编:《河南文史资料·第39辑》,1991年,第112～113页。

③陶钧:制作陶器所用的转轮。喻治国之道。亦作"陶均"。《史记》卷八十三《鲁仲连邹阳列传第二十三·邹阳》:"是以圣王制世御俗,独化于陶钧之上,而不牵于卑乱之语,不夺于众多之口。"裴骃集解引《汉书音义》:"陶家名模下圆转者为钧,以其能制器为大小,比之于天。"司马贞索隐引张晏曰:"陶,冶;钧,范也。作器,下所转者名钧。"

④阋墙:《诗·小雅·常棣》:"兄弟阋于墙,外御其务。"谓兄弟相争于内。后用以指内部相争。

⑤履舄:古代单底鞋称履,复底鞋称舄,故以"履舄"泛称鞋。亦借指脚或足迹。唐姚合《扬州春词》:"竹风轻履舄,花露腻衣裳。"

⑥刍荛:割草采薪之人。喻乡野之人。《诗·大雅·板》:"我言维服,勿以为笑。先民有言,询于刍荛。"《毛传》:"刍荛,薪采者。"东汉郑玄笺:"服,事也。我所言乃今之急事,女无笑之。古之贤者有言,有疑事当与薪采者谋之。匹夫匹妇或知及之,况于我乎!"

邵瑞彭诗词笺注（中）

杨萌芽 李静 笺注

河南大学出版社
HENAN UNIVERSITY PRESS
·郑州·

词

云林新增八景词①

清平乐

黄花咏古

烟云如旧。梦觯重阳后。一勺寒泉通小有②。最称东篱把酒。

沧桑影事匆匆。残题谁与纱笼③。打叠④词人消瘦,卷帘几阵西风。

踏莎行

洪坂犁云

商略锄犁,料量筐筥。迎神敲罢三通鼓。窗前鸠妇忒关心,为谁催下梨花雨。

忙月工夫,田家风趣。前村针水⑤闻私语。夕阳隐约一鞭斜,叱牛人傍疏林去。

无梦令

毕谷传声

黯黯平林宿雾。一任天风来去。清籁度寒山,人倚石床无语。无语。无语。声在白云深处。

采桑子

禅林听读

华严楼阁依山起,佛最多情。佛最无情。试问门前过去僧。

龛灯秋焰琉璃碧,诵罢禅经。又诵儒经。两样宗风一样听。

鹧鸪天

乔木联芳

铁干凌烟长绿苔。比肩最称画中诗。石楼佚句无人识,椐树⑥花香糁地飞。

穿晓径,点春衣。风景依样⑦少年时。若从故国论乔木,城郭人民有是非。

好事近

藓溪⑧钓月

溪水碧于油,雨笠烟簑清绝。报道鳜鱼初上,是桃花时节。

槎头⑨客我醉婆娑,铜斗⑩高歌发。收拾笭箵⑪归去,蹈一钩新月。

朝中措

鸿岫飞岚

秋山眉黛忒重重。残雨洗遥峰。雅称诗人小住,开帘目送飞鸿。

一林红叶,半天残照,几杵疏钟。疑是黄家画⑫里,浮岚暖翠冥濛。

子 夜

青峦耸翠

层峦一角沉沉色。冶蓝活翠金和碧。山上有人家。茅檐迤逦斜。

炊烟村畔起。幽径归樵子。微月破黄昏。山花香到门。

[注释]

①此八首词由邵溢成先生提供,为邵瑞彭1915年为云林村新成八景所作,收入《云林余氏族谱》。词后邵作序言云:"遂安之北乡有村焉,曰云林。尔其绕缭烟霞,玲珑邱壑;幽不绝俗,秀欲成韵。骚人赋客,笠杖罕经,既鲜矜表,佳境斯閟。独有余氏千一公结庐于兹,心远地偏以长其孙子。越数百载,族以滋大,顾皆耽怀静寂,缮性冲朴,不婴尘网,不事虚华,斯可贵矣。岁乙卯,族人有重修家乘之役,乃取诸胜,系之以谧,列为八景,绘而锓诸牒,属瑞彭纪以小词。词成,复自序之。予惟吾郡风称大好山水,扶舆孕灵,岂容久郁不宣。在昔漫叟猗玗,表圣王官,涪翁托名于山谷,贻上寓情于渔洋。此皆僻左,乃以人传。若乃余氏族人彪厥清音,实

颖实栗,子胜斐然,色生山川,俾云林之名增其掌故,八景之迹播于遐尔,即兹所作,用厕前马,亦犹泗水潜夫之咏西湖也,岂不幸与。时中华民国四年岁次乙卯仲秋月吉旦　　淳安次公邵瑞彭"。云林村:浙江省淳安县汾口镇下辖村。古称溪口、乌林。云林余氏始祖余迁,字子乔,行千一,称千一公,为遂安"萝蔓世家"、柏林桂家园(今汾口镇西村附近)余万璧公十世孙。南宋嘉定十七年(1224)二月十三日,因田业之便,千一公携孺人洪氏,迁居溪口(今云林),结屋角公山下,额为"黄花坪",改乌林为云林。

②小有:指小有天。道家所传洞府名,为道家三十六洞天之一。在河南省济源市王屋山,天坛峰上有小有洞。亦称"小有洞"。此指仙境。《太平御览》卷四十引《茅君内传》:"王屋山之洞,周回万里,名曰小有清虚之天。"唐杜甫《秦州杂诗二十首》之十四:"万古仇池穴,潜通小有天。"唐皇甫冉《祭张公洞》诗之二:"云开小有洞,日出大罗天。"

③残题句:唐王定保《唐摭言》卷七:"王播少孤贫,尝客扬州惠昭寺木兰院,随僧斋餐。诸僧厌怠,播至已饭矣。后二纪,播自重位出镇是邦,因访旧游,向之题已皆碧纱幕其上。播继以二绝句曰:'二十年前此院游,木兰花发院新修。而今再到经行处,树老无花僧白头。''上堂已了各西东,惭愧阇黎饭后钟。二十年来尘扑面,如今始得碧纱笼。'"

④打叠:收拾;安排。亦作"打迭"。宋刘昌诗《芦蒲笔记·打字》:"收拾为打叠,又曰打迭(一作併)。"

⑤针水:谓稻种发芽后其尖如针,露出水面。

⑥椐树:即灵寿木,树干上多长着肿节,木质坚硬,古人常用来制作拐杖。

⑦依样:照样,依旧。宋杨万里《送丁子章将漕湖南三首》其二:"山应依样瘦,民岂似田多。"

⑧箳溪：水名，亦名"排溪"。在今浙江省奉化市。

⑨槎头："槎头鳊"之省称，即鳊鱼。缩头，弓背，色青，味鲜美，以产汉水者最著名。人常用槎拦截，禁止擅自捕杀，故亦称"槎头缩颈鳊"。唐孟浩然《岘潭作》诗："试垂竹竿钓，果得槎头鳊。"唐杜甫《解闷》之六："即今耆旧无新语，漫钓槎头缩颈鳊。"

⑩铜斗：亦作"铜枓"。铜制的方形有柄的器具，用以盛酒食。《史记》卷四十三《赵世家第十三》："（赵襄子）请代王。使厨人操铜枓以食代王及从者，行斟，阴令宰人各以枓击杀代王及从官，遂兴兵平代地。"枓，唐张守节正义："音斗。其形方，有柄，取斟水器。《说文》云勺也。"唐孟郊《送淡公》诗之三："铜斗饮江酒，手拍铜斗歌。"宋王观国《学林·铜斗》："孟东野当时适有铜器，其状方如斗，而东野特以贮酒而饮，又击之以和歌声，故自形于诗句。"

⑪筌筥：渔具的总称。亦指贮鱼的竹笼。唐皮日休《奉和鲁望渔具十五咏·筌筥》："朝空筌筥去，暮实筌筥归。归来倒却鱼，挂在幽窗扉。"唐陆龟蒙《渔具》诗序："所载之舟曰舴艋，所贮之器曰筌筥。"

⑫黄家画：即黄家画派。中国画流派之一。为五代花鸟画派的一支，代表画家黄筌。此派画法，多描摹禁中珍禽瑞鸟，奇花怪石，用笔工整，设色堂皇。以细挺的墨线勾出轮廓，然后填彩，即所谓"钩填法"。后人评为"钩勒填彩旨趣浓艳"。

虞美人

和天梅用南唐韵

相思似债原难了。莫怨佳期少。啼痕弹入玉笙风。

生怕有人等我、梦魂中。

　　珍珠密字①言犹在。不信华年改。天涯容得几多愁。只有黄河如泪、背人流。

[注释]

①珍珠密字：明纪坤《奕光得家书戏赠》诗："珍珠密字写新愁，应怪萧郎爱远游。"

捣练子

　　双燕去，旧巢空。禁受飘零几阵风。今夜樱桃街①畔月，为谁无奈照帘栊。

[注释]

①樱桃街：此指樱桃斜街。位于北京市西城区南部的一条胡同，东北起自大栅栏西街，稍有弯曲，西南至堂子街。明代这里有羊毡作坊，称羊毡胡同。清乾隆年间改称樱桃斜街，沿用至今。因此街曾植有樱桃树，走向倾斜，故得名。

浪淘沙

　　几处玉龙①哀。有闷难排。寄园凉露湿瑶阶。我是铜仙②辞汉阙，未必重来。

　　醉死便当埋。莫羡蓬莱。飙车和梦夜深开。九万里风吹不断,飞渡长淮③。

[注释]

①玉龙:笛之美称,古人常将长条形物件比作龙,玉笛形长,因得此名。宋姜夔《疏影》词:"还教一片随波去,又却怨玉龙哀曲。"

②铜仙:"金铜仙人"之省称。《三辅黄图·建章宫》:"神明台在建章宫中,祀仙人处,上有铜仙舒掌捧铜承云表之露。"唐李贺《金铜仙人辞汉歌·序》:"魏明帝青龙元年八月,诏宫官牵车西取汉孝武捧露盘仙人,欲立置前殿。宫官既拆盘,仙人临载,乃潸然泪下。"寓国破之痛。

③长淮:指淮河。唐王维《送方城韦明府》诗:"高鸟长淮水,平芜故郢城。"

忆江南

思往事,白发又经秋。几处故人同梦我,醒来和泪盼归舟。一样枉登楼。

菩萨蛮

前身绮孽何时免。匆匆想起愁无限。情重未能归。杨枝跪地垂。

卷帘看月上。莫向江南望。嫩约①已成空。相逢只梦中。

[注释]

①嫩约:谓男女间不坚牢的信约。宋姜夔《秋宵吟》词:"嫩约无凭,幽梦又杳。但盈盈,泪洒单衣,今夕何夕恨未了。"

相见欢

其 一

轻盈秀脸偎红。忒匆匆。如此韶光、消得几番风。千行泪。千日醉。怨千重。咫尺天涯、只在桂堂东。

其 二

今宵玉宇琼楼。挂帘钩。仿佛月华三五、似中秋。魂已断。心已乱。不禁愁。只好人前、故意强低头。

浪淘沙

枕畔泪潺潺。尘梦阑珊。春明门外落花寒。只恐今宵愁不得,勉强为欢。

楼角几重阑。阑外青山。有情莫道见时难。千里月明催我去,依旧人间。

临江仙

帐饮都门无意绪,心随北燕南飞。残题记在画楼西。浪浪①和篆字②,玉筯③一齐垂。

别样烟花忘不得,翠屏银烛低迷。吴娥应悔嫁吴儿。芳时终是误,奚事更依依。

[注释]

①浪浪:流貌。《楚辞·离骚》:"揽茹蕙以掩涕兮,沾余襟之浪浪。"王逸注:"浪浪,流貌也。"洪兴祖补注:"浪,音郎。"

②篆字:此指做成篆字形状的盘香。宋欧阳修《一斛珠》词:"愁肠恰似沉香篆。千回万转萦还断。"

③玉筯:此或为"玉筯"之误。玉筯,形容眼泪。南朝梁刘孝威《独不见》:"谁怜双玉筯,流面复流襟。"

木兰花

凤城西畔吹残雪。一路明灯星样列。今宵底事不归来,为恐孤眠寒更彻。

乌丝①妙句题香屑。知否别离情味切。灵箫墨会②有还无,欲问纤纤天上月。

[注释]

①乌丝:指乌丝栏。谓书籍卷册中,绢纸类有织成或画成之界

栏,红色者谓之朱丝栏,黑色者谓之乌丝栏。栏亦作阑,或作襴。

②灵箫墨会:灵箫,指道家女仙真妃,名郁嫔,字灵箫。墨会,即显默异会的简称。南朝梁陶弘景《真诰·运象篇第一》载:紫清真妃对杨羲说:"自因宿命相与,乃有墨会定名,素契玉乡,齐理二庆,携雁而行,鲍爵分味,醮衾结裳,顾侍中馈,内藏真方也。"清钱谦益《绛云楼上梁以诗代文八首》诗之五:"鲍爵因缘看墨会,苕华名字记灵箫。"

应天长

横波①蹙损愁看镜。额上宫黄无意整。秋风静。春云迥②。一点芳心如佛定。

采香荒旧径。梦断辘轳金井③。更是夜阑酒醒。又恹恹小病。

[注释]

①横波:此借指女性之目。北周庾信《拟咏怀》诗之七:"纤腰减束素,别泪损横波。"

②迥:原刊作"回",当误。

③金井:井栏上有雕饰的井。一般用以指宫庭园林里的井。南朝梁费昶《行路难》诗之一:"唯闻哑哑城上乌,玉栏金井牵辘轳。"一说即石井。金,谓其坚固。唐李贺《河南府试十二月乐词·九月》诗:"鸡人罢唱晓珑璁,鸦啼金井下疏桐。"叶葱奇注:"'金井',即石井。古人凡说坚固,多用'金',如金塘、金堤等。"

蝶恋花

白日速于夸父步。草草相逢,又报年光暮。千万商量留不住。不如索性由他去。

楼外疏钟何处度。月晓风残,有恨无人诉。只有屏山知意绪。依稀画我分携处。

虞美人

游仙人去春波绿。欢会凭谁续。尊前景事不堪言。不识今宵酒醒、是何年。

同心结子仍依在。绾就原难解。伊家庭院自深深。恐怕东风吹入、未能禁。

清平乐①

良宵已半。提起先魂断。欲饮心儿越乱。愁比酒杯还满。

因缘两字难凭。何时再见双成②。只为今生已误,莫教更误来生。

[注释]

①上十四首词录自《南社丛刻》卷3,第十一集,1914年8月

②双成:仙女名。旧题汉班固《汉武帝内传》载:神话中西王母有侍女董双成,仙宴上,王母命她"吹云和之笙"。后为咏仙女的典故,亦喻指艺女,或美丽的女子。

菩萨蛮

效《蕃锦集》①用太白韵

其 一

灯残暗壁蚕催织。②未霜杨柳秋犹碧。③故国梦中楼。④烟波千古愁。⑤

落花人独立。⑥露重蝉声急。⑦舟泊细论程。⑧风帆数驿亭。⑨

其 二

钱唐岸上春如织。⑩门当杨柳弯弯碧。⑪花入曝衣楼。⑫笙歌到晓愁。⑬

咏诗闲处立。⑭雨挟清砧急。⑮杉木翠边程。⑯桥东北水亭。⑰

[注释]

①《蕃锦集》:清代词人朱彝尊之词集,所收全是集句。

②原注:汪珍。编者注:元汪珍《次答兑峰殿干见寄》诗:"灯残暗壁虫催织,月满空庭鹊绕枝。"蚕,当误。

③原注:杨万里。编者注:宋杨万里《久雨妨于农收因访子上有叹》诗:"未霜杨柳秋犹碧,既雨芙蓉晚更明。"

④原注:杨巍。编者注:明杨巍《忻州雨夜》诗:"寒城夜半雨,故国梦中楼。"

⑤原注:李中。编者注:唐李中《姑苏怀古》诗:"歌舞一场梦,烟波千古愁。"

⑥原注:晏几道。编者注:宋晏几道《临江仙》词:"去年春恨却来时。落花人独立,微雨燕双飞。"此句原出五代诗人翁宏《宫词》(一作《春残》)诗:"又是春残也,如何出翠帷。落花人独立,微雨燕双飞。寓目魂将断,经年梦亦非。那堪向秋夕,萧飒暮蝉辉。"

⑦原注:许浑。编者注:唐许浑《洞灵观冬青》诗:"露重蝉鸣急,风多鸟宿难。"

⑧原注:陈造。编者注:宋陈造《次瓜州》诗:"客行判费日,舟泊细论程。"

⑨原注:杜甫。编者注:唐杜甫《喜观即到复题短篇二首》其二:"江阁嫌津柳,风帆数驿亭。"

⑩原注:温庭筠。编者注:唐温庭筠《堂堂曲》(一作《钱唐曲》)诗:"钱唐岸上春如织,森森寒潮带晴色。"

⑪原注:袁桷。编者注:元袁桷《安山晓泊》诗:"门当杨柳湾湾碧,水贴芙蕖岸岸红。"

⑫原注:李贺。编者注:唐李贺《七夕》诗:"鹊辞穿线月,花入曝衣楼。"曝衣楼:皇宫中帝后于七月七日曝衣之处。

⑬原注:唐求。编者注:唐唐求《邛州水亭夜宴送顾非熊之官》诗:"道路连天远,笙歌到晓愁。"

⑭原注:元稹。编者注:唐元稹《景申秋八首》其一:"咏诗闲处立,忆事夜深行。"

⑮原注:陆游。编者注:宋陆游《幽居》诗:"雨挟清砧急,篱悬

野蔓枯。"

⑯原注:唐庚。编者注:宋唐庚《长沙道中》诗:"橘林香处饭,杉木翠边程。"

⑰原注:杨衡。编者注:唐杨衡《春日偶题》诗:"何处春先到,桥东水北亭。"本诗一作白居易诗,见《白氏长庆集》。北水亭,当误。

浣溪纱①

效《蕃锦集》

其 一

满地梨花昨夜风。②未央月晓度疏钟。③韶光如酒著人浓。④

香雾细添宫柳碧。⑤燕脂先绽野樱红。⑥强抬清镜照妆慵。⑦

其 二

午榻茶烟飐鬓丝。⑧黄昏微雨画帘垂。⑨春寒又到牡丹时。⑩

难得相逢容易别。⑪殷勤书札寄相思。⑫夜阑清梦有灯知。⑬

[注释]

①上组词与本组词录自《南社丛刻》卷4,第十四集,1915年5

月出版。

②原注:来鹏。编者注:宋来鹏《寒食山馆书情》诗:"侵阶草色连朝雨,满地梨花昨夜风。"

③原注:钱起。编者注:唐钱起《和李员外扈(一作从)驾幸温(一作汤)泉宫》诗:"未央月晓度疏钟,凤(一作步)辇时巡出九重。"

④原注:郑准。编者注:唐郑准《江南清明》诗:"旅恨共风连夜起,韶光随酒著人浓。"如,当误。

⑤原注:秦不华。编者注:元秦不华《上尊号听诏李供奉以病不出奉寄》诗:"香雾细添宫柳碧,日华遥射锦袍明。"

⑥原注:梅尧臣。编者注:宋梅尧臣《次韵和长文禖祀郊外见寄并呈韩子华》诗:"胡粉末生轻蝶白,燕脂先绽野樱红。"

⑦原注:王安石。编者注:宋王安石《木芙蓉》诗:"正似美人初醉着,强抬青镜照(一作欲)妆慵。"

⑧原注:郯韶。编者注:元郯韶《寄南屏精舍诸友》诗:"夜窗灯影分书幌,午榻茶烟飏鬓丝。"

⑨原注:张曙。编者注:唐张曙《浣溪沙》词:"天上人间何处去,旧欢新梦觉来时。黄昏微雨画帘垂。"

⑩原注:陆游。编者注:宋陆游《闲趣》诗:"衰病已成垂白叟,春寒又到牡丹时。"

⑪原注:戴叔伦。编者注:唐戴叔伦《织女词》诗:"难得相逢容易别,银河争似妾愁深。"

⑫原注:徐铉。编者注:宋徐铉《谪居舒州累得韩高二舍人书作此寄之》诗:"珍重韩君与高子,殷勤书札寄相思。"

⑬原注:陆游。编者注:宋陆游《暮秋有怀王四季夷》诗:"天阔素书无雁寄,夜阑清梦有灯知。"

蝶恋花

其 一

一翦香风吹梦语。堕入春怀，种出相思树。不道蘼芜①江上路。绕帘镇日迎梅雨。

宿酒醒时天欲暮。分付杨丝，好系斜阳住。百草千花无觅处。馆娃宫②里闻歌舞。

其 二

红玉轻寒春睡美。梦里吴宫，何止三千里。一桁杨花吹欲起。离心直渡清江水。

莫唱凄凉河满子③。怕有人儿，听了相思死。好事今生长已矣。月华天半开还未。

其 三

满院吴烟花未醒。墙下人儿，墙上人儿影。残月渐赵④灯渐暝。玉阶悄立罗衣冷。

雨横风狂胡蝶病。隔水高楼，可有云鬟凭。荡子行行瓶落井⑤。辘轳无力牵修绠。

其 四

迢递朱楼春事好。七贵三公⑥，走马长安道。门外乌啼天又晓。人生容易被花恼。

不恨孤鸿归太早。只怕来时,没个音书到。锦字⑦裁成君莫笑。玉门关外无芳草。

[注释]

①蘼芜:草名。芎䓖的苗,叶有香气。明李时珍《本草纲目》:"蘼芜,一作蘪芜,其茎叶靡弱而繁芜,故以名之。当归名蕲,白芷名蒚。其叶似当归,其香似白芷,故有蕲茝、江蓠之名。"

②馆娃宫:位于江苏省苏州市西南灵岩山上,灵岩寺即其旧址。建于公元前494年,春秋时期吴王夫差为西施所造。吴地人呼美女为娃,而美女所居的宫馆称馆娃宫。汉赵晔《吴越春秋》载:"阖闾城西,有山号砚石,上有馆娃宫。"砚石山即灵岩山之别称。

③河满子:亦作"何满子"。原为唐教坊曲名,后用为词牌。唐开元年间,沧州歌女何满子临刑哀歌一曲以自赎,竟得赦免。后以其名为曲调名。

④趁:走,移动。

⑤荡子句:典出白居易《井底引银瓶》诗,述一女子与男子私奔,却遭遇不幸之事。

⑥七贵三公:泛指权贵显宦。七贵:西汉时七个以外戚关系把持朝政的家族。《文选》潘岳《西征赋》:"窥七贵于汉庭。"李周翰注:"汉庭七贵:吕、霍、上官、丁、赵、傅、王,并后族也。"三公:我国古代朝廷中最尊显的三个官职的合称。周代已有"三公",西汉时今文经学家和古文经学家在周代"三公"上出现异议。今文经学家以司马、司徒、司空为三公,古文经学家以太傅、太师、太保为三公。

⑦锦字:即锦字书,指前秦苏蕙寄给丈夫的织锦回文诗。《晋书》卷九十六《列传第六十六·列女·窦滔妻苏氏》:"窦滔妻苏氏,始平人也,名蕙,字若兰。善属文。滔,苻坚时为秦州刺史,被徙流沙,苏氏思之,织锦为回文旋图诗以赠滔。宛转循环以读之,词甚

凄惋,凡八百四十字。"

丑奴儿令①

春　水

桃花雨过春潮起,楼上明眸。江上轻舟。如画林峦带梦浮。

鱼天②一角东风小,绿意芳州③。红怨漪流。中有人间万斛愁。

[注释]

①本词亦见于《胜流》,1947年第六卷第5期。

②鱼天:鱼游于水,如翔于天。宋周邦彦《浣溪沙》词:"水涨鱼天拍柳桥。"

③州:《胜流》作"洲"。

菩萨蛮

其　一

江南游女新妆束。枕痕红沁①坚牢玉。卷幔看垂杨。一丝三尺强。

些儿寒食散②。当作梅花咽。不愿口头甜。宁教石阙衔③。

其 二④

颇黎⑤窗⑥冷黄昏小。画眉声里春归了。梦醒转疑真。海棠花笑人。

新词看不足。更点双红烛。郎若恋天涯。从郎索臂纱⑦。

其 三

玉阶风细花无力。满衣红雾银蟾湿。吹得梦魂清。云和三两声。

天涯何处是。疑在阆干里。渐渐被池寒。知君眠未眠。

其 四

苕华⑧小印红丝⑨籀⑩。锦笺寄与谁人手。玉钏动帘钩。此时刚倚楼。

兰宵灯影白。闲看花间集。好句爱南唐。声声够断肠。

[注释]

①红沁:和田玉次生籽料的一种,因氧化铁等矿物质从外部经水和地质作用进入玉石内部而形成。

②寒食散:又名五石散。因为服散导致发病(称为散动或散发)时必须寒食、寒饮、寒衣、寒卧,故名寒食散。其药方托始于汉人,由魏人何晏首先服用。关于寒食散中的"五石",葛洪所述为丹砂、雄黄、白矾、曾青、慈石,隋代名医巢元方则认为是钟乳、硫黄、

白石英、紫石英、赤石脂。是一种能使人慢性中毒的药物。

③石阙衔：即石阙衔碑。衔碑，嘴里含着石碑。碑字谐音为悲，含碑即含悲。石阙，指神庙、墓地前所立的形如门形的两个石柱。《乐府诗集》卷四十六《清商曲辞三·读曲歌》："奈何许，石阙生口中，衔碑不得语。"

④本词亦见于《胜流》，1947年第六卷第5期。

⑤颇黎：亦作"颇瓈"，即玻璃。也可指状如水晶的宝石。《太平御览》卷八〇八引汉东方朔《十洲记》："昆仑山上有红碧颇黎宫，名七宝堂是也。"唐李商隐《饮席戏赠同舍》诗："唱尽《阳关》无限叠，半杯松叶冻颇黎。"

⑥窗：《胜流》作"卥"，为"窗"之异体字。

⑦臂纱：即绛纱系臂。典出《晋书》卷三十一《列传第一·后妃上》："泰始九年，帝多简良家子女以充内职，自择其美者以绛纱系臂。"本指貌美入选内宫，后代亦有用作定亲标记者。宋赵令畤《侯鲭录》卷一："今定亲之家亦有系臂者，续古事也。"

⑧苕华：美玉名。《竹书纪年》卷上："癸命扁伐山民，山民女于桀二人，曰琬，曰琰。后爱二人。女无子焉，斫其名于苕华之玉，苕是琬，华是琰。"后以指德容美好的女子。此用为印章的美称。

⑨红丝：一种名贵的石砚。亦用作砚的别名。宋陆游《秋雨初霁试笔》诗："墨入红丝点漆浓，闲将倦笔写秋容。"

⑩籀：中国古代的一种字体。春秋战国时流行于秦国，今存石鼓文是其代表。亦称"大篆"。

醉春风

湖上惜春词和梅村①韵

陌上青丝骑。桥畔销魂树。余春煞是可怜生,去。去。去。满院残红,一②池皱碧,伴侬憔悴。

几点思家泪。偷洒防人觑。茶烟禅榻忒蹉跎,住。住。住。痴问邻僧,湖心红藕,着花也未。

[注释]

①梅村:吴伟业。吴伟业(1609~1671),字骏公,号梅村,别署鹿樵生、灌隐主人、大云道人。江苏太仓人。明末清初著名诗人,与钱谦益、龚鼎孳并称"江左三大家",又为娄东诗派开创者。长于七言歌行,初学"长庆体",后自成新吟,后人称之为"梅村体"。

②原注:平。编者注:意为平声。

醉春风①

同上和衍波②韵

几点催花雨。又是天将暮。谁家玉笛唤愁生,去。去。去。乳鸭喧萍,哀蝉扶柳,最撩人处。

潮打西陵③渡。月上苏堤④路。更无心绪砌香词,住。住。住。十里歌尘,半帘风絮,一声辜负。

[注释]

①原刊作"前调",即前一首词之词牌"醉春风"。
②衍波:指清初诗人王士禛所著之《衍波词》。
③西陵:此指苏小小墓。在今杭州西湖畔。唐李贺《苏小小墓》诗:"西陵下,风吹雨。"
④苏堤:亦称"苏公堤"。此指浙江省杭州市西湖中之苏堤。北宋元祐年间,苏轼知杭州时,疏浚西湖,堆泥筑堤,南起南屏山,北接岳王庙,分西湖为内外两湖。其间有桥六座,夹道杂植花柳,有"六桥烟柳"之称。

杏花天①

烟丝踠地晴漪软。翠楼外、双莺低啭。梦长不奈春宵短。耽误人家针线。

清明近、东风渐暖。要商略、单衣团扇。盈盈欲语②无人见。一树红梨作伴。

[注释]

①本词亦见于《胜流》,1947年第六卷第5期。
②盈盈欲语:《胜流》作"芳心脉脉"。

浪淘沙①

池阁小逡巡。独自温存。一重帘子一重云。芳草迢迢侬已怨,何况伊人。

　　陌上数雕轮。又是斜曛。梨花无计避黄昏。知道春归留不住,索性开门。

[注释]

①本词亦见于《胜流》,1947年第六卷第5期。

解语花①

白桃花

　　歌围夜玉,梦堕朝烟,影入犀帷②浅。春愁一片娇无语,脉脉嫩寒池馆。飞琼③乍见。浑不是、怨啼心眼。说当年、风景依稀,洗了焉支面。

　　舞袖鲛绡④冶淡。恍神光离合,花露零乱。波微月软。未必扫眉人懒。仙源路远。喜十里、珠尘齐浣。该阮郎⑤、归去重来,讶粉云千点。

[注释]

①本词九十七字,与《词谱》所录一百字、九十八字、一百一字体均不合。疑下阕"未必扫眉人懒"有脱字。上阕"春愁一片娇无语,脉脉嫩寒池馆。"依律当作"春愁一片。娇无语、脉脉嫩寒池馆。"今姑依原刊标句读。

②犀帷:装有犀牛角饰的帐幔。

③飞琼:传说中仙女名。西王母之侍女,姓许,名飞琼。《汉武帝内传》:王母"命侍女许飞琼鼓震灵之簧。"泛指仙女。亦用"飞

琼"代指飘飞的白色物,如雪、玉兰花等。此指白桃花。

④鲛绡:亦作"鲛鮹"。传说中鲛人所织的绡。亦借指薄绢、轻纱。南朝梁任昉《述异记》卷上载:南海出鲛绡纱,泉室(指鲛人)潜织,一名龙纱。其价百余金,以为服,入水不濡。

⑤阮郎:阮肇。《太平广记》卷六十一引《神仙记》载:刘晨、阮肇入天台山采药,远不得返。饥饿难耐时见有桃树,摘果实充饥。后遇二仙女,各与之结为夫妇。半年后,归思甚苦。女遂相送,指示还路。既还,乡邑零落,已十世矣。

风入松

湘纹①如水湿萤飞。犹未换罗衣。年时爱说秋来好,到秋来、恁又伤悲。屋上银湾②悄悄,花间玉漏③迟迟。

蝶僝莺僽④何消说。幽恨怕重提。已凉天气从闲过,只小屏、残烛低迷。多事南楼横笛⑤,声声偏为予吹。

[注释]

①湘纹:竹子的纹路。此指竹制凉席的纹路。宋韩淲《浣溪沙》词:"柳阴荷气簟湘纹。"

②银湾:即银河。湾:河水弯曲之处。银河曲折倾斜,故称。唐李贺《溪晚凉》诗:"玉烟青湿白如幢,银湾晓转流天东。"王琦注:"银湾,银河也。"

③玉漏:古代计时漏壶的美称。

④蝶僝莺僽:僝僽,烦恼、忧愁。

⑤南楼横笛:本指武昌黄鹤楼中吹奏《梅花落》之曲。此泛指

楼上笛声。李白《与史郎中钦听黄鹤楼上吹笛》:"黄鹤楼中吹玉笛,江城五月落梅花。"落梅花,即指《梅花落》一曲。《梅花落》,汉横吹曲名。《乐府诗集》卷二十四《横吹曲辞四·梅花落》题解:"《梅花落》,本笛中曲也。按唐大角曲亦有《大单于》《小单于》《大梅花》《小梅花》等曲,今其声犹有存者。"

少年游

十分秋意上帘钩。人语夕阳楼。山靓如妆,波平似熨,凉梦羡孤沤。

兰愁蕙叹从排遣,何况少年游。乱叶欹红,幽花凝紫,小病未曾休。

南 浦

冬 水

寒梦侂[1]高楼,一弯弯、犹占斜阳古渡。雅冷角声酸,荒桥小、只是相思无语。青山睡稳,何人指点愁来路。今日有魂消不得,回首绿波南浦。

漫疑清浅蓬莱,怕笺沉红叶[2],书淹翠羽[3]。顾影怨俜停,菱花瘦、褪了秋娘眉妩。烟凄月苦。深情渐渐消磨去。最好黄昏天欲雪,伴我玉梅千树。

[注释]

①侂:寄托,依托。

②笺沉红叶：用红叶题诗之典。唐代红叶题诗、结成良缘的故事颇多，情节略同而故事各异，兹录一则：唐范摅《云溪友议》卷十："卢渥，舍人。应举之岁，偶临御沟。见一红叶，命仆搴来，叶上乃有一绝句。置于巾箱，或呈于同志。及宣宗既省宫人，初下诏，许从百官司吏。……（渥）获其退宫人。睹红叶而吁嗟久之，曰当时偶题随流，不谓郎君收藏巾箧。验其书迹，无不讶焉。诗曰：'流水何太急，深宫尽日闲。殷勤谢红叶，好去到人间。'"后以"红叶题诗"为托物传情之典。

③书淹翠羽：《汉书》卷五十四《李广苏建传第二十四·苏武》："汉求武等，匈奴诡言武死。后汉使复至匈奴，常惠请其守者与俱，得夜见汉使，具自陈道。教使者谓单于，言天子射上林中，得雁，足有系帛书，言武等在某泽中。使者大喜，如惠语以让单于。单于视左右而惊，谢汉使曰：'武等实在。'"后以此用为寻求远人信息之典。宋吴文英《木兰花慢·寿秋壑》词："系书翠羽，带天香、飞下玉芙蓉。"

忆王孙

吴兴道中有赋

帛兰艇子①麹尘②波。隔岸山情数点螺。月软烟平不奈何。忐蹉跎。笑掩银犀③唱棹歌。

[注释]

①帛兰艇子：即帛兰船，亦作"帛阑船"。用帛装饰栏杆的船。《后汉书》卷十三《隗嚣公孙述列传第三·公孙述》："又造十层赤楼

帛兰船。"李贤注:"盖以帛饰其兰槛也。"

②麹尘:指柳。《古今词统》卷十四录吴文英《齐天乐·与江湖诸友泛湖》,首句"麹尘犹沁伤心水"注"麹尘指柳"。刘永济《微睇室说词》释吴文英此句云:"'麹尘'字出礼记'鞠衣',注:'如鞠尘色。'鞠、麹通用字,浅黄嫩绿色也。"

③银犀:洁白的牙齿。《诗·卫风·硕人》:"齿如瓠犀"。

醉落魄

用《花外》①韵

一枝红烛。兰宵暗照移纤玉。筝弦听拨西洲曲②。花影侵衣,特地偎人扑。

鸭头波溅裙腰绿。郎君合住郎君谷。不须重问琵琶卜。明日来时,休忘郁金屋。

[注释]

①《花外》:指南宋词人王沂孙之《花外集》,又称《碧山乐府》。

②西洲曲:古曲名。见《乐府诗集》卷七十二《杂曲歌辞》。西洲为诗中女子与郎君分别之地。

探 春

绿浦①啼珠②,红墙伫玉,云屏依约春聚。蝶小禁凉,莺慵避晓,影事暗销词赋。寂寞吹笙,道浑不辨愔愔花雾。可怜百感琼浆,月明惆怅仙路。

青鸟③蓬莱在否,也占遍灵氛,梦来都阻。潮尾牵愁,山眉蹙恨,争奈年芳催暮。珍重文园病④,怕万一情天能补。简点钗钿,银河犹挂高树。

[注释]

①绿浦:绿色的水滨。南朝梁沈约《钓竿》诗:"桂舟既容与,绿浦复回纡。"

②啼珠:喻指露珠。唐元稹《月临花》诗:"夜久清露多,啼珠坠还结。"

③青鸟:神话传说中为西王母取食传信的神鸟。《山海经》卷二《西山经》:"又西二百二十里,曰三危之山,三青鸟居之。"郭璞注:"三青鸟主为西王母取食者,别自栖息于此山也。"唐李商隐《无题》诗:"蓬山此去无多路,青鸟殷勤为探看。"

④文园病:汉司马相如曾任孝文园令,"常有消渴疾"。因此称病闲居。事见《史记》卷一百一十七《司马相如列传第五十七》。后遂以"文园病"指消渴病。此泛指病痛。

瑞鹤仙影

云蓝①暗褪连环字,模糊密意如梦。雨余花落,酒醒客去,吟情谁共。参差罢弄。渐凉到、罗衾半缝。且抛他、金鞭玉控,静听暮钟动。

芳思随年减,瑟妒人长,灯怜宵永。江红海绿,算幸伊、秦娥箫凤。莫道伤心,恁忘得、千般珍重。祝春潮为我,艇子两桨送。

[注释]

①云蓝:即云蓝纸,唐段成式在九江时自制。段成式《寄温飞卿笺纸》诗序:"予在九江造云蓝纸,既乏左伯之法,全无张永之功,辄送五十板。"后亦泛指纸。

锁窗寒

吴城春感

黑蝶围香,红螺写梦,耐人羁旅。蛮春苦短,付与迷离箫语。绕江皋、絮云乱飞,子鹃啼破纱窗雾。者①孤灯茅店,单衾兰夜②,是何情绪。

凝伫。横塘路。问月细星残,为谁三五。闲愁也好,可奈斑骓催去。镇无情、丝竹损颜,翠波不送肠断句。且商量、一卷楞伽,听戒钟悲鼓。

[注释]

①者:这,此。多用在古诗词曲中。后同。
②兰夜:指七夕。农历七月,古称兰月,故习称是月七日之夜为"兰夜"。此泛指夜。

洞仙歌

愁春未醒,恰披衣侵晓。窗眼玲珑个人小。觉玉葱微露,银蒜还垂,才一霎、报道牡丹开了。

　　偶然通隐语,忒杀矜持,似怕鹦哥隔帘叫。名字写偏旁,细摺蛮笺①,却不管、渠侬猜到。听闲唱、莺声绕红楼,也说着填词,胜看花好。

[注释]

①蛮笺:唐时高丽纸的别称。亦指蜀地所产名贵的彩色笺纸。

祝英台近

宁波城外梁神君祝夫人墓

　　并头花,同命鸟,心事最怜汝。十里黄昏,草长比肩墓。茫茫万劫千生,青天碧海,只修到、一抔荒土。

　　遽如许。只今蛱蝶双飞,依然梦中路。怨女痴儿,愿乞精灵护。六朝南北,无限风流,够人冯吊,终不抵、者般凄苦。

恋绣衾①

过明州②追次西麓③韵

　　勾章④城郭夕照黄。一双晴虹百丈长。听隔岸歌云起,有蛾眉开镜洗妆。

　　春潮倒送乌篷去,小山椒红遍佛桑⑤。待寻鲒埼亭子⑥,拌⑦消磨诗胆酒肠。

[注释]

①本词亦见于《胜流》,1947年第六卷第5期,词题作"过明州次西麓韵"。

②明州:古行政区名。今浙江省宁波市。唐开元二十六年(738),将鄮县分为慈溪、翁山(今舟山定海)、奉化、鄮县四个县,设明州以统辖之,州治设在鄮县(今宁波市鄞州区鄞江镇)。明洪武十四年(1381),改明州府为宁波府。

③西麓:陈允平。陈允平,生卒年不详,字君衡,一字衡仲,号西麓,四明(今浙江宁波)人。著有《西麓诗稿》一卷,词有《西麓继周集》一卷,又有《日湖渔唱》二卷,见《千顷堂书目》《佳趣堂书目》,今作一卷。

④勾章:古县名,在今浙江宁波之西,越王勾践所筑。《胜流》作"句章"。

⑤佛桑:即扶桑。植物名。指佛桑树或它的花。清吴其濬《植物名实图考》卷二九载:"佛桑,一名花上花,云南有之。《岭南杂记》:佛桑与扶桑正相似,中心起楼,多一层花瓣。《南越笔记》:佛桑,一名花上花,花上复花,重台也。即扶桑,盖一类二种。"

⑥鲒埼亭子:鲒埼亭,在今浙江省奉化市。因鲒埼地处海道要冲,汉武帝在此设鲒埼亭。亭,汉代县以下的行政单位,十里为一亭,十亭为一乡。《汉书》卷二十八上《地理志第八上·会稽郡》:"鄞,有镇亭,有鲒埼亭。"颜师古注:"鲒音结,蚌也,长一寸,广二分,有一小蟹在其腹中。埼,曲岸也,其中多鲒,故以名亭。埼音钜依反。"

⑦原注:去。

鹊桥仙

咏电灯。吴中里歌《十杯酒》有"电气清凉"句,写夜阑景色绝佳,故及之。

波长月妒,花奇风怯,疑是灵珠来照。香街今夜最清凉,倩袯了、尘心多少。

光明未堕,檀栾①恰满,似惜春宵易晓。招他玉女下烟霄,也值得、灯前一笑。②

[注释]

①檀栾:美好的样子。此处用同"团栾"。

②原注:《起世经》西方电名"堕光明"。

巫山一段云①

烛下红花啊②,尊边绿水歌。人间醉梦胜蹉跎。鹦鹉莫轻呵。

香烬迟迟漏,风销薄薄罗。悲秋情事本无多。揩眼看天河。

[注释]

①本词亦见于《胜流》,1947 年第六卷第 5 期。

②啊:唤鸡的声音。《胜流》作"呪"。均疑有误。

一络索

钱唐舟次

江上已无枫叶。清歌才歇。船娘小语太憨生,笑问我何时别。

夜永寒衾如铁。愁都难压。篷窗关了莫轻开,怕看见天边月。

转应曲

记榜人[①]语

山水。山水。数到君家第几。一船两桨如飞。载得离人去来。来去。来去。笑汝不如沤鹭。

[注释]

①榜人:船夫,舟子。《汉书》卷五十七上《司马相如传第二十七上》:"榜人歌,声流喝,水虫骇,波鸿沸。"张揖注:"榜,船也。《月令》云:'命榜人',榜人,船长也,主倡声而歌者也。"

疏　影

九里州①梅花

桐江②深处。有暗香千顷,浮动烟渚。轻暖轻寒,几阵东风,几阵纤纤微雨。客星不耐孤眠苦,蓦唤下、市门仙女。好伴伊、云水生涯,沤梦③一宵圆聚。

莫讶蛾眉奇绝,倩谁撅④玉笛,偷赋佳句。残雪西湖,落月罗浮⑤,争许铢衣遥妒。翠禽报道黄昏矣,花气湿、更无私语。让山中、采药人归,来慰者般迟暮。

[注释]

①九里州:即九里洲。原名梅洲,亦名洲上。在浙江省桐庐县富春江北岸。遍地梅花,春初开花,景色宜人。

②桐江:在浙江省中部,钱塘江自建德县梅城至桐庐段的别称。亦称桐庐江。

③沤梦:泡影般的梦。沤:水泡。

④撅:(用手指)按压。

⑤罗浮:用赵师雄在罗浮山梦遇梅花仙女之典。旧题唐柳宗元《龙城录》:"隋开皇中,赵师雄迁罗浮。一日,天寒日暮,在醉醒间,因憩仆车于松林间酒肆旁舍,见一女人,淡妆素服,出迓师雄。时已昏黑,残雪未消,月色微明,师雄喜之,与之语,但觉芳香袭人,语言极清丽。因之与扣酒家门,得数杯相与共饮。少顷,有一绿衣童子来,笑歌戏舞,亦自可观。师雄醉寐,但觉风寒相袭。久之,东方已白。师雄起视,乃在大梅花树下,上有翠羽,啾嘈相顾。月落

参横,但惆怅而已。"

望江南

江南好,第一暮春天。双桨桃根人似玉,半篙瓜蔓水如烟。醉枕柁楼①眠。

[注释]

①柁楼:船上操舵之室。亦指后舱室。因高起如楼,故称。亦作"舵楼"。

清平乐

花开花落。毕竟东风恶。今日轻阴还漠漠。闲杀谁家楼阁。

红墙不碍灵犀①。圆冰②偏妒燕支。自是愁人无寐,不消埋怨莺啼。

[注释]

①灵犀:旧说犀角中有白纹如线直通两头,感应灵敏。因用以比喻两心相通。唐李商隐《无题》诗之一:"身无彩凤双飞翼,心有灵犀一点通。"

②圆冰:指月。

虞美人

门前艤个吴船小。船上箫声悄。春风着意画离愁。吹得杨花如雪、上高楼。

衍波笺子①微波语。此际惺忪否。生怜眉月一弯弯。占了良宵能有、几回圆。

[注释]

①衍波笺子：衍波笺，唐代水纹纸的一种。水纹纸又称花帘纸、砑花纸。这类纸在迎光看时能显出除帘纹以外的发亮线纹或图案。水纹纸的制法，据文献记载，是将制好的纸幅在纹版上砑光，这种砑纸版幅幅不同，其上或刻有山水、林木、折枝花果；或有狮凤、虫鱼；或有寿星、八仙、钟鼎文等，砑光后的纸即可隐现出各种不同的纹理，细致奇丽，千状万态。故宫博物院所藏的北宋李建中《同年帖》、米芾《韩马帖》等，所用的纸是传世最早的水纹纸。

唐多令

孤山①题壁

人影掠波斜。船儿慢慢划。蓴香风、来袭衣纱。惨碧明湖三十顷，开一朵、白莲花。

杨柳宿啼鸦。前头苏小家。有六朝、金粉些些。古恨今愁消不尽，来吃你、本山茶②。

[注释]

①孤山:山名。位于浙江省杭州市西湖畔。

②本山茶:原产于福建省安溪县西坪镇,安溪四大名茶之一。

法曲献仙音

江　上

芦雪吹绵,枫霞成缬,装点江乡秋意。借月怀人,将诗谈梦,谁怜羁客憔悴。唤画舠、寻幽好,箫声十分脆。

小桥里。有重重、乱烟斜照,如对我、闲诉暮年心事。潮落縠纹平,羡圆鸥、残睡慵起。渺渺予怀,望天涯、何止千里。且轻摇双桨,万一镜奁揉碎。

忆秦娥①

歌淫淫。谁家院落弹青琴。弹青琴。三分掩抑,半晌沉吟。

空梁燕静黄云深。清江万里愁人心。愁人心。非关此曲,也自难禁。

[注释]

①本词亦见于《胜流》,1947年第六卷第5期。

长亭怨慢

癸丑四月赋桃花

溯挥罢、长亭别泪。几处楼台,几重山水。多谢娇云,伴人残梦七千里。情禅忏未,谁唤得、春魂起。我是病维摩①,放胆共仙姝游戏。

到此。讶东风有力,忘却岁华弹指。步幢暗引,莫妒煞、燕邯佳丽。试商略、再驻朱颜,怕依样、飘零难避。草草诉青霓,万一天公怜你。

[注释]

①病维摩:《维摩诘经·文殊师问疾品》载:佛在毗耶离城奄摩罗园说法,居士维摩诘托病不去,于是佛遣舍利佛和文殊师利问病,乘此机会,维摩诘向他们说法。

踏莎行

禁火①光阴,扫花庭院。帘衣镇日和愁卷。一春无梦好还乡,羁魂也怕江南远。

黄玉敲诗②,红虁③记怨。阑干凭了千千遍。等闲消瘦不成圆,月儿争似人儿面。

[注释]

①禁火:即火禁。此指寒食禁火。

②敲诗：一指推敲诗句。一指诗谜的一种，又称打诗宝。清张焘《津门杂记·敲诗》载：敲诗以纸条约四五寸长者，摘录时下新刻诗句，于句中隐去一字，注于纸尾，用信套笼插。即在诗句之旁，添拟大意相通者四字，并纸尾原字则为五。另摊方纸于桌，划为五度，以便押钱。射中者每一文赔三文。其五字中，大抵极不通者即其所隐之字也。托名风雅，实则赌博也。

③䜺：即豆。

减字浣溪沙①

小小微波隔画帘。纤纤月子是初三。些些残醉夜悭悭②。

岂有京尘③惊倦客，只教日日殢④春酣。人间何地不江南。

[注释]

①本词亦见于《胜流》，1947年第六卷第5期。
②悭悭：《胜流》作"厌厌"。
③京尘：亦作"京洛尘"。典出晋陆机《为顾彦先赠妇二首》诗之一："辞家远行游，悠悠三千里。京洛多风尘，素衣化为缁。"喻功名利禄等尘俗之事。
④殢：困于，沉溺于。

十六字令

枣花寺①访西来阁故址,阁旁丁香一树,今不存矣。

寻。一阁云烟付晚阴。情客去,冯吊当登临。

[注释]

①枣花寺:即崇效寺,在北京外城白纸坊。徐珂《清稗类钞·祠庙类》:"京都崇效寺花事最盛,顺、康时以枣花名,乾隆中以丁香名,光绪中以牡丹名,然都人士皆呼之为枣花寺。"崇效寺西来阁前有丁香一株,相传为王士祯、朱彝尊二人同游时手植。

齐天乐

辽后洗妆台①

东风吹断前朝梦,塔铃悄闻私语。孤燕辞巢,双虹卧水,髣髴②翠华行处。萧娘③老去。渐剩粉零脂,暗销尘土。只有西山,对人犹展旧眉妩。

十香④谁记影事,铅波倾欲化,千点凉雨。碧月秋圆,红衣晚褪,作弄离宫朝暮。凝情怀古。已换却回心,那时庭宇。暝色侵帘,隔城归姹女⑤。

[注释]

①洗妆台:金章宗为其爱妃李氏所建之梳妆楼,地址在今北京

市北海(即太液池之北部)琼华岛上,高士奇《金鳌退食笔记》称之为"广寒之殿",今已不存。明王圻《稗史汇编·地理门·都邑》载:"琼花岛梳妆台皆金故物也。……妆台则章宗所营,以备李妃行园而添妆者。"其自注云:"都人讹为萧太后梳妆楼。"时人误以为是辽萧太后之梳妆楼,遂多有讹而咏之者,清陈维崧、曹贞吉、纳兰性德均有《齐天乐》词咏辽后妆台。

②髣髴:同"仿佛"。

③萧娘:《南史》卷五十一《列传第四十一·梁临川靖惠王宏》云:王宏受诏侵魏,军次洛口,前军克梁城。宏闻魏援近,畏懦不敢进。魏人知其不武,遗以巾帼。北军歌曰:"不畏萧娘与吕姥,但畏合肥有韦武。""萧娘"即姓萧的女子,言宏怯懦如女子。后以"萧娘"为女子的泛称。此当指萧太后,有双关义。

④十香:指《十香词》。辽王鼎《焚椒录》载:辽道宗懿德皇后萧氏,小字观音,辽北面宫南院枢密使萧惠之女。才貌双全,工诗,能自制歌词,尤善琵琶。爱幸倾后宫,生皇子耶律濬,后被立为太子。萧后端庄贤淑,为人正直,对道宗皇帝多有劝谏。后上疏谏猎秋山,道宗虽嘉纳,但心颇厌远,终失御幸。咸雍之末,萧后作《回心院》词以望幸。词成,宫内诸乐伶无一人能演奏此曲,只伶官赵惟一能之。权臣耶律乙辛欲废太子专权,借机构陷萧后。萧后有宫婢名单登,因故怨恨萧后。单登妹清子嫁教坊朱顶鹤为妻,且与耶律乙辛颇暧昧。单登数次向清子污蔑萧后与赵惟一私通,乙辛俱知之,意欲陷害,无奈证据不足,遂命他人作香艳诗名《十香词》,用为诬案。诗成,乙辛阴嘱清子使登乞皇后手书。单登将诗送呈萧后,谎称是宋国忒里蹇(即皇后)所作,若皇后能书之,便为诗书双绝。皇后欣为抄录,并附自作《怀古》诗一首:"宫中只数赵家妆,败雨残云误汉王。惟有知情一片月,曾窥飞鸟入昭阳。"太康元年(1075)十月,单登、朱顶鹤以此为据,告萧后与赵惟一私通。乙辛

等借萧后诗中隐含"赵惟一"三字,诬《怀古》诗为萧后怀赵惟一之作。道宗震怒,传谕族诛赵惟一,敕萧后自尽。萧后临死前乞求再见道宗一面,不许,乃望帝所而拜,作《绝命词》。遂闭宫,以白练自刭,年仅36岁。

⑤姹女:亦作"奼女",指少女,美女。《后汉书》志第十三《五行一》:"河间姹女工数钱,以钱为室金为堂。"唐罗邺《自遣》诗:"春巷摘桑喧姹女,江船吹笛舞蛮奴。"另一意为道教炼丹术语,指水银。《周易参同契·姹女黄芽章第二十六》:"河上姹女,灵而最神,得火则飞,不见埃尘。"蒋一彪集解引彭晓曰:"河上姹女者,真汞也。见火则飞腾,如鬼隐龙潜,莫知所往。"

子　夜

屏山画出天涯近。春云梦冷衾波稳。花底雨沉沉。愁来无路寻。

愁长人越远。恐被东风管。索性不相思。强如未见时。

减字浣溪沙

花底帘衣一桁单。余春无赖不成寒。够人愁病是长安。

隔院歌云犹漠漠,谁家眉语最娟娟。少年心绪总销残。

谢秋娘

春尽日,杨柳尚夭斜①。谁信北来天气好,判教荡子不思家。梦𢠵②碧窗纱。

[注释]

①夭斜:袅娜多姿貌。亦作"夭邪"。唐白居易《和春深》诗之二十:"扬州苏小小,人道最夭斜。"
②𢠵:下垂。

绮罗香

下斜街①独游,小憩畿辅先哲祠。

雨断虹腰②,霞梢鱼尾③,吹过荼蘼风信④。一院圆阴,送了一年春恨。词客老、蒲褐⑤房空,井华美、昊天泉近。试登楼、闲拍阑干,西山分绿上眉晕。

相如才思暗减,那更江湖梦熟,凄然双鬓。驻笛沉吟,浅雾欲生衣润。凭燕子、催起黄昏,也无人、料量金粉。看谁家、侠少归来,走香骢阵阵。

[注释]

①下斜街:亦称槐树斜街,俗称土地庙斜街,今为长椿街,位于北京市宣武区北部。原有土地庙在街西,又称老君堂,清时有庙

市,北为长椿寺、全浙会馆。东有畿辅先哲祠。槐树斜街旧时古树夹道,每月逢一二日为市集,逢三为花市。前人有"小海春如画,斜街晓卖花"之句。

②虹腰:虹桥,拱桥。

③鱼尾:古时宫殿屋脊上的饰物。《墨客挥犀》卷五:"汉以宫殿多灾,术者言天上有鱼尾星,宜为其象,冠于屋以禳之,今亦有。唐以来寺观旧殿宇尚有为飞鱼形尾指上者,不知何时易名为鸱吻,状亦不类鱼尾。"

④荼䕷风信:南朝梁宗懔《荆楚岁时记》:始梅花,终楝花,凡二十四番花信风。根据农历节气,从小寒到谷雨,共八气,一百二十日。每气十五天,一气又分三候,每五天一候,八气共二十四候,每候应一种花。谷雨节气所对应的花信为一候牡丹、二候荼䕷、三候楝花。因是应花期而来的风,故言信。

⑤蒲褐:蒲团褐衣。

惜秋华

沪上夜游

隐隐轻雷,恍芳轮碾梦,明蟾如水。满地麴尘,珑松①欲侵衣袂。浮阴暗躲朱楼,引十尺绿杨风起。韶丽。对银花、最怜千娇凝睇。

仙苑二三里。尽②脂烟粉雾,画四更天气。凌碧蒻③、颤玉叶,管弦声腻。沉沉海样良宵,拌一霎、曲阑偷倚。知未。者清凉、人间无几。

[注释]

①珑松:凉爽貌。清龚自珍《能令公少年行》诗:"秋肌出钏凉珑松,梦不堕少年烦恼丛。"亦同"茏葱",花木繁茂貌。宋胡仔《苕溪渔隐丛话前集·山谷上》:"《高斋诗话》云:唐人题唐昌观《玉蕊花》诗云:'一树珑松玉刻成,飘廊点地色轻轻。女冠夜觅香来处,唯见阶前碎月明。'"此用凉爽意。

②尽:一任,听凭。

③罽:用毛做成的毡子一类的东西。也可指渔网。

西 河

癸丑九月,再至金陵,赋此,用美成韵。

金粉地。秦淮往事曾记。琼凄璧惨,有啼乌、夜深惊起。风帆依旧揣江来,寒潮浩淼无际。

石城畔,愁徙倚。玉骢何处堪系。楼空人去,燕归时、难寻故垒。只余衰柳看兴亡,丝丝铅泪①如水。

长干②梦断昔日市。冷清清、明月千里。我亦中年身世。与满天、病蝶哀蝉闲话,一片伤心、秋声里③。

[注释]

①铅泪:即铜仙铅泪,亦作铜仙清泪。见前"铜仙"注。

②长干:古代金陵(今南京市)的里巷名。故址在今江苏省南京市南。亦借指南京。

③结句句读与周邦彦《西河·金陵怀古》(佳丽地)有异,今依原刊。

霜叶飞

初七日,乘津浦车①遄返京师,景物关情,川途换目,感慨系之矣。

素波如妒。秋衾梦,圆波颜色非旧。客行还比燕匆忙,怕落重阳后。记入夜、单衣病酒。西风泪点黄河皱。试极目天涯,浑换遍、芦漪翠冷,枫岸红瘦。

未堪回首江南,吴盐②几叠,玉龙哀曲吹又。多情不怨会期艰,只怨飘零久。对薄雾浓雾永昼。看看渐近愁时候。算稳留登高约,霜饱花腴,耐思量否。

[注释]
①津浦车:津浦铁路始建于1908年,1912年全线通车。北起天津总站(今天津北站),南至江苏南京浦口火车站,后因故延至天津东站。此线路上之列车称为津浦车。

②吴盐:江淮一带所晒制的散末盐称吴盐。此盐色白而味淡,古人食水果如杨梅、橙子之类,多喜佐以吴盐,渍去果酸。唐宋诗词中每见之。唐李白《梁园吟》诗:"玉盘杨梅为君设,吴盐如花皎如雪。"另有一意喻白发。清陈维崧《贺新郎·秋夜呈芝麓先生》词:"我在京华沦落久,恨吴盐、只点愁人发。"此当指白发。

水龙吟

独游十刹海①,枯荷已尽,景物都非,怆然赋之。

空濛一镜柔蓝②,仙人去后铜盘碎。微波欲语,斜阳无力,满天凉意。立遍黄昏,盈盈不见,烟蕉月萃③。只疏钟暗度,几行霜叶,犹仿佛、前朝寺。

忆否那番游事,碧云深、玉容曾醉。秋魂断处,鸳鸯梦醒,悄移尘世。小海歌④沉,离宫花谢,相思谁寄。怕何郎⑤渐老,和愁归去,下华年泪。

[注释]

①十刹海:又名什刹海,包括前海、后海和西海(又称积水潭)三个水域及临近地区,与"前三海"相呼应,俗称"后三海"。四周原有十座佛寺,故称"十刹海"。清代起就成为游乐消夏之所,为燕京胜景之一。明刘侗、于奕正《帝京景物略》对什刹海有"西湖春,秦淮夏,洞庭秋"之誉。

②柔蓝:柔和的蓝色。多形容水。宋王安石《渔家傲》词:"平岸小桥千嶂抱,柔蓝一水萦花草。"

③烟蕉月萃:蕉萃,形容枯槁瘦病的样子。清严元照《念奴娇》:"兽炉香冷,蕉萃无人管。"亦作憔悴。也可指卑贱低下的人。《左传·成公九年》:"虽有姬姜,无弃蕉萃。"杜预注:"蕉萃,陋贱之人。"

④小海歌:亦称"小海唱"。古代吴人悼念伍子胥的歌曲。《晋书》卷九十四《列传第六十四·隐逸·夏统》:"伍子胥谏吴王,言不

纳用,见戮投海。国人痛其忠烈,为作《小海唱》。"宋苏轼《复次放鱼前韵答赵承议陈教授》诗:"为君更唤木肠儿,脚扣两舷歌《小海》。"

⑤何郎:三国魏驸马何晏仪容俊美,平日喜修饰,粉白不去手,行步顾影,人称"傅粉何郎"。亦可指南朝梁诗人何逊。后即以"何郎"称喜欢修饰或面目姣好的青年男子,亦指才高的年轻男子。

罗敷艳歌①

潘兰史②桃叶渡填词图

多情最是秦淮水,载过王郎。又载潘郎。累得红妆打桨忙。

筝③弦笛孔闲商略,只管疏狂。全不提防。隔岸秋娘欲断肠。

[注释]

①本词亦见于《胜流》,1947年第六卷第5期。《胜流》小序作"题潘兰史征君桃叶渡填□图"。

②潘兰史:潘飞声。潘飞声(1858~1934),字兰史,号剑士、老兰,别署老剑、说剑词人、独立山人。广东番禺人。南社成员。近代著名诗人、书画家。

③筝:《胜流》作"争",误。

临江仙

万柳堂①

杨柳楼台何处是,名园分付荒郊。都无蛮样斗纤腰。都无燕子,弹泪话前朝。

一种西风谁主客,怨娥愁上林梢。词人易老况金貂②。摇鞭归去,聒耳梵钟遥。

[注释]

①万柳堂:坐落于北京外城东南隅广渠门内,为清康熙年间文华殿大学士冯溥别业。园无杂树,迤逦上下皆柳,故仿元代右丞相廉希宪"万柳堂"之名而名之。后归侍郎石文桂所得,后石氏舍宅为寺,康熙赐额曰"拈花禅寺"。

②金貂:汉以后皇帝左右侍臣的冠饰。金:黄金珰。貂:貂尾。汉始,侍中、中常侍之冠,十武冠上加黄金珰,附蝉为纹,貂尾为饰。此借称侍从贵臣。《文选》江淹《杂体诗·效王侍中粲怀德》:"贤主降嘉赏,金貂服玄缨。"李善注:"时粲为侍中,故云金貂。"

梦横塘

颐和园

岚光匀碧,水色揉①蓝,故宫离苑何处。一夜西风,看换了、一②番今古。铜辇惊秋,金仙③辞月,楼空人去。让多情儿女,来话兴亡,雷塘④梦,江南赋。

愁云冷煞椒房⑤,更渔歌寂寞,佛火凄楚。剩黛零铅,蓦化作、满天飞絮。对隐隐、凉花病蝶,门外青磷黯无语。如此湖山,可怜齐付与、东华尘土。

[注释]

①挼:搓揉。

②原注:平。

③金仙:《金光明经》称:"如来之身,金色微妙。"因以"金仙"为佛的别称。唐岑参《登总持阁》诗:"早知清净理,常愿奉金仙。"此当指嫦娥。

④雷塘:地名。此指江苏扬州城北之雷塘。隋唐时为风景胜地,隋炀帝葬此。唐罗隐《炀帝陵》诗:"君王忍把平陈业,只博雷塘数亩田。"

⑤椒房:即椒房殿,汉皇后所居。后泛指后妃居住的宫室。《汉书》卷九十三《佞幸传第六十三·董贤》:"又召贤女弟以为昭仪,位次皇后,更名其舍为椒风,以配椒房云。"颜师古注:"皇后殿称椒房。欲配其名,故云椒风。"

月华清①

月,张园听秋。

淡月依窗,微霜恋瓦,一灯摇梦红暝。多事秋声,作出者般凄哽。算天涯、情味郎当,又付与、西风催醒②。谁省。有几家客子,伤心同听。

不怨残宵偏永。怨落木无端,欺人愁病。水远山长,回首只③成销凝。尽够④伊、响到明朝,可念我、和衣闲等。休更。想寒砧咽处,辘轳金井。

[注释]

①本词亦见于《胜流》,1947年第六卷第5期,词序作"月夜张园听秋。"

②西风催醒:用"莼鲈"之典。见前"菰蒲"注。

③只:《胜流》作"祇"。

④够:原刊作"觳",同"够"。

徵　招①

香冢②在陶然亭③西北小阜上,碑阴题句哀艳,予读而悲焉,系之以词。

西风残照城南路,红鹃悄然无语。短短瘞花铭,付荒烟凉雨。秋魂还在否。恍遥夜、佩环曾遇。万劫情天,一场春梦,可怜黄土。

莫漫上江亭。江亭畔、谁禁④者般凄楚。胡蝶尚双飞,问灵修⑤何处。昙云留不住,剩吟断、庾郎愁赋。角声唤、忍泪归来,向灯王⑥深诉。

[注释]

①上五十四首词录自《南社丛刻》卷5,第十六集,1916年4月出版。

②香冢：原址在北京陶然亭北小丘南麓，后被夷为平地，石碑亦被毁坏。传说晚清江南某士子赴京应考，与青楼中一妙龄佳人结识，订白首之盟。士子南归，返京延误，佳人抑郁成疾。二人再会面时，佳人已是弥留之际或刚刚死去。士子将她葬在陶然亭畔，立碑刻铭。铭云："浩浩愁，茫茫劫。短歌终，明月缺。郁郁佳城，中有碧血。血亦有时尽，碧亦有时灭，一缕香魂无断绝。是耶非耶？化为蝴蝶。"铭后有七绝一首云："飘零风雨可怜生，香梦迷离绿满汀。落尽夭桃又秾李，不堪重读瘗花铭。"诗后有跋云："金台始隗，登庸竞技，十年氍毹，心有余灰。葬笔埋文，托之灵禽，寄之芳草。幽忧侘傺，正不必起重泉而问之。"邓之诚《骨董琐记·陶然亭香冢》："或云悼曲妓茜云者，予读《越缦堂日记》，乃知丹阳张春陔御史盛藻所作。"清震钧《天咫偶闻》："相传香冢为张春陔侍御瘗文稿处。"

③陶然亭：清康熙三十四年（1695），工部郎中江藻在慈悲庵西部构筑了一座小亭，并取白居易诗"更待菊黄家酿熟，与君一醉一陶然"句中的"陶然"二字为亭命名。这座小亭颇受文人墨客青睐，被誉为"周侯藉卉之所，右军修禊之地"，更被全国各地来京的文人视为必游之地。清代200余年间，此亭享誉经久，长盛不衰，成为都中一胜。与香冢相邻尚有花神庙和鹦鹉冢，从清道光以迄民国的百余年间，文人墨客吟咏陶然亭之作，多兼及之。

④原注：平。

⑤灵修：此指思慕的恋人。清方朝《大江吟》："青鸟欲语意夷犹，天路险阻怀灵修。白日西驰不我留，长歌徙倚增离忧。"

⑥灯王：佛龛。北周庾信《秦州天水郡麦积崖佛龛铭》："拜灯王于石室，乃假驭风；礼花首于山龛，方资控鹤。"

减字浣溪纱

偶然作

河水沦漪与汉通。为谁流怨下仙宫。云窗雾阁忒重重。

未必天涯论只赤①,最难人面驻长红。不成相忆况相逢。

[注释]

①只赤:即咫尺。

满庭芳

析津①旅次

禽语宜诗,蛩声带梵,些些楚怨微茫。啼兰泣莅,忘却滞殊乡。多谢玉珰锦字,《洛神赋》、一十三行。何消说,生成福薄,长揖返琼浆。

清狂。当此日,都无言笑,绝少思量。倚碧阑小立,犹未昏黄。不是斜阳恋柳,怕残柳、难系斜阳。流连处,蛾眉天远,莫也断人肠。

[注释]

①析津:古行政区名。辽开泰元年(1012)改幽都府为燕京析津

府,治所在析津、宛平(今北京城西南)。辖境相当今河北南拒马河、大清河、海河以北,遵化、丰南、天津、宁河以西,紫荆关以东,内长城以南地。贞元元年(1153)海陵王迁都于此,建号中都,改名大兴府。

齐天乐

自题斜街惜别图,图中予与天梅等七人,盖癸丑去国时摄景①。

斜街花事匆匆过,西风又催人去。梦里关山,愁边金粉,都是寻常心绪。俊游易误。恁一听荒鸡②,便成离阻。十万啼痕,明珠不化化尘土。

江南归路千里,料他楼上女,目断南浦。来岁重逢,吴松水暖,畅③好沤盟圆聚。何消凄楚。且拍手高歌,渭城朝雨。写入冰奁,朱颜同惜取。

[注释]

①摄景:即摄影。

②荒鸡:指三更前啼叫的鸡。旧以其鸣为恶声,主不祥。《晋书》卷六十二《列传第三十二·祖逖》:"(祖逖)与司空刘琨俱为司州主簿,情好绸缪,共被同寝。中夜闻荒鸡鸣,蹴琨觉曰:'此非恶声也。'因起舞。"

③畅:此同"畅"。

风蝶令

重至沪上

绿褪潮三尺,红销玉一梭。人前吴语未曾讹。只恐襟痕还比、去时多。

有个摩登女,匆匆细马驮。当筵不肯为侬歌。瞋我带他明月、过黄河。①

[注释]
①原注:末句九月留别时诗也。

望江南

天梅去国时,舟中和重光韵得词一卷,署曰"浮海词",予亦继声。词语如㘎①如酏,本不足存,选录数首,以当时微尚所托,不忍没云。

思往事,白发又经秋。几处故人同梦我,醒来和泪盼②归舟。一样枉登楼。

[注释]
①㘎:同"呓",梦话。
②原刊此处字迹漫漶,当为"盼"字。

捣练子

同上。

双燕去,旧巢空。禁受飘零几阵风。今夜樱桃街畔月,为谁无奈照帘栊。

相见欢

同上。

相思豆,种双红①。底匆匆。如此韶光,消得几番风。盈盈泪。沉沉醉。忒重重。只赤天涯、疑在桂堂东。

[注释]

①种双红:明吴绮《醉花间》词:"把酒祝(一作嘱)东风,种出双红豆。"吴绮因此句而被称为"红豆词人"。

应天长

同上。

横波蹙损愁看镜。历乱云鬟无意整。秋风静,春云迥①。一点芳心如佛定。

采香荒旧径。空对玉绳②瑶井③。最是夜阑酒醒。又恹恹小病。

[注释]

①迥:远。

②玉绳:此指星名。北斗七星之斗杓,在北斗玉衡星之北,即天乙、太乙二星。常泛指群星。《文选》张衡《西京赋》:"上飞闼而仰眺,正睹瑶光与玉绳。"李善注引《春秋元命苞》曰:"玉衡北两星为玉绳。"

③瑶井:星座名。即玉井。参宿下方四颗星,形如井,故名。《后汉书》卷三十下《郎颛襄楷列传第二十下·郎颛》:"臣窃见去年闰十月十七日己丑夜,有白气从西方天苑趋左足,入玉井,数日乃灭。"李贤注:"参星下四小星为玉井。"《晋书》卷十一《志第一·天文上》:"玉井四星,在参左足下,主水浆以给厨。"

浪淘沙

同上。

枕畔泪潺潺。好梦阑珊。落花三尺涨轻寒。只恐今宵愁不得,勉强为欢。

亚字几重阑。隔断青山。有情那怕见时难。十里明月催我去,依旧人间。

浪淘沙①

同上。

聒耳玉龙哀。有闷难排。斜街凉露湿瑶阶。我是铜仙辞汉阙,未必重来。

醉死便当埋。不羡蓬莱。飙车和梦夜深开。九万里风吹不断,飞渡长淮。

[注释]

①原刊作"前调",即同前一首词作之词牌"浪淘沙"。

虞美人

同上。

相思似债原难了。莫怨佳期少。一船斜照逗回风。生怕有人等我、梦魂中。

珍珠密字言犹在。不信华年改。天涯无地葬春愁。未必黄河到海、不西流。

虞美人①

同上。

游仙人去春波绿。欢会凭谁续。尊前景事①不堪言。知否今宵酒醒、是何年。

同心结子依然在。绾就原难解。伊家庭院自深深。恐怕东风吹入、未能禁。

[注释]

①原刊作"前调"。

②景事：即影事。佛教语。谓尘世间一切事皆虚幻如影。《楞严经》卷五："纵灭一切见闻觉知，内守幽闲，犹为法尘分别影事。"亦泛指往事。

玉楼春①

同上。

春明门外华如雪。半夜明灯星样列。阑干倚遍不归来，莫是瑶笙吹未彻。

乌丝冶句②题香屑。赋到阳关情更切。美人千里怨华年，三五小星二五月。

[注释]

①本阕词末有编者附记云："右九阕已见十一集，兹依小黄昏

馆改定本重写,编者附记。"编者注:所指即从《望江南》至本阕《玉楼春》,均为与高旭同和李煜之作。因有改动,故照录。

②冶句:词藻华美的诗句。清龚自珍《台城路》词:"青溪粥鼓。道来岁重寻,须携箫侣。多谢词仙,低回吟冶句。"

天仙子

山下燕支红篦簌①。狄鞮②倡女颜如玉。心随孔雀向南飞,休读曲。四弦促。遥听寒砧声断续。

[注释]

①篦簌:下垂貌。唐李郢《张郎中宅戏赠》诗:"薄雪燕翁紫燕钗,钗垂篦簌抱香怀。"

②狄鞮:古地名。《史记》卷一百一十七《司马相如列传第五十七》:"俳优侏儒,狄鞮之倡。"裴骃集解引徐广注:"韦昭云:'狄鞮,地名,在河内,出善倡者。'"另有一意指古代通译西方各族言语之人。《礼记·王制》:"五方之民,言语不通,嗜欲不同。达其志,通其欲,东方曰寄,南方曰象,西方曰狄鞮,北方曰译。"孔颖达疏:"鞮,知也,谓通传夷狄之语,与中国相知。"此用古地名意。

阮郎归

春浮树倚碧玲珑①。明窗了了通。斜阳不妒落花红。由他飐晚风。

怜病蝶,感惊鸿、轻盈何处逢。玉钗声在有无中。桂堂东复东。

[注释]

①碧玲珑:碧绿空明的假山石。亦指苍翠的山峰。

采桑子

金铃^①黄耳^②消长夜,花太玲珑。月太朦胧。人在朱楼第九重。

水香云影谁能貌。不是惊鸿。不是春虹。莫是飞琼坐上逢。

[注释]

①金铃:代指犬。前蜀韦庄《贵公子》诗:"金铃犬吠梧桐月,朱鬣马嘶杨柳风。"

②黄耳:指犬。《晋书》卷五十四《列传第二十四·陆机》载:陆机有犬名黄耳,陆机羁旅洛阳时,黄耳曾往来吴洛之间传递家书。

卜算子^①

檐角月波横,月底春烟聚。昨夜东风不算寒,怕有明朝雨。

好好送卿归,莫谩耽^②愁苦。莫睹^③黄河远上词,莫卖

《长门赋》。

[注释]

①本词亦见于《胜流》,1947 年第六卷第 5 期。
②耽:《胜流》作"眈",为"耽"之异体字。
③睹:原刊作"赌",据《胜流》改。

定风波

未必情禅怕入魔。天花吹下曼陀罗。昨夜星辰今夜雨。何苦。累伊含睇画双蛾。

料理明珠三百琲。不抵。鲛人①沧海泣来多。枕破红绡呼不起。已矣。今生休唱定风波。

[注释]

①鲛人:神话传说中的人鱼。晋张华《博物志》:"南海外有鲛人,水居如鱼,不废织绩,其眼能泣珠。"

菩萨蛮

流莺啼碎杨花梦。罗衾薄薄春寒重。残月下银屏。旧山愁外青。

近来无俊语。莫是离怀苦。何不诵华严①。闲寻燕子龛②。

[注释]

①华严：即《华严经》，全名《大方广佛华严经》，是大乘佛教修学最重要的经典之一。

②燕子龛：疑为寺名。王维有《燕子龛禅师》诗，一作《燕子龛禅师咏》。清赵殿成注云："按《唐骊山宫图》，燕子龛在连理水上，山城门在其东，飞霞泉在其西。"

清平乐①

湖上索居即事

疏花瑟瑟。人影铜扉隔。禅榻一灯凉焰碧。闲话八儒三墨②。

关门几幅红笺。开门几朵青山。不信江南荡子，春宵直恁萧闲。

[注释]

①本词亦见于《胜流》，1947年第六卷第5期。

②八儒三墨：《韩非子·显学》："自孔子之死也，有子张之儒，有子思之儒，有颜氏之儒，有孟氏之儒，有漆雕氏之儒，有仲良氏之儒，有孙氏之儒，有乐正氏之儒。自墨子之死也，有相里氏之墨，有相夫氏之墨，有邓陵氏之墨。故孔、墨之后，儒分为八，墨离为二。"

百字令

月夜湖上泛舟

盈盈湖水，是谁家妆镜，十分娟妙。添上一丸狂月子，疑与壶天争晓。玉腻禁寒，云娇怯梦，迟我凌风到。瑶笙此夜，春愁吹醒多少。

何不唤起梅花，断桥西堍①，同样鸱夷棹。别样闲情消未尽，除是微波能道。哀乐凋年，沧桑惹泪，分付山灵笑。俊游难得，归来准备吟料。

[注释]

①堍：桥两头靠近平地的地方。

柳梢青①

六月自沪上至杭州

车去如飞。吴根越角②，是也还非。暝色如潮③，一重重地，蘸上征衣。

零欢坠恨都迷。听④啼遍、千山姊归。此去家江，行行渐近，不算天涯。

[注释]

①本词亦见于《胜流》，1947年第六卷第5期，词题作"将到杭

州车站口占"。

②吴根越角：原指吴越故地之边陲，后多泛指江浙一带。此指杭州。清钱谦益《西湖杂感》诗其二："潋艳西湖水一方，吴根越角两茫茫。"

③如潮：《胜流》作"无情"。

④听：《胜流》作"旺"，当误。

一枝春①

本　事

几尺鸥波②，画船开、低衬斜阳烟柳。停桡渡口，恰好上灯时候。帘纹暗动，是何处、玉人招手。忍自把、佛偈儒经，换了一宵歌酒。

芳华易成孤负③。尽珠鞲④钿柱，抛残红豆。山魂水梦，只在茜纱窗后。江关词赋，算当日我侬能够。还怕那、明镜无情，难瞒消瘦。

[注释]

①本词亦见于《胜流》，1947 年第六卷第 5 期，词牌作"一枝香"，词题作"桐江本事"。

②鸥波：鸥鸟翱翔水面。喻生活悠闲自在。宋陆游《舟中作》诗："娥江西路石帆东，身寄鸥波浩荡中。"此指水波。

③孤负：违背，对不住。旧题汉李陵《答苏武书》："功大罪小，不蒙明察，孤负陵心区区之意。"亦作"辜负"。亦可指徒然错过。宋黄机《水龙吟》词："恨荼蘼吹尽，樱桃过了，便只恁成孤负。"

④韝:古代射箭时戴的皮制袖套。

玉漏迟

惺忪花外雨,红绵入槛,碧丝横路。杳霭梨云,负了韶华百五。帘底湔裙人①远,谩赢得、燕愁莺苦。心事误。烟昏雾暝,那时庭宇。

江上过尽千帆,倩璧月留情,翠波传语。歌冷香残,无奈春期迟暮。暗忆东风嫩约,还恐怕、银筝慵诉。肠断处。深宵遍城钟鼓。

[注释]

①湔裙人:常代指情人或某女子。湔裙:古时常于三月上巳修禊湔裙。《北史》卷五十四《列传第四十二·窦泰》:"(窦泰母)遂有娠。期而不产,大惧。有巫曰:'度河湔裙,产子必易。'"隋杜台卿《玉烛宝典》卷一《正月孟春第一》:"元日至于月晦,民并为醲食、渡水,士女悉湔裳、酹酒于水湄,以为度厄。"注:"今世唯晦日临河解除,妇女或湔裙也。"因用为度厄避灾之典。

烛影摇红

寄天梅

好个黄昏,酒醒忘却江南远。琼箫隐隐隔东风,似带华年怨。几度鸦愁燕懒。绿波长、红丝信短。英游渐歇,珠箔灯残,锦屏春贱。

醉雨吟香,天涯情味都尝遍。河桥碧树已无多,况又芳期晚。梦里花零月乱。暗思量、柔肠够断。吴魂①缥缈,楚塞荒寒,甚时重见。

[注释]

①吴魂:吴地曾经的英雄美人,如夫差、伍子胥、西施等。南宋吴文英《木兰花慢·游虎丘》词:"开尊。重吊吴魂。"

桃源忆故人

琼窗遥映秋痕浅。人立梧桐庭院。幺蝶残花都倦。谁唱西洲怨。

城头灯火看看晚。多谢交卮频劝。可惜山高天远。阁住南飞雁。

减字浣溪纱①

塘　上

螺子山低月下迟②。万荷喧处碧侵衣。西风消息晚③蝉知。

水调不堪愁里听,彩云无那梦中飞。横塘小立又移时。

[注释]

①本词亦见于《国学丛刊》，1923年第一卷第3期，词牌作"浣溪沙"，无词题；亦见于《胜流》，1947年第六卷第5期，词牌作"浣溪沙"，无词题。

②本句《国学丛刊》作"嬴子山低月堕迟"。

③晚：《胜流》作"病"。

高阳台

听罢吴歈①，旋讴楚些②，天涯只隔秋衾。消息无多，累人等煞青禽③。高楼关得斜阳住，忒殷勤、劝我登临。昼阴阴，一桁珠帘，垂到而今。

孟婆风④起夫容老，比寻常时候，容易伤心。酒滞香残，新凉熨遍罗襟。六张五角⑤休重算，倩哀蝉、来和长吟。碎湘琴，不到途穷，不信黄金。

[注释]

①吴歈：泛指吴地的歌曲。《楚辞·招魂》："吴歈蔡讴，奏大吕些。"

②楚些：《楚辞·招魂》沿用楚国民间流行的招魂词的形式而写成，句尾皆有"些"字。后因以"楚些"指招魂歌，亦泛指楚地的乐调或《楚辞》。

③青禽：青鸟。喻信使。详见前"青鸟"注。唐李白《寓言》诗之二："遥裔双彩凤，婉娈三青禽。"

④孟婆风：每年农历五六月时，海上会起连续几日的大风，到七月更甚，海上谋生的人称之为"船棹风"，又名"孟婆风"。相传，船棹风是海商向风神孟婆祷告而得，风力甚大，船舶借此风能在海上日行数百里。孟婆，江南民间信仰的风神。清黄霆《松江竹枝词》："川沙城外夕阳红，船棹风高六月中。郎去莫愁潮势险，归帆稳饱孟婆风。"

⑤六张五角：亦作"五角六张"。唐郑綮《开天传信记》："天宝初，上游华清宫。有刘朝霞者，献《驾幸温泉赋》。词调倜傥，杂以俳谐，……自叙云：'别有穷奇蹭蹬，失路猖狂。骨憧虽短，伎艺能长。梦里几回富贵，觉来依旧悽惶。今日是千年一遇，叩头莫五角六张。'"宋马永卿《懒真子》卷一："世言五角六张，此古语也。……谓五日遇角宿，六日遇张宿，此两日作事多不成。"后因以五角六张喻事不顺遂。

清平乐

柳　花

谁家珠箔。数点晴绵落。诉尽飘零人不觉。犹道杨花轻薄。

东风只是年年。韶光付与春寒。怪底天涯梦断，夜来红雨阑珊。

齐天乐

题更存《绿波词》

绿波便是伤心水,思君暗惊春老。鱼信①缄愁,蛮弦掬泪,凄缅②中年怀抱。湘灵③怨杳。料目断苍梧④,梦都难到。且唱清商,吴天月堕一丸小。

相逢疑在隔世,下斜街畔路,应长寒草。旧雨⑤谈诗,朝云诵偈⑥,此味穷时偏好。红颦碧笑。算锦瑟余哀,杜鹃⑦能道。莫柱辛酸,回肠宜玉醴⑧。

[注释]

①鱼信:书信。《乐府诗集》卷三十八《相和歌辞十三·饮马长城窟行之一》:"客从远方来,遗我双鲤鱼。呼儿烹鲤鱼,中有尺素书。"后因称书信为"鱼书""鱼信"。

②缅:原刊此处字迹漫漶,疑为"缅"字。

③湘灵:古代传说中的湘水之神。《楚辞·远游》:"使湘灵鼓瑟兮,令海若舞冯夷。"洪兴祖补注:"此湘灵乃湘水之神,非湘夫人也。"一说,为舜帝女英、娥皇二妃,即湘夫人。《后汉书》卷六十上《马融列传第五十上》:"湘灵下,汉女游。"李贤注:"湘灵,舜妃,溺于湘水,为湘夫人。"此当指湘夫人。

④苍梧:古地名,指零陵(今湖南永州)。《礼记·檀弓上》:"舜葬于苍梧之野。"汉郑玄注:"舜征有苗而死,因留葬焉。"《史记》卷一《五帝本纪第一》:"(舜)践帝位三十九年,南巡狩,崩于苍梧之野。葬于江南九疑,是为零陵。"裴骃集解:"《皇览》曰:'舜冢在零

陵营浦县。其山九溪皆相似,故曰九疑。'传曰:'舜葬苍梧,象为之耕。'《礼记》曰:'舜葬苍梧,二妃不从。'《山海经》曰:'苍梧山,帝舜葬于阳,丹朱葬于阴。'"

⑤旧雨:典出唐杜甫《秋述》:"秋,杜子卧病长安旅次,多雨生鱼,青苔及榻。常时车马之客,旧,雨来;今,雨不来。"谓过去宾客遇雨也来,而今遇雨却不来了。后以"旧雨"作为老友的代称。

⑥朝云诵偈:朝云,苏轼侍妾,姓王氏,字子霞,钱塘人。聪敏灵慧,一生向佛。据《东坡笔记》载,朝云谓苏轼"一肚皮不合时宜",被苏轼引为知己。明瞿佑《朝云诵偈图》诗:"春树红颜一掷梭,六如偈里暗消磨。主翁不悟荣华过,一笑重烦春梦婆。"

⑦杜鹃:鸟名。暮春时节啼叫,声悲切。

⑧醥:清酒。

明月生南浦

山中听雨

百六春韶弹指过。那更廉纤,梦雨连宵作。窗外红芳应尽堕。有人无语灯前坐。

曾记吴松停画舸。篷背声声,独自兜衾卧。此际心情谁似我。思量往事如何可。

临江仙

谁道懊侬①时节,柔情一倍芊眠②。门前闲杀五湖船。

烟波芳草外，无限夕阳山。

　　只是欢期易逝，从渠燕语轻圆。东风未肯管春寒。柳绵吹不起，来占碧阑干。

[注释]

①懊恅：烦恼；痛悔。
②芊眠：犹芊绵。连绵不绝貌。

宴清都

<small>空山卧病，节物惊心，怀人感事，情见乎词矣。</small>

　　嫩约浮沉未。箫声咽，他乡迟了春事。红兰泣露，青梅病雨，美人千里。凭阑不怕东风，莫也怕、流莺憔悴。谁解识、依样关山，一般心绪难寄。

　　闲中休更弹琴，数声清怨，华年去矣。无多残梦，三分金粉，七分烟水。江南只隔罗帐，化几叠、乌云天际。尽夜深、剑侠寻仇，铜仙下泪。

青玉案

　　绿窗关住闲烦恼。凭酿出、余寒峭。才展罗衾天又晓。女墙①低处，鱼云②薄薄，蛾月纤纤小。

　　花开未必年年好。何况横波送人老。幽怨近来无可道。香桃骨瘦，粉莲心苦，留与西风笑。

[注释]

①女墙:城墙上带有垛口或射孔的蔽身墙垛。

②鱼云:即鱼鳞云。状如鱼鳞的云。

清平乐

为人题照

檀房深闭。兰月如眉细。金鸭①香销春去矣。非暮非朝天气。

越来溪②畔伊家。到门略彴③夭斜④。记得那回相见,鬓边簪朵梅花。

[注释]

①金鸭:一种镀金的鸭形铜香炉。唐戴叔伦《春怨》诗:"金鸭香消欲断魂,梨花春雨掩重门。"

②越来溪:水名。在今江苏省苏州市境内。《吴郡图经续记》:"越来溪,在吴县之境。自太湖过横山,至于郡城之西。盖越王由此水至于吴,故得此名。"今越来溪南起太湖白洋湾,北至石湖口。

③略彴:小木桥。《汉书》卷六《武帝纪第六》:"初榷酒酤。"颜师古注:"榷者,步渡桥,《尔雅》谓之石杠,今之略彴是也。"

④夭斜:此指歪斜貌。

步蟾宫

次更存见怀韵却寄

其 一

江皋别夜堪惆怅。漫赢得、新词传唱。熟梅时节最怀人,只暗底、年华渐长。

吴松寒汐连宵涨。料闲煞、船娘双桨。梦魂原不怕飘零,总一味、随风荡漾。

其 二

春风薰染春人瘦。试却扫、禅房青豆。纱窗开了便黄昏,恰门外、樱桃落久。

连环密字回文绣①。镇缱绻、心情依旧。天河脉脉夜深横,问隔得、凌波袜否。

[注释]

①回文绣:即织锦回文。前秦时秦州刺史窦涛妻苏蕙,字若兰,做回文诗,织于锦上,其锦纵广八寸,五彩相交,题诗二百余首,计八百余言,纵横反覆,皆成章句,名《璇玑图》。

苏幕遮

月微微,人悄悄。才得新凉,便有秋蛩叫。今夜关门须及早。落尽梧桐,莫信西风小。

水云深,鸿雁杳。如此相思,怪底花枝笑。说与天涯应懊恼。只是无眠,梦也何由到。

减字浣溪纱

漠漠平林小小村。蓼花①消息付啼痕。炉香吹断一丝云。

秋色入帘拦不住,教人无奈只开门。夕阳没处又黄昏。

[注释]

①蓼花:一年生草本植物,叶披针形,花小,白色或浅红色,果实卵形、扁平,生长在水边或水中。茎叶味辛辣,可用以调味。全草入药。亦称"水蓼"。

如此江山

莲 房

横塘一角斜阳小,文鸳①渐销残睡。玉簪惊秋,铜盘咽露,擎出数茎凉翠。西风又起。更何处兰舟,清歌怜了。悄立含颦,惹他游女满衣泪。

黄螺②谁倩赋手,粉香零落后,越样憔悴。人去房空,愁多心苦,尝遍相思滋味。纤纤轻试。问剖尽幽怀,情丝余几。结束仙缘,重逢应隔世。

[注释]
①文鸳:即鸳鸯。以其羽毛华美,故称。
②黄螺:莲实。《艺文类聚》卷八二引晋夏侯湛《芙蓉赋》:"黄螺圆出,垂蕤散舒。"南朝梁元帝《采莲赋》:"绿房兮翠盖,素实兮黄螺。"

凤皇台上忆吹箫

放下帘钩,抛开酒盏,秋心依样迢迢。忆那番残梦,只是今宵。冷落定巢燕子,双飞去、楼为谁高。西风起,将他愁黛,泼上眉梢。

河桥。昔年种柳,料送尽行人,无复长条。甚隔江商女,犹自吹箫。多谢镜中红影,来伴我、暮暮朝朝。君须记,忧能损年,莫枉魂销。

尉迟杯

怀天梅用清真韵

长亭路。正落照、阁断云边树。秋声一派冥迷,疑是浓愁来处。无多涕泪,恍脉脉相思托南浦。听高楼、弹冷筝丝,梦魂还逐君去。

刘郎①别了天仙,知江上青峰,冶黛空聚。原乞婵娟人样月,重照见、丁歌甲舞。忆前度、千花百草,有谁倩、赤鳞寄好语。恨西风、忒煞关情,隔窗来问春侣。

[注释]

①刘郎:刘晨。

木兰花慢

中　秋

金波摇碧浪,菱影乱、桂香浮。正鸾舞才慵,鲛眠未稳,闲舣兰舟。江楼。数声横笛,借西风吹起一天秋。唱罢词仙水调,与谁啸傲沧洲。

凝眸。皓彩悠悠。云叶冷①、露华收。问团圆两字,寻常儿女,几世能修。休休。广寒夜永,隔银河何况有痴牛。诉出三生清怨,照人依旧当头。

[注释]

①冷:据《南社丛刻》校勘表增。

梦江南①

拟皇甫松②次元韵

其　一

纱窗外,新绿晕芭蕉。料得南朝寒食过,楼台烟雨正③潇潇。梦断第三桥。

其 二

春梦好④,人语隔帘旌。此日江南花似海,画船无数石头城⑤。娥月照吹笙。

[注释]

①此二首词亦见于《国学丛刊》,1923年第一卷第3期,词题作"和皇甫先辈韵"。

②皇甫松:生卒年不详,一作皇甫嵩,字子奇,自号檀栾子。睦州新安(今浙江淳安)人。唐代诗人。古文家皇甫湜之子。《花间集》称为"皇甫先辈",录其词十二首。

③正:《国学丛刊》作"暮"。

④好:《国学丛刊》作"里"。

⑤石头城:《国学丛刊》作"阖闾城"。阖闾城,包括阖闾大城和阖闾小城,大城位于江苏省常州市武进区雪堰镇城里村,小城位于无锡市滨湖区胡埭镇湖山村。

菩萨蛮

拟韦庄①

如今始信留春误。春归不向门前去。和泪出房栊。花飞明月中。

缕金红衲袄。弃置何堪道。此际梦咸阳。锦弦人样长。

[注释]

①韦庄(836~910):字端己,京兆杜陵(今陕西省西安市)人。唐代"花间"重要词人,有《浣花集》。

醉公子

拟顾夐①

楼外青螺远。镜里单衣短。梁燕怯春寒。憎人倚玉阑。

一从欢子去。便有朝朝雨。落尽白杨花。知君今忆家。

[注释]

①顾夐:五代词人,生卒年、籍贯、字号均不详。《花间集》收其词五十五首,全部写男女艳情。

菩萨蛮

拟牛峤①

花开陌上人归缓。十三筝雁和肠断。转眼又西风。流光如梦中。

绿窗香雾薄。小立灯花落。不识古辽阳。秋宵多少长。

[注释]

①牛峤:生卒年不详,字松卿,一字延峰。唐宰相牛僧孺之孙。《花间集》存其词三十二首。

喜迁莺

拟冯延巳

绿波横,红月小。残梦认依稀。天涯人比燕来迟。含泪换罗衣。

江上楼,楼上雨。寂寞琐窗朱户。碧箫吹得暮潮生。不见数峰青。

多 丽

长秋多病,万感毕集,用蜕岩①韵寄兴。

暮烟青,吟情一倍湛冥②。正西风、催啼络纬③,明蟾欲下云屏。翠楼前、几行归雁,幽篁里、数点凉萤。病骨禁秋,愁肠耐酒,金卮才放涕先零。自小别飞琼归后,仙梦未曾醒。空怊怅,怀人远道,送客长亭。

料江头、已无碧树,哀弦奚事泠泠。玉帘寒、飘残蛱蝶,红衣老、瘦尽蜻蜓。只是低迷,都难排遣,新词传唱与谁听。算天上、依然宫阙,草草渡双星。缠绵意,随他木叶,吹过回汀。

[注释]

①蜕岩:张翥。张翥(1287~1368),字仲举,元代词人。著有《蜕岩词》二卷,有《彊村丛书》本、《四部备要》本。

②湛冥:深沉玄默。《汉书》卷七十二《王贡两龚鲍传第四十二》:"蜀严湛冥,不作苟见,不治苟得,久幽而不改其操,虽随、和何以加诸。"颜师古注:"孟康曰:'蜀郡严君平湛深玄默无欲也。'"

③络纬:虫名。即莎鸡,俗称络丝娘、纺织娘。夏秋夜间振羽作声,声如纺线,故名。

甘 州

正吴宫听罢柘枝歌①,盈盈恼王昌②。便窗销翠雾,枕抛红玉,花下灯凉③。云影依然在眼,人已隔长江。只有天边月,来伴昏黄。

不信扶头酒④醒,甚无情杜宇,啼出沧桑。忆当年心绪,未老莫还乡。草青青、谁家河畔,采夫容、何处觅鸳鸯。休回首、一重门外,都是斜阳。

[注释]

①柘枝歌:舞曲名。柘枝舞源于怛罗斯。唐卢肇《湖南观双柘枝舞赋》称:"古也郅支之伎,今也柘枝之名。"郅支,汉时地名,今中亚江布尔一带。据唐《教坊记》及《乐府杂录》记载,柘枝舞属于健舞,多为女子独舞,后来发展为双人舞,又称"双柘枝"。以鼓为伴奏乐器,舞者穿轻薄罗衫,戴珍珠花帽,腰部动作和脚下踏步结合,

刚健明快和柔美多姿相互辉映。

②王昌:南朝乐府与唐诗中屡见,本事已不可考。据诸家诗意,大抵是一风流美男子,故常用作女子的意中人、望中人。唐上官仪《和太尉戏赠高阳公》诗:"南国自然胜掌上,东家复是忆王昌。"

③凉:原刊此处字迹漫漶,疑为"凉"字。

④扶头酒:易醉之酒。唐白居易《早饮湖州酒寄崔使君》诗:"一榼扶头酒,泓澄泻玉壶。"

水龙吟

红　叶

夕阳一片天斜,无情画出枫桥树。玉壶贮泪,朱颜中酒,为谁起舞。艳欲妒花,散还成锦,可怜迟暮。听高楼遥夜,萧萧槭槭①,浑不是、清明雨。

莫唱销魂诗句。卖鲈鱼、菱塘深处。唐宫春恨,吴江秋思,哀蝉难诉。依样西风,前生金粉,来生尘土。那堪问讯,人家消息,青黄何许。

[注释]

①槭槭:树枝光秃貌。

减字浣溪纱

旅 思

扑面轻尘隐隐斜。有垂杨处即吾家。不消怊怅怨天涯。

满地烽烟闲病马,一天凉□①逼啼鸦。夕阳红杀水蕻花②。

[注释]

①原刊此处缺印,无法辨识。
②水蕻花:水草名。一年生草本,全株有毛,叶子阔卵形,花红色或白色,可观赏,花果可入药。水蕻,亦作"水荭"。

莺啼序

怀天梅

梅边旧时月色,照怀人意绪。卷画帘、几个黄昏,不道芳讯偏误。记曾听、空侯怨曲,蛮烟绿绕沉珠浦①。怕东风、吹到江南,便和愁住。

最是当年,汉殿寂寞,恍双成乍去。露盘折、铅泪流红,茂陵②衰草何处。者茫茫、青天碧海,尽消受、非朝非暮③。算今宵、依样星辰,为谁延伫。

蘼芜迹远，豆蔻④春迟，冶情托瘵语。怎奈向、五更残角，唤起幽恨，忘了吴宫，万重云树。沧桑影事，莺花陈迹，随他心字⑤香痕断，隔纱窗、况有廉纤雨。危亭望极微波，化作寒潮，夜夜欲撼官渡。

朱颜易改，只恐相逢，被镜奁暗阻。谩眷念、孤鸿怖晓，病蝶瞋秋，蜀锦⑥迷离，也难深诉。斜阳故国，疏钟萧寺，枫林千里关塞黑，问飘零、长剑思量否。伤心休上高楼，手拨银釭，醉魂等汝。

[注释]

①沉珠浦：珠江别名。清顾祖禹《读史方舆纪要·广东二·广州》"西江"自注："中有海珠石，是曰珠江。一名沉珠浦。相传昔贾胡挟珠经此，珠忽跃入江中。"

②茂陵：此指汉武帝刘彻的陵墓。在今陕西省兴平县东北。《汉书》卷六《武帝纪第六》："（后元二年二月）丁卯，帝崩于五柞宫，入殡于未央宫前殿。三月甲申，葬茂陵。"颜师古注引臣瓒曰："自崩至葬凡十八日。茂陵在长安西北八十里也。"

③原注：四字出《拾遗记》。编者注：晋王嘉《拾遗记》卷七载魏文帝宠爱一美人名薛灵芸，常山人。郡守闻其美貌，献之于文帝，及至京师，文帝以文车十乘迎之。灵芸未至京师数十里，车徒喧嚣，尘起蔽于星月。未至京师十里，帝乘雕玉之辇，以望车徒之盛，嗟曰："昔者言'朝为行云，暮为行雨'，今非云非雨，非朝非暮。"改灵芸名曰"夜来"。

④豆蔻：又名草果。多年生草本植物。高丈许，秋季结实。种子可入药，产岭南。南方人取其尚未大开的，称为含胎花，以其形如怀孕之身。

⑤心字:即心字香,做成"心"字形状的篆香。明杨慎《词品·心字香》:"所谓心字香者,以香末萦篆成心字也。"

⑥蜀锦:原指四川生产的彩锦。后亦为织法似蜀的各地所产之锦的通称。多用染色熟丝织成,色彩鲜艳,质地坚韧。三国魏曹丕《与群臣论蜀锦书》:"前后每得蜀锦,殊不相比,适可讶,而鲜卑尚复不喜也。"亦可比喻华丽的文采。唐罗隐《江都》诗:"歌听丽句秦云咽,诗转新题蜀锦铺。"亦是海棠的别称。宋王十朋《蜀锦亭》诗:"犹余蜀中锦,爱惜比甘棠。"自注:"蜀锦,海棠也。"

临江仙

其 一

迷迭香销春旖旎,忍寒换起罗裳。更无影事托荒唐。量愁沧海小,比恨玉丝长。

绝代风华消不得,何曾悔嫁王昌。郁金堂外是红墙。文鸳如我瘦,蟢子①为谁忙。

其 二

细马桃花人乍去,歌声犹浥轻尘。无多延伫又黄昏。香迷三里雾,月上一钩银。

早识相逢都是梦,当时不合殷勤。碧天肠断与谁论。迢迢杨柳外,依约认朱门。

其 三

满地江湖昏又晓,惜春情绪还赊。红楼闭了燕无家。

碧云千里隔,银汉四更斜。

未必东风知此意,匆匆吹起飞花。闲中切莫误年华。微波如有信,万一到天涯。

其 四

翦翦春山螺子黛,秦铜②仿佛修眉。锦衾红烛梦来迟。龙飞真见骨,蚕死已无丝。

那有新人能织素,玉箫清怨凄迷③。他生缘分总难知。风怀④三百韵,留作降坛诗⑤。

[注释]

①蟢子:一种身体细长的暗褐色蜘蛛,脚很长,多在室内墙壁间结网,其网被认为像八卦,以为是喜庆的预兆,故亦称"喜子""喜蛛"。

②秦铜:秦镜的代称。清黄六鸿《福惠全书·莅任·考代书》:"座上秦铜,莫辨五里昏雾。"

③王箫句:唐范摅《云溪友议》载:韦皋少时游江夏,馆于姜氏,与侍婢玉箫有情,后二人一别七年,玉箫死后再世,为韦皋侍妾。故后文有"他生缘分总难知"之句。

④风怀:抱负,志向。亦有风情之意,此用风情义。风怀诗即指描述男女情爱之诗。元方回《瀛奎律髓》卷之七"风怀类"载:"晏元献《类要》有'左风怀'、'右风怀'二类,男为左,女为右,今取此义以类。"清代词人朱彝尊有《风怀诗》二百韵,据说为其妻妹而作。

⑤降坛诗:旧时扶乩称神鬼初临所题之诗为降坛诗。

减字浣溪纱

其 一

燕语莺歌未可禁。当门杨柳最阴阴。春人偏又恼春深。

小院寂寥帘不卷,梦魂寻我到重衾。杂花香里晓星沉。

其 二

何止魂销似去年。玉炉烟断起微寒。天涯已惯听啼鹃。

春雨腻于缸面酒,吴波横上橛头船①。不成时节又依然。②

[注释]

①橛头船:尖头小船。亦省称"橛头"。唐张志和《渔父歌》:"钓车子,橛头船,乐在风波不用仙。"

②原注:春雨二句,去年诗也。

一萼红

碧帘寒。放东风几阵,吹月下阑干。蕉叶芳心,杨花瘦影,如梦庭户依然。枕绡薄、不禁热泪,怕点点、为玉又为烟。镜破难收,床空易守,可是当年。

陌上记曾微雨,问江南江北,多少青山。逝水光阴,浮云踪迹,回头事事堪怜。试重听、一声河满,料有人、比我更辛酸。何况凄凉,故宫道路三千。

浪淘沙

其一

春水晚来添。浮动柔蓝。垂杨心绪爱江南。惹出人间多少恨,只是毿毿①。

好语旧曾谙。歌断吴盐。东风吹不过珠帘。难得楼头红月子,圆到初三。

其二

脉脉小重山。和露和烟。秋风情性太无端。门外疏钟人乍醒,莲子花残。

往事记应难。如此流年。斜阳何况妒朱颜。二十五弦人样瑟,切莫轻弹。

[注释]

①毿毿:形容毛发、枝条等细长的样子。

醉花阴

天半朱霞飞到晚。莺语声声慢。日下是长安,卷起重帘,日近长安远①。

露桃开落无人见。只是华年变。且莫怨东风,如汝情怀,要被东风怨。

[注释]

①日近句:南朝梁刘义庆《世说新语·夙惠第十二》:"晋明帝数岁,坐元帝膝上。有人从长安来,元帝问洛下消息,潸然流涕。明帝问何以致泣,具以东渡意告之。因问明帝:'汝意谓长安何如日远?'答曰:'日远。不闻人从日边来,居然可知。'元帝异之。明日集群臣宴会,告以此意,更重问之。乃答曰:'日近。'元帝失色,曰:'尔何故异昨日之言邪?'答曰:'举目见日,不见长安。'"

月下笛

瑟柱移情,花铃①系怨,晚风吹冷。秋宵渐永。玉炉心字犹剩。前溪②几尺多情水,照不出、年时梦影。倩吴刚倚树,黄姑③隔渡,为侬闲等。

金井鸦啼静,只一片砧声,那堪重听。星河耿耿,者番佳约难定。画楼比似瑶台远,问翠袖何人独凭。好仔细□衣裳,莫损当胸宝镜。

[注释]

①花铃：护花之铃挡，置于花梢或花丛附近，用以惊吓鸟雀。

②前溪：水名。一名余英溪。在武康县（今浙江省湖州市德清县）境内。《嘉靖武康县志·山川志》"余英溪"条释义："县南一百步，溪源出铜岘山。东流四十九里抵县南。一名前溪。""前溪"条释义："即余英溪"。《武康旧志》云："前溪源出铜岘山，两岸桃花十余里，春水时至，乱红蔽流，皆花英也，故名余英。"

③黄姑：牵牛星。《玉台新咏》卷九《歌辞二首》其一："东飞伯劳西飞燕，黄姑织女时相见。"吴兆宜注引《岁时记》："河鼓、黄姑，牵牛也。皆语之转。"

南柯子

红叶千林尽，青山一角残。宵来为怕四更寒。孤负下弦月子、不曾看。

意密书偏短，途长梦也难。海棠忍泪过秋天。报道断肠时节、算今年。

尉迟杯

和《片玉》①

章台②路。记昔日、系马桥边树。明明③一样星辰，人面更无寻处。青天几尺，吹不得、东风过前浦。唤幺禽、填起黄河,让他魂梦来去。

　　阑干六曲弯环,算惟有浮云,易散难聚。楝子花残春归矣④,辜负了、蜂喧蝶舞。何时向、红藤枕畔,再相见、从头证密语。怕黄昏、陌上乌啼,绕帘都是愁侣。

[注释]

①《片玉》:指北宋词人周邦彦之词集《片玉集》。

②章台:本是战国时秦国宫殿,以宫内有章台而得名,在今长安县故城西南。台下有街名章台街,汉代亦然。唐人韩翃(一说韩翊)以《章台柳》诗寻访柳氏,诗以章台借指长安,以章台柳暗喻长安柳氏。但因柳氏本娼女,故后人遂将章台街喻指娼家聚居之所。

③明:原刊此处字迹漫漶,疑为"明"字。

④楝子句:二十四花信以梅花始,楝花终,楝花是谷雨节后的第三候花信,在春末夏初,故有此言。楝花,为楝科植物川楝或苦楝的花。

瑞鹤仙

　　玉丝弹别怨。乍惊心、镜里朱霞偷变①。香尘梦中软。更梅边月冷,翠禽啼遍。残宵渐短。莫过了、东风一半。便春山、依旧青青,不是那时庭院。

　　凄断。珠还化泪,麝已成尘②,画帘愁卷。关河寸寸。知未必、比天远。只思量如此,朝朝暮暮,禁得频年见惯。料尊前、也有人儿,忍寒到晚。

[注释]

①乍惊心句:宋钱惟演《木兰花》词:"情怀渐变成衰晚,鸾镜朱颜惊暗换。"

②麝已成尘:唐温庭筠《达摩支曲》诗:"捣麝成尘香不灭,拗莲作寸丝难绝。红泪文姬洛水春,白头苏武天山雪。"温诗本以麝香、莲藕作比,称誉蔡文姬、苏武对故土的眷念与忠贞,后喻指人对爱情的忠贞不二,有时亦以"捣麝尘香"指抒写儿女私情、格调不高的诗文。麝:麝香。

子 夜

其 一

东风不信罗帏窄。匆匆似道曾相识。寒在五更头。栖鸦啼未休。

枯桑兼海水。何处思量起。香烬洞房深。吴天青到今。

其 二

绿窗人影冥濛晓。罗裙窣地生芳草。隐隐认春寒。眉边山外山。

山山青不断。只恐花开缓。花亦有时开。浮云何日回。

减字浣溪纱

其 一

漠漠春阴策策寒。开窗依旧出来难。昨宵明镜尚朱颜。

好梦不瞒三五月,离魂知隔几重山。落花只当等闲看。

其 二

兰叶芳心托短歌。籁尘风色上修蛾。阳春二月好烟波。

西北楼高偏易晚,东南日出又教趖。花枝无奈绿阴何。

南 浦

折枝梅花

笛里忽闻香,小婵娟,暗入谁家诗境。脉脉一枝斜,飘零否、争许玉奁偷并。兰昌①怨渺,瑶天沦谪成孤迥。无恙黄昏无恙月,曾伴那回人影。

阑干只赤千重,料林间客梦,依稀未醒。消息递应难,缠绵意、付与青禽闲等。韶光漫省,东风还比西风冷。毕竟花开须护惜,金缕歌残休听。

[注释]

①兰昌:唐宫室名。唐裴铏《传奇·薛昭》载杨贵妃侍女张云容死葬兰昌宫而百年后复活之事。《全唐诗》卷八六三载:"张云容,杨贵妃侍儿也。申天师与绛雪丹服之,教其死后为大棺通穴,百年后,遇生人交精气,再生,可为地仙。后死,如法葬兰昌宫。至元和末,有平陆尉金陵薛昭,以义气逸县囚,谪赴海东。至三乡,夜遁去,匿兰昌宫古殿旁。见三美女至,一则云容,其二则萧凤台、刘兰翘,向为九仙媛所毒杀,同藏云容穴侧者。云容向昭备说生前事及申天师之语,昭叹异。二女送酒合卺,各为歌献酬,欢洽数夕。云容倏自言:'吾体已苏。'昭为启榇,遂活,同归金陵。"

二郎神

用徐干臣①韵,按,杨西村②和徐词第五句③作五字,今从之。

袜尘动处,似隔了、几重花影。只烛泪红腴,帘波绿惨,人卧春云冷。听到萧萧吴娘曲,怕舞蝶喧蜂都病。知璧月乍生,金铃还系,负他明镜。

思省。啼妆怯夜,余香犹凝。好属付东风,牡丹时候,休被流莺唤醒。锦瑟量愁,罗屏画梦,依旧者般情景。怎奈向,宿酒恹恹未解,玉虬④声静。

[注释]

①徐干臣:徐伸,生卒年不详,约宋徽宗政和初前后在世。宋

黄昇《唐宋诸贤绝妙词选》:"徐干臣,名伸,三衢人。有《青山乐府》一卷行于世,然多杂调词。"今仅存一首《转调二郎神》。邵瑞彭此阕即用此首词韵。

②杨西村:杨恢,生卒年不详,宋末元初时人。字允之,号西村,眉山人,有《西村词》。今存见于《绝妙好词》者六首。

③"句"下原有"之"字,据《南社丛刻》校勘表改。

④玉虬:传说中的虬龙。《楚辞·离骚》:"驷玉虬以乘鹥兮,溘埃风余上征。"亦指饰有玉勒的马。《汉书》卷五十七《司马相如传第二十七上》:"于是乎背秋涉冬,天子校猎。乘镂象,六玉虬。"颜师古注引张揖曰:"六玉虬,谓驾六马,以玉饰其镳勒,有似玉虬。"

绛都春

用觉翁①韵

垂杨似线。系画里梦痕,江平山远。一片绿芜,记得年时成秋苑。桃笙②犹带湘娥怨。那更湿、啼红零乱。路迷沧海,碑残碧落③,旧家庭院。

曾见。围香午夜,小楼隐约处,娇歌葱蒨。鹎鸠④漫催,芳景疑随吴绵换。春波能照马支面。照不出、柔肠宛转。最怜风雨无情,弄寒作暖。

[注释]

①觉翁:吴文英。吴文英(约1200~约1260),字君特,号梦窗,晚号觉翁。四明(今浙江宁波)人。一生未应科举,以布衣终老。有《梦窗词》。

②桃笙：桃枝竹编的竹席。《文选》左思《吴都赋》："桃笙象簟。"刘逵注："桃笙，桃枝簟也，吴人谓簟为笙。"《仇池笔记·桃笙》："柳子厚诗云：'盛时一失贵反贱，桃笙葵扇安可常。'不知桃笙为何物。因阅《方言》：宋魏之间，簟谓之笙。乃悟桃笙以桃竹为簟也。"

③碧落：指《碧落碑》。唐碑，行笔精绝，以大篆著名。在今山西省新绛县龙兴寺（原名碧落观，宋太祖时改名龙兴宫，后因僧人占居，又改称龙兴寺）。唐韦绚《刘宾客嘉话录》："绛州《碧落碑》文乃高祖子韩王元嘉四男为先妃所制，陈惟玉书。今不知者皆妄有指说。"宋欧阳修《唐龙兴宫碧落碑》："有《碧落碑》，在绛州龙兴宫，宫有碧落尊像，篆文刻其背，故世传为《碧落碑》。据李璿之以为陈惟玉书，李汉以为黄公撰书，莫知孰是。"康有为《广艺舟双楫·说分》："《碧落碑》笔法亦奇，不独托体之古，阳冰（李阳冰）见之，寝卧数日不去，则过阳冰远矣。"

④鶗鴂：即杜鹃鸟。亦作"鹈鴂"。

莺啼序

予与钝根①，闻声相思数载，读其《红薇感旧记》，凄馨哀艳，怅触予怀。亚子属为词纪之，率成此阕。异病同呻，不自知其言之长也。

潇湘一江恨水，似柔肠宛转。暮帆绕、十里蘼芜，碧云心绪谁管。玉阑外、缃桃瘦损，春阴漠漠鹃啼遍。把残魂、分付蛮笺，泪痕红泫。

刻骨难忘，那番影事，记江淹浦②畔。听箫语、於邑③

芦中,翠楼人正凝盼。尽天涯、鸾漂凤泊,尚消得、灯前相见。托微波、来慰沧桑,怎禁凄惋。

三生璧月,百感琼浆,算逢伊未晚。喜此际、懊侬④歌罢,唱到怜子,便化梁尘,也都情愿。灵犀漫阻,明珠休赠,斑骓⑤犹系垂杨树,酒杯深、可奈因缘浅。斜阳荏苒,长亭切莫回头,怕他画帘还卷。

蚕丝欲尽,马角⑥偏迟,又岁华暗换。试重⑦问、星辰昨夜,风雨中宵,岂是寻常,断恩零怨。银蕤锁梦,赪鳞⑧沉信,文园头白吟更苦,料蓬山咫尺和天远。思量且自温存,刀一人间,海枯石烂。

[注释]

①钝根:傅熊湘。傅熊湘(1883～1930),字文渠,一字钝根,后作屯艮,别署君剑、钝安、红微生、倦翁等。湖南醴陵人。同盟会会员,南社成员。曾办《大汉报》《湖南月报》《天问周刊》等。才学富赡,一生于新闻、教育、文学均声迹颇著,擅书法,工籀篆草隶。所著辑为《钝安遗集》。

②江淹浦:《文选》江淹《别赋》:"春草碧色,春水渌波,送君南浦,伤如之何!"李善注:"《楚辞》曰:'子交手兮东行,送美人兮南浦。'"后以"江淹浦"代指送别之处。

③於邑:同呜咽。《史记》卷八十六《刺客列传第二十六》:"政姊荣闻人有刺杀韩相者,贼不得,国不知其名姓,暴其尸而县之千金,乃於邑曰:'其是吾弟与?嗟乎,严仲子知吾弟!'……乃大呼天者三,卒於邑悲哀而死政之旁。"王伯祥注:"於邑,同'呜咽'。悲哽。"

④懊侬:古曲名。亦作"懊恼"。《旧唐书》卷二十九《志第九·

音乐二》:"《懊侬》,晋隆安初民间讹谣之曲。歌云:'春草可揽结,女儿可揽撷。'齐太祖常谓之《中朝歌》。"

⑤斑骓:毛色青白相间的马。

⑥马角:即马生角。《史记》卷八十六《刺客列传第二十六》:"太史公曰:世言荆轲,其称太子丹之命,'天雨粟,马生角'也,太过。"司马贞索隐:"《燕丹子》曰:'丹求归,秦王曰:"乌头白,马生角,乃许耳"。丹乃仰天叹,乌头即白,马亦生角。'《风俗通》及《论衡》皆有此说,仍云'厩门木乌生肉足'。"后用以比喻不可能实现的事。亦比喻历尽困境,苦熬出头。

⑦原注:去。

⑧赪鳞:鱼的赤色鳞片,亦指鳞片赤色的鱼。亦作"赪鳞"。汉刘向《列仙传·吕尚》:"吕尚隐钓,瑞得赪鳞。"

玲珑四犯

玉簟浮香,似说与匆匆,芳思零乱。一片迷离,中有翠鬘红怨。残照未忍当楼,况愁里、倚阑都倦。倩画帘唤起芭蕉,和我寸心同卷。

如今休道相逢短。怕他生、更难重见。春山不在眉痕外,还是眉痕远。凭问陌上杜鹃,可听得、天涯人惯。算柳枝无力,歌一曲,朱颜变。

锯解令

琐窗残梦唤初醒,又绿遍江南万柳。流莺未必骂东风,只听得、扫眉人瘦。

啼痕似酒。点滴还如玉漏。中门一闭便他生,总不比、寻常时候。

望湘人

谷人祭酒①曾于吾郡旅次填此解。复翁②和之,音尤凄戾。予天涯倦客,言愁未工,率步元韵,当③醉暝梦,寱④观可也。

向斜阳尽处,日日登楼,客情何限依恋。感事吟边,怀人醉里,搅得朱颜偷变。杵急催寒,帆低送暝,秋山平远。怕江南、水阔烟深,误了一天归雁。

衣上斑斑泪点。便裳腰襟角,也都流遍。只花魂傲雨,付与竹枝同荐。红珠记梦,碧铜锓影,剩有柔肠如线。等甚时、弹碎琴心,抵死重歌河满。

[注释]

①谷人祭酒:指吴锡麒。吴锡麒(1746～1818),字圣征,号谷人。钱塘(今浙江杭州)人。乾隆四十年(1775)进士,曾为翰林院庶吉士、编修、国子监祭酒。后以亲老乞养归里,主讲扬州安定、乐仪书院至终。邵词所和为其《望湘人·旅感》(乍商飙卷树)一词。

②复翁:郭麐。郭麐和词为《望湘人·用谷人先生韵》(渐萧萧瑟瑟),见《浮眉楼词》卷 。

③当:原刊作"富",据《南社丛刻》校勘表改。

④寱:原刊作"当",据《南社丛刻》校勘表改。

减字浣溪纱

细细薰风斗帐①凉。碧阑干外月昏黄。冰纨②香扑小南强③。

空有华年随水逝,更无遥夜比天长。当时可惜不思量。

[注释]

①斗帐:小帐。形如覆斗,故称。《释名·释床帐》:"小帐曰斗帐,形如覆斗也。"

②冰纨:洁白的细绢。《汉书》卷二十八下《地理志第八下》:"后十四世,桓公用管仲,设轻重以富国,合诸侯成伯功,身在陪臣而取三归。故其俗弥侈,织作冰纨绮绣纯丽之物。"颜师古注:"冰谓布帛之细,其色鲜絜如冰者也。纨,素也。"代指绢制的团扇。宋苏轼《元祐三年端午节贴子词·皇帝阁六首》其六:"一扇清风洒面寒,应缘飞白在冰纨。"此指团扇。

③小南强:茉莉花的别称。宋陶谷《清异录·百花门·小南强》:"南汉地狭力贫,不自揣度,有期四方傲中国之志。每见北人,盛夸岭海之强。世宗遣使入岭,馆接者遗茉莉,文其名曰小南强。"

清平乐

红绡几尺。上有长相忆。旧恨重重乌鲗墨①。一任绿杨天窄。

秦桑燕草②冥濛。断肠人在深宫。便把珠帘放下,何曾阻住东风。

[注释]

①乌鲗墨:乌贼鱼分泌的液汁,其黑如墨,以之书写,逾年自消。乌鲗:即乌贼,亦名墨鱼。《酉阳杂俎》载:江东有人取乌贼的墨汁写契约,其字色淡黑,与墨写极相似。年余,字迹消失,只剩空白之纸。其人以此法骗取他人财物。《谢氏诗源》宋迁寄试莺诗有云:"誓成乌鲗墨,人似楚山云。"《晚晴簃诗汇》张令仪《读〈霍小玉传〉》诗:"密誓俄成乌鲗墨,新欢又占凤凰楼。"均以"乌鲗墨"喻虚假的誓言。

②秦桑燕草:唐李白《春思》诗:"燕草如碧丝,秦桑低绿枝。"

临江仙

其 一

十里香街双玉鞚,轻飔凉袅罗裙。小重山子认眉痕。海波红似泪,花影瘦于人。

可惜芳期成晼晚①,渡江误了桃根。怨犹未报况深恩。秦鬟②云外想,吴语梦中温。

其 二

子夜娇歌③春又夏,银云深锁雕屏。半天微雨酿新晴。苔花依唾绿,莲叶带泥青。

催得匆匆归思切,非关啼到仓庚。烟波只傍隔江横。断流求宝剑,替月伇孤星④。

[注释]

①晼晚:日将西落天色昏暗的样子。宋玉《九辩》:"白日晼晚其将入兮,明月销铄而减毁。"

②秦鬟:指形似髻鬟的秦望山,亦称刻石山,在今浙江省诸暨市枫桥镇乐山村东北部。是会稽山脉的名山。北魏郦道元《水经注》卷四十《浙江水》:"秦望山在州城正南,为众峰之杰,陟境便见。《史记》云:'秦始皇登之以望南海。'"南宋周密《甘州·题疏寮园》:"认秦鬟、越妆窥镜,依斜阳、人在会稽图。"

③子夜娇歌:即《子夜歌》。《乐府诗集》卷四十四《清商曲辞一·子夜歌四十二首》题解:"《唐书·乐志》曰:'《子夜歌》者,晋曲也。晋有女子名子夜,造此声,声过哀苦。'《宋书·乐志》曰:'晋孝武太元中,琅琊王轲之家有鬼歌子夜,殷允为豫章,豫章侨人庾僧虔家亦有鬼歌子夜。'殷允为豫章亦是太元中,则子夜是此时以前人也。《古今乐录》曰:'凡歌曲终,皆有送声。子夜以持子送曲,《凤将雏》以泽雉送曲。'《乐府解题》曰:'后人更为四时行乐之词,谓之《子夜四时歌》。又有《大子夜歌》《子夜警歌》《子夜变歌》,皆曲之变也。'"

④孤星:指黎明时的残星。亦指单独出现的星。唐王损之《曙观秋河赋》:"孤星迥泛,状清浅之沉珠;残月斜临,似沧浪之垂钓。"

清平乐

题方瘦坡①《香痕奁影集》

新词幼妇②。花落微波绉。沉水③烧残圆玉瘦。脉脉讨春④时候。

晨钞暝写偏忙。何曾自诉清狂。也似和凝⑤才子,诗名嫁与冬郎⑥。

[注释]

①方瘦坡:方廷楷。方廷楷,生卒年不详,字瘦坡,号瘦坡山人。安徽太平(今黄山市黄山区)人。南社成员。著有《香痕奁影录》《习静斋诗话》《习静斋词话》,辑有《独赏集》。

②幼妇:"好"之隐语。南朝宋刘义庆《世说新语·捷悟第十一》:"魏武尝过曹娥碑下,杨修从。碑背上见题作'黄绢幼妇,外孙齑臼'八字,魏武谓修曰:'解不?'……修曰:'黄绢,色丝也,于字为绝;幼妇,少女也,于字为妙;外孙,女子也,于字为好;齑臼,受辛也,于字为辤,所谓"绝妙好辤"也。'"辤"同"辞"。后因以称极好的文辞。

③沉水:薰香料名,即沉香。沉香,亚热带常绿乔木名。树干高大,木质坚硬,有香味,可作细工用材及薰香料。所制香料俗名沉香,又称沉水香、蜜香。

④讨春:游春,探春。

⑤和凝(898~955):字成绩,郓州须昌(今山东东平)人。长于词,其词作流传于契丹,契丹称他为"曲子相公"。《花间集》中收词

二十首。

⑥冬郎:唐代诗人韩偓的小名。宋钱易《南部新书》乙:"韩偓,即瞻之子也,兄仪。瞻与李义山同年,集中谓之'韩冬郎'是也。故题偓云:'七岁裁诗走马成。'冬郎,偓小名。偓字致光。"按,《南部新书》录李诗有误。李商隐《韩冬郎即席为诗相送一座尽惊他日余方追吟连宵侍坐徘徊久之句有老成之风因成二绝寄酬兼呈畏之员外》其一:"十岁裁诗走马成"。

长亭怨慢①

亚子《分湖旧隐图》,曾以三截句②题之,意有未尽,再成此词。

记一抹、修眉浮处。③翠柳遮楼,碧梧侵户。韵咽琼壶,水村风味入琴趣。雁笺凝素,恍飞到、湖天路。月色故依然,只少件、橹声人语。④

延伫。怕烟波回首,化作泪绡红聚。梨云罨梦⑤,尽孤负、樱桃春雨。问他日、稳⑥践沤盟⑦,可许我、移家同去。有画里珠帘,盼煞词家尊俎。

[注释]

①本词亦见于《铁路协会会报》,1921年第100期,署名"邵次公"。

②截句:《铁路协会会报》作"绝句"。

③原注:复翁取昌黎"天空浮修眉"句为浮眉楼,见刘醇甫记。编者注:复翁为清代诗人郭麐,有《浮眉楼词》,见前注。

④原注:陈梁叔《题分湖柳氏草堂》句"人语橹声诸港晓"。编

者注:原刊"梁叔"作"叔梁",据《南社丛刻》校勘表改。陈梁叔:陈克家。陈克家(?～1860),字子刚,号梁叔。有《蓬莱阁诗录》《桂门初稿》《桂门续稿》《溪盦室诗集》等。

⑤梨云罥梦:《墨庄漫录》卷六引唐王建《梦看梨花云歌》诗:"薄薄落落雾不分,梦中唤作梨花云。瑶池水光蓬莱雪,青叶白花相次发。……落英散粉飘满空,梨花颜色同不同。眼穿臂短取不得,取得亦如从梦中。无人为我解此梦,梨花一曲心珍重。"罥,捕鸟或捕鸟的网,亦指用罥捕取。

⑥稳:原刊此处字迹漫漶,当为"稳"字,据《铁路协会会报》。

⑦沤盟:《铁路协会会报》作"鸥盟"。

摸鱼子

武强溪①上赋竹筏

小溪头、一痕苍玉,凌空荡漾烟水。鳞纹隔浦亭亭绿,重认袖罗寒翠。来便逝。怕弹彻箜篌,添上湘娥泪。春潮未起。尽短荻牵情,香菱熨梦,人抱冷云睡。

沤盟好,休叹浮沉身世。江湖毕竟非计。沿村画断筼筜②雪,撑老几家渔子。何况是。正叶叶轻风,暗换流红意。兰津悄指。笑石畔银湾,壶中瑶席,残影尚天际。

[注释]

①武强溪:在浙江省遂安县。因穿越武强山而得名,上源分东、西两源,东源称洄溪,西源称札溪。主源札溪发源于安徽省休宁县。

②篔筜:亦作"员当"。一种皮薄、节长而竿高的竹子。汉杨孚《异物志》:"篔筜生水边,长数丈,围一尺五六寸,一节相去六七尺,或相去一丈,庐陵界有之。"晋戴凯之《竹谱》:"篔筜竹最大,大者中甑,笋亦中射簩,薄肌而最长,节中贮箭,因以为名。"

曲游春

予最爱萧斋①《曲游春》词,因忆壬子春间流连湖上情事,追填此解,即步其韵。

西子归来未,喜玉钩双卷,波共帘织。柳外黄昏小,檀栾压水,万荷无隙。灯火重城隔。正倦倚、画阑吹笛。等月华、涌上南屏②,重看一湖春色。

远陌。明霞垂碧。有堤碍轻桡,桥阻香勒。遥夜生凉,付云蓝墨溅,泪红纱幂。烟冷催寒食。听古寺、疏钟敲寂,只少年、冶梦成尘,遣愁未得。

[注释]

①萧斋:周密。周密(1232～1298),字公谨,号草窗,又号霄斋、蘋洲、萧斋,晚年号四水潜夫、弁阳老人、弁阳啸翁、华不注山人,南宋末年词人、文学家。有笔记集《齐东野语》《志雅堂杂钞》《癸辛杂识》《武林旧事》等,词集《蘋洲渔笛谱》,编有南宋词集《绝妙好词》。

②南屏:山名。在浙江省杭州市,为西湖胜景之一。

齐天乐

牡　丹

朝云吹热阑干影,春情故园初透。鲛泪量波,龙香①捣夜,魂断艳歌芳酒。韶光易负。看舞倦金钗,有人垂手。说起相逢,不辞延伫为君瘦。

倾城恩怨罢数,腻红开未了,题句难就。剩月瑶台,零风锦幄,付与寻常花柳。游仙梦久。愿重倩啼鹃,祝伊长寿。软入尘衣,客怀浑似旧。

[注释]

①龙香:龙涎香。抹香鲸病胃的分泌物,类似结石,从鲸体内排出,漂浮海面或冲上海岸。为黄、灰或黑色的蜡状物质,香气持久,是极名贵的香料。亦省称"龙涎"。

瑞龙吟

和清真

春明路。依旧倦水漂花,断云沉树。凄迷一角孤城,夕阳又在,平芜①尽处。

漫凝伫。曾记那时携手,试莺②帘户。西山绿到而今,为谁唤起,眉边怨语。

秋病不禁游事，文鸳耽□③，愁鸾慵舞。何况酒醒天涯，风景非故。银屏子夜，吟老销魂句。休重问、湘皋欢影，吴廊香步④。月带箫声去。伤高暗结，千丝恨绪。还似垂杨缕。红泪湿重重，灯纱笼雨。兰宵伴客，寒衾残絮。

[注释]

①平芜：草木丛生的平旷原野。

②试莺：指唐代女诗人晁采。晁采，小字试莺。少与邻生文茂约为伉俪，时相互寄诗传情。

③原刊此处字迹漫漶，仅能辨识出口字框。

④吴廊香步：《吴郡志·古迹》载："响屟廊，在灵岩山寺。相传吴王令西施辈步屟，廊虚而响，故名。"响屟廊，亦名响屦廊。

踏莎行

孙尔安①小照

残月明湖，荒烟画院。当初只是寻常见。双成宅畔又逢君，沧桑愁压吴船满。

白雪诗香，青毡梦暖。镜中颜色何曾变。东风万一许相干，休教吹皱观河面。

[注释]

①孙尔安：生卒年不详，字嗣熊，号和卿。浙江定海人。著有《银币制造之概要》一卷、《币制稿编》十二卷。

甘草子

将暮。扑面香尘,灯影迷琼户。昨夜段家桥①,今日吴松路。

若过那时联床处,且莫把、长途轻数。一自登车别君去。便悄无风雨。

[注释]

①段家桥:西湖断桥,最早叫段家桥,今位于白堤东端。宋赵汝茪《梦江南》词:"昨梦醉来骑白鹿,满湖春水段家桥。濯发听吹箫。"

虞美人

题余十眉①《寄心琐语》

当年双桨鸳湖路。一片烟和雨。画帘才放又黄昏。不见玉妆台畔、改诗人。

乌丝密字重重写。红泪珍珠下。莫将沉醉怨东风。地久天长、何处不相逢。

[注释]

①余十眉(1885～1960):名其锵,号秋槎,字十眉,以字行,浙江嘉善西塘镇人。自幼遍览经史,酷嗜辞章之学。清光绪三十年

(1904)县试中秀才后,不求仕进,改入浙江两级师范学校。毕业后,历任上海南洋女校、爱国女校、竞雄女校、省立嘉兴中学及嘉善县立高小、陶庄小学等校教师。南社成员,亦加入新南社,任书记处书记。著有《寄心琐语》《壬戌诗选》《楚辞新义》《灵芬馆集笺注》。

临江仙

八月徐园①雅集

铜辇秋衾温昨梦,软尘红煞香街。相逢无恙又天涯。十千论酒价②,百一数诗牌。

底事江南忘不得,个人西北偏佳。尊前可惜损风怀。吟成归去晚,残月恋空阶。

[注释]

①徐园:此指上海徐园。1857年,浙籍富商徐鸿达在上海闸北天潼路开设徐园,向社会开放。1909年,徐鸿达之子昆曲家徐凌云将徐园搬迁到康脑脱路(今康定路)。园内景点众多,并时常举办文艺活动,是文人雅集的重要场所之一。

②十千句:唐诗中多有酒价十千之语。如唐李白《行路难》其一:"金樽清酒斗十千,玉盘珍羞直万钱。"王维《少年行》其一:"新丰美酒斗十千,咸阳游侠多少年。"

点绛唇①

用觉翁韵

回首空城,水香吹上湖滨路。暮鸦啼树。可是双栖处。

杨柳当门,苦苦催人去。春愁贮。暗黄千缕。不抵风中絮。

[注释]

①上九十四首词录自《南社丛刻》卷7,第二十集,1917年7月出版。

齐天乐①

辽后妆台,国初诸老多赋此调,效颦一解。

东风吹断前朝梦,塔铃悄闻私语。孤燕辞巢,双虹卧水,犹想翠华行处。萧娘老去,渐剩黛零铅,暗销尘土。只有西山,对人犹展旧眉妩。

十香谁记恨事,素波吹不起,一镜凉雨。璧月秋圆,莲衣晚坠,作弄离宫朝②暮。凝情吊古,已换却回心,斗芳门户。坐暝层台,隔城归姹女。

[注释]

①本词亦见前录《南社丛刻》卷5,第十六集。亦见于《俭德储

蓄会月刊》,1920年第一卷第1期,署名"淳安邵瑞彭次公",词题为"辽后妆台"。

②朝:原刊作"晁",后出作此意者径改不注。

采桑子①

倾城一顾怜②秋去,露粉飘残。软玉波宽。水殿闻箫独惘然。

娇蟾依旧珊珊影③,茶梦成烟。今夕何年。珠箔银灯特地寒。

[注释]

①本词亦见于《音乐杂志》,1920年第一卷第三号;《国学丛刊》,1923年第一卷第3期;《国闻周报》,1927年第四卷第26期,词牌作"罗敷艳歌"。

②怜:《国闻周报》作"惊"。

③影:《国闻周报》作"下"。

清平乐

旧携手地。欲住浑无计。一片流花桥下水。漂尽离人清泪。

高楼望断王孙。轻莎绿到朱门。寄语辞巢双燕,为侬珍重黄昏。

三姝媚

姑蔑①舟次赠人

啼鹃声正苦。荡微波兰桡,绀泥沉絮。梦月窥棂,又镜奁斜掩,小眉愁妩。断续春吭,弹泪入、黄梅残雨。回首华年,第一倾城,醉魂轻误。

莫赋吴娘②哀句。怕夜玉红凋,隔江柔舻。渍粉娥妆,付翠翘③双颤,偎烟凉鹭。刻骨难销,浑不是、今宵凄语。怅望瑶笙消息,香尘软处。

[注释]

①姑蔑:一指春秋越地,即今浙江衢州市东龙游镇。《左传·哀公十三年》:"弥庸见姑蔑之旗。"又作"姑末"。为越国西界。《吴越春秋》:勾践之地"南至于姑末",即此。一指春秋鲁地,在今山东泗水县东。《左传·定公十二年》:鲁人伐费,"败诸姑蔑",即此。亦简称"蔑"或"昧"。此当指春秋越地。

②吴娘:指古代歌妓吴二娘。唐白居易《寄殷协律》诗:"吴娘暮雨萧萧曲,自别江南更不闻。"白诗自注:"江南吴二娘曲词云:'暮雨萧萧郎不归。'"

③翠翘:古代女性首饰的一种。状似翠鸟尾上的长羽,故名。唐韦应物《长安道》诗:"丽人绮阁情飘飘,头上鸳钗双翠翘。"

玲珑四犯①

杭州秋别

瑟柱记年,帘衣分影,出门一笑如此。露华零乱处,转眼哀筎里。玉珰旧情漫寄。怕②啼乌、背人惊起。浪卷空城③,月明遥夜,残绪渺难理④。

西湖好,销金地。只沉云梦冷,谁为楼倚⑤。野风吹不到,坠叶渲秋泪。薋花够写江南怨,又回入、阑干千里。银烛底。羞重照、漂⑥香暮水。

[注释]

①本词亦见于《小说月报》,1918年第九卷第九号,词牌作"醽珑四犯"。

②怕:《小说月报》作"又"。

③浪卷空城:《小说月报》作"潮打孤城"。

④渺难理:《小说月报》作"仗谁理"。

⑤只沉句:《小说月报》作"怅楼依燕老,舟为鸳避"。

⑥漂:《小说月报》作"飘"。

向湖边①

和樊山翁论词之作

稚羽栖烟,连钱②嘶晚,望里翠微如雾。路入西城,款倚门娇树。正好春、临水试证,当花簪胜③,指与暗香新句。拍遍红牙④,信文章有据。

倦旅瓠棱,未惜流光误。将芍药泪点,销寻常儿女。故国灵芬,仗词仙深护。遣东风长⑤作兰荃主。休惆怅、瑶轸玉箫吟绪苦。绕砌茶痕,是一丝心炷。

[注释]

①本词亦见于《俭德储蓄会月刊》,1920 年第一卷第 1 期。

②连钱:"连钱骢"之省称,马名。《尔雅·释畜》:"青骊驎骃"。晋郭璞注:"色有深浅,班驳隐粼,今之连钱骢。"

③胜:人胜。饰品名,以人日为之,又像人形,故称。《初学记》卷四引南朝梁宗懔《荆楚岁时记》:"正月七月为人日,以七种菜为羹,剪彩为人,或镂金簿为人,以贴屏风,亦戴之头鬓。"唐温庭筠《菩萨蛮》词:"藕丝秋色浅。人胜参差剪。"

④红牙:古代乐器名。调节乐器节拍的拍板,以檀木制成,色红,故称。亦泛指檀木做的乐器。

⑤长:《俭德储蓄会月刊》作"常"。

浣溪沙

似水芳华阅暮朝。当时人意怨春宵。断无闲泪浣鲛绡。

荷叶有丝难作镜,柳花如梦易随潮。年年风雨误归桡。

过秦楼①

　　雨濯残芜,月沉高树,夜色远开荒甸。愁笺照水,怨笛呼风,此意故人②能见。肠断岁晚殊乡,啼湿罗衣,不关纨扇。系流光一羽,玉京秋冷,鬓霜新③染。

　　还记得、路隔吴波,情连越嶂,渐改旧时池馆④。雅翻坏堞,蚕语空墙,匜⑤地软尘千变。长恨年年,未堪灯烬红莲,更催银箭⑥。只危亭倚罢,零乱天涯病眼。

[注释]

①本词亦见于《小说月报》,1919年第十卷第八号。

②故人:《小说月报》作"旧人"。

③新:《小说月报》作"偷"。

④旧时池馆:《小说月报》作"那时庭院"。

⑤匜:《小说月报》作"扑"。

⑥银箭:指银饰的标记时刻以计时的漏箭。隋江总《杂曲》之三:"鲸灯落花殊未尽,虬水银箭莫相催。"

少年游慢①

　　　夜坐和安陆②韵

　　烟林升夜月。细雨敲窗乍歇。罗簟无尘,银屏如水,浮瑶阙。梦老莼丝③滑,斗转啼螀发。望远情伤,故人却换新节。

半榻微云彻。还念胡雏西窟。驿路余花,江边残笛,萦愁骨。更断衰灯小,杵急寥天阔。少壮情怀,惊心黑头成雪。

[注释]

①本词亦见于《音乐杂志》,1920年第一卷第四号。

②安陆:张先。张先(990~1078),字子野。吴兴(今浙江省湖州市)人。曾知安陆,故人称"张安陆"。今传《安陆词》,又名《张子野词》。

③莼丝:莼菜。多年生水生宿根草本植物。性喜温暖,适宜于清水池生长。莼菜具有药食两用的保健作用,口感圆融、鲜美滑嫩,为珍贵蔬菜之一。主产于中国浙江、江苏两省太湖流域和湖北省,4月下旬至10月下旬采摘带有卷叶的嫩梢食用。又名马蹄菜、湖菜等。宋苏轼《送刘攽卒海陵》诗:"秋风昨夜入庭树,莼丝未老君先去。"

惜红衣

和孟符①用白石均②

水殿秋歌,朱楼夜约,暮年心力。泪语惊弦沉云碧。南花素脸,知易负、平阳孤客③。荒寂。残梦醒时,觉疏钟初息。

铜驼绮陌。匝地西风,狂尘未堪籍。捐珰④旧恨帝国。限南北。⑤咫尺杜韦天近,莫傍古城行历。问几家双照,今夕月华颜色。

[注释]

①孟符:李岳瑞。李岳瑞(1862～1927),字孟符,号春冰。陕西咸阳人。光绪九年(1883)进士,官至翰林院编修、工部员外郎、总理衙门章京。至民国,为商务印书馆编辑、清史馆编修。撰有《春冰室野乘》《郢云词集》《评注〈国史读本〉》和《悔逸斋笔乘》。

②按,《全宋词》录姜夔《惜红衣》词:"簟枕邀凉,琴书换日,睡余无力。细洒冰泉,并刀破甘碧。墙头唤酒,谁问讯、城南诗客。岑寂。高柳晚蝉,说西风消息。 虹梁水陌。鱼浪吹香,红衣半狼藉。维舟试望故国。渺天北。可惜渚边沙外,不共美人游历。问甚时同赋,三十六陂秋色。"与《词谱》所录姜词字词稍有不同,律亦不同,上阕第二句"日"字不入韵。《词谱》录姜词上阕计十句,六仄韵,韵脚分别为"日""力""碧""客""寂""息"。李岳瑞《惜红衣》词:"络纬虚堂,哀蝉坠叶,枉抛心力。一树无情,悽然怨凝碧。新愁黯黯,闻也到、鸥边狂客。沉寂。斟酌九秋,断姮娥音息。 鹃声紫陌。寥落宫花,玉容泪痕藉。霜前白雁恋国。斗依北。为问故家亭馆,更待几回游历。奈误人多矣,江上六朝山色。"较《词谱》载姜词上阕少一"日"韵。邵词和李词之作亦少此韵。另,邵词八十六字,或为刊刻失误,存疑。

③平阳孤客:即平阳客。语本汉马融《长笛赋序》:"融既博览典雅,精核数术,又性好音律,能鼓琴吹笛,而为督邮无留事,独卧郿平阳坞中。有洛客舍逆旅,吹笛为气出精列相和。融去京师逾年,暂闻甚悲而乐之,……作《长笛赋》。"后因以"平阳客"指马融,或为客居外地、思念京都的事典。

④捐珰:汉刘向《列仙传·江妃二女》:"江妃二女者,不知何所人也。出游于江汉之湄,逢郑交甫,见而悦之,不知其神人也。谓

其仆曰:'我欲下请其佩。'……(二女)遂手解佩与交甫,交甫悦,受而怀之,中当心,趋去数十步,视佩,空怀无佩。顾二女,忽然不见。"珰,耳珠,又称珠珰。

⑤捐珰二句:原刊句读为:"捐珰旧恨,帝国限南北。"本词为和作,姑依原作断之。夏承焘《姜白石词编年笺校》(上海古籍出版社1981年版)姜词此处作"维舟试望,故国眇天北。"录此备考。

绮寮怨

和樊山翁水榭纳凉

雨过遥青如镜,柳丝偎翠烟。傍几曲、照水回廊,游鳞少、暗戏清涟。逢迎词仙杖笠,吟情好、玉笛惊万山。该对花、细说孤欢。香风起、乱丝迷钓船。

汉殿漫怀丽娟。明妆顾步①,牵裳自唱秋莲。旧月催圆。费凝思、锦机边。神雅未辞残社,想帝子、镇相怜。晴晖半天。高松泫晓露、人澹然。

[注释]

①顾步:徘徊自顾,回首缓行。

曲玉管①

悲思

倚水楼孤,辞秋叶老,荒城鼓角星河动。目断参差宫阙,都在愁中。好朦胧。

婉晚年芳,凄凉人语,拍天滚滚江流涌。万事无凭,那许着意从容。恨谁同。

便有心情,只销与、残春一梦,尽教诉尽缠绵,依然老泪西风。满长空。念年平生悲感,惨淡相如词赋,②屈原芳草,永夕相思,不到惊鸿。

[注释]

①上十二首词录自《南社丛刻》卷 8,第二十一集,1919 年 12 月出版。

②念年二句:原刊句读为"念年平生悲感惨淡,相如词赋",于律不合,且多一字,疑"年"字衍。

菩萨蛮

回波不驻惊鸿影。羊车①泪湿蘼芜冷。眉月夜沉沉。西山天扩青。

春明门外路。有梦无寻处。燕草碧如丝。愁心付阿谁。

[注释]

①羊车:《晋书》卷三十一《列传第一·后妃上·胡贵嫔》:"(武帝)并宠者甚众,帝莫知所适,常乘羊车,恣其所之,至便宴寝。宫人乃取竹叶插户,以盐汁洒地,而引帝车。"《南史》卷十一《列传第一·后妃传上·潘淑妃》亦载此事,以之为晋文帝宠妃潘淑妃事。

后常以羊车降临表示宫人得宠;不见羊车表示宫怨。

烛影摇红

寒夜联句叠前韵

春路迷云,①晕湖莲脸疑中酒。禁愁无那近黄昏,②罗袂叉双手。③断梦巫山赚瘦。④倚天寒、幽篁旧亩。东栏立遍,⑤系马谁家,柳阴期候。⑥

带雨啼妆,馨香自折宜三嗅。⑦莼波归桨系刀坏,曲里羞蛾斗。⑧嫩约浮沉怨合。病相如、赋情漫负。⑨相思知未半,枕重偎,簪梅如豆。⑩

[注释]

①原注:次公。

②原注:剑华。编者注:剑华即俞锷。俞锷(1886~1936),原名侧,字则人,号剑华,一作建华,别署老剑、一粟、懒残、江东老虬、太仓一剑、高阳旧酒徒。江苏太仓人。南社社员。著有《翩鸿记传奇》。

③原注:次公。

④原注:剑华。

⑤原注:次公。

⑥原注:剑华。

⑦原注:次公。编者注:三嗅,典出《论语·乡党》:"(孔子)曰:'山梁雌雉,时哉,时哉!'子路共之,三嗅而作。"邢昺疏:"此记孔子感物而叹也。……嗅,谓鼻歆其气。作,起也。孔子行于山梁,见

雌雉饮得其所,故叹曰:'此山梁雌雉,得其时哉!'而人不得其时也。子路失指,以为夫子云时哉者,言是时物也,故取而共具之。孔子以非己本意,义不苟食,又不可逆子路之情,故但三嗅而其气而起也。""三嗅"即面对食物多次闻味而不吃。后因以"三嗅"谓不得其时而不求仕进。唐杜甫《秋雨叹》诗其一:"堂上书生空白头,临风三嗅馨香泣。"

⑧原注:剑华。编者注:刀环,"还归"之隐语。典出《汉书》卷五十四《李广苏建传第二十四·李陵》:"立政等见陵,未得私语,即目视陵,而数数自循其刀环,握其足,阴谕之,言可还归汉也。"环、还同音,后因以"刀环"为"还归"的隐语。羞蛾,形容女子美丽的眉毛。蛾,指蛾眉。

⑨原注:次公。

⑩原注:剑华。

氐州第一

风色江头,留恋未久,争如鬓点催老。废楫横沙,寒灯照梦,禁得浮生潦倒。残蓼疏蒲里,尚记当年游钓。水落渔梁,山围故国,夜深鸡晓。

几载关河吟兴好。又谁见、尊前怀抱。野渡人稀,前村雨细,识旧家秋早。渺天涯、鸿雁远,浮云外、音书不到。莫向明朝,料阴晴、繁星渐少。

黄鹂绕碧树

十三日游可园①为展上巳之会

金勒城西路,垂杨十里,去年曾见。几度清游,又琼枝换色,暖尘遮面。乳莺未醒,有谁管、春深浅②。须记取、上巳匆匆,负了芳期能展。

惨碧流波似箭。数襟痕、旧愁难浣。夕阳外、指荒烟废塔,犹认离苑。暗省畏吾故事③,向那及、渔樵贱。花时最好重来,万红同看。

[注释]

①可园:中国古典园林名,现称为可园的园林共有三处,分别位于江苏苏州、广东东莞和北京。此为北京可园,位于东城区帽儿胡同7号、9号,是晚清大学士文煜宅第的花园。

②有谁管句:疑本句脱一字,《扬荷集》作"与谁较、春深春浅"。

③畏吾故事:指清咸同年间回民起义之事。畏吾,即"维吾尔"记音。

洞仙歌①

小楼红处,想浮云依旧。无数垂杨比人瘦。怪残宵灯火、赚取春愁,浑不是、当日相逢时候。

阑干休再倚,雨横风狂,禁得思量几回又。芳草满天涯,说与芳期,莫过了、乱莺啼后。听何处、疏钟下高楼,问似水华年,那人知否。

[注释]

①词牌原作"洞山歌",当误。

小重山①

残冬和白石

街鼓无声雪霁时。罗屏残梦远,皱春漪。隔年闲恨有花知。江南好,临水忽思归。

琼苑旧情非。何堪银烛背,话依依。晚来娇鸟为人啼。愁千斛,还绕玉交枝。

[注释]

①本词亦见于《小说月报》,1919年第十卷第五号。

蓦山溪①

夕过天坛

荒郊萑苇,似恋烟波趣。旧客怨新秋,换当年、鸾旗玉辂。甘泉②废甃,谁认羽阳宫③,天无语。黄尘聚。渐渐灵坛暮。

长安乱叶,几度惊风雨。一水隔高楼,送流光、缓歌曼舞。牛羊野草,凝想碧云深,啼雁④苦。苍鳞怒。极目成幽阻。

[注释]

①本词亦见于《铁路协会会报》,1920年第98期,词牌作"暮山豁(当为'溪'之误)",词题作"晚过天坛";亦见于该报1926年第160~162期,改动较大,见后录。

②甘泉:指甘泉宫。故址在今陕西淳化西北甘泉山。本秦宫,汉武帝增筑扩建,在此朝诸侯王,飨外国客,夏日亦作避暑之处。《三辅黄图·甘泉宫》:"一曰云阳宫,始皇二十七年作甘泉宫及前殿,筑甬道自咸阳属之。汉武帝建元中增广之。周回一十九里,中有牛首山,去长安三百里望见长安城。"

③羽阳宫:秦离宫名。秦武王时所建,位于陈仓(今陕西省宝鸡市)。

④啼雁:《铁路协会会报》作"胡雁"。

梁州令

玉蚨桥和耆卿①韵

路入花天晓。晴晖半空流照。燕台秋树莽苍苍,雕阑玉砌,回首情难了。

金茎露冷西风小,茬②苒增悲恼。百年来去承平少,昨日朱颜,今日又成老。

[注释]

①耆卿:柳永。柳永(约987~约1053),原名三变,字耆卿,中年更名为永。北宋著名词人。有《乐章集》。

②苣:原刊作"萑",误。

惜红衣①

和孟劬②

废苑鸦啼,河桥露湿,断肠今夕。梦老莼丝,南花泫离色。关山便好,凝望处、阑干愁拍。谁识。江上庚③郎,恰年来头白。

高楼锦瑟,弹泪何人,哀弦夜深急。飘灯旧路,万一水云隔。几日吟吟闲醉,不记琐窗消息。怕客情轻换,缄札④玉珰无益。

[注释]

①本词亦见于《铁路协会会报》,1926年第166~168期,署名"次公"。

②孟劬:张尔田。张尔田(1874~1945),一名采田,字孟劬,号遁庵、遁庵居士。浙江钱塘(今杭州)人。清末官刑部主事、江苏候补知府。民国时期曾任北京大学等校教授,参与纂修《清史稿》。有《史微》《玉溪生年谱会笺》《遁庵文集》《遁庵乐府》,词话《近代词人逸事》等。劬:原刊似"敏",误。

③庚:原刊作"庾",误,据《铁路协会会报》改。

④缄札:书信。唐李商隐《春雨》诗:"玉珰缄札何由达,万里云罗一雁飞。"

双头莲

和樊山翁用美成韵

日落晴岚,草涸荒岸,疲马远嘶,闲鸥未醒,咫尺帝城,几处冷红零碧。憯寒色。花下阑干,歌前眉黛,瑶瑟罢弹,罗衣倦理,仿佛个侬,目断曾相识。

画楼隔。怜此时暗里,情怀难适。塞北①尘多,水西人去,负却桂堂今夕。伤高中酒,吊古题诗,晚签又滴。好天便,有秋风,怎许俊游息。

[注释]

①北:原刊此处字迹漫漶,疑为"北"字。

双头莲①

樊山翁叠和美成,要予同作,并云周词后阕收句"但只听消息",与前阕收句"合有人相识",平仄正同,"听"字当作平音,今从之。

萼绿华②来,杜兰香③去,塘水渐低,莲房暗老,儿曲翠痕,好对远山顽碧。斗颜色。风雨无多,关河依旧,摇落露枝,悲凉戏鼓,倚陌钿车,不是新相识。

茜帷隔。知与谁共数,长秋闲适。绛蜡④残啼,紫箫⑤清怨,可惜误人连夕。天涯芳草,画里高楼,尽萦砚滴。悄难诉,两恹恹,到此成将息。

[注释]

①原刊作"前调"。本调与上阕《双头莲》词后经修改,合并为一首收入《扬荷集》。周词《全宋词》本一百零二字,《词谱》本一百零三字,虽有异,但均为双调,分片亦相同。邵作两首均为一百零三字,双调,与《词谱》本周词字数、分片相同,故依《词谱》标句读。收入《扬荷集》之词为一百零四字,三调,是邵瑞彭辨析词律后改动所致,详见后注。

②萼绿华:中国古代传说中道教仙女名。亦简称"萼绿"。南朝梁陶弘景《真诰·运象篇第一》:"萼绿华者,自云是南山人,不知是何山也。女子年可二十上下,青衣,颜色绝整,以升平三年十一月十日夜降羊权。自此往来,一月之中,辄六过来耳。云本姓杨,赠权诗一篇,并致火浣布手巾一枚,金玉条脱各一枚。条脱似指环而大,异常精好。神女语权:'君慎勿泄我,泄我则彼此获罪。'访问此人,云是九嶷山中得道女罗郁也。"后因以"萼绿华"代指人神相恋或男女相爱之事,或指仙女;以"萼绿"喻指梅花。

③杜兰香:中国古代传说中仙女名。晋干宝《搜神记》卷一载:汉时有杜兰香者,自称南康人氏,数至张硕(亦名张传)家,"可十六七,说事邈然久远,……作诗曰:'阿母处灵岳,时游云霄际。众女侍羽仪,不出墉宫外。飘轮送我来,岂复耻尘秽。从我与福俱,嫌我与祸会。'"嗣后时来时去。按,《太平广记》卷六二引前蜀杜光庭《墉城集仙录》亦记仙女杜兰香事,与《搜神记》所载稍异。唐李商隐《重过圣女祠》诗:"萼绿华来无定所,杜兰香去未移时。"

④绛蜡:红烛。宋苏轼《次韵代留别》诗:"绛蜡烧残玉斝飞,离

歌唱彻万行啼。"

⑤紫箫:箫之美称,亦称"紫玉箫""紫琼箫"。一说古有《紫玉箫》曲,因而得名。宋陈旸《乐书·俗部·石之属》:"唐咸宁中,张毅家中得紫玉箫,古有紫玉箫曲,是也。"唐杜牧《杜秋娘》诗:"金阶露新重,闲捻紫箫吹。"自注:"《晋书》:盗开凉州张骏冢,得紫玉箫。"一说因以紫竹(美称紫玉)制作,故称。

虞美人①

孙子潇②《双红豆图》为朴菴③太史题

盈盈一握相思子。恨迸吴杯起。江南回首已无春。不道画中还见、百年人。

楼台花底骄尘送。老泪荒波涌。好枝④分染夕阳红。惆怅玉笙声里、听东风。

[注释]

①本词亦见于《小说月报》,1919年第十卷第四号。

②孙子潇:孙原湘。孙原湘(1760~1829),字子潇,晚号心青,自署姑射仙人侍者。昭文(今江苏省常熟市)人。有《天真阁集》五十四卷,《外集》六卷。孙原湘钟爱"把酒祝东风,种出双红豆"之句,自署双红豆斋主人,属邵云巢绘《双红豆图》,并自题八阕《双红豆》词。

③朴菴:胡朴安。胡朴安(1879~1947),原名有忭,学名韫玉,字仲明、颂明,号朴庵。安徽泾县人。南社社员,早年加入同盟会。毕生致力于文献学、语言学研究,有《俗语典》《中国文字学史》《中

国训诂学史》《古书校读法》《校雠学》等。

④好枝:《小说月报》作"孙枝"。孙枝,从树干上长出的新枝。《太平御览》卷九五六引汉应劭《风俗通》:"梧桐生于峄山阳岩石之上,采东南孙枝为琴,声甚清雅。"《文选》嵇康《琴赋》:"乃斫孙枝,准量所任。"唐张铣注:"孙枝,侧生枝也。"《古文苑》沈约《篪》诗:"江南箫产地,妙响发孙枝。"宋章樵注:"诗言江南之地,产竹多良,可为乐器,孙枝又其特异者也。"

减字浣溪沙①

桂殿西头玉作丛。炉烟春障隔花风。了无闲梦费疏钟。

歌畔未忘人睆②晚,灯前谁讯路冥濛。天涯愁尽雪霜中。

[注释]

①本词亦见于《小说月报》,1919年第十卷第四号,词牌作"减字浣溪纱"。

②睆:原刊作"晥",当误。

南乡子①

梦断水云乡。自卷罗帏对玉缸。忆起别来沧海事,凄凉。有雨无风夜更长。

促织叫银床。凋尽秋杨叶数行。昨日经过惆怅②地,回廊。络鼓清歌正夕阳。

[注释]

①上十四首词录自《南社丛刻》卷 8,第二十二集,1923 年 12 月出版。本词亦见于《小说月报》,1919 年第十卷第四号;《铁路协会会报》,1925 年第 148～149 期。

②惆怅:《小说月报》《铁路协会会报》均作"怊怅"。

声声慢①

和樊山师

莲衣褪后,桂叶香时,秋光一例堪惜。灯火黄昏,凝思断肠秦七②。玉京软红最好,尽婵娟、商量罗袜。听水调,念琼楼夜冷,画阑愁拍。

怅触云英③心事,怕万感玄霜,泪绡偷湿。剩怨零恩,销与寻常筝笛。中仙绛霄咳唾,要扶持、蔷薇无力。有几处,扫眉人、汀翠共拾。

[注释]

①本词录自《铁路协会会报》,1920 年第 97 期"文苑",第 119 页,署名"次公"。

②秦七:秦观。秦观排行第七,故称。

③云英:仙女名。唐裴铏《传奇》载:裴航为唐长庆间秀才,游鄂渚,梦得诗:"一饮琼浆百感生,玄霜捣尽见云英。蓝桥便是神仙

宫,何必崎岖上玉清。"后路过蓝桥驿,遇见一织麻老妪,航渴甚求饮,妪呼女子云英捧一瓯水浆饮之,甘如玉液。航见云英姿容绝世,因谓欲娶此女,妪告:"昨有神仙与药一刀圭,须玉杵臼捣之。欲娶云英,须以玉杵臼为聘,为捣药百日乃可。"后裴航终于寻得月宫中玉兔用的玉杵臼,与云英结为夫妻,后二人入玉峰,成仙而去。

浣溪纱①

蔡哲夫以广州所得永寿、端平二砖②强余填词。

其 一

白盖歌残王气收。砖涂遗制为谁留?仿他步骘③与滕修④。

要把申韩⑤谈隶势,还须交广补春秋。鸡翘⑥芳草引闲愁。

其 二

颓城⑦何年委薜萝。端平残字够摩挲。素馨斜畔夕阳多。

空遣兔丝归盖海⑧,竟将牛角比山河。人间玉碗共悲歌。

[注释]

①本组词录自《铁路协会会报》,1921年第104期"文苑",第176~177页。

②砖:原刊作"塼",后出作此意者径改不注。

③步骘(?～247):字子山。临淮淮阴(今江苏淮阴西北)人。三国时期孙吴重臣。

④滕修(?～288):字显先。南阳郡西鄂县(今河南南阳)人。三国时吴国及西晋初年将领。

⑤申韩:战国时法家申不害和韩非的并称。后世以"申韩"代表法家。亦以称申韩之学。

⑥鸡翘:此指色彩名。汉史游《急就篇》卷二:"春草鸡翘凫翁濯。"颜师古注:"皆谓染彩而色似之,若今染家言鸭头绿,翠毛碧云。"

⑦墄:台阶的梯级。

⑧空谶句:《全唐诗》录《刘奚石谶》:"人人有一,山山值牛。兔丝吞骨,盖海承刘。"解者曰:"人人有一,大人也。山山,出也。值牛者,癸建汉国,岁在丑也。兔丝者,晟袭位,岁在卯也。吞骨者,灭诸弟也。越人以天水为盖海,指宋国姓也。承刘者,言受刘氏降也。"

玲珑四犯①

宋人词寒、删、先韵与监、咸、严韵时见同用,足为闭口音渐杀之征。邠正②《释讥》以艳、面、见、练为韵,知其所由来久矣。清真此词,特婉美可诵,花时怅触,依声和之。

临水夭妆,倚斗鸭阑干,曾对红艳。暗碧西园,啼损镜中双脸。惆怅迅羽年光,空记省、旧欢零乱。愿黛眉绿鬓休换,留与那时相见。

脆丸③犹待冰盘荐。问春工、为谁芳蒨④。屏山尚染焉支色,遮断幽兰眼。重话钿毂俊游,怕听取、铜龙⑤夕点。便到夜来,月照花影,湿愁难散⑥。

[注释]

①本词录自《铁路协会会报》,1921 年第 105 期"文苑",第 178 页。

②郤正(? ～278):本名郤纂,字令先。司州河南郡偃师县(今河南省偃师市)人。三国时期学者。所著《释讥》,以一问一答之形式,表明自己淡泊之心境。

③脆丸:代指青梅。梁萧纲《奉答南平王康赉朱樱》诗:"宁异梅似丸,不羡萍如日。"宋周邦彦《花犯·梅花》词:"相将见、脆丸荐酒,人正在、空江烟浪里。"

④芳蒨:芬芳鲜明貌。蒨:鲜明的样子。唐韩愈《庭楸》诗:"夜月来照之,蒨蒨自生烟。"

⑤铜龙:漏器的吐水龙头。亦借指漏壶。唐李商隐《深宫》诗:"金殿销香闭绮栊,玉壶传点咽铜龙。"

⑥毛晋汲古阁本、郑文焯校《清真集》二卷本,周词结句均作"奈又片时一阵,风雨恶,吹分散。"经考证,"奈"字衍。邵词所和,当汲古阁本或郑校本。

清平乐①

凤城西去。绿遍垂杨树。昨夜星辰今夜雨。明日晴阴难据。

玉箫金管谁家。盈盈烛暗灯斜。早识相思无益,何须肠断天涯。

[注释]

①本词录自《铁路协会会报》,1921年第106期"文苑",第177～178页。

菩萨蛮

连钱宝勒长安道。流苏一夜春风老。华月背人斜。闲庭无数花。

云窗垂手地。转①眼成回避。织札玉为珰。明河②千里长。

[注释]

①转:原刊此处漫漶,疑为"转"字。

②明河:天河,银河。唐宋之问《明河篇》诗:"明河可望不可亲,愿得乘槎一问津。"

踏莎行①

疑雨疑云,非烟非雾。江南江北山无数。故宫回首见杨花,春潮寒咽西陵渡。

网结千丝②,钗留一股。当时悔被朱颜误。不辞双泪为君垂,啼乌声里闻歌舞。

[注释]

①上两首词录自《铁路协会会报》,1921年第106期"文苑",第179页。

②网结千丝:唐李商隐《寄成都高苗二从事》诗:"莫将越客千丝网,网得西施送别人。"

忆旧游①

家伯褧太史②五十初度

正玉河水浅,紫陌花疏,北国新秋。随分琴尊,好逞松醪③初熟。闲醉丹丘④。词仙旧日吟赏,寒思在琼楼。仗金石摩挲,烟云供养,自被清愁。

杭州我曾住,拟老去从君,归狎沙汊。镜里犹玄鬓,怕苍生未忘,安石风流。蓬瀛深浅休问,暂与听吴讴。愿此会长存,年年撷笛披绮裘。

[注释]

①本词录自《铁路协会会报》,1921年第109期"文苑",第164~165页。

②伯褧太史:邵章。邵章(1872~1953),字伯褧,别署伯絅,号倬盦。仁和(今浙江杭州)人。清代著名藏书家、目录学家邵懿辰之孙。著有《倬盦诗稿》《云淙琴趣》等。

③松醪:用松肪或松花酿制的酒。唐戎昱《送张秀才之长沙》诗:"松醪能醉客,慎勿滞湘潭。"

④丹丘:元丹丘。唐李白《将进酒》诗:"岑夫子,丹丘生,将进酒,杯莫停。"王琦注:"岑夫子,即集中所称岑征君是;丹丘生,即集中所称元丹丘是,皆太白好友也。"

鹊桥仙

柔纤似水,小樱吹麝,玉盏柠檬初泻。人前也解学娇羞,却会把、罗裙偷卸。

慵拖宝髻,揉残翠帕,一颗珠灯低亚。梦回独自揽香衾,只孤馆、酒醒人话。

蝶恋花①

书所见

寂寂丁香僧院月。短巷春衫,闲却寻常褶。怪道人归刚伫立。小车如梦情如雪。

一树枯杨鸦语急。上有连蜷,何处寻雌霓②?剪取娇波归画笔。墙阴莫把鞋儿湿。

[注释]

①上两首词录自《铁路协会会报》,1923年第130~132期"文苑",第221页。

②上有句:此喻寻找伴侣。《梁书》卷三十三《列传第二十七·王筠》:"(沈)约制《郊居赋》,构思积时,犹未都毕,乃要筠示其草,

筠读至'雌霓（五激反）连蜷'，约抚掌欣抃曰：'仆尝恐人呼为霓（五鸡反）。'"连蜷：长曲貌。雌霓：即雌蜺。《尔雅注疏》卷六《释天》："螮蝀，虹也。蜺为挈贰。"晋郭璞注："蜺，雌虹也。"宋邢昺疏引《音义》云："虹双出，色鲜盛者为雄，雄曰虹。暗者为雌，雌曰蜺。"

菩萨蛮①

本　意

香蛾争共花枝瘦。蹁跹舞歇温馪②袖。绮梦不成眠。羞郎十万缠。

伤心陂上望。珮近江皋远。朱邸断经过。魂销连臂歌③。

[注释]

①本词录自《铁路协会会报》，1924年第142～144期"文苑"，第143页。

②温馪：温暖馨香。唐刘禹锡《唐侍御寄游道林岳麓二寺诗并沈中丞姚员外所和见征继作》诗："紫髯翼从红袖舞，竹风松雪香温馪。"馪：香气。

③连臂歌：交手挽臂而歌。旧题汉伶玄《赵飞燕外传》："时十月五日，宫中故事，上灵安庙，是日吹埙击鼓，连臂踏地歌《赤凤来曲》。"

临江仙①

白门本事

记得三生恩怨语,不教枫冷吴江。如何天壤有王郎②。木兰③双桨好,风雨下横塘。

豆蔻华年谁是主,匆匆老了徐娘④。浣花妆阁梦潇湘。鸳盟无赖极,莺燕许猖狂。

[注释]

①本词录自《铁路协会会报》,1925年第150~151期"文苑",第126~127页。亦见于《国闻周报》,1925年第二卷第19期,署名"邵次公",为补白。

②如何句:《晋书》卷九十六《列传第六十六·列女·王凝之妻谢氏》:"(谢道韫)初适凝之,还,甚不乐。安(谢安)曰:'王郎,逸少子,不恶,汝何恨也。'答曰:'一门叔父则有阿大、中郎,群从兄弟复有封、胡、羯、末,不意天壤之中乃有王郎!'"

③木兰:此为香木名。又名杜兰、林兰。皮似桂而香,状如楠树。明李时珍《本草纲目·木一·木兰》:"木兰枝叶俱疏,其花内白外紫,亦有四季开者,深山生者尤大,可以为舟。"后因以"兰桨"代指船。

④徐娘:唐李延寿《南史》卷十二《后妃下·元帝徐妃》:"元帝徐妃讳昭佩,东海郯人也。……妃无容质,不见礼,帝三二年一入房。……帝左右暨季江有姿容,又与淫通。季江每叹曰:'柏直狗虽老犹能猎,萧溧阳马虽老犹骏,徐娘虽老犹尚多情。'"

新雁过妆楼①

丁巳秋前,上海倡楼听歌,彊村老人拈此调,作者七人。

弄景吴鬟。梁尘起、春心自托啼鹃②。夜凉如水,无限玉笛关山。未必婵娟知此恨,为谁暗里减朱颜。尽堪怜。断肠故国,双泪君前。

江南花开劝折,听渭城换叠,倚遍阑干。拌他沉醉,天上万一胜寒。当歌翠尊易竭,问明月何时依旧圆。行云散,又钿蝉金雁,零落人间。

[注释]

①本词录自《铁路协会会报》,1925年第154~155期"文苑",第119~120页。

②鹃:原刊作"鹊",误,据《扬荷集》改。

菩萨蛮①

其 一

盘龙镜里娇尘起。桃花染遍东流水。持泪问春寒。人生相见难。

玉阶朝复暮。千骑东方去。此意总成虚。还君明月珠。

其 二

高楼鸲鹆②长安道。葳蕤深镇蛾眉老。吹过五更风。画堂春梦浓。

笙歌开别院。燕子时相见。河水送春潮。靥红从此销。

其 三

汉宫秋冷仙娥下。玉笙吹彻初长夜。万户月昽明。有人眠未成。

画阑双桂树。仙掌③夫容露。朱鸟不归来。绮窗红扇开。

其 四

章台街上纤纤柳。宝钗楼上纤纤手。街卜少行人。攀条持赠君。

赠君杨柳色。报以双飞翼。比翼各天涯。柳条吹暮花。

其 五

西陵松柏风吹雨。铜台白日闻歌舞。香冷穗帷深。新禽啼故林。

六宫谁第一。倾国倾城色。不见洛川神。袜罗生暗尘。

其 六

燕池花落青春晚。凤皇飞去箫声远。侍女贴宫黄。回身罗带长。

铜龙催夕漏。斗帐东风皱。骢马不闻嘶。珠帘寂寞垂。

其 七

鸡翘春草凫翁濯。秦桑三月枝枝绿。织锦几时成。秋风蜻蛚④鸣。

鹿卢⑤千百转。井上蛛丝短。谁唱鹿卢歌。玉绳低曙河⑥。

其 八

湘灵鼓瑟无人听。洞庭木落秋风冷。何处寄明珰。微波千里长。

暮云生极浦⑦。日日神灵雨。回首见巫山。夜深幽梦残。

其 九

西江月落啼乌⑧起。吴王沉醉深宫里。弦管不关愁。宫门梧叶秋。

五湖双画桨⑨。越客千丝网。桃李可怜春。浣纱何处人。

其 十

江南莲叶田田小。采莲人唱江南好。秋思满黄螺。涉江风露多。

鸳鸯眠柱渚。叠舸凌波去。游子惜红衣。夜凉垂手归。

其十一

虹梁⑩陌上车如水。青丝白马谁家子。解道惜朱颜。不知行路难。

锦屏红蜡烛,花底移寒玉。挥手弄箜篌。月明纤两头。

其十二

年年怊怅秦楼别。梦回又过清秋节。岁暮憺忘归。云罗无雁飞。

远山青历历。芳草春风色。芳草映征袍。马蹄前度骄。

[注释]

①本组词录自《铁路协会会报》,1925年第154~155期"文苑",第121~122页。

②䳛鹊:此当指䳛鹊观。 说为汉甘泉苑别观。《三辅黄图》卷四记甘泉苑有䳛鹊观。《汉书》卷五十七上《司马相如传第二十七上》:"蹶石关,历封峦,过䳛鹊,望露寒。"张揖注:"此四观武帝建元中作,在云阳甘泉宫外。"一说为南朝宫中楼观名,即䳛鹊楼,故

址在今江苏南京市。唐李白《月夜金陵怀古》诗："台倾鸤鹊观,宫没凤凰楼。"

③仙掌:铜制的仙人手掌。汉武帝为求仙,在建章宫神明台上造铜仙人,舒掌捧铜盘玉杯,以承接天上的仙露,后称承露金人为仙掌。亦称"金掌"。

④蜻蛚:蟋蟀。

⑤鹿卢:即辘轳。

⑥曙河:拂晓的银河。南朝陈后主《有所思》诗之三:"团团落日树,耿耿曙河天。"

⑦极浦:遥远的水滨。《楚辞·九歌·湘君》:"望涔阳兮极浦,横大江兮扬灵。"王逸注:"极,远也;浦,水涯也。"

⑧乌:原刊作"鸟",误。

⑨桨:原刊作"浆",误。

⑩虹梁:拱桥。后蜀何光远《鉴诫录·高僧谕》:"双飞碧水头,对语虹梁畔。"

菩萨蛮①

题画美人

其 一

秦台有女颜如玉。月明遥夜吹寒竹。丹凤下瑶阶。碧天烟雾开。

素纨裁②小扇。画里秦台远。汉殿起西风。有人秋泪红。

其 二

玉阶白露侵罗袜。水精帘外悬秋月。花露断昭阳。惊鸦啼洞房。

绣裯连理树。宝枕乘鸾女。蟢子为谁飞。夜深裙带垂。

其 三

丹鸡夜舞青铜冷③。天吴④紫凤⑤飘愁影。出塞玉骊嘶。严霜闻倒飞。

封侯春梦晓。貂锦埋荒草。莫唱大刀头⑥。白狼河⑦水流。

其 四

虹梁陌上车如水。青丝白马谁家子。桦烛⑧锦围屏。鸥弦⑨铁骑声。

美人幺凤舞⑩。争唱公无渡。门外是长安。可怜行路难。

其 五

瑶堂兰夕垂灯绿。诃环宝珞飞香縠。促拍舞郎当。大容花一双。

碧螺红马瑙⑪。粉面偎龙缟⑫。海水向西流。黄姑天上愁。

其 六

玉关羌笛秦时月。胡姬对镜羞春雪。入塞控明驼。鸾弓金凤靴。

麝尘随步起。泪泼蒲陶⑬紫。黄鹄下深宫。琵琶幽恨同。

其 七

香灯半掩芙蓉帐。枕函⑭双笑偎相向。紫玉愿为烟。吹箫残月天。

麝薰微度早。非雾非花好。鸦鬟弹金钗。相思休便灰。

其 八

蛮江豆蔻生三月。北人采采伤离别。春水碧连天。天涯音信难。

海深鲛女怨。泪湿红绡满。何不采明珠。缄珰持赠渠。

其 九

樱桃花压云窗热。妖鬟倭髻弹金屑。切切四弦哀。晓风湖上来。

朱霞匀素面。柳叶春如揃。日日苦登墙。东邻飞燕忙。

[注释]

①原刊词题作"前调十阕",前作词牌为"菩萨蛮",词题为"题画美人"。本组词九阕,或为刊刻失误。

②裁:原刊作"栽",当误。

③丹鸡句:南朝宋刘敬叔《异苑》卷三:"山鸡爱其毛羽,映水则舞。魏武时南方献之,帝欲其鸣舞而无由。公子苍舒令置大镜其前,鸡鉴形而舞,不知止,遂乏死。"

④天吴:水神名。《山海经》卷九《海外东经》:"朝阳之谷,神曰天吴,是为水伯。……其为兽也八首人面,八足八尾,皆青黄。"《山海经》卷十四《大荒东经》:"有神人,八首人面,虎身十尾,名曰天吴。"

⑤紫凤:传说中的神鸟。亦指衣上所绣花纹。唐杜甫《北征》诗:"天吴及紫凤,颠倒在裋褐。"

⑥大刀头:"还"之隐语。同"刀环"。《玉台新咏·古绝句》:"藁砧今何在?山上复有山。何当大刀头?破镜飞上天。"唐吴兢《乐府古题要解》:"'藁砧今何在',藁砧,跌也,问夫何处也。'山上复有山',重山为'出'字,言夫不在也。'何当大刀头',刀头有环,问夫何时当还也。'破镜飞上天',言月半当还也。"

⑦白狼河:古水名。即今辽宁大凌河,因发源于白狼山而得名。

⑧桦烛:用桦木皮卷成的烛。此泛指烛。

⑨鹍弦:用鹍鸡筋做的琵琶弦。鹍鸡,水鸟名。《汉书》卷五十七上《司马相如传第二十七上》:"蔺玄鹤,乱昆鸡。"张揖汪:"昆鸡似鹤,黄白色。"唐段安节《乐府杂录·琵琶》:"开元中有贺怀智,其乐器以石为槽,鹍鸡筋作弦,用铁拨弹之。"

⑩幺凤舞:舞名。明焦竑《焦氏类林》引《洛阳伽蓝记》:"王有

二姬,一名修容,一名艳姿,并蛾眉皓齿,洁貌倾城。修容能为《绿水歌》,艳姿善《幺凤舞》,并爱倾后室,宠冠诸姬。"

⑪马瑙:即玛瑙。

⑫龙绡:袜名。唐牛僧孺《玄怪录》卷三载:"有巴邛人,不知姓名,家有橘园。因霜后,诸橘尽收,余有两大橘,如三斗盎。巴人异之,即令攀橘下,轻重亦如常橘。剖开,每橘有二老叟,鬓眉皤然,肌体红润,皆相对象戏,……相与决赌。决赌讫,一叟曰:'君输我海上龙王第七女髪发十两,……阿母女态盈娘子跻虚龙绡袜八緉,后日于王先生青城草堂还我耳。'"

⑬蒲陶:即葡萄。

⑭枕函:中间可以藏物的枕头。此泛指枕头。

相见欢

西楼惊雁飞还。锦书残。昨夜何人猎火、照南山。
千万里。错相倚。玉阑干。回首江南不见、见长安。

曲玉管

金陵怀古,乙丑仲冬在京师作。

蒋阜①青山,秦淮碧水,游人苦忆江南好。十里垂杨城郭,空打寒潮。尽魂销。

野草花开,琼枝歌冷,月明满地乌啼晓。王气潜收,只有遥夜吹箫。凤台高。

故垒斜阳,耿终古、龙蟠依旧,晚来燕子无家,都随紫盖辞巢。渺难招。感兴亡弹指,冉冉红楼春梦,白门秋雨,举目新亭,莫问前朝。

[注释]

①蒋阜:蒋山,即钟山,又名紫金山,位于南京市区东郊。汉末秣陵尉蒋子文逐贼死山下,蒋子文后被封为蒋侯,因此得名。亦作"蒋埠"。

永遇乐①

辽东怀古

惊梦莺啼,摩霜鹘奋,绝塞无际。照眼烟尘,羽书驰处,万古兴亡地。长河暮水,平沙秋草,迸入乱笳声里。甚匆匆、楼船横海,不敌破空胡骑。

玉龙吹怨,江南春尽,谁洒冰天残泪。皂帽辞家,白翎换劫,怅望英雄起。月明依旧,美人歌舞,渺渺荷花十里。东风传、桃根寸札,鹤归能寄。

[注释]

①上十二首词录自《铁路协会会报》,1925年第156~157期"文苑",第107-109页。

六幺令

题谭篆青①《聊园填词图》

翠深池馆,吟绪销丝竹。东风暗传芳讯,岸草先春绿。惟见移宫换羽,刻意催银烛。梁尘闲簌。琼楼寒减,休唱人间可哀曲。

玄都②残梦澹薄,望远伤心目。回首岭外疏香,恨绕弹筝屋。呼取云萍倦侣,杯酒狂相属。欢娱能续。好天良夜,花底长生有人祝。

[注释]

①谭篆青:原刊作"谭青篆",误。谭祖壬,字篆青,一作篆卿、瑑卿,斋号聊园。广东南海人。著有《聊园艺谈》《聊园词》等。1925年,谭篆青在北京发起聊园词社,邵瑞彭入此社。

②玄都:此指京城。

清商怨

虚廊啼罢络纬。又玉箫吹起。远楼飘灯,凉花垂热泪。

江南千里万里。烟水深、楼为谁倚。闭了重门,关山明镜里。

采桑子①

江梅偎向愁鸾泣,花雾冥冥。浓睡初醒。明月当楼夜四更。

吴魂轻逐车轮去,银汉无声。幽怨难平。明日烟波路几程。

[注释]

①上三首词录自《铁路协会会报》,1925年第158～159期"文苑",第114～115页。

蓦山溪

夕过天坛

荒郊萑苇,久恋烟波趣。旧客又新秋,换当年、鸾旗玉辂。沉沙废瓦,犹认羽阳宫,天无语。黄尘聚。渐渐灵坛暮。

长安乱叶,几度经风雨。一水隔高楼,送流光、缓歌曼舞。江头野老,凝想不成悲,啼雁苦。苍鳞怒。极目红墙阻。

千秋岁①

碧海秋心,红墙暮色。莫向屏山觅消息。沧江信沉锦绣段,胡沙梦破参差笛。午时潮,子时月,总堪惜。

床上翠衾清泪湿。窗外钿车轻雷急。此日相逢已无益。西乌夜飞犹有语,夫容半老空成忆。意中人,眼中事,今非昔。

[注释]
①本调《词谱》作"千秋岁引"。

归国遥①

其 一

寒玉。窣地舞衣回绛②縠。绣屏花射明烛。夜深春淡薄③。

旧弦断时须续。旧欢愁不足。昨宵闲理新曲④。背人芳草绿。

其 二

金井。络纬夜啼秋露冷⑤。翠鬟歌罢慵整。凤城宫漏永。

再倚玉箫教听。意深人不省。起来⑥斜月如镜。睡浓休便醒。

其 三⑦

花漏。网户⑧夜寒围坐久。地衣随步红皱。抱琴堂下走。

镜里两眉⑨谁斗。奉觞回翠袖。舞阑歌倦时候。祝君千万寿。

[注释]

①本组词亦见于《国闻周报》,1928年第五卷第3期,署名"次公"。亦为组词,词牌作"归国谣",词题云:"乙丑冬作"。

②绛:原刊作"絳",当误。

③淡薄:《国闻周报》作"霢霂"。霢霂:小雨。

④昨宵句:《国闻周报》作"后庭私理新曲"。

⑤络纬句:唐李白《长相思》诗:"络纬秋啼金井阑,微霜凄凄簟色寒。"

⑥起来:《国闻周报》作"挂檐"。

⑦上五首词录自《铁路协会会报》,1926年第160~162期"文苑",第135~136页。

⑧网户:《楚辞·招魂》:"网户朱缀,刻方连些。"王逸注:"网户,绮文镂也;朱,丹也;缀,缘也。"朱熹《楚辞集注》:"网户者,以木为门扉,而刻为方目,使如罗网之状,即汉所谓罘罳,而桯泰之以为今之亮隔,其说是也。"姜亮夫《楚辞通故》认为以网户之网为方连,其意至当,谓网户为罘罳,则否。

⑨两眉:《国闻周报》作"黛眉"。

菩萨蛮①

其 一

东园秋老菰蒲叶。西邻梦里芳菲节。白日蟪蛄鸣。今年肠断声。

红兰凋玉露。客雁孤飞去。何日是春期。青天倚杵时。

其 二

中庭风定春无雨。杜鹃了了催人去。宝玦碧琅玕。黄衫又锦鞯。

箜篌弹不起。波浪三千里。破镜信难飞。圆菱潜夜辉。

其 三

雉媒春草抛毬乐。越绡冉冉飞金雀。网户日曛黄。马蹄花片香。

五陵年少子。沉醉春风里。红拨几声飘。翠楼垂手招。

其 四

杏花谷底窥难见。圆藁灼灼绿②波面。窈窕两花红。人心何处同。

三春连九夏。草长莺啼罢。杏子已生仁。莲房含苦辛。

其 五

晚来只是薰香坐。晓来无奈兜衾卧。江水引秋艎②。玉虹窥淡妆。

今朝携手地。昨日横波泪。灯火谢堂春。新年逢旧人。

其 六

当时悔被琼床误。人间信有神仙路。万感发幽单。云英开玉颜。

元霜能驻景。望里蓝桥近。天上重双修。裴航居上头。

[注释]

①本组词录自《铁路协会会报》,1926 年第 163~164 期"文苑",第 128~129 页。
②绿:原刊作"缘",当误。
③艎:原刊此处漫漶,疑为"艎"字。

定风波

十一月十六夜作

今夕凄风阿那边。昨宵皓月十分圆。倚户妍枝红欲笑。笑道。不成守岁怎浓眠。

城外顽尘浓似墨。难得。坐中香篆直如弦。明日晴阴今夕定。侥幸。旧人趁早过新年。

蕙兰芳引

和清真

花雾满林，野塘畔、乱飞新鹭。宿雨初收，官柳半凋旧绿。故人未老，尚暗想、月明歌屋。只梦魂不到，永夕吹残孤竹。

送日琴尊，悲秋词赋，漫问凉燠。奈江表回帆，空绕逝波万曲。危楼凝望，暗惊远目。银汉横、谁共此时幽独。

惜红衣[①]

和张孟劬

废苑鸦啼，河桥露湿，断肠今夕。梦老莼丝，南花泫离色。关山便好，凝望处、阑干愁拍。谁识。江上庾郎，恰年来头白。

高楼宝瑟，弹泪何人，哀弦夜深急。嬉春旧路，万一水云隔。几日冷吟闲醉，不问琐窗消息。怕故情轻换，缄札玉珰无益。

[注释]

①上三首词录自《铁路协会会报》,1926年第166～168期"文苑",第136～137页。

八声甘州①

题南野丈《便佳簃杂钞》②

听凤城遥夜乱鸦啼,明灯照花凉。记紫塞秋笳,红桥春柳,旧梦难忘。莫③怪兰成萧瑟,心事托繁霜。文字精灵在,虹月生光。

回首贞元人少,尽云烟过眼,犹耐思量。向危阑独倚,忍泪对斜阳。莽天涯、韩陵④无语,仗孤亭、野史系沧桑。西风里、菊腴松健,且傲羲皇⑤。

[注释]

①本词录自《铁路协会会报》,1926年第169～171期"文苑",第93页。原刊词牌作"八州甘声",当误。

②《便佳簃杂钞》:沈宗畸著,多载同、光、宣三朝掌故珍闻佚事。

③莫:原刊此处字迹漫漶,疑为"莫"字。

④韩陵:位于今河南省安阳市东北。清嘉靖《彰德府志》卷一《地理志一》:"韩陵山在县东北十七里,父老云汉韩信尝屯兵焉,故号韩陵。或曰,有冢曰韩陵,故名山也。"朱祖谋《浣溪沙·赠刘语石》词:"烟月怀人词笔瘦,江关费泪笛声多。韩陵无语奈

君何。"

⑤羲皇:即伏羲氏。

千秋岁①

效舒王②作,和仲坚。

玉马初回,冰蟾半落。扑地西风隔帘幕。花枝暗凝晓露重,罗衣倦斗秋云薄。那人家,此时节,且行乐。

依旧未忘团扇约。无奈又闻鸡声恶。咫尺③微波渺难托。当初误君鸩鸟羽④,何年报我飞龙药⑤。泰娘歌⑥,坎侯怨,思量着。

[注释]

①本词录自《铁路协会会报》,1927年第175～177期"文苑",第97页。亦见于《南金杂志》(天津),1927年第3期,为邵瑞彭手书,词末署"芸子正和　　丁卯秋瑞彭写上"。本调《词谱》作"千秋岁引"。

②舒王:王安石。王安石逝世后,被追赠为舒王。

③咫尺:《南金杂志》作"只尺"。

④鸩鸟羽:《南金杂志》作"青鸟羽"。鸩鸟:传说中的一种毒鸟。羽毛浸入酒中,即成毒酒。

⑤飞龙药:仙药名。南朝梁任昉《述异记》卷下:"湘州栖霞谷,昔有桥顺二子,于此得仙,服飞龙一丸,十年不饥。"

⑥泰娘歌:《南金杂志》作"叛儿歌"。唐刘禹锡有诗《泰娘歌》。泰娘原为民间歌妓,后归韦执谊。色艺俱佳,闻名京城。执谊死,复归蕲州刺史张愻,后流落民间。

早梅芳近

题珏庵①填词图

帘押②垂,炉烟小。瞑色生秋耗。玉尘无语,万一凌波有人到。歌沾华泪重,梦促云罗晓。听湘弦夜涩,谁信断肠好。

壮怀非,旧恨杳。隐约沧江悄。繁香扑地,付与邻莺斗芳草。意中梅子雨,眼底长杨道。够悲凉,谢堂③春又老。

[注释]

①珏庵:寿玺。寿玺,亦作寿鈢,字石工,以字行。一作石公、硕公,号珏庵、印匃、印丐、印侯、会稽山顽石、辟支尊者。浙江山阴(今浙江省绍兴市)人。著名篆刻家。曾入同照会,南社社员。有《篆刻讲义》《寿石工印稿》《墨史》《重玄琐记》《珏庵词》等。

②帘押:垂挂于帘上使之免为风动的用具,多以玉、石等制成,故又称"玉押"。宋元之际常制成蒜头状,称"银蒜"。

③谢堂:王谢之堂,代指权贵的堂庑,用唐人刘禹锡《乌衣巷》诗意。一说,指某女寓处。唐宋时多以谢娘喻妓女。

花 犯①

樱花移根日本,南国为多,予曾谱此调赋之。北都可园,植数十株。暮春三月,千红如海,辄倚树吟赏不能去。寒夜无俚,补作一解,仍倚旧调。

　　小东风、花天夜祷,狂香散如雾。乱莺啼处。凭换取迷空,仙步来去。艳阳唱断春无主。低鬟心最苦。恨咫尺、琼楼隔梦,黄昏闻细雨。

　　人间万一见惊鸿,浑闲事,只恐蛮妆成妒。尘又起,沧波瞑、怨怀谁诉。婵娟泪、照残腻水,重记省、回裾幺凤舞。怕望损、热云千叠,华年调瑟②柱。

[注释]

①上两首词录自《新中国》,1919年第一卷第3期"艺文",第255~256页,署名"次公"。

②原注:去声。

石州引

　　压枕清啼,寒到小楼,胡雁声促。高林尽日沉阴,散入隔城哀角。顽尘满地,梦断几点关山,蘅皋①回首平芜绿。秋病怯西风,却吟边人独。

　　怅触。乱云心绪,残醉流光,冻凝夜烛。锁影瑶芳,苒苒经霜孤萼。十年前事,付与湛湛江枫,寥天不返伤春目。待细诉缠绵,渺阑干千曲。

[注释]

①蘅皋:长有香草的沼泽。《文选》曹植《洛神赋》:"尔乃税驾

乎蘅皋,秣驷乎芝田。"刘良注:"蘅皋,香草之泽也。"

西 河

燕台怀古和美成均

幽州^①道,呜咽笳声吹起。长楸嘶马荡闲愁,玉河残水。乱尘狂叶耿楼台,悲歌长剑孤倚。

遍野际。翻葭苇。寂寞荆高^②乡里。兴亡回首夕阳斜,霸图谁记。故宫铜狄卧秋风,西山颦断眉际^③。

怅渺渺、难理忧思。绕滹沱、回肠如水。拌与客途沉醉。悄无言、万里平沙,夜月下孤城、销魂事。

[注释]

①幽州:古九州之一。《周礼·夏官·职方氏》:"东北曰幽州。"《尔雅·释地》:"燕曰幽州。""燕"指战国燕地,即今河北北部及辽宁一带。汉武帝时设幽州刺史部,为十三部刺史之一。东汉治所在蓟县(今北京城西南)。辖境相当于今北京市、河北北部、辽宁南部及朝鲜西北部。魏晋以后,幽州辖境日渐缩小。

②荆高:荆轲与高渐离。

③周邦彦词本句韵脚为"翠"字。

琵琶仙

雪　夜

嘶马荒城，峭风里、夜色冥濛侵毂。何处红萼吹香，清声破横竹。愁绪满、迷天乱雪，又啼损、绕盘孤烛。压酒明妆，题襟淡墨，陈梦谁续。

正凝想、缄札双珰，奈①胡羽、经秋滞江国。肠断一年春讯，在浮云西北。人易老、行吟未懒，任玉楼、渐起寒粟。只怕华发明朝，镜奁能促。

[注释]

①奈：原刊作"柰"，后出作此意者径改不注。

喜迁莺①

十月十七日倦鹤②见过，剧谈良久。

沉云芳路。小阑外、夜傍翠禽凉语。灯影飘衣，炉熏③侵幌，回首梦痕来处。碧澹女墙山色，红碎危楼枫树。峭寒起，又南花憔悴，玉京风露。

江浒。秋渐老，残叶有情④，不逐回潮去。何事天涯，蛮箫声里，还唱前溪⑤哀句。拚⑥得锦衾一醉，忘却⑦楚腰⑧前度。旧门户，怕重帘悄卷，人归偏误。

[注释]

①本词亦见于《铁路协会会报》,1921年第107期,无词序。

②倦鹤:陈世宜。陈世宜(1884～1959),字小树,号匪石,又号倦鹤。江苏南京人。现代藏书家、词学家。曾加入同盟会,南社社员。编有《旧时月色斋藏书目》,遗著有《宋词举》《声执》等。鹤,原刊作"雀"。

③炉熏:《铁路协会会报》作"炉薰"。炉:原刊作"垆(鑪)",用香炉意,故此处改作"炉"。

④有情:《铁路协会会报》作"多情"。

⑤前溪:此指古乐府吴声舞曲《前溪歌》。《乐府诗集》卷四十五《清商曲辞二·前溪歌七首》题解:"《宋书·乐志》曰:'《前溪歌》者,晋车骑将军沈玩所制。'郗昂《乐府解题》曰:'《前溪》,舞曲也。'"

⑥拌:原刊此处作"拌去","去"当为作者自注去声之意。据《小说月报》改,见后文所录。《铁路协会会报》作"拼"。

⑦却:《铁路协会会报》作"邰",为"却"之误。

⑧楚腰:《韩非子·二柄》:"楚灵王好细腰,而国中多饿人。"后因以"楚腰"泛指女子的细腰。亦借指美丽的女子。

洞仙歌①

连墙霝②粉,槭③枫根残土。过了重阳便无雨。抚穷阴天地,老病年光,秋思在、昨夜玉笙啼处。

茶香温渴梦,一晌④缠绵⑤,不是寻⑥常乱离语。何事够沾巾,门外衰兰,已稀⑦尽、欹红凉露。又隐隐⑧黄昏动轻雷,怕飘起邻家,蜡盘危炷。

[注释]

①本词亦见于《小说月报》,1918年第九卷第十二号。

②霝:降雨;落、堕。《小说月报》作"颓"。

③椒:《小说月报》作"散"。

④一晌:短暂、不久之时间。亦作"一饷"。唐韩愈《醉赠张秘书》诗:"虽得一饷乐,有如聚飞蚊。"

⑤缠绵:《小说月报》作"低回"。

⑥寻:原刊作"辱",误,据《小说月报》改。

⑦稀:《小说月报》作"晞"。

⑧隐隐:《小说月报》作"隔城"。

徵　招①

秋郊和倦鹤

秦樊②西去长安道,关河最萦愁眼。塔景翳晴空,是花③时曾见。独游人未倦。又林外、玉箫声变。灯火诗心,鹿卢归寝,暮雅啼乱④。

宛转玉河长,思微雨⑤前番,泪荷秋战。老柳换斜阳,够天涯肠断。尺波催夜箭。只残酒、劝君须满。酽寒起,半晌无风,把翠阑扪遍。

[注释]

①上六首词录自《新中国》,1919年第一卷第5期"艺文",第

219～220页。本词亦见于《小说月报》,1918年第九卷第十二号。

②秦樊:《小说月报》作"秦楼"。

③花:《小说月报》作"华"。

④灯火句:《小说月报》作"灯火诗心,鹿卢归梦,暮(莫)雅号乱。"

⑤思微雨:原刊此处作"恩毃雨",据《小说月报》改。

甘 州

裂帛湖①秋词

澹荒烟乔木下斜阳,流萤乱繁星。付沧波幻出,披香秋苑,传烛春城。一夜西风变冷,鲸甲露华腥。莫问横汾②事,南雁无声。

惟有丹棱逝水,送故宫箫鼓,沉醉催醒。问西山今日,眉黛为谁青。费年年、焉支花泪,染红衣、残粉坠寒汀。闲回首、向流尘里,共话承平。

[注释]

①裂帛湖:在澄心园(今北京市海淀区玉泉山东麓静明园)内,泉流于此汇注成湖,再由东园墙闸口流出,水势自高而下,嘶嘶作响如裂帛声,故名。池下一巨石上刻乾隆皇帝御书"裂帛湖"三字。明刘侗、于奕正《帝京景物略》卷七《玉泉山》:"去山不数武,遂湖,裂帛湖也。泉迸湖底,伏如练帛,裂而珠之,直弹湖面,涣然合于湖。……湖方数丈,水澄以鲜,深而浮色,定而荡光,数石朱碧,屑屑历历,漾沙金色,波波紫紫,一客一影,一荇一影,客无匿发,荇无

匿丝矣。"

②横汾：据《汉武故事》载，汉武帝尝巡幸河东郡，在汾水楼船上与群臣宴饮，自作《秋风辞》："秋风起兮白云飞，草木黄落兮雁南归。兰有秀兮菊有芳，怀佳人兮不能忘。泛楼船兮济汾河，横中流兮扬素波。箫鼓鸣兮发棹歌，欢乐极兮哀情多。少壮几时兮奈老何。"后因以"横汾"为典，用以称颂皇帝或其作品。汾水，黄河第二大支流，在今山西省中部。

醉翁操①

檃括② 李白《长相思》③

含烟。花繁。蟾圆。伴无眠。秋弦。蜀琴意深凭谁传。欲随春、到燕然。停更弹。鼙凤并单鸾。觉此时晚风峭寒。

夫君去后，隔断青天。忆君万里，多少迢迢旧怨。横眼波兮婵娟，幻涕涟兮流泉。日斜人未还。依依悲华年。怎奈断肠篇。待君归看明镜前。

[注释]

①上两首词录自《新中国》，1919年第一卷第7期"艺文"，第229页。

②檃括：就原有的文章、著作剪裁改写。

③《长相思》：原唐教坊曲名，后用作词调。又名《吴山青》《山渐青》《长相思令》《相思令》《青山相送迎》《双红豆》《山新青》等。因古乐府"上言长相思，下言久离别"而得名。《长相思》曲调起于南朝，

本为南朝乐府《杂曲歌辞》名,内容多写男女或友朋久别思念之情。

绮罗香

中磊①见和旧作,托兴芳菲,渺渺兮余怀也。赋此答之。

夜玉欺花,春云揣叶,当日朱楼歌酒。鲗墨②笺愁,付与银铠缄就。认南陌、油壁③围珠,忆西风、素纨辞袖。便明铜、照彻秦鬟,臂痕难觅绛纱守。

碧天长恨未了,谁信钗钿半折,相逢偏又。露咽青荷,还恐刺多伤手。裁凤尾、圆顶香销④,荡鱼鳞⑤、小眉⑥风皱。怕回潮、送尽流红,恹恹人病久。

[注释]

①中磊:白炎。白炎,生卒年不详,通州人,上海春音词社成员。

②鲗墨:即乌鲗墨。

③油壁:"油壁车"之省称。古人乘坐的一种车子。因车壁用油涂饰,故名。

④裁凤尾句:唐李商隐《无题》诗:"凤尾香罗薄几重,碧文圆顶夜深缝。"凤尾,凤凰的尾羽。此指凤尾罗,是一种织成凤尾纹理的丝织品。亦称凤文罗。《白氏六帖》:"凤文、蝉翼,并罗名。"圆顶,圆顶帐子。

⑤鱼鳞:此指水面细碎的波纹。

⑥小眉:喻初萌柳叶。宋张先《蝶恋花》词:"几叶小眉寒不展。莫唱《阳关》,真个肠先断。"

国香慢①

病鹤②赠虞山③红豆,词以谢之。

绛䃂④春疏。认东风种后,南国生初。吴宫几分斜照,曾倩花扶。记出江关哀曲,尽魂销、老去尚书。多君赠盈手,比似红儿,应换明珠。⑤

高楼听雨夜,话沧桑古艳,绿暗灯孤。腻园搓小,香粒吟瘦⑥鹦余。铸起⑦相思残泪,怕山头、怨咽蘼芜。玲珑刻成骨,不羡孙郎,描入双图⑧。

[注释]

①本词亦见于《梅社月刊》,1938 年第 11 期,词序作"病鹤词长赠虞山红豆,词以谢之。"

②病鹤:金鹤翔。金鹤翔(1864～1931),字展青、幼香,号病鹤,江苏常熟人。南社社员。为常熟虞社发起人之一,任名誉社长。也发起组织梅社。有《病鹤诗稿》《病鹤词稿》等。

③虞山:位于江苏省常熟市西北。因商周之际江南先祖虞仲(即仲雍)卒葬于此而得名。

④䃂:光彩貌。

⑤多君句:《梅社月刊》作"感君赠盈手,唤起红红,应抵明珠。"

⑥瘦:《梅社月刊》作"遍"。

⑦起:《梅社月刊》作"作"。

⑧指孙原湘《双红豆图》,事见前录《虞美人·孙子潇〈双红豆图〉为朴菴太史题》词注。

三姝媚

展孙花翁墓

夕阳湖畔路。罨余春东风,柳丝搓絮。冶碧埋愁,认翠烟低冒,断桥西堍。梦咽迷楼,传恨到、寻芳残句。夜壑吟成,只有棠梨深护①。

门外青荷开处。引艳唱谁家,画船箫鼓。暝入荒碑,问有灵词魄,怨怀知否。故国兴亡,凭付与、江南哀赋。伴取孤山红舸,栖鸳共语。

[注释]

①上阕收句于律不合,疑脱二字。

瑞龙吟①

和清真

湖滨路。还见倦柳吹绵,乱花飘树。沉沉凄碧衰红,画船恨满,吴波断处。

小延伫。依旧傍家池馆,燕辞朱户。流莺晓咽东风,怨蟾暗唤,回袅泪语。

回首十年前事,镜澜催老,愁鸾慵舞。多恐素弦,高楼人换新故。吴娘夜曲,休唱玲珑句。须闲访、东塍剩艳,西陵芳步。料理蛮笺去。怀归漫引,春蚕坠绪。茶鼎销烟缕。孤梦醒,潇潇黄梅残雨。翠帘半隔,空庭蛩絮。

[注释]

①上四首词录自《小说月报》,1918年第九卷第六号"文苑"。

梦芙蓉

西溪过茭芦庵①用梦窗均

溪云浮怨绮。漾乌篷暗引,皴尘十里。橹枝残语,声在玉箫外。梦痕成浅醉。丝风凉入孤被。倦客辞春,又啼鹃妒我,隔岸唤愁起。

依旧沧桑眼底。何处双魂,夜月摇仙佩。泪珠弹雨,销与乱红洗。冷鼋笼野翠。谁量怀古幽意。待约重来,怕芦花白了,无计问烟水。

[注释]

①茭芦庵:位于浙江杭州西溪。又名芦庵、交芦庵。始建于南宋绍兴年间,名正等院。明万历年间迁址重建,因庵建于芦苇之中,故名芦庵。明末,书法家董其昌为之题额"茭芦",称茭芦庵。历史上是文人切磋诗艺的雅集胜地。

陂塘柳①

送病鹤还虞山

正江南澡兰②时节,黄梅几阵疏雨。轻沤③圆起三生梦,愁满画船烟浦。君又去。便弹指相逢,禁否韶光误。孤帆远树。带一片离声,临平山④下,吹罢玉龙苦。

词人老,销与频年羁旅。东华红踏香土。琼楼夜堕飞鸾影,赢得沧波尊俎。凝望处。问天半巢泥,可有凌风羽。行行记取。向破寺斜阳,娥池淡月,吟我断肠句。

[注释]

①上两首词录自《小说月报》,1918年第九卷第七号"文苑"。本词亦见于《北野杂志》,1920年第一卷第2期,词牌作"买陂塘",词题作"送病鹤先生还虞山"。

②澡兰:旧俗端午日要用兰汤沐浴,唐宋时又称端午节为浴兰节。

③轻沤:浮在水面的水泡。《北野杂志》作"轻鸥"。

④临平山:在浙江省杭县东北五十四里。山前古有临平湖,山因湖名。唐置临平监于山下,后为临平镇。

绿　意

荷花生日①，赋呈沤尹②师、中磊。

莼波漾碧。引画桡弄起，堤外残笛。湿骞红鸳，凉压黄螺，屏山漫阻秋色。闲花不是人间少，要细说、瑶台消息。唤羽杯③、玉臂低传，万一苦心能识。

休唱田田旧句，老鱼梦未稳，愁戏南北。绿晓迎房，乐府千春，费尽谁家词笔。重逢鬲浦寻常事，愿莫忘、年年今日。问几时、报得君恩，夜月冷云沉黑。

[注释]

①荷花生日：旧俗嘉兴六月二十四为"荷花生日"，又称雷祖（嫘祖）生日，盛行于清乾隆及民国时期。

②沤尹：朱祖谋。朱祖谋（1857～1931），字古微，原名孝臧，字藿生，号沤尹，又号彊邨。归安（今浙江湖州）人。早岁工诗，有《玉湖跌馆诗存》，后专力于词，为"晚清四大家"之一。著有词集《彊邨语业》三卷，诗集《彊邨弃稿》一卷；编有《彊邨丛书》《湖州词征》三十卷、《国朝湖州词录》六卷。门人龙榆生又汇编《彊邨遗书》。

③羽杯：战国至魏晋时期饮酒器。多为漆木质和铜质，陶质者一般为明器。基本形制为椭圆形直口，口沿两侧各附一半月形耳，浅腹，小平底。战国时期出现，秦汉至魏晋时期盛行。又称"羽觞""耳杯"。《楚辞·招魂》："瑶浆蜜勺，实羽觞些。"王逸注："羽，翠羽也。觞，觚也。"洪兴祖《楚辞补注》："《五臣》云：'勺，和也。觞，酒器也，插羽于上。'"

霜叶飞

遥和春音①诸子天平②看叶之作

断霞迷晓。寒山路,秋心遥递林表。夜钟催梦到吴船,人傍琴台小。睇叶叶、夭魂自好。斜阳红战燕支老。想此日登临,冷艳幂霜衾,四面石径幽导。

因念倦客长安,鹿卢金井,故国慵驻凄调。为谁千里怨江南,宫里啼乌悄。怕一夕、年芳变了。西风闲背哀蝉扫。蘸泪痕、题残句,流水荒沟,奇情多少。

[注释]

①春音:春音社。词社,1915年初夏在上海成立。王蕴章《梅魂菊影室词话》载由庞树柏、陈匪石和他共同发起成立。朱祖谋为社长,成员有夏敬观、袁思亮、周庆云、王蕴章、庞树柏、陈匪石、恽毓龄、恽毓珂、徐珂、吴梅、邵瑞彭等。

②天平:天平山。在江苏省苏州市西,位于灵岩山、支硎山之间。山高顶平,多林木泉石,有一线天、白云泉、高义园、望湖台等名胜。古称白云山,又名赐山,系北宋名臣范仲淹先祖归葬之地。向以"红枫、奇石、清泉"三绝著称,是中国四大赏枫胜地之一。

渡江云

戊午秋夕,梦坡①、中磊、莼农②饮酒江楼,当歌记梦,促拍成词。

丛灯飘远榭,小园钿毂,阵阵沸流波。未堪春去久,酒罢看花,零露泣枯荷。葳蕤怨玉,又写入、回雪③双蛾。还诉将髫年心事,驻泪听吴歌。

蹉跎。尊前珠珮,画里琼楼,黯沧江一卧。知近来、西风人老,无奈秋何。林梢尚挂娟娟月,怕改却、残影山河。珍重意、长安旧陌尘多。

[注释]

①梦坡:周庆云。周庆云(1864~1934),字景星,号湘舲,别号梦坡。浙江吴兴(今湖州)南浔人。上海春音词社成员。有《梦坡词存》,另辑有《两浙词人小传》十六卷、《浔溪词征》二卷。

②莼农:王蕴章。王蕴章(1884~1942),字莼农,号西神,别署西神残客、二泉亭长、洗尘、红鹅生等。江苏无锡人。南社成员。曾主编《小说月报》《妇女杂志》等。创办正风文学院并任院长。著有《云外朱楼集》《然脂余韵》《梁溪词话》《梅魂菊影室词话》等。

③回雪:本义指雪飞舞回旋,一般用来比喻女子舞姿的轻盈优美。三国魏曹植《洛神赋》:"飘飘兮若流风之回雪。"此代指容姿优美的女性。

雪梅香①

柳阴直,轻帆叶叶下吴头②。对蛮云娇面,神光暗烛西楼。淖尾愁回野烟湿,岫眉妆挹晚风柔。梦魂恶,便拟从今,一例悲秋。

中洲。渺河许,日夜长江,可奈东流。故国莺花,几回怨极灵修。翠羽抛书叩窗槅,玉丝弹泪咽帘钩。归休也,怕有人人,天际凝眸。

[注释]

①上四首词录自《小说月报》,1918年第九卷第九号"文苑"。本期录邵词五首,《玲珑四犯》一首见前录。

②吴头:指今江西省。江西位于吴地上游,楚地下游,如首尾相衔接,故称吴头楚尾。

甘 州①

裂帛湖秋词同屺斋②

澹荒烟锦櫩下斜阳,流萤乱繁星。付沧波幻出,披香芳苑,传烛春城。一夜秋风变冷,鲸甲露华腥。莫问横汾事,南雁无声。

惟有丹棱逝水,送故宫箫鼓,沉醉催醒。问西山今日,眉黛为谁青。费年年、焉支花泪,染红衣、残粉坠回汀。辞巢燕、衔泥终古,填恨难平。

[注释]

①本词录自《小说月报》,1918年第九卷第十号"文苑"。

②𣶒斋:疑为经亨颐。"𣶒"为"渊"之异体字。经亨颐(1877～1938),字子渊,号石禅,晚号颐渊。浙江上虞人。南社社员。曾任浙江两级师范学堂(后更名浙江省立第一师范学校)教务长,1912年升任校长。有《颐园诗集》。

洞仙歌

阿靖①亡十日,词以哀之。

愁雅喧梦,又孤城寒雨。渺渺桑干背人去。算诗书家事,骨肉深情,空赚了、一片斜阳荒土。

重泉②犹此世,啼笑都难,珍重牵衣旧时语。泪眼看中原,如此江山,也值得、长眠如汝。倘修到、聪明百年身,怕芳草天涯,更无容处。

[注释]

①阿靖:邵瑞彭第二子。

②重泉:犹九泉。旧指死者所归。

高阳台①

湖　上

单舸鸳窥,孤亭鹤守,柔漪瓜蔓初生。冶翠阴移,绿杨依旧逢迎。故家金碧檀栾地,送春归、啼损流莺。甚匆匆、万感琼浆,误了云英。

斜阳不共黄昏住,付镜绡残语,回首承平。梅绽红肥,年年风雨江城。湖头便有闲歌舞,只荒波、沉怨无声。又高楼、咽泪吴杯,滴起离情。

[注释]

①本词亦见于《北野杂志》,1920年第一卷第2期,词序作"湖上索病鹤词长和"。

浣溪沙

秋　暮

其　一

岩桂无花叶自飞。素秋凉在砑罗①衣。去年江馆酒醒时。

已分孤欢成假借,强凭芳节梦支离。山南镇日雨丝丝。

其 二②

　　昨日新寒减却秋。晚香斜堕玉搔头。风吹幭幕隔西楼。

　　枕上明星来织女，坐中凄唱听空侯。天涯处处够凝眸。

[注释]

①砑罗：一种砑光的丝织品。砑，用卵形或弧形的石块碾压或摩擦皮革、布帛等，使紧实而光亮。

②上四首词录自《小说月报》，1918年第九卷第十一号"文苑"。

虞美人①

　　绕城一箭银湾水。雅背斜阳起。残秋犹在不须悲。只恐明朝飞雪、上征衣。

　　楼台照景都如梦。入夜哀筘动。浑河②南去更无山。输与澹烟乔木、占荒寒。

[注释]

①本词录自《小说月报》，1918年第九卷第十二号"文苑"。本期录邵词三首，《洞仙歌》《徵招·秋郊和倦鹤》见前录。

②浑河：辽河支流，古称辽水，又称小辽河。位于辽宁省东部，

源于清原县滚马岭,流经抚顺、沈阳等市县,在海城古城子附近纳太子河,向南流至营口市附近入辽东湾,全长415公里。

三姝媚

闇公①松阡比翼图

霜丝弹子夜。对棠梨东风,短檠孤亚。坠月侵帘,又四更环珮,素鸾来下。梦咽红兰,流恨在、吴根残画。诉起相思,黄土千年,几回鸳瓦②。

愁赋人间休写。怕只赤秋魂,泪痕还惹。第一伤心,问久长天地,判谁真假。绕榻茶烟,应忘了、华开华谢。惜取潘郎双鬓③,闲情共话。

[注释]

①闇公:丁传靖。丁传靖(1870～1930),清末民初文学家、藏书家、历史学家。字秀甫,号闇公,别号沧桑词客。丹徒(今江苏镇江)人。著有《闇公诗存》《闇公文存》《沧桑艳传奇》《霜天碧传奇》等。

②鸳瓦:即鸳鸯瓦,两两成对的瓦。

③惜取句:典出西晋潘岳《秋兴赋序》:"晋十有四年,余春秋三十有二,始见二毛。"二毛,即黑发间生白发。后以"潘鬓"喻岁月流逝而功业不就的感慨,亦作"潘岳双毛""潘郎鬓""潘鬓成霜"。

喜迁莺

沉云芳路。小阑外、夜傍翠禽凉语。灯影飘衣,炉薰侵幌,回首梦痕来处。碧澹女墙山色,红碎危楼枫树。峭寒起,又南花憔悴,玉京风露。

江浒。秋渐老,残叶多情,不逐回潮去。何事天涯,蛮箫声里,还唱前溪哀句。拌①得锦衾一醉,忘却楚腰前度。旧门户,怕重帘悄卷,人归偏误。

[注释]

①原注:去。

好事近①

寒吹送昏黄,催起半林新月。绕遍阑干何事,待梅华香发。

夜深残酒不成欢,词意最清绝。记得去年曾听,是空阶啼蛩。

[注释]

①上三首词录自《小说月报》,1919年第十卷第一号"文苑"。

莺啼序①

题莼农《十年说梦图》,用梦窗均。

南云夜摇梦影,悄残寒闭户。断鸿远、禁得怀人,暗觉衰鬓催暮。倦情满、秋词半箧,长空缥缈吴天树。怕东风吹上杨丝,又飘香絮。

回首琼浆,诉起万感,溅迷空晓雾。镇凝伫、斜日新亭,短封还费鱼素。沸重城、狂花乱叶,尽抛却、鸩媒②红缕。愿烟波、亡恙年年,共盟闲鹭。

仙乡岁月,海国阴晴,几曾悔寄旅。莫更想、一时豪俊,逝水淘尽,泪泼春潮,倒飞浓雨。夭妆劝醉,冰弦弹怨,灯前听彻轻莺曲,系双桡、恨压青溪渡。危楼送目,沉沉暝色平林,赋笔忍说吾土。

魂来塞黑,咫尺关河,认故衣练苎。念荏苒、孤衾明镜,未改朱颜,冷狄宵啼,睡龙朝舞。连娟画里,清霜愁黛,依稀门巷归旧燕,倩枯荷、擎作高堂柱。殷勤描取相思,凭热阑干,问君信否。

[注释]

①本词录自《小说月报》,1919年第十卷第二号"文苑"。

②鸩媒:《楚辞·离骚》:"吾令鸩为媒兮,鸩告余以不好。"王逸注:"鸩羽有毒,可杀人,以喻谗佞贼害人也。"后因以"鸩媒"指善用谗言害人的人。

花 犯①

樱 花

罨层楼、明霞媚晓,盈盈最多丽。倦鬟扶醉。看乱舞霓裳,仙袂重试。海潮泪迸鲛绡洗。啼莺催梦起。更写出、萼华眉黛,相思斜照里。

东风送春到人间,云涯望、负了千娇凝睇。芳讯断,沧桑艳旧惟空系。垂杨外、镜尘障暖,惆怅对、漂香长恨水。又听取、萨蛮凄响,回肠萦步绮。

[注释]

①本词录自《小说月报》,1919年第十卷第四号"文苑"。本期录邵词四首,《虞美人》《减字浣溪纱》《南乡子》三词见前录。

寿楼春①

和樊山见谢赠笺之作

乘花风晴妍。试寒珉细检,佳语连娟。小砑桑根新样,芨皮②香瘢。闲伴取,青瑶仙。要化为、豪端云烟。共夜火闻钟,矗天听雨,吟遍画檐前。

灵虬字,千余年。把银鉤暗祝,双照团栾。最称濡将螺子,写来蚕眠。封简窄,诗怀宽。怕碧浮、难酬名篇。

待更酌盈盈,钱唐玉船③潇洒泉④。

[注释]

①本词录自《小说月报》,1919年第十卷第六号"文苑",署"前调",前一首词作为樊增祥《寿楼春》词,序云:"次公集魏景明造像制笺,文曰:'樊山高寿赠笺',至日适值内子生日,赋谢嘉贶。"

②苈皮:此指纸。南朝刘宋谢灵运《山居赋》"剥苈岩椒"句自注:"苈音及,采以为纸。"

③玉船:亦称"玉酒船"。酒器名。宋陆游《即席》诗其三:"要知吾辈不凡处,一吸已干双玉船。"

④潇洒泉:古代酒名。产于严州(今浙江省建德县)。宋罗大经《鹤林玉露》卷四:"唐子西在惠州,名酒之和者曰'养生主',劲者曰'齐物论'。杨诚斋退休,名酒之和者曰'金盘露',劲者曰'椒花雨'。尝曰:'余爱椒花雨,甚于金盘露。'心盖有为也。余尝谓,与其一于和劲,孰若和劲两忘。顷在太学时,同舍以思堂春合润州北府兵厨,以庆远堂合严州潇洒泉,饮之甚佳。余曰:'不刚不柔,可以观德矣;非宽非猛,可以观政矣。'"

倦寻芳①

和孟符用梦窗韵

镜荷渍雨,炉穗②分烟,春瘦双燕。梦促香罗,犹想笑桃娇面。灵鹊才停窗外语,幺蟾还傍楼阴见。费闲愁,算冰弦易涩,玉丝难翦。

听诉尽、蘼芜清怨,一片阑干,和泪拍遍。画里关山,都付倦魂重看。金井花辞朱户晓,银河波阻瑶天远。送华年,怎禁他、夜寒人散。

[注释]

①本词录自《小说月报》,1919第十卷第七号"文苑"。

②炉穗:犹炉篆。指香炉中的烟缕。宋苏轼《待旦》诗:"龛灯蚌珠剖,炉穗玉绳袅。"

水龙吟①

题潘兰史征君《桃叶渡填词图》

依稀一角秦淮,句留②多少才人住。九曲寒流,六朝明月,十年倦旅。春事婆娑,韶华荏苒,无憀情绪。好妙写乌丝,低敲红板③,除词句,恁分付。

隐隐垂杨古渡。却教侬、徘徊凝伫。扁舟载酒,琅玡风调,魂销几度。银烛残时,铜龙悄后,曼声重作。试推篷细听,可曾唱煞、隔江商女。

[注释]

①本词录自《小说月报》,1919年第十卷第十号"文苑"。

②句留:即勾留。逗留,停留。

③红板:即红牙板。见前"红牙"注。

还京乐①

宫桥夕眺,同小树作。

画桥畔,一例平烟废绿都无主。念旧游如梦,乱云不管,斜阳西去。话建章遗事,秋心化作零铃雨。又傍晚,鸿影渐远,寒萤低度。

对层城阻。付擎霄苍翠,年年坐阅,兴亡谁省意绪。玄都燕麦无多,换人间、遍地歌鼓。倚危阑、看露湿枯香,风惊倦羽。几簇林灯发,轻尘断烟归路。

[注释]

①本词录自《小说月报》,1919年第十卷第十一号"文苑"。

夜飞鹊①

西楼②旧游地,秋露如珠。梧叶堕满前除。迢迢玉漏耿难晓,城隅啼散栖乌。寒衾未成寐,系春风杨柳,夜雨蘼芜③。征鸿便到,怕④而今、一字都无。

何况路长天远,流水自潺湲,残梦终虚。还令文园老去,江南目断,空赋愁予。佩兰暗结,遍人间⑤、孰是离居。有殷勤蜡炬,凄凉镜槛,着意踌躇。

[注释]

①本词录自《小说月报》,1920年第十一卷第一号"文苑"。亦

见于《音乐杂志》,1920年第一卷第一号,词牌作"应飞鹊"。

②西楼:《音乐杂志》作"西地"。

③蘪芜:《音乐杂志》作"靡芜"。

④怕:《音乐杂志》作"柏",当误。

⑤人间:《音乐杂志》作"天涯"。

虞美人①

与病鹤约为西溪之游

绿波春褪西湖路。梦隔啼鹃语。柳丝残絮拂吴船。心在翠云深处、拜词仙。

明朝准拟添吟料。红入灯花笑。溪边生怕见芦芽②。为说征人头白、不还家。

[注释]

①本词录自《北野杂志》,1920年第一卷第2期,署名"邵瑞彭次公",后刊词则仅署"次公"。本期录邵词三首,《高阳台》《买陂塘》见前录。

②芦芽:芦苇的芽,即芦笋。

摸鱼子

鲥①,同病鹤赋。

揃回波、蓣州歌罢,吴舠轻泛烟水。文鳞夜迸千丝网,浮入晶盘凉翠。欢笑地。伴玉箸蛮姜,春雨梨花醉。彭郎恨事,比香橘酸多,海棠香少,负了此时味②。

江乡好,回首蒲帆③七里。声声欸乃④呼起。银云圆漾跳珠活,催我西风归计。残梦里。怕月落潮平,争数青钱卖。词人老矣,愿菰米⑤加餐,橄盐医鲠⑥,长卧舵楼底。

[注释]

①鲥:鲥鱼。背黑绿色,鳞下多脂肪,是名贵的食用鱼。鲥鱼是溯河产卵的洄游性鱼类,因每年定时初夏时入江,其他时间不出现,故得名。产于中国长江下游,以当涂至采石一带横江鲥鱼味道最佳,素誉为江南水中珍品,古为纳贡之物,为中国珍稀名贵鱼类。

②彭郎句:典出宋释惠洪《冷斋夜话》卷九"刘渊才迂阔好怪"条:"(渊才)又尝曰:'吾平生无所恨,所恨者五事耳。'人问其故,……乃答曰:'第一恨鲥鱼多骨,第二恨金橘太酸,第三恨莼菜性冷,第四恨海棠无香,第五恨曾子固不能作诗。'"刘渊才,一作彭渊才。

③蒲帆:以蒲草编织而成之船帆。唐李肇《国史补》卷下:"扬子、钱塘二江者,则乘两潮发棹,舟船之盛,尽于江西,编蒲为帆,大者或数十幅。"唐李贺《江南弄》:"水风浦云生老竹,渚暝蒲帆如一幅。"

④欸乃:即欸乃。一说为棹船戛轧之声,一说为舟人划船时歌唱之声。

⑤菰米:菰之实。一称"雕胡米",古以为六谷之一。《周礼·天官·膳夫》:"凡王之馈,食用六谷"。郑玄注:"六谷:秫、黍、稷、梁、麦、菰。菰,雕胡也。"唐贾公彦疏:"南方见有菰米,一名雕胡。"菰:多年生草本植物,生长在池沼里,地下茎白色,地上茎直立,开

紫红色小花。嫩茎的基部经某种菌寄生后膨大,即为茭白。果实狭圆柱形,名"菰米"。

⑥橄盐医鲠:中医有医治骨鲠芒刺咽喉方:凡鱼骨鲠食,橄榄即下。如无鲜者,用盐橄榄打磨水饮之。盖橄榄木作舟楫,鱼触着即死。

齐天乐①

自宋以还,词人类多居湖上,予拟建祠堂祀之,而力未逮。病鹤赋词,继声成此解。

闹红轻漾西湖碧,断魂旧山春绕。废港鱼愁,荒亭鹤怨,催入尘笺②凄调。低迷宿草,有多少词人,玉箫吹老。愿折芳馨,水仙但畔荐清醥③。

承平往事漫省,文章知信美,争似归好。斜照楼台,沧波尊俎,远算幽怀未了。灵氛缥缈。望故国风流,梦回④寒晓。泪铸黄金,杜鹃啼更早。

[注释]

①上两首词录自《北野杂志》,1920年第一卷第3期。

②尘笺:笺纸蒙尘,喻久不动笔。尘:原刊作"麈",当误。

③清醥:清酒。晋左思《蜀都赋》:"觞以清醥,鲜以紫鳞。"唐杜甫《聂耒阳书致酒肉》诗:"礼过宰肥羊,愁当置清醥。"仇兆鳌注:"酒清曰醥。"

④回:原刊作"迴",当误。

斗百花

十二月二十九日雪中

远陌曾峦如睡,寒意还侵鸳瓦。金盘彩胜初调,红萼纤枝才①亚。奚事飞琼,不惜岁晚风多,打叠玉容闲雅。芳约成潇洒。

几处楼台,十里笙歌堪画。曾见素被,何人自怜遥夜。处院惜惜地,笑拨香篝②,谁数五陵③裘马。

[注释]

①才:原刊作"财"。
②处院二句:较《词谱》少一字,疑有脱误。
③五陵:《汉书》卷九十二《游侠传第六十二·原涉》:"郡国诸豪及长安、五陵诸为气节者皆归慕之。"颜师古注:"五陵,谓长陵、安陵、阳陵、茂陵、平陵也。"五陵为西汉五个皇帝陵墓所在地。汉元帝以前,每立陵墓,辄迁徙四方富豪及外戚于此居住,令供奉园陵。

南乡子①

秋意在吟边。一桁帘衣瑟瑟寒。莫负名园今夜月,初团。定有深情照管弦。

冷落旧关山。仙觉高花隐髻鬟。记取五湖残约在,何年。闲对横波理钓竿。

[注释]

①上两首词录自《音乐杂志》,1920年第一卷第三号"词",署名"次公"。本期录邵词三首,《采桑子》见前录。南乡子,原刊作"南聊子",当误。

长相思①

怒竹摇风,高槐留雨,长日闲坐空庭。炉烟自袅,隐几无言,唤起隔院歌声。梦醒还惊。又檐前䴗鸠,细语凄清。絮老花零。怕如今、换却深盟。

便思忆当时,应惜微微旧月,耿耿疏星。云边信断,江上潮回,此恨难平。朱楼几处,愿青骢、休觅初程。但浮生一枕,慵理闲情。

[注释]

①本调《词谱》作"长相思慢"。"但浮生一枕"后当脱一四字句。

看花回

和清真韵

夜寒才过微雨①,簟枕明洁。树底定巢细鸟,正惹恨牵愁,幽思千结。秋池坠粉,还似相思莲子滑。吟望处、旧驿烟尘,乱山烽燧两凄绝。

魂梦里、华灯替月。怕转烛②、又更时节。谁遣清霜半镜,共白草西风,扑上华发。咸阳故国,玉几歌残弦暗折。悄登楼、更无绪,倦客空伤别。

[注释]
①雨:原刊作"两",当误。
②转烛:风摇烛火。用以比喻世事变幻莫测。唐杜甫《佳人》诗:"世情恶衰歇,万事随转烛。"

竹马子

看灯大高城,旌旗废寺,未收残雨。又宾鸿自语,栖雅倏起,微闻歌舞。望极叶叶归帆,吴云万里,梦迷歧路。野水绕菰蒲,好楼台,都付兰成愁赋。

念远空凝想,金钗乍擘,素衣成故。伤心草色南浦。谁识羁情凄苦。寂寞戍鼓声沉,怨筝①弦断,秋隔长江树。闲②庭夜月,暗入疏云去。

[注释]
①筝:原刊作"争",当误。
②闲:原刊作"间(閒)"。

临江仙①

暮雨,又止,临断浦,出双虹。迎秋暗换西风。傍旧郊烟树,听官阁残钟。蘅皋路渺,望里几行归雁,拂长空。

回头十年成梦迹,人生老去匆匆。有素丝闲泪,是谁遣相逢。当时万感,诉与满目、瑟飒征蓬。

[注释]

①本调《词谱》作"临江仙引"。

一寸金

山　行

天接郊原,晚晼愁鬟拥离色。正绕林落叶,寒堆野寺,嘶风疲马,闲依残驿。山好人未识,登临意、暗惊倦客。斜阳外、塔影钟声,望眼沉沉乱云幂。

郑重摧颓,年华如梦,前尘易凄恻。问野枫汀草,关心何事,荒雉①冷蟀,幽情谁觅。秋苑繁华尽,孤城畔、又催夜汐。栖迟处、咫尺星辰,似觉霜讯迫。

[注释]

①雉:原刊作"稚",当误。

望扬州

秋过南海

鹊殿秋风,凤城夜月,凝眸一望凄其。砧催堕叶,井泣愁香,当阶萤火初飞。废绿侵衣。剩宫前社鼓,云外参旗。弱水渺难回。有何人、词赋哀时。

算乔木依然,锦街如故,还叹荏苒沉晖。平生瑶瑟意,付婵娟、弹断秦丝。倚棹徘徊。明镜里、蒹葭渐稀。好年华、无端换了,一天凉雨霏霏。

应天长[①]

秋梧凋晚碧。听月地啼蛩,乱蟀如泣。遥夜愁多,诉与西风无力。江流回向北。问过尽去帆谁识。怅恨意,玉露凄凉,泪痕同湿。

荏苒几朝夕。但远道绵绵,那有鸿翼。凝望平原,肠断高楼刀尺。星河围故国。旧情换、梦中颜色。闲[②]叹息。关塞萧条,莫漫吹笛。

[注释]

①上七首词录自《音乐杂志》,1920年第一卷第四号"词",署次公来槁('稿'之误,编者注)"。本期录邵词八首,《少年游慢》见前录。

②闲:原刊作"间(閒)"。

罗敷歌

春　水

桃华雨过柔蓝起,楼上明眸。江上轻舟。只有闲鸥话拍浮。

　　鱼天昨夜东风熟,芳草汀州①。万一西流。特地春声总费愁。

[注释]

①汀州:即"汀洲"。水中的小块陆地。《楚辞·九歌·湘夫人》:"搴汀洲兮杜若,将以遗兮远者。"

临江仙

访万柳堂旧址

　　杨柳楼台何处是,秋心分付荒郊。更无蛮样斗纤腰。可怜双燕,弹泪话前朝。

　　一种西风谁主客,怨娥愁上林梢。词人易老况金貂。十年尘土,嘶马过横桥①。

[注释]

①横桥:古桥名。秦代建于长安附近渭水上。汉代于其两侧增建东西二桥,因又称中渭桥。唐后毁。《三辅黄图·咸阳故城》:"始皇兼天下,都咸阳,因北陵营殿,端门四达,以则紫宫,象帝居。渭水贯都,以象天汉;横桥南度,以法牵牛。"此泛指桥。

西 河

金陵怀古和美成韵

形胜地。秦淮旧事谁记。琼枝唱歇,有惊乌、夜深唤起。布帆叶叶剪江来,寒潮淘恨无际。

废城畔,愁徒倚。玉骢那里堪系。楼空燕去客重来,梦迷故垒。费他一片柳如丝,年年清泪铅水。

锦街过雨换旧市。好明蟾、流照千里。念我别离身世。恰连天乱绿,狂尘相对,百折回肠、秋声里。

临江仙

迷迭香销银烛暗,月华隐隐平西。倚楼心事镇相违。钗头双凤落,弦上乱莺啼。

那信新人能织素,玉关消息凄迷。华前万一见横枝。龙飞真出骨,蚕死已无丝。

摸鱼子

武强溪上赋箨①

漾②回溪、一痕苍玉,吴天无限烟水。鳞纹隔浦亭亭绿,重认袖罗寒翠。来便逝。怕比竹③吹残,还揾湘娥泪。春潮不起。有菖叶牵情,菱华熨梦,人抱冷云睡。

沤盟好,说与浮沉身世。江湖毕竟非计。风波定后孤篷稳,撑老几家渔子。微雨霁。又欸乃声声,冲入空濛里。湖山信美。要料理蓑衣,商量茶具,长揖谢朝市。

[注释]
①箨:大桴,即筏。
②漾:原刊此处漫漶,疑为"漾"字。
③比竹:指竹制编管乐器,如笙籥之类。《庄子·齐物论》:"人籁则比竹是已。"

踏莎行

锦瑟歌残,钿车梦断。凄香红入莲衣晚。罗纨无分阻西风,君心莫共朱颜变。

月斗双眉,帘垂四面。啼乌一夕生秋怨。含烟远树隔重城,轻尘却上深深院。

三姝媚

和梅溪①韵

纤云流翠瓦。卷玲珑珠帘,钿尘轻洒。妒月圆菱,照远山眉黛,宝钗楼②下。梦觉霓裳,离思系、垂杨骢马。倚遍香篝③,何处双烟,暗紫衣袽。

凄断天街遥夜。听怨曲前溪,玉筝弹罢。泪咽金铜,怕绛莲飘冷,买春无价。燕子重来,休忘了、当年王谢。折取当阶花叶,繁愁自写。

[注释]

①梅溪:史达祖。史达祖(1163~约1220),字邦卿,号梅溪。汴京(今河南开封)人。南宋词人,词以咏物见长,有《梅溪词》。

②宝钗楼:宋时著名酒楼。汉武帝时所建,故址在今陕西省咸阳市。此指妆楼。

③香篝:熏笼。古代铜制盒式取暖用具,盒中燃放香木,可以暖手,可以熏被窝。

谒金门

其 一

衰柳直。江水沉沉无极。昨夜月明今夜黑。秋归何太急。

墙外凄迷筝笛。楼上凄凉刀尺。金井辘轳蛩暗泣。愁肠回不得。

其 二

华影湿。遥夜凉生窗隙。天上明河千里直。思君无雁翼。

梦里西风残驿。不忍见君颜色。远树含烟非故国。泪痕罗袖碧。

卜算子

和耆卿韵

潭芦卷雨,庭树望秋,断续岫眉颦翠。远别清啼,过了困人天气。抚平烟废绿蛮声里。念晼①晚、凭高中酒,吴枫旧句谁继。

木叶波千里。怕眼乱浮云,恨添流水。几曲河流,梦冷故关百二。好西风、孤负吟湘意。最可惜、珍珠泪点,付文鳞难寄。

[注释]

①晼:原刊作"晲",当误。

玉楼春①

社稷坛②晚坐

茶烟一霎成朝暮。松桧阴阴垂辇路。菊开休盼隔年花,荷尽难忘前夜雨。

秋心莫向斜阳诉。林外犹闻惊鹊语。明灯隐泪送黄昏,游女牵衣辞碧树。

[注释]

①上十一首词录自《国学丛刊》,1923年第一卷第3期"词录",第145~147页,总题名"灵枫长短句",署名"淳安邵瑞彭次公",词末注"未完"。本期录邵词十五首,《梦江南·和皇甫先辈韵》(二首)、《浣溪沙》《采桑子》见前录。

②社稷坛:位于天安门西,为明清两代祭祀社、稷神祇的祭坛,其位置依周礼《考工记》"左祖右社"之规定,置于皇宫之右(西)。社稷是"太社"和"太稷"的合称,社是土地神,稷是五谷神。

卜算子

无计惜余春,鹃语东风乱。寂寂花时独掩门,心上天涯远。

烛烬泪成冰,香冷灰留篆。孤负圆蟾一片明,梦逐邻钟断。

罗敷艳歌①

玉骢踏遍铜驼陌,坊曲人家。杨柳藏鸦。自古长安有狭邪。

红楼只隔盈盈水,油壁香车。胡语琵琶。河北春风又李花。

[注释]

①上两首词录自《国闻周报》,1927 年第四卷第 26 期"采风录",署名"次公"。本期录邵词三首,《罗敷艳歌》(倾城一顾惊秋去)见前录。

朝中措①

秋衾铜辇梦全非。垂手对金徽②。海上真生马角,军前宁惜蛾眉。

小楼昨夜,忍寒犹唱,玉树琼枝。何似茂陵汾水,西风南雁沾衣③。

[注释]

①本词录自《国闻周报》,1927 年第四卷第 27 期"采风录"。

②金徽:琴上系弦之绳。南朝梁元帝萧绎《秋夜》诗:"金徽调玉轸,兹夕抚离鸿。"亦可指用金属、玉石等镶制的琴面音位标识。唐李肇《国史补》卷下:"蜀中雷氏斫琴,常自品第,第一者以玉徽,次者以瑟瑟徽,又次者以金徽,又次者螺蚌之徽。"此借指琴。

③何似句:清王士禛《裂帛湖杂咏六首》其四:"何似茂陵汾水上,秋风南雁泪沾衣。"

蓦山溪①

寓楼南邻歌馆,春宵游冶甚盛。

蛮街过雨,海阔天如洗。灯火绚春空,簇香尘、盈盈步绮。画楼箫鼓,零②乱玉钗风,歌宛转,话温柔,不称冯阑意。

华年百感,扑面无因避。人定夜三更,卷重帘、苍茫对此。帘前皓月,毕竟为谁明,钟欲动,梦难成,向晚啼乌起。

[注释]

①本词录自《国闻周报》,1927年第四卷第28期"采风录"。
②零:原刊作"灵",当误。

鹧鸪天①

瑟瑟东风画不成。隔华临镜见倾城。宫沟日暮无多水,流出红墙作雨声。

云鬓乱,玉钗横。马嘶人语夜三更。邻家歌舞关何事,枉对孤灯坐到明。

[注释]

①本词录自《国闻周报》,1927年第四卷第33期"采风录",

1927 年 8 月 28 日出版。

望湘人①

和《东山》②

正衰荷坠粉，新桂贮花，谢堂人困秋半。九曲回肠，万重望眼，荏苒韶光将晚。恨结裙长，泪沾衾重，铜簌微暖。听绕篱、蟋蟀清吟，竟夕幽栖谁伴。

机上吴丝未断。奈青骢去后，月斜天远。画蛾绿双眉，自斗镜痕深浅。香囊暗解，玉阑干畔，往日留连秦观③。莫等到、隔岁春来，负了寻巢归燕。

[注释]

①本词录自《国闻周报》，1927 年第四卷第 37 期"采风录"。

②《东山》：指贺铸《东山词》。贺铸（1052～1125），字方回，号庆湖遗老。卫州（今河南卫辉）人。著有《庆湖遗老前后集》二十卷，词集有《东山词》（一名《东山寓声乐府》）。

③秦观（1049～1100）：字少游，一字太虚。江苏高邮人。别号邗沟居士，学者称淮海居士。今存《淮海集》四十卷、《后集》六卷、《长短句》三卷。秦观《调笑令》（十首并诗）分咏古代十位美女，每首之前冠以一首七言短诗。其第六首咏关盼盼词曰："恋恋。楼中燕。燕子楼空春色晚。将军一去音容远。空锁楼中深怨。春风重到人不见。十二阑干倚遍。"

迷神引①

落日西沉垂杨渚。望极水乡秋暮。翩翩画鹢②,指前村去。倚篷窗,临官渡,听津鼓③。林表明蟾出,候蛩语。江上斜风起,片帆举。

自悔劳生,万感难追诉。觉白云飞,青山阻。断篷踪迹,枉飘泊,成羁旅。乱愁生,凉星动,晚潮怒。宵静渔灯息,梦无主。霜高长天碧,泪如雨。

[注释]

①本词录自《国闻周报》,1927 年第四卷第 43 期"采风录",1927 年 11 月 6 日出版。

②画鹢:指船。见前"鹢头船"注。

③津鼓:古代渡口设置的信号鼓。

六幺令①

晚阴新霁,飞下双黄鹄。东风暗传春讯,芳草为谁绿。明月高楼夜暖,步障飘红烛。钿筐金粟②。麝尘斜裛,唱彻桃根渡江曲。

望里烟波浩渺,恨满潇湘竹。坐上花艳参差,皎若于阗玉。莫学襄阳荡子,醉入倡家宿。此欢须续。锦丝纤手,绣取芙蓉上裙幅。

[注释]

①本词录自《国闻周报》,1927年第四卷第46期"采风录"。

②钿筐金粟:皆首饰名。语出唐温庭筠《归国遥》词:"钿筐交胜金粟。"华钟彦注:"钿筐、金粟,皆头饰也。飞卿诗:'艳带画银络,宝梳金钿筐。'袁桷诗:'宝幡绣重团金粟,钿合香严印紫泥。'是其例。"钿筐:镶嵌金、银、玉、贝等物的小发簪。

月下笛①

秦淮夜饮

野馆延秋,荒桥对月,悄然羁客。山围故国。倚户垂杨千尺。问桃根桃叶波江,小唇秀靥谁见得。只西陵画舸,南楼团扇,可供思忆。

兰灯四起,叹一水东流,未消愁碧。琼枝梦冷,付与吴娘吹笛。向歌筵、夜深醉归,砌虫宛转吟更急。且凭阑,送目名都建业形胜迹。

[注释]

①本词录自《国闻周报》,1927年第四卷第49期"采风录",1927年12月18日出版。

归国谣

乙丑冬作

瑶瑟。促迫雁弦弹又急。砌花笼雾红湿。有人花外立。

宝钗悔教轻擘。采莲空见菂①。试寻江上消息。杜鹃啼不得。

[注释]

①菂：莲花的果实，即莲子。

金盏倒垂莲①

乙丑岁暮旅居大连，寒夜赋此。

溟海收帆，有胡尘绕地，蜡鼓喧天。蜃市高低，台榭倚炊烟。念是处、虫沙荒草，夜深辽鹤飞还。冉冉急景，东风吹老关山。

江干怒涛来去，为珠崖竟委，铁铁空悬。劫火飘零，遗恨在桑田。悄不听、邻姬哀唱，凤槽②龙拨③凄然。雪后月暗，惊心客馆残年。

[注释]

①上两首词录自《国闻周报》，1928年第五卷第3期"采风

录",1928年1月15日出版。本期录邵词五首,《归国谣》为组词,共四首,其中三首已见前录,故仅录第三首。

②凤槽:凤尾槽。琵琶上架弦的格子。常以檀木为之,制成凤尾状。

③龙拨:即龙香拨。以龙香柏制成的拨子,用以弹奏。唐郑嵎《津阳门诗》:"玉奴琵琶龙香拨",自注云:"贵妃妙弹琵琶者,其乐器闻于人间者,有逻迤檀为槽,龙香柏为拨者。"

三姝媚①

甲子暮春,旅居辽左,忆京师牡丹。

天涯春恨远。倚谁家高楼,暗尘迎面。故国东风,正艳阳时节,牡丹开遍。凤萼鸾梢,都付与、寻常莺燕。暮雪胡沙,那有垂杨,够人青眼②。

凝望池台零乱。念往日承恩,旧情难恋。绛③蜡双啼,试泪妆虽好,夜来须换。逝水漂花,流不出、红墙西畔。欲寄相思何处,朝云梦断。

[注释]

①本词录自《国闻周报》,1928年第五卷第4期"采风录",1928年2月5日出版。

②青眼:指对人喜爱或器重,与"白眼"相对。《晋书》卷四十九《列传第十九·阮籍》:"籍又能为青白眼,见礼俗之士,以白眼对之。及嵇喜来吊,籍作白眼,喜不怿而退。喜弟康闻之,乃赍酒挟琴造焉,籍大悦,乃见青眼。"

③绛:原刊作"缝",当误。

减字浣溪沙①

自玉泉入香山,信宿②而返。

其 一

浅浅修眉见晚妆。亭亭残塔弄斜阳。寺门秋草未全荒。

水性何曾分冷暖,山灵多事预兴亡。七盘驰道够回肠。

其 二

辇路苍烟挂玉虹。诸天法雨③洗夫容。四更下界忽闻钟。

树密不遮明月大,山深犹见杂花红。神鸦④无数泣秋风。

[注释]

①本组词录自《国闻周报》,1928年第五卷第32期"采风录"。
②信宿:连宿两夜。《诗·豳风·九罭》:"公归不复,于女信宿。"《毛传》:"再宿曰信;宿,犹处也。"
③法雨:佛教语。喻佛法。佛法普度众生,如雨之润泽万物,故称。《法华经·化城喻品》:"普雨大法雨,度无量众生。"
④神鸦:指庙里吃祭品的乌鸦。宋范成大《吴船录》卷下:"庙

有驯鸦,客舟将来,则迓于数里之外,或直至县下,船过亦送数里,人以饼饵掷空,鸦仰喙承取,不失一,土人谓之神鸦,亦谓之迎船鸦。"宋辛弃疾《永遇乐·京口北固亭怀古》词:"可堪回首,佛狸祠下,一片神鸦社鼓。"

归朝欢①

　　落照平原肠断色。衰草茫茫秋瑟瑟。孤帆掠岸送归人,前村吹角悲羁客。四望天水碧。旧情从此劳思忆。走舟车,孑身千里,荏苒岁年逼。

　　昨梦惊回云雨迹。但觉啼痕沾枕席。伤高念远酒杯空,清风明月关山隔。异乡嗟久役。凤城烽火飞无翼。行路难,不堪重唱,取次②催头白。

[注释]
①本词录自《国闻周报》,1928年第五卷第35期"采风录"。
②取次:草草,仓促。亦作"取此"。

内家娇①

小树北来赋赠

　　袅袅秋风,潇潇暮雨,携手故人重见。玄都树老,小海歌终,坐觉阴晴催变。路上杂花腐草,城头去鸿来燕。对明灯四起、西窗夜话,空惹肠断。

过眼。繁华回首看。认绕地楼台幻。动星辰零乱。正皓采初盈,绛云未散。且趁良宵三五,消他旧愁千万。那堪说、白发何郎,泪痕一向如线。

[注释]

①本词录自《国闻周报》,1928年第五卷第37期"采风录"。

破阵乐①

秋郊同倬盦、和郢②。

断霞散彩,柔波映绿,平野人悄。芳景澄鲜,望处见两两三三归棹。村径纵横,炊烟上下,夕阳浅照。止香轮、系马长堤畔,结风中垂柳,霜前衰草。送目西山,黛眉淡冶,凭谁新扫。

惊报。桂苑金茎,梧宫翠羽,花未尽,秋已到。迤逦黄昏闻戍角,暗促冷鸦悲叫。步虹梁,空回首,层城缥缈。十载缁衣③尘土,迹比闲云,身随泛梗,朱颜催老,坐惜歌酒情怀,壮游不早。

[注释]

①本词录自《国闻周报》,1928年第五卷第42期"采风录"。
②和郢:钱承钧。钱承钧,生卒年不详,字钵郢,一字禾父,别署和郢。浙江嘉善人。曾为法官,任教于私立东吴大学法学院。编有《证据法讲义》《中国法制史》。善倚声,有词集《柳窗集》《玉阶集》。

③缁衣:古代用黑色帛做的朝服。《诗·郑风·缁衣》:"缁衣之宜兮,敝,予又改为兮。"《毛传》:"缁,黑也,卿士听朝之正服也。"泛指黑色衣服。

罗敷歌①

其 一

鲤鱼风②起夫容老,玉簟新凉。灯火微茫。梦里分明到谢堂。

堂前听唱西州怨,锦瑟谁量。落月空梁。不道人情似故乡。

其 二

高楼目送斜阳去,燕子无言。露下西园。零落秋香满画船。

当时送客沾巾地,不见遗钿。梦断更阑。到此相逢更可怜。

其 三

梁台③月落沉沉夜,狼藉香尘。缥缈行云。咫尺红墙不见人。

沾衣那是重阳雨,历历襟痕。静掩闲门。满地秋声不忍闻。

[注释]

①本组词录自《国闻周报》,1928年第五卷第46期"采风录"。

②鲤鱼风:《玉台新咏》录梁简文帝《艳歌篇十八韵》:"灯生阳燧火,尘散鲤鱼风。"清吴兆宜注引《提要录》:"鲤鱼风,九月风也。"后遂用为咏水上风之典。唐李贺《江楼曲》诗:"楼前流水江陵道,鲤鱼风起芙蓉老。"

③梁台:西汉梁孝王刘武在离宫所治楼台,故址在今河南开封东南一带。亦指南朝梁的禁城。唐李商隐《读任彦升碑》诗:"梁台初建应惆怅,不得萧公作骑兵。"清冯浩笺注:"《容斋随笔》:'晋宋后以朝廷禁省为台,故称禁城为台城。'按:南朝每以一朝之兴为某台建,'梁台建'之字史甚多。"

引驾行①

西 苑

鱼游灵沼②,莺啼上苑东风到。步长堤、想犹是,当年翠华驰道。林表。见绛阙参差,琼楼远近映蓬岛。黯凝伫、承平胜景,感沧桑、独凭吊。

缥缈。重城鼓吹,二月烟花妍妙。计汉殿铜驼,唐家石马③,几埋荒草。回眺。剩亭亭白塔,铃声呜咽荡残照。莫更谶④、前经旧史,恐西山笑。

[注释]

①本词录自《国闻周报》,1928年第五卷第48期"采风录"。

②灵沼:《诗·大雅·灵台》:"王在灵沼,于牣鱼跃。"《毛传》:"灵沼,言灵道行于沼也。"后喻指帝王的恩泽所及之处。亦可作池沼的美称。《文选》班固《西都赋》:"神池灵沼,往往而在。"吕延济注:"称神、灵,美之。"

③石马:石雕的马。古时多列于帝王及贵官墓前。

④谂:问。

湘江静

夏闰菴①丈梦至梅溪赋《湘江静》旧地,醒而和之,属予同作。

暮水摇天星照浦。认词仙、梦魂曾驻。仓吾②讯杳,蘅皋望极,费湘灵佳句。屈宋昔经行,碧云外、骖鸾来去。村前唤酒,芦中系船,应寻遍旧游处。

倚画阑,凭眺苦,肯忘情、汉南枯树③。茫茫对此,厌厌到晓,听谁家歌鼓。不忍访高丘④,华年恨、子规啼雨。回风送我,归程未远,移灯再赋。

[注释]

①夏闰菴:夏孙桐。夏孙桐(1857～1942),字闰枝,一字润之,号悔生,晚号闰庵(菴)。江苏江阴人。民国初年入清史馆,任总纂。佐徐世昌辑《晚晴簃诗汇》及《清儒学案》。著有《观所尚斋文存》,有《悔龛词》一卷,续一卷。

②仓吾:即"苍梧"。

③汉南枯树:庾信《枯树赋》:"《淮南子》云:'木叶落,长年悲。'斯之谓矣。乃歌曰:'建章三月火,黄河千里槎。若非金谷满园树,

即是河阳一县花。'桓大司马闻而叹曰:'昔年种柳,依依汉南;今看摇落,凄怆江潭。树犹如此,人何以堪!'"

④高丘:楚国山名。《楚辞·离骚》:"忽反顾以流涕兮,哀高丘之无女。"王逸注:"楚有高丘之山。女以喻臣。言己虽去,意不能已,犹复顾念楚国无有贤臣,心为之悲而流涕也。"一说,泛指高山。

风流子①

彭　城②

江淮都会地,豪华尽、挥扇过彭城。数王业始终,水边龙去,霸图今古,山上云平。楚歌起、壮夫狂击筑,妓女笑弹筝。秋老燕忙,夜深鹤倦,解衣中酒,拭泪谈兵。

殊乡淹留久,黄楼月、不分为我偏明。流照大旗摇荡,衰柳凋零。又凭高回望,呼卢客散,戏马人归,眼乱心惊。依约对床③风雨,残梦催醒。

[注释]

①上两首词录自《国闻周报》,1928年第五卷第49期"采风录"。

②彭城:徐州古称,位于江苏省西北部。

③对床:指朋友会晤。唐韦应物《示全真元常》诗:"宁知风雨夜,复此对床眠。"唐白居易《雨中招张司业宿》诗:"能来同宿否,听雨对床眠。"后多用于兄弟及亲属聚首。

八声甘州①

团城②古松

傍团城、柔波锁金鳌,层云护苍龙。话先朝盛事,故都乔木,曾锡侯封。坐讶千官剑佩,染袖御香浓。仙籁谁和③,长乐疏钟④。

凤辇宸游何处。觉林鸦啼起,琼岛⑤春空。剩秦时明月,寂寞下荒宫。变繁霜、三霄凉露,伴石鲸、鳞甲泣秋风⑥。登临久、岁寒心在,怅望英雄。

[注释]

①本词录自《国闻周报》,1928年第五卷第50期"采风录"。

②团城:位于北京北海公园南门外西侧,又叫瀛洲或圆城,是中国最小的一座公园,其中殿、堂、斋、亭、松、柏、碑、石一应俱全。原为北海太液池中的一个小屿。其中承光殿东侧有一株高大苍劲的油松,曾被乾隆皇帝封为"遮荫侯"。

③疑本句缺一字。

④长乐疏钟:长乐钟,泛指宫殿里的钟声。长乐:汉代宫殿名。西汉高帝时,就秦兴乐宫改建而成,为西汉主要宫殿之一,汉初皇帝在此视朝。惠帝后,为太后居所。

⑤琼岛:琼华岛之简称。位于北京北海太液池南部。金代名琼华岛,元代为万寿山(或称万岁山)。清顺治八年(1651)于山顶建白塔,始称白塔山。"琼岛春阴"为"燕京八景"之一。

⑥伴石鲸句:唐杜甫《秋兴八首》之七:"织女机丝虚夜月,石鲸

鳞甲动秋风。"

月下笛①

龙　笛②

李峤③肠回，桓伊④泪湿，楚山修竹。龙吟万木。黯黯霓裳遗曲。背西风、乌鹊夜飞，酒阑送客声更促。想移宫换羽，人间天上，有缘难续。

昭阳殿里，听乐府传笺，竞吹横玉。惊尘暗起，恨满钗钿金粟。试重谈、教坊旧闻，曼歌缓舞犹系目。耿寒灯，坐觉吴钩⑤射月雷破屋。

[注释]

①本词录自《国闻周报》，1929 年第六卷第 6 期"采风录"，1929 年 2 月 3 日出版。

②龙笛：传说制笛模拟龙吟，因称笛为龙笛。唐李白《陪宋中丞武昌夜饮怀古》诗："庾公爱秋月，乘兴坐胡床。龙笛吟寒水，天河落晓霜。"

③李峤：字巨山，唐代诗人。赵州赞皇（今河北赵县）人。有《笛》（一署宋之问）诗："羌笛写余声，长吟入夜清。关山孤月下，来向陇头鸣。遂吹《梅花落》，含春柳色惊。行观向子赋，坐忆旧邻情。"

④桓伊：字叔夏，东晋名士。谯郡铚（今安徽宿县西南）人。善吹笛，被誉为"江左第一"。明朱权编《神奇秘谱》载："桓伊出笛作梅花三弄之调，后人以琴为三弄焉。"

⑤吴钩:钩,兵器,形似剑而曲。春秋吴人善铸钩,故称。后泛指宝剑或利器。

金缕曲①

和守白②韵赠释戡③

旧雨逢新节。倚高楼、斜阳堕处,暮山如发。扑面黄尘三万斛,望眼沉沉谁豁。老不了、临淮豪杰,手酌柘浆④寒沁齿,听樱桃歌畔东风热。龙气莽,素波撇。

吾今拊髀肝肠裂,且休思、画船载酒,茶铛⑤烹雪。却羡君家园半亩,永夜明蟾无缺。全盛事、街童能说。相遇不须嘲饭颗⑥,要仰天大笑冠缨绝。饮流子,勿呜咽。

[注释]

①本词录自《国闻周报》,1929年第六卷第31期"采风录",1929年8月11日出版。

②守白:许之衡。许之衡(1877~1935),字守白,号饮流、曲隐道人,别署守白氏、冷道人,室名饮流斋,自号饮流斋主人,藏书处名环翠楼。广东番禺人。曾从吴梅研究曲学,著有《曲律易知》。另著有《中国音乐小史》《声律学讲义》《戏曲史讲义》《饮流斋说瓷》等,有词集《守白词》一卷、《守白词乙稿》一卷。

③释戡:李宣倜。李宣倜(1883~1958),字释堪、释戡,号苏堂、太疏,别号汰书,晚号蔬畦。福建闽县人。幼时从其舅祖沈瑜庆学诗。著有《苏堂诗拾》、剧本《天女散花》等。

④柘浆:甘蔗汁。亦作"蔗浆"。《楚辞·招魂》:"胹鳖炮羔,有

柘浆些。"王逸注:"柘,薯蔗也。言复以饴蜜,胹鳖炮羔,令之烂熟,取薯蔗之汁,为浆饮也。"《汉书》卷二十二《礼乐志第二》:"泰尊柘浆析朝酲。"颜师古注引应劭曰:"柘浆,取甘柘汁以为饮也。"

⑤茶铛:煎茶用的釜。

⑥嘲饭颗:典出唐孟棨《本事诗·高逸第三》:"(李)白才逸气高,与陈拾遗齐名,……尝言:'兴寄深微,五言不如四言,七言又其靡也,况使束于声调俳优哉!'故戏杜曰:'饭颗山头逢杜甫,头戴笠子日卓午。借问别来太瘦生,总为从前作诗苦。'盖讥其拘束也。"饭颗山,相传是唐代长安附近的一座山。后遂用作表示诗作刻板平庸或诗人拘守格律、刻苦写作的典故。亦作"嘲饭""饭颗""饭山""杜甫山""杜瘦"等。五代王定保《唐摭言》卷十二《轻佻》载:"李白戏赠杜甫曰:'饭颗坡前逢杜甫,头戴笠子日卓午。借问形容何瘦生,只为从来学诗苦。'"

八犯玉交枝①

夹竹桃社作

云影横窗,日华承钥,望断六宫纨绮。春恨年年消未得,故国东风如此。蓝桥②人去,听尽瑶瑟潇湘,天寒空谷花垂泪。怊怅阮郎重到,群乌啼起。

无限怒节凌霄,狂香匝地,一般颠倒红紫。露盘③坠、茶经④慵读,簟纹皱、匏笙⑤愁倚。想银烛、高楼梦里。隔林明月都回避。怕夜雨惊秋,孤帆送客秦淮水。

[注释]

①本词录自《国闻周报》,1929年第六卷第39期"采风录",

1929年10月6日出版。词后有邵瑞彭自注:"聊园社集出此题,夏悔生丈谓余必不作此题,此调努力效颦,终不称意也。"

②蓝桥:"蓝桥之约"最早出自《庄子·盗跖》:"尾生与女子期于梁下,女子不来,水至不去,抱梁柱而死。"《史记》卷六十九《苏秦列传第九》亦有同样记载。梁下,即桥下,桥即指架在陕西蓝田兰峪水上的蓝桥,俗称尾生桥。唐代时又有裴航与云英之典,裴航在蓝桥驿得遇云英。见前注。

③盘:原刊此处漫漶不清,据《扬荷集》录。

④茶经:唐代陆羽所著茶学专著。陆羽因此被后世尊为"茶圣""茶祖"。

⑤匏笙:即笙。因用匏为座,故名。汉应劭《风俗通·声音》:"音者,土曰埙,匏曰笙。"亦泛指乐器。

菩萨蛮①

和韦端己

其 一

西园宴散多怊怅。绿尘夜绕流苏帐。酒醒四更时。谁歌团扇辞。

素书胡雁羽。迢递平安语。春尽不还家。帘波摇烛花。

其 二

越王台②畔青山好。馆娃宫里红颜老。燕语早春天。

美人和恨眠。

江南三四月。陌上花如雪。游子苦思乡。泪珠生酒肠。

其 三

红楼听唱襄阳乐。桃花满地东风薄。乘醉过横桥。有人垆③畔招。

清江三六曲。水上鸡鹈④宿。临水折杨枝。玉骢寻路归。

[注释]

①此三首词录自《国闻周报》,1929年第六卷第44期"采风录",1929年11月10日出版。

②越王台:此指浙江绍兴越王台。位于绍兴市区卧龙山(府山)东南麓,状如城楼,系后人为缅怀越王勾践卧薪尝胆复国雪耻而建。

③垆:旧时酒店里安放酒瓮的土台子,亦指酒店。唐韦庄《菩萨蛮》词:"垆边人似月,皓腕凝霜雪。"

④鸡鹈:动物名。脊椎动物亚门鸟纲鹳形目鹭科。产于印度、我国南部。头、颈为赤褐色,身体上面为白色,胸背有疏松的毛,嘴长,脚高,能涉水觅食鱼类。或称为"鸭""赤头鹭"。

菩萨蛮①

和韦端己五首之二

其 四

人生莫惜花前醉。醉中了了当年事。一寸报恩心。沉沉江水深。

手长嫌袖短。酒浅知愁满。泷吏②莫轻呵。人生奈老何。

其 五

咸阳无数楼台好。美人自古长门老。垂柳覆金堤。飞花飞絮迷。

御沟新涨绿。缥缈惊鸿浴。城郭又斜晖。此情谁得知。

[注释]

①此两首词录自《国闻周报》,1929年第六卷第45期"采风录",1929年11月17日出版。此两首词应与本年第六卷第44期所刊之词为同一组,故按顺序标明。

②泷吏:长驻急流边以保行舟安全的小吏。唐韩愈《泷吏》诗:"往问泷头吏:潮州尚几里,行当何时到,土风复何似?泷吏垂手笑,官何问之愚!"

蕙兰芳引①

和美成

花气动帘,小池外、乱飞新鹭。正急雨初收,宫柳半凋旧绿。故人梦里,定暗想、月明歌屋。恐雁书不到,永夕吹残觚竹②。

送日琴尊,悲秋词赋,屡变凉燠。况江表回帆,长绕逝波万曲。危楼南望,泪痕满目。更漏催、谁信此时凄独。

[注释]

①本词录自《国闻周报》,1929 年第六卷第 49 期"采风录",1929 年 12 月 15 日出版。

②觚竹:古代的一种管乐器。因用孤竹制成,故名。亦作"孤竹"。晋葛洪《抱朴子·博喻》:"峄阳孤桐,不能无弦而激哀响;大夏孤竹,不能莫吹而吐清声。"

兰陵王①

美成此调,古今和者极众,淑通②曾为之,予拟作二首,寄遐菴③上海,己巳十月末也。

其 一

九街直。春水微波澹碧。龙池畔、啼遍晓莺,白马雕鞍弄晴色。浮云蔽上国。曾识。西园赋客。关山路,鸿断讯稀,零落秦娥旧刀尺。

东风去无迹。费引泪鸾笺,萦恨鸳席。斜烟疏雨过寒食。思昨夜魂梦,故人心眼,平原如带度郑驿④。甚天限南北。

芳恻。镜尘积。奈乐广⑤肠回,苏小歌寂。连城社鼓苍凉极。待曲院持酒,画船吹笛。星辰垂地,倚树久,散露滴。

其 二

锦帆直。微雨随堤泛碧。清明近、飞絮满天,十里平芜候风色。新亭望旧国。犹识。河梁送客。高城外,歧路乱丝,飘泊离心四千尺。

回波寄萍迹。叹此树江潭,前梦茵席。吴蚕⑥眠起成三食。听都护歌⑦断,叛儿⑧愁损,长安西去霸上驿。更谁倚楼北。

欢恻。袖痕积。渐骆马⑨踟蹰,莺燕寥寂。绵绵远道相思极。盼⑩日暮传火,夜阑邀笛。青袍沉醉,把泪洒,注砚滴。

[注释]

①本组词录自《国闻周报》,1930年第七卷第2期"采风录",1930年1月6日出版。

②淑通:陈文中。陈文中,生卒年不详,字淑通。四川长寿人。叶恭绰弟子。有《巴渝歌辞》。

③遐菴:叶恭绰。叶恭绰(1881~1968),字裕甫、玉甫、誉虎、玉虎,号遐庵、遐菴、遐翁,别署矩园,广东番禺(今广州)人。著有《遐庵汇稿》《遐庵词》等,辑有《全清词钞》《广箧中词》。

④郑驿:即郑庄驿。汉郑当时(字庄)为太子舍人时,每逢洗沐日,常置驿马长安诸郊,接待宾客。后因以"郑庄驿"为好客主人迎宾待客之所。

⑤乐广(?~304):西晋玄学家。字彦辅。南阳淯阳(今河南南阳南)人。时人称"乐令",善清言,主张"自然"不能脱离"名教"。

⑥吴蚕:吴地之蚕。吴地盛养蚕,故称良蚕为吴蚕。

⑦都护歌:即《丁都护歌》,亦作《丁督护歌》,《乐府诗集》卷四十五《清商曲辞二·丁督护歌》题解:"一曰《阿督护》。《宋书·乐志》曰:'《督护歌》者,彭城内史徐逵之为鲁轨所杀,宋高祖使府内直督护丁旿收敛殡埋之。逵之妻,高祖长女也。呼旿至阁下,自问敛送之事。每问辄叹息曰"丁督护!"其声哀切,后人因其声广其曲焉。'"

⑧叛儿:杨叛儿。《乐府诗集》卷四十九《清商曲辞六·杨叛儿》题解:"《唐书·乐志》曰:'《杨伴儿》,本童谣歌也。齐隆昌时,女巫之子曰杨旻,少时随母入内,及长为何后宠。童谣云:"杨婆儿,共戏来所欢。"语讹,遂成杨伴儿。'"

⑨骆马:白身黑鬣的马。《诗·小雅·四牡》:"四牡骓骓,啴啴骆马。"

⑩盻:看。疑为"盼"之误。

透碧霄①

己巳上元和柳

璧门边。凤楼迢递袅寒烟。故都盛事,新春良夜,火树三千。香尘迎步,狂花障目,笙鹤瑶天。竞嬉娭、闾里生欢。趁上灯时节,壶中扶醉,梦里游仙。

隔珠帘莫问,盈街红粉,顾景为谁妍。斗绮罗、矜颦笑,曾惹下蔡②留鞭③。尺波泻泪,飞灰送劫,回首凄然。剩霜娥、依旧婵娟。照断肠行客,无主东风,直到今年。

[注释]

①本词录自《国闻周报》,1930 年第七卷第 3 期"采风录",1930 年 1 月 13 日出版。

②下蔡:古邑名。故城在今安徽凤台县。《文选》宋玉《登徒子好色赋》:"嫣然一笑,惑阳城,迷下蔡。"李善注:"阳城、下蔡,二县名,盖楚之贵介公子所封,故取以喻焉。"吕延济注:"阳城、下蔡,楚之二郡名,盖贵人所居,中多美人。"后因以"下蔡"指贵族萃集之地或美人众多之所。

③留鞭:即截镫留鞭。五代后周王仁裕《开元天宝遗事》卷上载:姚元之牧荆州三年,受代日,阖境民吏泣拥马首,遮道不使去,所乘之马鞭镫,民皆截留之,以表瞻恋。后以"截镫留鞭"作为对离职官吏挽留惜别的套语。此当指流连难忘。

永遇乐①

己巳十二月廿六日聊园②社集，汪仲虎③鹅龛、夏闰庵丈携示赵主父④箭镞二枚，盖得自邯郸道上者，即以为社题，限此调。

漳水⑤波平，沙丘月冷，残霸天远。怒誓侵苔，飞骸⑥蚀雨，故垒垂杨短。壮夫击缶，佳人挟瑟，荏苒岁华催箭。听高林、寻巢冻雀，暗随饿鸱啼怨⑦。

惊尘马足，长风鹘羽，惯见压城酣战。废铁无情，英雄何在，遗庙灵旗卷。钩梯⑧石破，邯荣梦⑨老，射影⑩夜虫零乱。野台外、流空柱史⑪，阵云四散。

[注释]

①本词录自《国闻周报》，1930年第七卷第9期"采风录"，1930年3月10日出版。

②聊园：聊园词社。1925年由谭篆青发起，每月一集，社友轮为主人。成员有夏孙桐、溥儒、寿石工、邵章、邵瑞彭、向迪琮等。

③汪仲虎：汪曾武。汪曾武(1866～1956)，字仲虎，一字君刚，号趣园，晚号鹅庵、鹅龛，斋名云在山房。江苏太仓人。著有《娄东书画见闻录》《述德小识》《平阳杂识》《历代泉币考略》等，词集有《趣园味莼词》六卷。

④赵主父：赵武灵王。赵武灵王(？～前295)，战国时赵国国君。嬴姓赵氏，名雍。公元前307年进行胡服骑射改革，先后灭中山，破林胡、楼烦，国势强盛。公元前299年传位于王子何，自称主父。后因内讧，被李兑困死于沙丘宫。死后谥号武灵。

⑤漳水:此指属于华北地区海河水系的漳河。上游由两河合一,一为清漳河、一为浊漳河,均发源于山西长治,下游作为界河在经过区段划分河北与河南两省边界,到河北省邯郸市馆陶县合流卫河,称卫漳河、卫运河,进入海河水系的南运河。

⑥骹:此指响箭。宋柳开《塞上》诗:"鸣骹直上一千尺,天静无风声更干。"

⑦怨:原刊作"怒",据《扬荷集》改。

⑧钩梯:一种攀援器械,用以爬高。《墨子·备城门第五十二》:"临、钩、冲、梯、堙、水、穴、突、空洞、蚁傅、轒辒、轩车"。岑仲勉《墨子城守各篇简注》:"《六韬·军用篇》有飞钩长八寸,钩芒长四寸,系用以钩住城壁,援引而上,其为用与梯同,故又称'钩梯',但与梯大异。"

⑨苕荣梦:典出《史记》卷四十三《赵世家第十三》:"王(赵武灵王)梦见处女鼓琴而歌诗曰:'美人荧荧兮,颜若苕之荣。命乎命乎,曾无我嬴!'"唐张守节正义:"苕音条。《毛诗疏》云:'苕,饶也。幽州谓之翘饶。蔓似䝁豆而细,叶似蒺藜而青,其华细绿色,可生食,味如小豆藿也。'又《本草经》云:'陵苕生下湿水中,七八月生,华紫,草可以染帛,煮沐头,发即黑也。'"

⑩射影:蜮的异名。《诗·小雅·何人斯》:"为鬼为蜮。"三国吴陆玑疏:"蜮,短狐也;一名射影。如龟,三足,江淮水滨皆有之。人在岸上,影在水中,投人影则杀之,故曰射影也。"

⑪柱史:"柱下史"的省称。此指星名。《晋书》卷十一《志第一·天文上》:"极东一星,曰柱下史,主记过,左右史,此之象也。"

沁园春①

释戡署所居曰"无边华盦",作图写景,为题一解。

砚匣琉璃,弓弦霹雳,大隐凤城。趁握兰时节,熟梅天气,闲中觅句,醉后谈兵。五万春华,几回低首,落日沧江螺髻青。仙风起,现香云十里,水月三更。

身名谁重谁轻。听随意狂言满座惊。说摩诃池②上,空传旧恨,遮须国③里,试盼他生。鹦鹉参禅,鸳鸯入寺,看遍人间过去僧。君莫舞,任毒龙吼彻,动地潮声。

[注释]

①本词录自《国闻周报》,1930年第七卷第39期"采风录"。

②摩诃池:成都古代城中水池。《太平寰宇记》:"汗池,一名摩诃池,昔萧摩诃所置,在锦城西。"宋祝穆《方舆胜览》:"隋蜀王秀取土筑广子城,因为池,有胡僧见之曰:摩诃宫毗罗。盖胡僧谓摩诃为大,宫毗罗为龙,谓此池广大有龙耳。"宋张唐英《蜀梼杌》载:前蜀武成元年(908),改摩诃池为龙跃池。

③遮须国:传说中的国名。据笔记小说载,三国时陈思王曹植死后为遮须国国王。《太平广记》卷三一一引裴铏《传奇·萧旷》:"(萧)旷曰:'陈思王之精魂今何在?'(洛浦神)女曰:'见为遮须国王。'旷曰:'何为遮须国?'女曰:'刘聪子死而复生,语其父曰:"有人告某云:遮须国久无主,待汝父来作主。"即此国是也。'"

石湖仙①

题遐庵选词图,寿玉甫五十,和尧章。

扁舟黄浦。隐琼琯仙人,水云深处。天半日轮高,洗丹砂、朱颜老去。三生花草,总厌听、隔江歌舞。聊与②论岁寒,倚棹怀古。

南楼露华照海,笑评量、清词丽句。送目千秋,掩仰名山风雨。栗里③闲踪,石林余矩④。锦弦添柱。传喜语。陈芳待寿夔府。

[注释]

①本词录自《国闻周报》,1930年第七卷第42期"采风录"。《石湖仙》为姜夔自度曲,为范成大祝寿而作,因范号石湖居士,故名。

②聊与:姜词"与"处为韵。此按原刊,不断。

③栗里:地名。在江西九江南陶村西,晋陶渊明曾迁居于此。

④矩:《词谱》录姜词此处韵脚为"缕"。

浪淘沙①

筠连曾少梅义夫事状,曾孙小鲁②索题。

锦瑟怨华年。鸣䴗③声残。单栖分付与春寒。梦里梅花应笑我,铁石心肝。

乔木占风烟。佳话流传。琴歌牧犊响神弦。昔日长离④今火凤⑤,万里丹山⑥。

[注释]

①本词录自《国闻周报》,1931年第八卷第2期"采风录"。

②小鲁:曾小鲁。

③鵙:伯劳鸟。

④长离:即凤,古代传说中的灵鸟。一说为神名。《汉书》卷五十七下《司马相如传第二十七下》:"左玄冥而右黔雷兮,前长离而后矞皇。"颜师古注:"服虔曰:'皆神名也。'师古曰:'长离,灵鸟也。'"《后汉书》卷五十九《张衡列传第四十九》:"前长离使拂羽兮,委水衡乎玄冥。"李贤注:"长离,即凤也。"后用以比喻才德出众之人。《文选》潘岳《为贾谧作赠陆机》诗:"婉婉长离,凌江而翔。长离云谁,咨尔陆生。"李善注:"长离,喻机也。"

⑤火凤:凤凰。相传凤为火之精,故称。唐李商隐《镜槛》诗:"拨弦惊火凤,交扇拂天鹅。"冯皓笺注引《春秋演孔图》:"凤,火精也。"

⑥丹山:古谓产凤之山名。《吕氏春秋·本味》:"流沙之西,丹山之南,有凤之丸,沃民所食。"

八声甘州①

小鲁卜居通州,倚此调见示,次均。

一年年、从事向通州,迎得孟光来。趁良辰反②马,轻车挽鹿③,同上箫台④。暮往朝还百里,携手古城隈。安置琴书罢,争扫苔阶。

依旧藏身人海⑤,自云鬟而外,谁肯相哀。享齑盐⑥清福,投老婿乡偕。好商量、花阴词句,休羡他、鼎食出椎埋⑦。登堂约、待胡皱熟,酌我深杯。

[注释]

①本词录自《国闻周报》,1931年第八卷第14期"采风录",1931年4月13日出版。

②反:同"返"。

③轻车挽鹿:典出《后汉书》卷八十四《列女传第七十四·鲍宣妻》:"勃海鲍宣妻者,桓氏之女也,字少君。宣尝就少君父学,父奇其清苦,故以女妻之,装送资贿甚盛。宣不悦,谓妻曰:'少君生富骄,习美饰,而吾实贫贱,不敢当礼。'妻曰:'大人以先生修德守约,故使贱妾侍执巾栉。既奉承君子,唯命是从。'宣笑曰:'能如是,是吾志也。'妻乃悉归侍御服饰,更著短布裳,与宣共挽鹿车归乡里。拜姑礼毕,提瓮出汲。修行妇道,乡邦称之。"后因以"挽鹿车"为夫妻共守清苦生活的典故。亦省作"挽鹿"。

④箫台:即凤台。见前注。

⑤藏身人海:语出苏轼《病中闻子由得告不赴商州三首》之一:"惟有王城最堪隐,万人如海一身藏。"

⑥齑盐:腌菜和盐。典出唐韩愈《送穷文》:"太学四年,朝齑暮盐。"吃饭只能以腌菜与盐相佐,谓生活清贫。

⑦椎埋:婉指杀人埋尸,或指盗墓。椎:用椎打击。此处当以之喻不义之财。

蝶恋花①

上巳燕都例集,予在汴中未与,主人代拈黛韵。

三月春阴十刹海。禊饮筵开,凫鹭同倾盖。水似桃花山似黛。山光半被高城碍。

独客梁园②知岁改。目送飞鸿,心在飞鸿外。魏晋风流宜可再。不妨唤作兰亭会。

[注释]

①本词录自《国闻周报》,1932年第九卷第17期"采风录",1932年5月2日出版。

②梁园:此指汴京,即今河南省开封市。

陂塘柳①

甲戌初秋,遄归北都度七夕。

又开残、庭前红槿,归来正及秋早。三星明处银波阔,谁驾灵槎云表。风露悄。纵瓜果堆盘,肯乞天孙巧。良宵易晓。问似此相逢,何如诀绝,终古隔河好。

半生事,说与神仙休笑。钿钗余恨多少。车轮马足关山路,减尽少年怀抱。吟未了。任夜月机丝,断送刘郎老。针楼缥缈。叹费我回肠,酬他佳节,蛩语响幽草。

[注释]

①本词录自《国闻周报》,1934年第十一卷第40期"采风录",1934年10月8日出版。亦见于《词学季刊》,1935年第二卷第二号。

陂塘柳①

七夕,倬庵和白石,予复和倬庵。

又经过、穿针②时节,玉绳回指东井③。无眠坐看双星渡,负了空房衾枕。还暗省。对碧落银河,谁见云鬟整。天街露冷。念迟暮情怀,别离况味,残梦任销领。

金风起,烛外秋光炯炯。繁愁何止千顷。人间别有闲恩怨,敢向通明遥请。良夜迥。怕钿约钗盟,都是沧桑影。吟边自问。好细卷罗衣,重寻团扇,来觅隔篱饮④。

[注释]

①本词录自《国闻周报》,1934年第十一卷第41期"采风录",1934年10月15日出版。亦见于《词学季刊》,1935年第二卷第二号。

②穿针:旧时风俗,农历七月七日夜妇女穿七孔针向织女星乞巧。

③东井:星宿名。即井宿,二十八宿之一。因在玉井之东,故称。《礼记·月令》:"仲夏之月,日在东井。"

④隔篱饮:唐杜甫《客至》诗:"肯与邻翁相对饮,隔篱呼取尽余杯。"

蝶恋花①

<small>甲戌九日,鸡鸣寺②登高未与,得树字。</small>

山外斜阳城外树。六代繁华,一水东流去。只有黄鸡啼不住。十三楼畔朝还暮。

佳节登临题好句。千里相思,可惜无风雨。篱菊凌霜枫叶舞。有人知我平安否。

[注释]

①本词录自《国闻周报》,1934 年第十一卷第 47 期"采风录",1934 年 10 月 26 日出版。

②鸡鸣寺:六朝古寺,在今江苏省南京市鸡笼山东麓。其地北临玄武湖,东对紫金山,风景幽绝,古今闻名。始建于西晋,是南京最古老的梵刹之一,自古有"南朝第一寺"的美誉,是南朝时期中国的佛教中心。

踏莎行①

<small>秦淮禊集,释堪为分戏字。</small>

螺子山青,鼠姑②风细。今年两度逢元巳③。试从江北望江南,催诗人在停云里。

花下遨头④,杯中婪尾⑤。移船不碍凫翁戏。何当收拾满襟愁,一齐分付湔裙水。

[注释]

①本词录自《国闻周报》,1936年第十三卷第31期"采风录",1936年8月10日出版。

②鼠姑:牡丹的别名。

③元巳:即上巳。农历三月第一个巳日,后来专指三月初三日。张衡《南都赋》:"于是暮春之禊,元巳之辰,方轨齐轸,袚于阳濒。"

④遨头:宋代成都自正月至四月有浣花之俗,时太守出游,士女纵观,称太守为"遨头",即遨游之为首者之意。宋陆游《老学庵笔记》卷八:"四月十九日,成都谓之浣花遨头,宴于杜子美草堂沧浪亭。倾城皆出,锦绣夹道。自开岁宴游,至是而止,故最盛于他时。"

⑤蕉尾:此指酒巡至末座。唐苏鹗《苏氏演义》卷下:"今人以酒巡匝为蕉尾。"亦作"蕉尾酒""蓝尾酒""蓝尾"。

鹧鸪天①

为梼杌所著写韵记小说题词

跨虎西山②事渺茫。弓腰无奈踏春阳③。为君谱作双蘼怨④,坐听河声最断肠。

怀汉浦,梦高唐。杨花拾得泪沾裳。何时重唱风光好,来饮云英一碗浆。

[注释]

①本词录自《北洋画报》,1929年第6卷第286期,1929年2

月 28 日出版。全词为邵瑞彭手书,落款署"幽州马客邵瑞彭"。原词无标题,词牌为编者所加。词下有说明文字:"邵瑞彭为梼杌所著写韵记小说题词",截作小序。

②跨虎西山:用文箫遇彩鸾之典。唐裴铏《传奇·文箫》载:唐大和年间,书生文箫中秋日游钟陵(今江西南昌)西山游帷观,遇一美丽少女。少女吟诗曰:"若能相伴陟仙坛,应得文箫驾彩鸾。自有绣襦并甲帐,琼台不怕雪霜寒。"双方互生爱慕,忽有仙童宣布天判,言吴彩鸾泄露天机,谪为民妻一纪。二人遂成夫妇,后双双骑虎仙去。一说,文箫客钟陵,中秋夜遇彩鸾于歌舞场中,悦之,约与俱归。

③弓腰句:唐段成式《酉阳杂俎》卷十四《诺皋记上》:"元和初,有一士人失姓字,因醉卧厅中。及醒,见古屏上妇人等悉于床前踏歌,歌曰:'长安女儿踏春阳,无处春阳不断肠。舞袖弓腰浑忘却,蛾眉空带九秋霜。'其中双鬟者问曰:'如何是弓腰?'歌者笑曰:'汝不见我作弓腰乎?'乃反首,髻及地,腰势如规焉。"弓腰,犹弓弯,是古代舞姬的一种高难舞姿,即反身弯腰以头触地。

④双蕖怨:即《摸鱼儿》,又名《摸鱼子》《买陂塘》《迈陂塘》。元李治《摸鱼儿》词,有"请君试听双蕖怨"句,故有此名。《乐府纪闻》载李词本事云:"大名民家,有男女以私情不遂赴水死。后三日,二尸相抱出水滨,是年此陂荷花,无不并蒂。"元好问亦有同调词咏此事。

解语花①

庚午上元和美成

芳春故国,胜节元宵,银海千虹射。绣街鳞瓦。烟光霁,迤逦绛云鹤下。笙歌曼雅。试敛手、圆蟾入把。罗绮香,游女倾城,缓步冲尘麝。

乘醉行吟半夜。迸移盘残恨,铅泪重冶。露兰书帕②。东风定,送尽少年车马。星桥③锁也。惊扫地、闹娥飞谢。图幛④开,回梦承平,才五更敲罢。

[注释]

①本词录自《北平铁路大学周刊》,1930年第136期"文苑",署名"次公"。本词前标明"庚午春词(一)",后录署名"儁邨"同题词作,标明"庚午春词(二)"。

②帕:原刊作"怕",误。

③星桥:神话中的鹊桥。宋李清照《行香子》词:"星桥鹊驾,经年才见,想离情、别恨难穷。"

④图幛:绘有图画的屏风、软幛。

琐窗寒①

和美成

废苑东边,苍凉草色,往年琼户②。幽州地迥,荏苒一春无雨。打空城、浑河夜潮,梦中隐约蛟龙语。想水堂旧月,依然流照,茂陵闲旅。

朝暮。看花处。听唱遍红莲,凤弦廿五。长街系马,送尽延秋雅侣。满天涯、烽火战场,锦屏记曲魂断否。盼③凌晨、塞下人归,洗酌添尊俎。

[注释]

①本词录自《北平铁路大学周刊》,1930年第139期"文苑",

词前标明"庚午春词(四)"。

②琼户:饰玉的门户,形容华美的居室。唐宋之问《明河篇》诗:"复道连甍共蔽亏,画堂琼户特相宜。"

③盼:原刊作"盻",当误。

洞仙歌

洛阳怀古

形胜依旧中原,滚滚漳河东注。客梦断,征程转,沸天①筘鼓。北邙春尽,西陵人老,百战关山,迤逦入、琵琶语。官渡畔,隐隐淡烟疏雨。

容与。送目芳郊千里,水滨游冶,登高念远,当时豪杰,青盖锦帆何处。月明铁马仓皇,伽蓝空记②,洛阳安危事、成今古。还按剑悲歌,风物迟暮。昆鸡夜舞。渺不见、虙妃③微步。黄尘起,且怅望、满城禾黍④。

[注释]

①天:原刊作"天",误。

②伽蓝空记:南北朝时洛阳寺院众多,香火鼎盛,但后经兵火,洛阳已"城郭崩毁,宫室倾覆,寺观灰烬,庙塔丘墟"。北魏杨衒之作《洛阳伽蓝记》,抚今追昔,寓含兴亡沧桑之感。

③虙妃:相传是伏羲氏之女,溺死洛水,遂为洛水之神。亦作"宓妃"。

④禾黍:《诗·王风·黍离·序》:"《黍离》,闵宗周也。周大夫行役至于宗周,过故宗庙宫室,尽为禾黍。闵周室之颠覆,彷徨不忍去,而作是诗也。"后以"禾黍"为悲悯故国破败或胜地废圮之典。

河渎神

其 一

江上草萋萋。空山深锁蛾眉。谁家铜鼓赛荒祠。零乱巴俞①竹枝。

两岸猿声啼不住。估帆②直下南浦。帝子不知何处。灵旗日夕风雨。

其 二

杜若③满潇湘。楚天梦雨荒唐。青蘋风起水茫茫。相思西过瞿塘。

泪竹斑斑似红血。子规早晚啼歇。何以赠君离别。菱波闲弄明月。

其 三④

木落洞庭秋。湘烟千里含愁。神弦巫葆望中州。长江终古东流。

云髻峨峨谁得见。平沙惟有归雁。楚客悬橦天晚。棹歌一夜肠断。

[注释]

①巴俞:此为古乐舞名。巴俞,蜀古地名。《汉书》卷九十六下《西域传第六十六下》:"天子负黼依,袭翠被,冯玉几,而处其中。

设酒池肉林以飨四夷之客,作《巴俞》都卢、海中《砀极》、漫衍鱼龙、角抵之戏以观视之。"颜师古注:"巴人,巴州人也。俞,水名,今渝州也。巴俞之人,所谓賨人也,劲锐善舞,本从高祖定三秦有功,高祖喜观其舞,因令乐人习之,故有《巴俞》之乐。"《汉书》卷二十二《礼乐志第二》:"巴俞鼓员三十六人。"颜师古注:"当高祖初为汉王,得巴俞人,并赳捷善斗,与之定三秦灭楚,因存其武乐也。巴俞之乐因此始也。"

②估帆:商船。估:商人。

③杜若:香草名。多年生草本,高一二尺,叶广披针形,味辛香,夏日开白花,果实蓝黑色。《楚辞·九歌·湘君》:"采芳洲兮杜若,将以遗兮下女。"

④上四首词录自《国学丛编》,1931年第一卷第2期,署名"邵瑞彭"。

浣溪沙①

次前韵

其 一

琴韵迎风出苑墙。雪花传泪响朱廊。五更银烛送春芳。

客里暄寒愁里度,万回啼笑一回忘。南桥嘶马断人肠。

其 二

雪后幽禽过竹墙。灯前琴轸咽重廊。有人持泪感瑶芳。

  细马驶②来年已暮,飞花堕处恨初忘。梦回回瞥怕无肠。

[注释]

  ①本组词录自《铁路月刊·津浦线》,1931年第一卷第10期"杂俎",署名"次公"。此两首词为和李宣倜《浣溪沙》之作,李词小序云:"辛未元夜,独步中庭,仰视星月历历,微闻隔垣按歌声,猛念十年前今夕城南游衍(当为'行',编者注)之盛。韶光锦屏,同成逝者;彩云队(当为'坠',编者注)散,清泪连浟。谱此自遣。"李词后署名"伯七"之和词小序云:"歌者琴雪芳仙去,散释居士以词征和,并约嵌'琴雪芳马回回'六字,率谱答之。"

  ②驶:此通"快",疾速、迅速。

木兰花慢

塞北秋兴

  指居庸①北去,云漠漠、水茫茫。有汉代秋风,秦时明月,惯阅兴亡。沙场晾鹰人老,黯穹庐衰草见牛羊。遥夜胡笳四起,征夫惨恻思乡。

  南翔孤雁惊严霜。哀唳不成行。叹千载衔冤,白头苏武,青冢王嫱。河梁酒酣送客,劝君莫将沉醉换悲凉②。烽火甘泉未息,引弓直射天狼。

[注释]

  ①居庸:居庸关,古关名,在今北京市昌平区西北。

②劝君句:"君"字当衍,见《扬荷集》。

点绛唇

渝　关①

万马无声,照天星斗明于炬。冷云枯树。今夜渝关路。

莽莽平原,风卷黄沙舞。休回顾。耳弦鸣处。北雁南飞去。

[注释]

①渝关:古关名,又称临闾关、临渝关、临榆关。隋开皇三年(583)筑,即今河北秦皇岛市东山海关。唐为东北军事重镇。辽、金、元时渐废,明洪武初徐达修复,改名山海关。因宋辽人已有讹渝关为榆关者,故山海关又别称榆关。一说故址即今河北抚宁东榆关镇,与山海关非一地。

一寸金①

山行,夜宿戒坛。

天接愁鬟,窈窕晴岚挹寒色。见野僧托钵,长安古寺,村台骑马,皇华残驿。山好无人识,新妆②面、暗惊旧客。高林外、塔影钟声,望眼沉沉暮云白。

胜地重来,年光如梦,思量最凄恻。问感愁蒲柳,缘何蕉萃。迷空水月,冯谁怜惜。挥手星辰动,卢沟③岸、又催夜汐。黄昏后、炳烛登临,路狭风更急。

[注释]

①上三首词录自《东北丛刊》,1931 年第 16 期,署名"邵次公"。

②妆:原刊作"戕",据《扬荷集》改。

③卢沟:即永定河。古称灢水,隋代称桑干河,金代称卢沟,旧名无定河,海河流域七大水系之一。

石湖仙①

退庵五十生日,题选词图为寿。

扁舟黄浦。隐琼琯仙人,云水深处。天半日轮高,洗丹沙、朱颜老去。三生花草,总厌听、隔江歌舞。聊与论岁寒,倚棹怀古。

南楼画帘四卷,笑评量、清词丽句。送目千秋,掩抑名山风雨。栗里闲踪,石林香缕。锦弦添柱。传喜语。陈芳共寿夔府。

[注释]

①本词录自《青鹤》,1933 年第一卷第 5 期"近人词钞",1933 年 1 月 16 日出版,署名"次公"。

踏莎行①

碧漪夫人所画碧山吟社②卷子

云叶拖蓝,岚衣濯翠。西神山③色斜汤里。有人写怨寄蘋花,玉箫④声绕阑干起。

倚槛林深,侵帘草细。黛眉欲斗纤螺腻。前身合是管鸥波,画中着个王孙未。

[注释]

①本词录自《青鹤》,1933年第一卷第8期"近人词钞",1933年3月1日出版。亦见于《上海画报》第569期,1930年3月24日出版,署名"瑞彭"。

②碧山吟社:位于江苏省无锡市愚公谷西部,厅前门额刻有"碧山吟社"四字,由文徵明手书。始建于明代成化年间,由无锡名流秦旭(字敬修,秦观后代)为首的十位老人在此集社吟诗。从此延续到清初,多有诗人在此重开诗社,清初姜宸英编有《碧山集》。此后碧山吟社长期湮没。辛亥革命无锡光复初年,找到碧山吟社匾额,发现遗址,由唐文治撰写《碧山吟社刻石记》置于吟社后院。

③西神山:即惠山,古称西神山。位于江苏省无锡市西郊,属浙江天目山由东向西绵延的支脉。南朝称历山,相传舜帝曾躬耕于此山。山有九陇,俗谓九龙山。

④箫:原刊作"萧"。

三姝媚①

丙子闰上巳后湖集,予在大梁未及与会,玄圃主人②代拈泗字韵。

东风花外起。驻春光人间,再逢元巳。唤笛传杯,数旧游依约,玉骢能记。翠墨题裙,湔③不尽、北湖烟水。丽日帘栊④,分付愁心,卖饧声里。

目极江南千里。尽梦逐归帆,渡淮浮泗。急劫阴晴,要劝君收拾,酒边闲泪。报答年芳,休忘了、鸥波诗意。坐待红兰结佩,高楼共倚。

[注释]

①本词录自《青鹤》,1936 年第四卷第 15 期"近人词钞",1936 年 6 月 16 日出版。亦见于《词学季刊》,1936 年第三卷第二号,词序作"丙子闰,上巳后湖禊饮,予在大梁,翼如代拈得泗字。"

②玄圃主人:邵元冲。邵元冲(1890~1936),字翼如,本名骥,字伯瑾。浙江绍兴人。毕业于杭州浙江高等学堂,国民党将领。著有《各国革命史略》《孙文主义总论》《西北揽胜》《邵元冲日记》《玄圃文存》《玄圃诗存》等。

③湔:《词学季刊》作"前",当为"湔"之误。

④栊:原刊作"櫳",当为"栊"之异体字,此据《词学季刊》改。

饮马歌①

此女直②横吹曲,不鼓不拍,音节凄断,乌珠③入阵,每歌之。曹忠靖④曾倚声为调,今次其韵。

龙沙⑤兵讯到。跃马渔阳⑥道。乱烽连天照。战场归鸿小。塞笳吹,羽檄驰,大漠爻霜悄。未言老⑦。

[注释]

①本词录自《河南民国日报》副刊《庠声》,1933 年第 15 期,第 50 页,署名"次公"。

②女直:疑为"女真"之误。

③乌珠:西夏语"皇帝"意。亦称"兀卒""吾祖"。

④曹忠靖:曹勋。曹勋(1098～1174),字公显,一字世绩,号松隐,谥忠靖。颖昌阳翟(今河南禹县)人。南宋大臣,北宋末词人曹组之子。有《松隐文集》《北狩见闻录》等。

⑤龙沙:原指新疆天山南路白龙堆沙漠。《后汉书》卷四十七《班梁列传第三十七》:"定远慷慨,专功西遐。坦步葱、雪,咫尺龙沙。"李贤注:"葱岭、雪山,白龙堆沙漠也。"后泛指塞外漠北边塞之地或荒漠。

⑥渔阳:秦、汉、唐皆设渔阳郡,辖地约在今北京、天津、河北省北部一带。

⑦老:原刊作"者",当误。曹勋《饮马歌》词结句为"岁华老"。

减字木兰花①

和少滨②洛游原韵

琴弦已畅。不为临河增怅望。此意能猜。人向龙门③顶上来。

吾乡我里。安乐窝前歌吹起。眼乱心惊。一派西风铁马声。

[注释]

①本词录自《河南民国日报》副刊《庠声》,1933年第16期,第63页。

②少滨:朱师辙。朱师辙(1879~1969),字绍宾,亦字绍滨、少滨,别署充隐。江苏吴县(今江苏省苏州市)人。文字训诂学家。祖父为清代著名学者朱骏声。曾任清史馆纂修,中国大学、中央大学教授。抗战胜利后任中山大学教授。著有《和清真词》《商君书解诂定本》《清史述闻》等。

③龙门:此指洛阳龙门山。又名伊阙山,位于洛阳市区南部。香山和龙门山夹峙伊河,形似门阙,故名。

西 河①

十八年前曾和美成金陵怀古,今再为之。

征战地。繁华事去难记。临春殿阙委蒿莱,夜潮怒起。数声铁笛响秋风,哀歌人在云际。

露台上,和泪倚。鹿卢古井绳系。降幡又出石头城,梦沉故垒。送他六代好江山,秦淮依旧烟水。

蜃楼过眼散雾市②。访龙蟠③、羞认闾里。袖手夕阳时世。共齐梁四百,僧房闲对,零落丹枫④霜天里。

[注释]

①本词亦见于《儒效月刊》,1946年第二卷第6、7期合刊,1946年10月1日出版,词序作"昔和美成金陵怀古,十八年矣,今再为之。"词序后注"辛未"。

②雾市:此指人烟辏集之处。

③龙蟠:此代指南京。按照中国古代四象说和风水说等学说,东为青龙、西为白虎,南京东郊是紫金山,形似龙蟠,西郊是石头城,形似虎踞。蟠:屈曲,环绕,盘伏。

④枫:《儒效月刊》作"风"。

无　闷①

大梁寓舍,密迩城闉②,新寒酿雪,弥望萧索,和碧山。

残叶惊霜,枯树弄③风,重叠高城怯倚。叹满眼平沙,故园无此。一夜胡笳④缥缈,送绕岸⑤、年年黄河水。暗愁积处,横空鳞甲,怒龙飞坠。

羁致。转蓬似。悄换尽阴晴,酒边人意。剩罨画关山,不成⑥回睇。窗外⑦群鸦渐少,更恼乱、休文⑧闲身世。待⑨卧后、酣梦丰穰,笑引白毡铺地。

[注释]

①本词亦见于《儒效月刊》,1946年第二卷第6、7期合刊,1946年10月1日出版,词题作"夷门候雪和碧山",后注"辛未"。

②阑:此指城门。

③弄:《儒效月刊》作"戟"。

④胡笳:《儒效月刊》作"哀笳"。

⑤岸:原刊作"厈",同"岸"。《儒效月刊》作"岸"。

⑥不成:《儒效月刊》作"石城"。

⑦窗外:《儒效月刊》作"枝上"。

⑧休文:沈约。沈约(441～513),字休文,南朝梁文学家。吴兴武康(今浙江德清)人。历仕宋、齐、梁三代,后不得大用,郁郁而病。

⑨待:《儒效月刊》作"盼"。

木兰花慢

彊邨师挽词

倚阑干望远,乱山外、暮云横。讶海水禁寒,江关促梦,凄感平生。泠泠。楚歌旧谱,把商弦弹绝更谁听。过眼完人有数,到头天意无凭。

严城。鼓角夜三更。孤月此心明。话别殿春雷,空林夏雪,一例吞声。骑鲸①。归来甚日,又要离冢②畔草青青。忍对琼楼玉宇,重招河岳英灵。

[注释]

①骑鲸:亦作"骑京鱼""骑鲵鱼"。《文选》扬雄《羽猎赋》:"乘钜鳞,骑京鱼。"李善注:"京鱼,大鱼也,字或为鲸。鲸亦大鱼也。"后因以比喻隐遁或游仙。唐杜甫《送孔巢父谢病归游江东兼呈李白》诗:"罢琴惆怅月照席,几岁寄我空中书。南寻禹穴见李白,道甫问讯今何如。"清仇兆鳌注:"南寻句,一作'若逢李白骑鲵鱼'。按:骑鲵鱼,出《羽猎赋》。俗传太白醉骑鲵鱼,溺死浔阳,皆缘此句而附会之耳。"后用为咏李白之典。此以李白之才喻朱祖谋,婉言其逝去。亦用朱祖谋挽王鹏运词意,见下注。

②要离冢:要离,春秋时刺客。受吴公子光委托刺杀庆忌,庆忌义之,使还吴以衷其忠。要离至江陵,伏剑死,其墓在今江苏省无锡市。朱祖谋挽王鹏运之《木兰花慢》词:"才近要离冢侧,故人真个骑鲸。"自注云:"昔年和翁生圹词有云:'傍要离穿冢尔何心,长安市。'翁笑曰:'息壤在兹。'岂谶耶。"

徵　招

客有依草窗韵挽疆翁者,要同作。

雪溪①西畔斜阳路,霜鸿又将愁到。故国柳初新,奈盟沤人杳。独弦吟最苦,泫双袖、泪痕多少。倚杵云低,落帆风紧,梦魂催觉。

洗眼望枫棱,沧江晚、寂寞紫霞凄调。过尽义熙年②,忍黄花插帽。玉楼春自好。怕难解、杜陵怀抱。笛声起,立遍林亭,伴夜蟾寒照。

[注释]

①霅溪：河川名，在浙江省吴兴县（今浙江省湖州市）治南，亦称霅川、霅水、若水、大溪水。即今浙江湖州市苕溪下游，由苕溪（西苕溪）、前溪、余不溪（东苕溪）、霄溪汇流而成，东北流入太湖。《太平寰宇记》："霅者，四水激射之声也。"亦为吴兴县别称。朱祖谋为浙江吴兴人。

②义熙年：《宋书》卷九十三《列传第五十三·隐逸·陶潜》："潜弱年薄宦，不洁去就之迹，自以曾祖晋世宰辅，耻复屈身后代，自高祖（宋武帝刘裕）王业渐隆，不复肯仕。所著文章，皆题其年月，义熙以前，则书晋氏年号，自永初以来唯云甲子而已。"义熙：东晋安帝年号（405～418）。多用为品性高洁，不仕二朝之典。宋陆游《书陶靖节桃源诗后》诗："独为桃源人作传，固应不仕义熙年。"

法曲献仙音①

汪君刚寄词见忆，次韵。

园柳浓阴，井梧微月，挂笏尊前相②遇。梦隔鸥盟，讯沉雁影，梅风暗回重午。念倦客、长安远，绳河③夜窗度。

砌虫语。对樊楼④、四更灯火，吟望里、腰带又宽几许。写尽衍波笺，话闲愁、能继香祖⑤。水驿云昏，倚危阑、催理眠绪。愿归艎载酒，醉听玉龙新谱。

[注释]

①上五首词录自《词学季刊》，1933年第一卷创刊号"近人词

录",1933年4月出版,第176～177页。题名"扬荷集词",署名"淳安邵瑞彭次公",词后有编者识语:"次公先生词,已有《扬荷集》锓板行世。以上诸阕,皆年来寓居大梁时新作也。编者附识。"本词亦见于《儒效月刊》,1946年第二卷第6、7期合刊,1946年10月1日出版,词题作"汪仲虎寄怀次韵",后注"壬申"。

②相:《儒效月刊》作"曾"。

③绳河:银河。古纬书言王者德至则天河直如绳,故名。明彭大翼《山堂肆考》卷二:"(天河)曰绳河,言如绳之直也。"

④樊楼:北宋东京最繁华的一家酒楼。宋刘子翚《忆樊楼》诗:"忆得少年多乐事,夜深灯火上樊楼。"今河南省开封市宋都御街北端有据史书复建的樊楼。

⑤香祖:兰花的别称。宋陶谷《清异录·草》:"兰虽吐一花,室中亦馥郁袭人,弥旬不歇,故江南人以兰为香祖。"《广群芳谱·花谱》:"兰幽香清远,馥郁袭衣,弥旬不歇,常开于春初,虽冰霜之后,高深自如,故江南以兰为香祖。"亦可指早于众花开放的花。

青门饮①

辛未春,约同人和东亩②此解。匆匆出游,迄未成章。秋宵寒重,披衣起坐,聊复补之。

秋老星稀,夜寒天阔③,绳河暗转,扁舟谁渡。缥缈④屏山,雁程传梦,禁受几番风露。听唱江南好,有闲鸥、沙边呼侣。泪眼冥迷⑤,弹指岁华,羌管吹处。

往事空劳沉醉,添万感行吟,半生栖旅。系马池台,斗鸡门巷,愁话昔年张绪⑥。灯火挑还起,漫惊心、连城军鼓⑦。幸过了重阳⑧,犹见钿黄盈路。

[注释]

①本词亦见于《新东亚》,1939 年第 17 期,署名"次公",词牌作"青门引",词题作"辛未秋夜述怀"。

②东畆:曹豳。曹豳(1170～1249),字西士,号东畆,一作东畎。温州瑞安(今属浙江)人。《全宋词》辑其词二首。按,曹豳存词无《青门饮》。邵词此作当和曹组之作。曹组,北宋词人。生卒年不详,字元宠,颖昌(今河南许昌)人,一说阳翟(今河南禹县)人。曾官睿思殿应制,因占对才敏,深得宋徽宗宠幸。约于徽宗末年去世。存词 36 首。

③阔:《新东亚》作"润"。

④缥缈:《新东亚》作"缥渺"。

⑤迷:《新东亚》作"述"。

⑥张绪:字思曼,南齐吴郡吴县(今苏州)人。少知名,清简寡欲,其叔父向人称赞:"此儿,今之乐广也。"长于《周易》,言精理奥,见宗一时。博学多才,风流倜傥。《南齐书》《南史》有传。后用作对潇洒脱俗文人的美称。《南史》卷三十一《列传第二十一·张裕附张绪》:"绪吐纳风流,听者皆忘饥疲,见者肃然如在宗庙。虽终日与居,莫能测焉。刘悛之为益州,献蜀柳数株,枝条甚长,状若丝缕。时旧宫芳林苑始成,武帝以植于太昌灵和殿前,常赏玩咨嗟,曰:'此杨柳风流可爱,似张绪当年时。'"

⑦军鼓:《新东亚》作"金鼓"。

⑧幸过句:较曹组词多一字。

齐天乐①

趣园雨集,予以羁旅返京,未与佳觞。仲老②损书③见告,已近重九矣。赋寄同社诸老。

隋堤④西畔浮云暮,南飞去鸿成阵。露粟秾香,霜花澹色,零落瑶京芳信。砧声夜紧。便排日登临,断肠余恨。醉插茱萸,饯秋时节酒边近。

梁王池馆未改,满城风又雨,天意难问。水阁传笺,名园剪烛,判我狂游无分。轻寒自忍。要障面邻家,碎金残粉。数遍更筹,梦痕销易尽。

[注释]

①本词亦见于《新东亚》,1939 年第 16 期,词序作"癸西重九前二日作"。

②仲老:当指靳志。

③损书:对来信的敬称。

④隋堤:隋炀帝时沿通济渠、邗沟河岸修筑的御道,道旁植杨柳,后人谓之隋堤。故址在今河南永城、开封一带。五代后蜀何光远《鉴诫录·亡国音》:"炀帝将幸江都,开汴河,种柳,至今号曰'隋堤'。"

减字浣溪沙

榆生①得顾太清②《东海渔歌》卷二孤本,亡友诸贞壮③钞本也。因忆昔年读书醇邸废园,花时吟赏,屡④兴雍门之感⑤。灵芬触手,益难为怀,赋短拍,寄榆生。

其 一

湖上春来翠作漪。楼头人去柳垂丝。欲邀缺月酹蛾眉。

寒橐沿街更定后,凉风吹面酒醒时。沧桑残怨费相思。

其 二

乔木平泉已就荒。一春烟雨困丁香。当年间气⑥在闺房。

过眼青山销粉黛,谁家玉笛唱伊凉。阻风中酒事寻常。

[注释]

①榆生:龙榆生。龙榆生(1902~1966),名沐勋,晚年以字行,号忍寒。曾任暨南大学、中山大学、中央大学、上海音乐学院教授。师从黄侃、朱祖谋。与夏承焘、唐圭璋、詹安泰并称"民国四大词人"。曾主编《词学季刊》,著有《风雨龙吟室词》《忍寒庐吟稿》,编有《唐宋名家词选》《近三百年名家词选》等。

②顾太清(1799~1877):满洲镶蓝旗人,姓西林觉罗氏,名春,字梅仙。后嫁贝勒奕绘为侧室时,报宗人府为"顾"姓,又因丈夫奕绘字子章、号太素,为与之相配,遂字子春、号太清,故以"顾太清"名世。著有诗集《天游阁集》七卷、词集《东海渔歌》六卷。

③诸贞壮:诸宗元。诸宗元(1875~1932),字贞壮,一字贞长,

别署迦持,晚号大至,别号大至居士。浙江绍兴人。南社成员,民国藏书家、书画家。有《大至阁集》《中国画学浅说》等。

④屡:原刊作"娄",误。

⑤雍门之感:此指感时伤逝之情。雍门:指雍门周,战国时期齐国人,善鼓琴。曾借鼓琴游说齐国孟尝君,使孟尝君感受至深。汉刘向《说苑》卷第十一《善说》:"雍门子周以琴见乎孟尝君。孟尝君曰:'先生鼓琴,亦能令文悲乎?'……雍门子周引琴而鼓之,徐动宫徵,微挥羽角,切终而成曲。孟尝君涕浪汗增欷,下而就之曰:'先生之鼓琴,令文立若破国亡邑之人也。'"

⑥间气:旧谓英雄伟人,上应星象,禀天地特殊之气,间世而出,故称。《太平御览》卷三六〇引《春秋孔演图》:"正气为帝,间气为臣,宫商为姓,秀气为人。"宋均注:"间气则不苞一行,各受一星以生。"

木兰花慢①

邺城②怀古

渡黄河北去,鞭不起,古漳流。想万里风烟,三更灯火,残霸中州。封侯壮心在否,听西陵歌舞使人愁。高树闲栖乌鹊,空阶长卧貔貅③。

平畴。落日下荒丘。怆怆看吴钩。问倾泪移盘,沉沙折戟,谁记恩仇。回头汉家宫阙,剩鸳鸯瓦冷雉媒④秋。欲唤南来王粲,为君重赋登楼。

[注释]

①上五首词录自《词学季刊》,1933年第一卷第三号"近人词

录",1933年12月出版,第162~163页。本期录词六首,《秋思·樊楼秋感和梦窗》一首,因疑有漏刻,故录刊于《新东亚》者,见后录。本词亦见于《新东亚》,1939年第18期。

②邺城:邺有北南二城。北城故址在今河北临漳县西南邺镇、三台村一带。春秋齐桓公始筑城,战国属魏。公元213年,曹操为魏王,定都于此。南邺筑于东魏初年,在今漳水之南,属河南安阳市辖境。

③貔貅:古籍中的两种猛兽。徐珂《清稗类钞·动物类·貔貅》:"貔貅,形似虎,或曰似熊,毛色灰白,辽东人谓之白熊。雄者曰貔,雌者曰貅,故古人多连举之。"又名天禄、辟邪,百解,亦作"豼貅"。此指石狮、石兽等。

④雉媒:猎人所驯养用以诱捕野雉的雉。晋葛洪《西京杂记》卷四"日射百雉"条:"茂陵文固阳,本琅琊人,善驯野雉为媒,用以射雉。每以三春之月,为茅障自翳,用觟矢以射之,日连数百。"

祝英台近

碧云轻,银汉澹,横笛隔江弄。红藕香残,门外露华重。玉珰缄札沉沉,水遥山远,五千里、夜凉谁共。

蜡飘凤。几度唱彻回波,庭竹背风动。骏马黄金,如今已无用。可怜天上嫠蟾①,照人到晓,照不到、画屏秋梦。

[注释]

①嫠蟾:孤单的月亮。嫠:寡妇。

长相思①

拟秋姓

其 一

长相思,在春晓。日出榑桑②红皎皎。罗带长,金钿小。南浦生绿波,西园见芳草。一为张女弹,朱颜镜中老。

其 二③

长相思,在秋暮。耿耿明河夜难曙。九张机④,五杂俎⑤。络纬井边啼,鸿雁天涯去。欲说见时难,玉阶下寒露。

[注释]

①本调通常视为诗,见《乐府诗集》卷六十九《杂曲歌辞九》。

②榑桑:古同"扶桑",传说中的神木,生长于日出的地方。

③上三首词录自《词学季刊》,1934年第一卷第四号"近人词录",1934年4月出版,第179~180页。

④九张机:宋词词牌名。最早见于《乐府雅词》中收录的宋代无名氏的词。其词为联章体,共有两组:一组为整曲九首,前后无口号;一组为十一首,前后有口号。主要描写闺中幽怨凄婉的思绪。

⑤五杂俎:古乐府名。亦作"五杂组"。作者不详。三言六句,

以首句名篇:"五杂俎,冈头草。往复还,车马道。不获已,人将老。"后人仿其作,成为诗体的一种。

清平乐

为榆生题传砚图①

星精②睒睒。冻压苍龙胆。广乐洞庭摇万感。中有玉蜍泪点。

禅床衣钵亲传。相期海水为田。天下文章一石,灯前鳞甲千山③。

[注释]

①传砚图:朱祖谋临终前将遗稿和校词朱墨双砚传于门人龙榆生,并托夏敬观绘《上彊村授砚图》。

②星精:犹言星之灵气。北周庾信《周太子太保步陆逞神道碑》:"祥符云气,庆合星精。"

③鳞甲千山:语出宋苏轼《行琼儋间肩舆坐睡梦中得句云千山动鳞甲万谷酣笙钟觉而遇清风急雨戏作此数句》诗。

渡江云

和美成

金风喧永夜,满阶坠叶,面旋舞尘沙。候虫吟未已,桂殿秋深,冷落谢娘①家。罗屏绛蜡,劝努力、将息年华。

环汴堤、绿芜凋尽,树树有栖鸦。

休嗟。幽人挥泪,荡子登楼,是前朝白下②。临路歧、酬歌量锦,题句笼纱。无多恨事江南北,听鼓角、凄动霜葭。还障袂,魂销故国烟花。

[注释]

①谢娘:此指歌妓。唐宰相李德裕家谢秋娘为名歌妓,后因以"谢娘"泛指歌妓。

②白下:古地名,在今江苏省南京市西北。唐移金陵县于此,改名白下县,后因用为南京的别称。

蝶恋花

其 一

过了中秋秋已半。绛蜡风轻,吹动芙蓉干。擘断鸾钗君不见。月明依旧深深院。

百榼①千壶无计劝。罗袂生寒,恨极翻成恋。西北楼高天更远。凭阑人在江南岸。

其 二

千里清秋风色紧。弹绝秦丝,筝雁飞无阵。肠转车轮君不信。人间歧路从谁问。

罗带缠绵千万恨。出意相思,抛尽闲金粉。迸泪钉花②寒有晕。东南日出归期近。

其　三

十二楼前生碧草。珠箔当门,团扇迎风小。赵瑟秦筝弹未了。洞房一夜乌啼晓。

忍把千金酬一笑。毕竟相思,不抵相逢好。锦字无凭南雁杳。美人家在长干道。

其　四

东去伯劳西去燕。织女黄姑,岁岁时相见。玉露无声银烛短。有人遥夜停针线。

二十四阑闲倚遍。河汉盈盈,争似红墙远。井上朱弦牵不断。中庭谁唱双蕖怨。

其　五

目极梁王台畔路。千里浮云,一夜西窗雨。倘使行人留得住。不辞化作长亭树。

弹绝幺弦声更哭。红蓼花残,河水东流去。锦带吴钩携手处。小屏山上燕支暮。

其　六③

冉冉中原歌舞地。叠鼓垂灯,夹道车如水。把酒劝君须着意。人生难得花前醉。

看遍千门桃与李。牵动游人,隔岸抛莲子。一路秋虫啼未已。汝南遥夜鸡声起。

[注释]

①榼:古代盛酒的器具。

②釭花:灯花。釭:此指油灯。

③上八首词录自《词学季刊》,1935年第二卷第二号"近人词录"。本期录邵词十首,《陂塘柳》(甲戌初秋,遄归北都度七夕)、《陂塘柳》(七夕,倬庵和白石,予复和倬庵)见前录。

齐天乐①

南海木棉②花瓣作鞾红色,榆生赋小令见示,报以此解。

天花飞下兜罗手,朦胧绛云盈岸。梦蝶新巢,呼莺旧里,匀作珠房娇面。关河路远。听刀尺高楼,唾茸③缄怨。泪逆④征袍,故人心事岁寒见。

江南柳绵渐少,乱山烽火里,虫语凄变。镜槛凝尘,机丝引月,禁得回肠千转。珊瑚捣遍。怕弹彻哀筝,洗多红浅。待叩通明,为君晴到晚。

[注释]

①本词录自《词学季刊》,1936年第三卷第二号"近人词录",1936年6月出版,第150页。本期录邵词二首,《三姝媚》见前录。

②棉:原刊作"绵"。

③唾茸:语出南唐李煜《一斛珠》词:"烂嚼红茸,笑向檀郎唾。"

④逆:疑为"迸"之误。

风入松^①

水天残碧断文^②斜。楼杏已无华。调笙几度劳相对,付西风、弹入胡沙。梦里鹦声方响,鬟边虫影琵琶。

幺弦故国涩红牙。流露野人家。桐焦^③不共飞龙骨,伴英雄、画意权枒。何似竹深夜静,知音闲溯杨娃^④。

[注释]

①本词录自《梅社月刊》,1938年第10期,署名"邵次公"。词末有病鹤注"此咏宋徽宗松风琴也"之语。

②断文:裂纹。亦作"断纹"。多指古琴的裂纹。宋赵希鹄《洞天清禄集·古琴辨》:"古琴以断纹为证。……盖漆器无断纹,而琴独有之者;盖他器用布漆,琴则不用;他器安闲,而琴日夜为弦所激,又岁久桐腐而漆相离破。"宋周密《志雅堂杂钞·诸玩》:"仲山有宣和内府一琴,绝佳,……其制作、断文,皆非常琴可拟。"

③桐焦:古琴名。《后汉书》卷六十下《蔡邕列传第五十下》:"吴人有烧桐以爨者。邕闻火烈之声,知其良木,因请而裁为琴,果有美音,而其尾犹焦,故时人名曰'焦尾琴'焉。"

④知音句:清姜绍书《韵石斋笔谈》卷下载,杨妹子曾作《诉衷情》一阕为马远所作《松院鸣琴图》题词,有言:"闲中一弄七弦琴。此曲少知音。"本句当用此事。一说杨妹子即杨娃,为宋宁宗恭圣皇后之妹,皇后姓杨,故称;一说杨妹子即恭圣皇后本人。按,据近世学者考证,当以后者为是,杨娃为"杨姓"之讹。唐圭璋《读词札记》、杨宝霖《词林纪事补正》言,此阕《诉衷情》乃宋代词人张抡所作。

画屏秋色①

樊楼和梦窗均

驻马城楼②侧。记③梦华前事,废池苔色。高树汴堤,乱莎梁苑,云遏天窄。谱哀曲山亭,候虫吟恨掩更抑。漾市帘,秋焰碧。把万叠关河,六更风露,付与翠绡④封泪,耐人寻忆。

凄夕。谯门⑤漏滴。弄箭波、锦绣慵饰⑥。画屏瑶瑟。匆匆催遍,谢郎发白。渐月落参横,夜阑征雁沉去翼。念故国,空记识。问换劫寒尘,沧桑何计避得。望切旌旗路⑦北。

[注释]

①本词录自《新东亚》,1939年第一卷第9期,署名"次公"。亦见于《词学季刊》,1933年第一卷第三号,署名"邵瑞彭",词牌作"秋思",词题作"樊楼秋感和梦窗"。

②驻马樊城:《词学季刊》作"嘶马樊楼"。

③记:《词学季刊》作"驻"。

④翠绡:绿色的薄绢。宋陈亮《水龙吟·春恨》词:"罗绶分香,翠绡封泪,几多幽怨。"

⑤谯门:有望楼的城门。

⑥凄夕三句:《词学季刊》作"听彻谯门弄,箭波锦绣慵饰。"

⑦路:《词学季刊》作"向"。

风流子

和文潜①

雕轮络宝马,长安道、重叠软尘飞。望禁火楼台,簸钱②庭院,桃花放日,莎草生时。画桥畔、泰娘③勤送酒,仲若④懒听鹂。烟水荡春,笙歌媚晚,蘅⑤芜径窄,杨柳门低。

江南音书隔,萦怀处、应是雨足苔肥。何意凤城澹月,还妒蛾眉。过几回上巳,朱颜渐老,天涯海角,零乱心期。分付梦云千里,闲载愁归。

[注释]

①原刊后注"辛未"。

②簸钱:古代一种以掷钱赌输赢的游戏。

③泰娘:因刘禹锡《泰娘歌》述歌女泰娘之事,后以泰娘泛指歌女。详见前"泰娘歌"注。

④仲若:戴颙。戴颙(378~441),字仲若,谯郡铚县(今安徽宿县西)人。善奏琴、书法及画佛像。后唐冯贽《云仙杂记》引《高隐外书》:"戴颙春日携双柑斗酒,人问何之,曰:'往听黄鹂声,此俗耳针砭、诗肠鼓吹,汝知之乎?'"

⑤蘅:原刊此处漫漶,疑为"蘅"字。

沁园春①

李释堪无边华盦在弓弦胡同②,为图索赋。③

琉璃砚匣,弓弦霹雳,大隐凤城。趁澡兰时节,熟梅天气,闲中觅句,醉后谈兵。五万春华,几回低首,落日沧江螺髻青。仙风起,幻香云十里,水月三更。

　　身名④。谁重谁轻。料听我狂言满座惊。道摩诃池上,空传旧恨,遮须国里,难卜他生。鹦鹉参禅,鸳鸯入寺,且作人间过去僧。无边相,付马留⑤说法,木叶声声。

[注释]

①上二首词录自《儒效月刊》,1946年第二卷第6、7期合刊,1946年10月1日出版,题名"扬荷续集",署"邵次公遗著　赵冠军校录"。本期录邵词五首,《无闷》《法曲献仙音》《西河》三首已见前录。

②弓弦胡同:北京街道名。原是东皇城根北街通往美术馆东街的一条胡同,1959年因修建中国美术馆被截断。1965年整顿地名时将西库司胡同、双辇胡同北部并入。

③原刊后注"辛未"。

④身名:原刊此处断句。与《国闻周报》所刊有异,见前录。

⑤马留:此指猴子。亦作"马流"。宋胡仔《苕溪渔隐丛话前集》卷五十五引《桐江诗话》:"吕惠卿察访京东,吕天资清瘦,语话之际,喜以双手指画,社人目之曰'说法马留',又凑为七字曰'说法马留为察访'。"宋邵博《闻见后录》卷十:"今世猴为马留,与其人形似耳。"

蝶恋花

　　百六春韶弹指过。那更廉纤,梦雨连宵作。窗外红芳应尽堕。有人无话灯前坐。

曾记吴淞停画舸。蓬背声声，独自兜衾卧。此际心情谁似我。思量往事如何可。

陂塘柳

乡人知予出都，多来慰问，有以诗歌见赠者，赋此答之。

甚心情愁红怨碧，江关词赋①催老。铜盘泪尽仙人去，不是承平年少。归尚早。算底事干卿，枉被东风恼。家山最好。看如画青溪，越禽声里，稳挂片帆饱。

觚棱梦，唱断丹翁水调。琼楼高处曾到。齐州烟②冷黄河死，付与斜阳秋草。该一笑。且将息清狂，着意谈忠孝。沧桑过了。要多谢乡亲，寻消问息，哀我故侯邵③。

[注释]

①江关词赋：指庾信《哀江南赋》，意境悲凉。

②齐州烟：语出唐李贺《梦天》诗："遥望齐州九点烟，一泓海水杯中泻。"

③故侯邵：指召平。典出《史记》卷五十三《萧相国世家第二十三》："召平者，故秦朝东陵侯。秦破，为布衣，贫，种瓜于长安城东，瓜美，故世俗谓之'东陵瓜'，从召平以为名也。"此典多指弃官归隐之人，或表达雅逸的情怀。

青衫湿

相逢底用青衫湿,情话怕也难真。二分明月,十重香雾,一对愁人。

碧丝绾梦,红冰贮泪,销也无魂。可怜最是,收灯时候,闭了重门。

庆春寒①

如画园林,未寒时候,凄迷燕子人家。风前昨夜,仙心曾托胡麻②。窗嵝③明月方斜。更阑梦醒,隔了重衾,便是天涯。

秋波碧颤铅华。罗带同心,结了还加。绮陌青骢,银河翠羽,相逢何处香车。青青松柏,早换了垂杨暮鸦。琼琚万感,空余词句,谁与笼纱。

[注释]

①上四首词录自《胜流》,1947年第六卷第5期,总题名曰"小黄昏馆词选",共录词十九首,其中十五首已见于前录《南社丛刻》,故不录。词前有编者识语:"淳安邵瑞彭先生,字次公,为旧国会议员。民国十二年,曹锟贿选总统,邵以曹吴(佩孚)所出贿选款支票,向京师法院检举,因以直声闻天下。时法院在曹吴势力之下;案未进行,而当轴衔邵甚,必欲得之而甘心,邵乃于检举后匆匆出

都。其后于抗战期中,任河南大学中国文学系教授,于民国三十三年病逝开封,享年七十余。先生生前擅填词,迄未付梓。民国三十六年,先生侄孙以增以挑选县长,分发浙江,出示其先德倚声抄本,都九十八阕,小令居多。先生曾自为甲乙,凡所删节,均出手泽。因选录若干首,先于本刊刊载,并盼以增能及早将全卷付梓,以期传世。选录中有《陂塘柳》一首,似为先生当年检举贿选出京时所作,尤可以见先生之襟怀也。"按,此言邵瑞彭逝世于民国三十三年(1944)有误。邵瑞彭逝世于1937年12月2日,详见韦绪智《一代词人的悲歌——邵次公先生晚年在汴轶事》,《老照片》第四十二辑,济南:山东画报出版社,2005年,第119页;李静《儒侠参差两不疑长安旧雨此君奇——记一位不该被遗忘的词人邵瑞彭》,《洛阳师范学院学报》,2014年1月第1期。李文"生卒年释疑"部分,孟冬当为十月,误作十一月,特此更正。本阕词牌未见于《词谱》,疑有误,待考。

②胡麻:即芝麻。相传汉张骞得其种于西域,故名。《神农本草经》卷一:"胡麻,一名巨胜。"晋葛洪《抱朴子·仙药》:"巨胜一名胡麻,饵服之不老,耐风湿、补衰老也。"刘晨、阮肇入天台采药,遇仙女,同食胡麻饭。

③嵊:嵊山,山名,在中国浙江省嵊县北,与嵊山相对。疑为"罅(罅)"之误。

浣溪沙①

予赋北海秋莲屡矣。甲戌七月,归卧旧京,过玉蛛桥,薄雨初收,新凉暗起,万妆欲卸,一舸不来。因念关情景物,哀乐由人,迟暮之思,孰云得已。坡老寒枝之感②,词句空传;樊南锦瑟之悲③,

郑笺④谁作？东风起，吹皱一池春水，正不知于本分有何交涉也。

其 一

水殿云廊又一时。玉京风露旧相期。涉江谁唱惜红衣。

花近高楼人宛在，月明遥夜梦凄其。愁心分付白鸥知。

其 二

一桁西风作意凉。水天无地宿鸳鸯。不辞费泪与红墙。

已拚罗衾闻旧雨，未堪玉笛怨横塘。凌波人意定难忘。

[注释]

①本组词录自《河南大学校刊》，1934年10月8日，第四版。原题作"浣溪沙二首"。

②坡老句：指宋苏轼《卜算子·黄州定慧院寓居作》词："拣尽寒枝不肯栖，寂寞沙洲冷。"

③樊南句：指唐李商隐《锦瑟》诗。李商隐（813～858），字义山，号玉溪生、樊南生，怀州河内（今河南省沁阳县）人。有《李义山诗集》。

④郑笺：汉郑玄所作《毛诗传笺》的简称。汉代传授《诗经》的原有齐、鲁、韩、毛四家，其中毛诗出现得最晚，而当时三家诗已立于学官，得到了官方的认可。但经郑玄笺注后，毛诗影响渐大，流传至今，三家诗渐废弃不传。

踏莎行①

月下桔槔②图,洞庭属题。

明月如眉,寒畴似掌。春泉夜泼机丝响。不须听唱鹿卢歌,田家风味堪寻响。

魋结③无忧,牛衣④自赏。竹根坐看新萌长。废池荒甃占云烟,画中省识承平样。

[注释]

①本词录自《南社湘集》,1936年第6期,署名"淳安邵瑞彭次公"。

②桔槔:亦作"桔皋"。井上汲水的工具。在井旁架子(或能做架子使用的树木)上设一杠杆,一端系水桶,一端系石块等重物,两端上下运动以汲取井水。

③魋结:结成椎形的发髻。《史记》卷九十七《郦生陆贾列传第三十七·陆贾》:"陆生至,尉他魋结箕倨见陆生。"裴骃集解:"服虔曰:'魋音椎。今兵士椎头结。'"司马贞索隐:"谓为髻一撮似椎而结之,故字从结。"

④牛衣:供牛御寒用的披盖物,如蓑衣之类。《汉书》卷七十六《赵尹韩张两王传第四十六·王章》:"初,章为诸生学长安,独与妻居。章疾病,无被,卧牛衣中,与妻决,涕泣。"颜师古注:"牛衣,编乱麻为之,即今俗呼为龙具者。"后以喻贫寒。

蝶恋花①

其 一

蒗蓎渠②边花似霰。珠箔临津,遮断双飞燕。啼湿鲛绡君不见。回肠争共车轮转。

松柏青青人未远。着意春寒,恩重翻成怨。文锦为衾罗作荐③。当时忍道相逢晚。

其 二

豆蔻生时花满径。星汉西斜,深院人初定。弹绝朱弦君不听。东风细细罗衾冷。

蜡泪成堆知夜永。圆月当空,终古明于镜。好梦未残灯欲暝。荒鸡切莫催人醒。

[注释]

①本组词录自《河南大学校刊·文艺副刊》,1937年4月19日,第二版。原题作"蝶恋花二首"。

②蒗蓎渠:即浪荡渠,古代鸿沟水系之一支,亦名"狼汤渠""浚仪渠",亦省称"渠"。源出阳武县(今河南原阳县东),向南流经开封陈留镇西北,流至淮阳县南,入颍水。即汴水在开封市以西部分。

③荐:草垫。

蝶恋华①

次韵和澄波②

其 一

秾李花开春满树。海燕寻巢,飞上雕梁去。朱雀桥边门对户。人间别有双栖处。

连日行云连夜雨。不为巫娥,不向高唐住。转尽鹿卢千万度。晓屏山外鹃声苦。

其 二

红日当窗春社后。裁取香罗,亲把鸳鸯绣。襟上啼痕沾宿酒。衣新还盼人如旧。

结就同心天共久。玉佩金珰,不羡花盈首。门外东风吹水皱。夜堂珍重携双袖。

[注释]

①本组词录自《河南大学校刊·文艺副刊》,1937年5月24日,第六版。

②澄波:李瑷灿。李瑷灿,生卒年不详,字澄波,邵瑞彭弟子。河南汲县人。曾任教于开封尚志女校。

华胥引

和陈小树

寒灯媚夜,残叶迎风,漏壶初急。恨促蛮弦,啼沾宝枕人未识。不道孤客无眠,滞水西云北。松柏依然,为谁凝想油壁。

胡雁传笺,话如今、旧欢难掷。锦屏双扇,犹堪旧题象笔①。满眼江山沉醉,待梦魂相觅。闲拥罗衾,怨蛾凄桂林隙。

[注释]

①象笔:以象牙为管的笔,或用作笔的美称。宋姜夔《法曲献仙音》词:"象笔鸾笺,甚而今、不道秀句。"

霜叶飞

十一月十五日约菊庵同赋

夜堂欢短。霜风外,南飞惊坠孤鹰①。浸痕沧海认明珠,付绛绡同泫。记昨日、疏帘半卷。愁妆吟镜春无限。念故国、捐珰旧恨,不分重见。

江上素月弦空,平林灯火,望极前度人面。凤城秋去,晚鸦啼梦,紫台②天远。想落叶、宫门闭断。蛾眉催老闲恩怨。试共吟、横汾赋,箫鼓归来,茂陵年晚。

[注释]

①鹰:疑为"雁"之误。

②紫台:犹紫宫。指帝王所居。《文选》江淹《恨赋》:"若夫明妃去时,仰天太息。紫台稍远,关山无极。"李善注:"紫台,犹紫宫也。"唐杜甫《咏怀古迹》五首之三:"一去紫台连朔漠,独留青冢向黄昏。"

玉楼春

其 一

行云不合西楼住。遥夜繁红飞似雨。镜中潮信有来期,屏上春帆无去路。

锦衾四角丝千缕。飘尽柳绵难作絮。君如瑟柱妾如弦,自古一弦安一柱。

其 二

长干波浪连天阔。日日吴船乘浪发。来如春梦去如云,昨夜星辰今夜月。

夜堂携手芳菲节。不信花开人又别。胡桐①着雨泪难干,密苣煨炉心易爇。

其 三

罗衣不怨秋风早。时世梳妆工且巧。泠泠湘女五条弦,弹裂哀云人未晓。

远山隐约双蛾小。应有千金酬一笑。遥遥夜夜滞愁眠,坐对菱花慵自照。

其 四

黄莺二月栖难定。三月杨花飞满径。一春无雨到清明。残醉天涯犹未醒。

妾如桃李开金井。君似铜瓶辞短绠。坠瓶出水不空回,中有夭桃红泪影。

其 五

红楼只在斜阳里。不抵开山千万里。游丝传语讯平安,说与相逢浑不似。

镜鸾照影殷勤寄。贮得方诸②千点泪。欲凭环佩领春愁,除是寒裯寻晚睡。

[注释]

①胡桐:胡杨的别名。《汉书》卷九十六上《西域传第六十六上·鄯善国》:"国出玉,多葭苇,柽柳、胡桐、白草。"颜师古注:"胡桐亦似桐,不类桑也。虫食其树而沫出下流者,俗名为胡桐泪,言似眼泪也,可以汗金银也,今工匠皆用之。流俗语讹呼泪为律。"

②方诸:古代在月下承露取水的器具。《淮南子·览冥训》:"夫阳燧取火于日,方诸取露于月。"

玲珑四犯

十月晦夜，独坐假寐，得"高丘"云云十四字，度其音律，颇合石帚自制曲。感念离居，情意宛结，因足成之。

柘馆①露浓，箫台风紧，明蟾低挂林表。画阑凝望久，亘亘星可悄。今宵梦魂未到，滞欢期、乱烟荒草。翠被温愁，玉珰传泪，肠断几时了。

横塘水、桃根棹。想残盟易践，归计难早。满街寒柝起，竟夕群鸦闹。高丘万古春无恨，问谁说、蛾眉不好。天欲晓。思量罢、朱颜暗老。

[注释]

①柘馆：汉上林苑中嫔妃所居之馆，亦泛指内宫。汉班婕妤《自悼赋》："痛阳禄与柘馆兮，仍褴褛而离灾。"

玲珑四犯

危城索居，终夜不眠，感物怀人，黯然有作。

依旧销寒，好时节、玉笛愔愔。重帘寂寞，乱尘绕遍荒林。此夜凭高望远。念弥天烽火，何地堪临。沉吟。知离人、肠断不禁。

故国平居怨别，对阑干千里，一片伤心。海样啼痕，渍罗衾、比似谁深。南楼还闻哀雁，便忆起、金梁却月，有梦难寻。拥书卧,背孤灯、惆怅到今。

梦玉人引[①]

旧经过地,行云散,渺无迹。腊鼓催年,回首可怜轻别。横海孤舟,怕离魂难度,不成相忆。一夜同看,只青天明月。

故衣休换,数啼痕、添了满衣雪。塞北春迟,玉梅何处攀折?望里关山,苕苕飞鸿翼。料伊到晓恹恹,暗卜归来时日。

[注释]

①上十首词辑自况周颐《蕙风词话》,见况周颐撰;屈兴国辑注:《蕙风词话辑注》,南昌:江西人民出版社,2000年,第546～550页。词题、词序均出自况周颐所述,见附录一。

水调歌头

题罗复戡[①]校碑图

法帖[②]谱东观[③],古刻聚南村。多君健笔,扫尽欧赵旧知闻。要把珊瑚铁网[④],搜取琳琅金薤[⑤],过眼录烟云。茧纸[⑥]护三绝[⑦],蝉翼抵千钧。

启缃函,濡翠墨,拂苍珉[⑧]。白虹贯月,不怕猛虎夜敲门。太息韩陵无语,何似秦碑没字[⑨],占断太山尊。且拭鹡原⑩泪，石上试追魂⑪。

[注释]

①罗复戡：罗惇曼。罗惇曼(1874～1954)，字照岩、季孺，号敷庵，一号复堪，别署羯蒙老人，斋名三山簃。广东顺德人。罗惇㕫弟，康有为万木草堂弟子。工书、能画、兼擅篆刻，尤长于章草。著有《三山簃诗存》《三山簃学诗浅说》《羯蒙老人随笔》等。

②法帖：名家书法的范本。

③东观：东汉洛阳南宫内观名。明帝诏班固等修撰《汉记》于此，书成，名为《东观汉记》。章、和二帝时为皇宫藏书之府。后因以称国史修撰之所。

④珊瑚铁网：即铁网珊瑚。用铁网搜罗珊瑚，后因以喻搜罗奇珍异宝。《新唐书》卷二百二十一下《列传第一百四十六下·西域列传下·拂菻》："海中有珊瑚洲，海人乘大舶，堕铁网水底。珊瑚初生磐石上，白如菌，一岁而黄，三岁赤，枝格交错，高三四尺。铁发其根，系网舶上，绞而出之，失时不取即腐。"网：原刊作"钢"。

⑤金薤：书体名，指金错书和薤叶书，是古代两种篆隶书法。后以之喻书体优美。唐韩愈《调张籍》诗："平生千万篇，金薤垂琳琅。"韩醇注："金薤，书也。古有薤叶书，……言李杜文章，播于金石云尔。"

⑥茧纸：古代书画用纸之一。传说晋王羲之写《兰亭集序》即用此纸。

⑦三绝：此当指碑刻与罗复戡之字。唐李绰《尚书故实》："魏《受禅碑》，王朗文、梁鹄书、钟繇镌字，谓之三绝。"

⑧苍珉：石头。珉：似玉的美石。宋李正民《挽胡茂老枢密》其一："佐时遗事业，谁为勒苍珉。"

⑨秦碑没字：用焚书坑儒之典。

⑩鸰原:《诗·小雅·常棣》:"脊令在原,兄弟急难。"毛亨传:"脊令,雍渠也,飞则鸣,行则摇,不能自舍耳。急难,言兄弟之相救于急难。"郑玄笺:"雍渠,水鸟,而今在原,失其常处,则飞则鸣,求其类,天性也。犹兄弟之于急难。"脊令,也写作"鹡鸰"。后因以"鸰原"谓兄弟友爱。唐杜甫《赠韦左丞丈济》诗:"鸰原荒宿草,凤沼接亨衢。"

⑪石上句:用《追魂碑》之典。清陈鸿墀《全唐文纪事》卷一百载:"唐开元间,松阳叶法善以道术遭遇玄宗。时李邕为处州刺史,邕以词翰名世,法善求邕为其祖有道先生国重作碑,邕从之。文成,请并书,弗许。一夕,梦法善请曰:'向辱雄文,光贲泉壤,敢再求书。'邕喜而为书,未竟,钟鸣梦觉,至'丁'字下数点而止。法善刻毕,持墨本往谢,邕惊曰:'始以为梦,乃真邪!'"此碑即《叶有道碑》,因李邕梦觉,至"丁"字下数点而止,故又称"丁丁碑";又因传叶法善夜追其魂而书之,又称"追魂碑"。李邕,唐著名文学家、书法家,世称"李北海"。

庆春宫

癸酉元旦和汪仲虎

烛外风柔,帘前雪瘦,好春潋滟严城。红缕堆盘,青旗拂面,梦回爆竹千声。故王台榭,漏壶转、东方未明。求浆难准,起舞空劳,愁到鸡鸣。

黄河竟待谁清。凭遍危阑,云汉西横。匝地烟尘,喧天笳鼓,几人投老忘情。岁华依旧,只添得、无端醉醒。草堂今夜,倘为梅花,刻意吟成。

行香子

题江慎修①先生弄丸图

其 一

天地蘧庐②。万物巴苴。东王公大笑投壶③。射耀魄宝④,缚巨灵胡⑤。问圜在上,矩在下⑥,何为乎。

与古为徒。惟道集虚。是先生太极之图。五德终始⑦,三统⑧乘除⑨。一任人间,铜挝鼓,蜡传书。

其 二⑩

黄海天都⑪。黄墩⑫老儒。爇心香百世须臾。礼堂马郑,阙里程朱⑬。尽驴咬瓜⑭,鱼上竹⑮,凤栖梧。

两字无无⑯。一卧盱盱⑰。弄泥丸不用洪炉⑱。宜僚⑲缩手,平子⑳回车。比开天经㉑,太平道㉒,果何如。

[注释]

①江慎修:江永。江永(1681~1762),字慎修,号慎斋。徽州府婺源县(今江西省婺源县江湾镇)人。清代著名学者,皖派经学创始人,精研经学、历算、理学。戴震、程瑶田、金榜等皆其弟子。

②蘧庐:古代驿传中供人休息的房子。犹今言旅馆。《庄子·天运》:"仁义,先王之蘧庐也。"晋郭象注:"犹传舍也。"

③东王公句:旧题汉东方朔《神异经·东荒经》载:东荒山中有大石室,东王公居焉,长一丈,头发皓白,鸟面人形而虎尾,载一黑

⑱洪炉：大火炉。喻天地。出自《庄子·大宗师》，见前"跃冶"注。

⑲宜僚：春秋时楚国勇士，善于弄丸。姓熊，居于市南，因号市南子。楚白公胜谋作乱，将杀令尹子西。以宜僚勇士，可敌五百人，遂遣使屈之。宜僚正上下弄丸，既不为利诱，又不为威惕，卒不从命。白公不得宜僚，反事不成，遂使白公、子西两家之难解。见《左传·哀公十六年》。《庄子·徐无鬼》："市南宜僚弄丸，而两家之难解。"

⑳平子：张衡字平子，其所造地动仪"首衔铜丸""机发吐丸"。

㉑开天经：道教伪经，又称《老子开天经》《太上老君开天经》。叙述老君从开天辟地以来，直至周初，数次下降为帝师，每次均口吐经文一部，教化君王百姓治理世事，使之得以生存的经历。

㉒太平道：汉末道教派别之一。东汉灵帝熹平间，巨鹿人张角创立，利用《太平经》传播道教，故名。

⑩上四首词辑自夏敬观《忍古楼词话》,《词学季刊》,1935年第二卷第二号,第163～164页。词题均出自夏敬观所述,见附录一。

⑪黄海天都:以黄山高峰喻江永。黄海:此借指安徽黄山。清黄景仁《黄山寻益然和尚塔不得》诗:"迎之返黄海,卓锡观云涛。"天都:黄山高峰名。明徐弘祖《徐霞客游记·游黄山日记》:"疏木葺葺中,仰见群峰盘结,天都独巍然上挺。……上至平冈,则莲花、云门诸峰,争奇竞秀,若为天都拥卫者。"

⑫黄墩:地名,在今安徽省歙县,今通作"篁墩"。《汉学师承记》"江永"条,漆永祥笺释引江锦波、汪世重《江慎修先生年谱》:"(江永)号慎斋。望出兰陵萧相国何之后,唐宰相萧遘之子,江南节度使祯,渡江,家于歙之黄墩,因易姓为江。二世祖董,始迁婺源皋径,八世祖进贤县尉敌,始迁江湾。"

⑬礼堂二句:喻江永。礼堂:此指古代习礼的讲堂。《后汉书》卷三十五《张曹郑列传第二十五·郑玄》:"末所愤愤者,徒以亡亲坟垄未成,所好群书率皆腐敝,不得于礼堂写定,传与其人。"王先谦集解引惠栋曰:"《别传》云:'北海有玄儒林讲堂。'"马郑:马融、郑玄。阙里:孔子故里,在今山东曲阜城内阙里街,因有两石阙,故名。孔子曾在此讲学,后建有孔庙,几占全城之半。亦借指儒学。程朱:二程、朱熹。

⑭驴咬瓜:见前"王癫獭"注。

⑮鱼上竹:喻求进艰难。见前"鲇鱼上竹竿"注。

⑯无无:连空虚无有也没有。道家学说中指天地万物形成以前的空寂状态。后亦泛指虚无,乌有。《淮南子·道应训》:"予能有无矣,未能无无也。及其为无无,又何从至于此哉?"高诱注:"言我能使形不可得,未能殊无形也。"

⑰盱盱:张目直视貌。

熊,左右顾望。恒与一玉女投壶。每投千二百矫,设有入不出者,天为之嘘嘘;矫出而脱误不接者,天为之笑。晋张华注:"言笑者,天口流火炤灼,今天不雨而有电光,是天笑也。"

④耀魄宝:星名,即天帝星,北极五星的最尊者。《星经·天皇》:"天皇大帝一星,在钩陈中央也,不记数,皆是一星,在五帝前坐,万神辅录图也。其神曰耀魄宝,主御群灵也。"《晋书》卷十一《志第一·天文上》:"钩陈口中一星曰天皇大帝,其神曰耀魄宝,主御群灵,执万神图。"亦省作"耀魄"。

⑤巨灵胡:神话传说中劈开华山的河神。亦作"巨灵"。《文选》张衡《西京赋》:"缀以二华,巨灵赑屃,高掌远蹠,以流河曲,厥迹犹存。"薛综注:"巨灵,河神也,……古语云:此本一山当河,水过之而曲行,河之神以手擘开其上,足蹋离其下,中分为二,以通河流。手足之迹,于今尚在。"

⑥问圜二句:《吕氏春秋·序意》:"文信侯曰:'尝得学黄帝之所以诲颛顼矣,爰有大圜在上,大矩在下,汝能法之,为民父母。盖闻古之清世,是法天地。'"圜,天;矩,地。

⑦五德终始:战国末期阴阳家邹衍的学说。把水、木、金、火、土看作五德,历代王朝各代表一德,按照五行相生相克的顺序,交互更替,周而复始,论者用以推断自然的运转及王朝兴亡的原因。

⑧三统:指夏、商、周三代的正朔。夏正建寅为人统,商正建丑为地统,周正建子为天统。亦谓之三正。《汉书》卷三十六《楚元王传第六·刘向》:"王者必通三统,明天命所授者博,非独一姓也。"颜师古注引张晏曰:"一曰天统,为周十一月建子为正,天始施之端也。二曰地统,谓殷以十二月建丑为正,地始化之端也。三曰人统,谓夏以十三月建寅为正,人始成之端也。"

⑨乘除:喻人事的消长盛衰。宋陆游《遣兴》诗:"寄语莺花休入梦,世间万事有乘除。"

邵瑞彭诗词笺注
（下）

杨萌芽 李静 笺注

河南大学出版社
·郑州·

《扬荷集》①

《扬荷集》卷一

六幺令

海天霞起,飞下双黄鹄。东风暗传春讯,芳草背人绿。明月西楼夜暖,步障分红烛。钿筐金粟,麝尘如梦,唱彻桃根渡江曲。

望里烟波浩渺,恨满潇湘竹。坐上花艳参差,皎若于阗玉。休学襄阳荡子,醉入倡家宿。此欢须续。锦丝纤手,绣取夫容上裙幅。

玉漏迟

江上早春

粉云收细雨,流莺唤起,江乡春晓。似翦东风,遍绿去年芳草。画舸冲波未远,见弄影、村梅纤小。歌吹绕。宿酲乍析,新愁如扫。

---

① 四卷,朱印本,扉页"扬荷集"二字为篆体,由郑沅手书,牌记题"岁庚午二月上旬双玉蝉馆刊",署名"淳安邵瑞彭次公"。本集为邵瑞彭刊刻的第一部词集,大致以创作时间为序,精选平生词作编录而成,所选词作或在入集时了精心改动,或在初创作、发表后又不断修改。本集中相当一部分词作已见前录,为存全貌,依原刊照录。

满眼丽日楼台,问镜里青山,为谁颦笑。断续轻尘巷陌,试灯须早。门外车轮暗转,愿迎取踏莎人到。吟思好。予怀乱红知道。

望湘人

和《东山》

讶衰荷坠粉,新桂贮花,谢堂人困秋半。九曲回肠,万重望眼。荏苒韶光催晚。恨结裙长,泪沾衾重,铜簧微暖。听绕篱、蜻蜓哀吟,竟夕幽栖谁伴。

机上蚕丝易断。念青骢去后,月斜天远。画蛾绿双眉,自斗镜痕深浅。香囊暗解,玉楼西畔。往日踟蹰秦观。莫等到鬲岁春来,负了寻巢归燕。

鹊踏枝

其 一

千里东风吹绿树。今日斜阳,昨夜廉纤雨。蔓草平烟迷客路。秭归声里斑骓去。

铁拨鹍弦珠络鼓①。春水生时,花落关山暮。大道青楼歌又舞。华年系在黄金缕。

其 二

木落淮南秋晼晚。万水千山，目极春心远。梦觉惊乌啼不断。鹿卢暗引回肠转。

白玉为杯金作碗。酒冷灯昏，镜里愁深浅。苦对明蟾嫌夜短。西风先到齐纨扇。

其 三

西北浮云回客骑。日出高楼，柳絮因风起。春去春来双燕子，衔花直渡长江水。

闻道东邻工作髻。窈窕秦铜，明灭神仙字。陌上相逢游冶子，背人但说罗敷②媚。

[注释]

①珠络鼓：一种用珠翠装饰的乐鼓。《乐府诗集》卷四十九《清商曲辞六·西曲歌下·杨叛儿》："七宝珠络鼓，教郎拍复拍。"

②敷：原刊作"紨"。

南歌子

电掣灵蛇走，云开怪蜃沉。烛天星汉压潮音。十万灯船摇荡、火珠林。

茧羽迎风转，颓轮掠海深。叩舷忼忾发高吟。疑有鲛宫泉客、夜弹琴。

月下笛

秦　淮

野馆延秋,荒桥对月,悄然羁客。山围故国。倚户垂杨千尺。问桃根桃叶渡江,小脣秀靥谁见得。仅西陵画舸,南楼团扇,可供思忆。

兰灯四起,送一水东流,未消顽碧。龙蟠事杳,泪尽吴娘残笛。漏迢迢、梦多夜长,候虫宛转霜讯急。卷重帘,障目烟尘断续天更黑。

归自遥

其　一

春寂寂。芳草黄昏烟似织。小屏风上燕支色。江南江北闻吹笛。音尘鬲。玉楼明月长相忆。

其　二

春又晚。燕子归来帘不卷。柳花风起红楼远。阳关唱彻千万遍。浮云变。故人却在潇湘岸。

二郎神

七 夕

炎光去。坠废井、梧桐低舞。对万里明河秋耿耿,佳期准、鹊桥催渡。瓜果筵开更漏永,迸怨入、金风玉露。碧落外、新盟旧誓,可似寻常儿女。

延伫。虫声缥缈,恍闻机杼。计此会年年天共久,终远胜、人间朝暮。银烛罗屏回宝扇,又听尽、针楼好语。怕今夜姮娥,镜缺房空,相看遥妒。

竹马子

庚戌秋夜,舟过吴江,通昔不眠,悄然成咏。

当渔火空江,霜钟半夜,好秋如许。渐栖雅噪野,明蟾浴水,微闻柔橹。望极笠泽茫茫,烟波送尽,画船箫鼓。蠡种①渺难追,酒醒时,冯吊西施何处。

到晓单衾冷,山川换色,岁华催暮。枫林坠叶红舞。争识行人劳苦。忽忆坐上梁鸿,梦中张翰,消息天涯误。愁心万叠,又过松陵②路。

「注释」

①蠡种:指范蠡和文种。两人都是春秋末期越王勾践的谋臣,助勾践灭吴。传说范蠡助勾践灭吴后急流勇退,与西施泛舟五湖。

②松陵:古地名,吴江之别称。618～626年建镇,现为苏州市吴江区人民政府所在地。南宋姜夔《过垂虹》诗:"曲终过尽松陵路,回首烟波十四桥。"

梦扬州①

粉墙高。望五湖烟水,孤负兰桡。梦里故人,寂寞秦台吹箫。紫鸾飞去双成远,寄素书、啼湿鲛绡。披衣坐,天涯今夜,断魂分付春潮。

零乱严更丽谯②。怜暗鼠侵床,翠冷香销。上巳乍过,落尽园中夭桃。画帘莫向东风卷,怕怨娥、知我无憀。尘又起,斑骓系岸,征路迢迢。

[注释]
①扬州:原刊作"杨州"。后出作此意者径改不注。
②丽谯:华丽的高楼。

惜分飞

吴兴①道中

渺渺苕溪东流去。脉脉荷花一路。有恨无人语。梦魂长在花深处。

昨夜月明秋满树。听尽高城节鼓。今夜濛濛雨。白团扇上相思苦。

[注释]

①吴兴：地名，在今浙江省湖州市。三国吴甘露二年(266)，吴主孙皓取"吴国兴盛"之意改乌程为吴兴，并设吴兴郡，辖地包括今湖州市全境、钱塘(今杭州)、阳羡(今宜兴)。隋代因地濒太湖而更名湖州，吴兴为下辖县。2003年，湖州市区改名为吴兴区。

氐州弟一

辛亥仲秋，归自慈溪①，舟次乌石，计程明日可到家矣。

秋入江乡，帆路暗转，津头画鼓声杳。废楫横沙，寒灯挂树，回目烟岚②缭绕。黄苇牵衣，似眷③恋、当年游钓。水落渔梁，山围故国，夜长难晓。

向此思家真欠早，定谁见、近来怀抱。赋恨交通，伤神奉倩④，促壮颜先老。倚危樯、风又起，绳河外、征鸿不到。一饷跱踌，乱星移、明蟾皎皎。

[注释]

①慈溪：隶属浙江，因治南有溪，东汉董黯"母慈子孝"传说而得名。现为浙江省慈溪市。

②岚：原刊作"葻"，当误。

③眷：原刊作"睠"。

④奉倩：荀粲。荀粲(约209～238)，字奉倩，颍川颍阴(今河南许昌)人。三国魏玄学家。晋孙盛《晋阳秋》引《太平御览》三百八十："荀粲，字奉倩。常曰：'妇人者，才智不足论，自宜以色为

主。'骠骑将军曹洪女有美色,粲于是聘焉。容服帷帐甚丽,专房宴寝。历数年后,妇偶病亡。未殡,傅嘏往唁。粲不哭神伤,曰:'佳人难再得。'痛悼不已。岁余亦亡。"后以"奉倩神伤"指丧失妻子。此指黯然伤神。

琴调相思引

其 一

远岫临流接晚霞。近城急桨漾轻纱。露兰双眼,啼湿一湖花。

如此东风犹昨夜,不知明月照谁家。绿杨深处,处处有栖雅。

其 二

子夜谁吹玉笛声。藕花多处月偏明。闹红一舸,将梦过临平①。

故国可怜天水碧,鬲江无数越山青。潮回风起,渔火动西陵。

[注释]

①临平:地名,位于今浙江省杭州市余杭区,境内有临平山。

玲珑四犯

和美成

榆火①初温,倚胜节流杯,飞照千艳。细绿迎门,长避镜中妆脸。容易斗草②光阴,被树底鹧鸪啼乱。纵绣襦玉佩齐换。留取此心相见。

脆丸分与冰盘荐。桂堂深、笑浓歌蒨。凝脂露洗屏风色,罗带频移眼。何用挂席送春,已坠尽、斜阳额点。望凤城彻夜,车马急,愁应散。

[注释]

①榆火:《周礼·夏官·司爟》:"四时变国火。"汉郑玄注:"郑司农说以鄹子曰:'春取榆柳之火。'"本谓春天钻榆、柳之木以取火种,后因以"榆火"为典,表示春景。

②斗草:小作"斗百草"。一种古代游戏,竞采花草,比赛多寡优劣,常于端午行之。南朝梁宗懔《荆楚岁时记》:"五月五日,谓之浴兰节。四民并踏百草。今人又有斗百草之戏。"

下水船

京口①道中

星火瓜州②渡。今日停桡何处。春社神鸦,年年自啼风雨。愁几许。芳草连天欲暮,杯底依然吴楚。

听箛鼓。饮马中江路。千里青山北顾。挥手登临，苍茫逝波东注。憺无语。目断隋堤烟柳,明月南朝媿赋。

[注释]

①京口：古城名。故址在今江苏省镇江市。明顾祖禹《读史方舆纪要·南直七·镇江府》："镇江府……三国吴曰京口镇。汉建安十三年，孙权自吴徙治丹徒，号曰京城。十六年迁建业，复于此置京督，为重镇。……《尔雅》曰：'丘绝高曰京'，盖丹徒城凭山临江，故有京口之名。"

②瓜州：此指位于江苏省扬州市之瓜洲镇。在江苏省扬州市邗江区南部、大运河分支入长江处，与镇江市隔江斜对，向为长江南北水运交通要冲。又称瓜埠洲，亦作"瓜洲"。宋王安石《泊船瓜洲》诗："京口瓜洲一水间，钟山只隔数重山。"

西　河

金陵怀古和美成

形胜地。秦淮断梦能记。琼花唱彻后庭空，乱乌四起。布帆叶叶翦江来，寒潮流恨无际。

画帘畔，今再倚。绿杨走马难系。青天半落六朝山，尚余燕垒。夜深莫听景阳钟①，宫门香散沉水。

板桥卖酒换旧市。有明蟾、闲照千里。念我狎鲸身世。向劳劳、送客新亭，凄对吹折刚肠，箫声里。

[注释]

①景阳钟：景阳为南朝宫名，齐武帝置钟于景阳楼上，听到景

阳钟声,文武百官早朝议政。《南史》卷十一《武穆裴皇后》:"上数游幸诸苑囿,载宫人从后车。宫内深隐,不闻端门鼓漏声,置钟于景阳楼上,应五鼓及三鼓。宫人闻钟声,早起庄饰。"

满朝欢

东华门①和耆卿

长乐疏钟,建章清漏,鸡人②隔夜催晓。上苑千宫剑佩,联步云杪③。东风暗起,有笺染凤池,歌翻鱼沼。二月艳春,燕支雨洒,天街莎草。

曾记屏前桱楯④,户外旌旗,咫尺梨园优笑。玉楼变景,野客单衣闲到。唐汉繁华,去来如梦,满眼斜阳悄悄。永日鼓角惊寒,零落兰成愁抱。

[注释]

①东华门:紫禁城东门,始建于明永乐十八年(1420)。

②鸡人:周官名,掌供办鸡牲,凡举行大典,则报时以警夜。《周礼·春官·鸡人》:"鸡人掌共鸡牲,辨其物。大祭祀,夜嘑旦以嘂百官。凡国之大宾客、会同、军旅、丧纪,亦如之。凡国事为期,则告之时。凡祭祀,面禳衅,共其鸡牲。"后指宫廷中专管更漏之人。

③云杪:云霄,高空。

④桱楯:当指古代置于官署前用以遮拦行人的障碍物。

八声甘州

颐和园送秋,和梦窗。

澹荒烟古树下斜阳,流萤乱繁星。付沧波幻出,披香旧苑,传烛春城。一夜秋风变冷,鲸甲露华腥。寥落横汾事,南雁无声。

惟有丹棱寒水,送画船箫鼓,沉醉催醒。问西山眉黛,从此为谁青。费年年、燕支花泪,染红衣、残粉坠前汀。冯阑久、向尘埃里,回首承平。

临江仙①

泪黦②紫鸾扇,晚蝉寂寞,疏蓼婆娑。女墙外、谁翻怨叠扬荷。清歌。为归计杳,佳期左,望极湘娥。厌厌地,想故园千里,今夜如何。

金波。团圞③似镜,孤雁啼破云罗④。说胡天霜重、瘴国山多。蹉跎。又重阳近,征途远,岁月闲过。西风定,劝小窗银烛,休动星河。

[注释]

①本调《词谱》作"临江仙慢"。

②黦:此为浸湿意。

③团圞:团栾,圆貌。亦借指月。

④云罗:此指如网罗一样遍布上空的阴云,借指整个天空。南朝梁江淹《杂体诗·效嵇中散言志》:"旷哉宇宙惠,云罗更四陈。"

鹧鸪天

西城根寓舍大雪,被酒,忽得二词。

其 一

天上鸾笙不可闻。仲冬时候易黄昏。西城一夜风吹雪,十万人家尽闭门。

金盏满,玉炉温。三更无梦不成云。银河也是伤心水,流到人间带泪痕。

其 二

窗外银河耿耿横。灯前幽梦最无冯。当时苦恨良宵短,一样乌啼两样听。

仙女卜,许飞琼。此时恩怨不分明。邻家别有愁人在,夜夜虾蟆①奏六更。

[注释]

①虾蟆:传说中的月中蟾蜍。

扫花游

苇村向夕,见映水夭桃,粉腮含雨。燕雏试语。过秋千院落,似穿玉杼。系马归来,遍撚鹅黄万缕。劝春住。问寂寂谢堂,教住何处。

琴调歌尔汝。奈绣带空持,锦裙难赋。旧弦换柱。望秦云断续,半萦歧路。泪墨天涯,雁足频年未阻。小留伫。远山青、为谁眉妩。

三姝媚

和梅溪

鳞云流翠瓦。卷玲珑珠帘,麝尘狂洒。妒月圆菱,照远山眉黛,宝钗楼下。梦觉玄都,归思满、垂杨骢马。倚遍秦篝①,犹有双烟,暗紫衣衩。

迢递江南今夜。听艳曲前溪,玉筝弹罢。故国秋深,恐酒残灯烬,买春无价。燕子重来,须记取、当年王谢。乞得齐纨团扇,闲愁漫写。

[注释]

①秦篝:熏笼,因产于秦地,故称。《楚辞·招魂》:"秦篝齐缕,郑绵络些。"王逸注:"篝,笼也。"

齐天乐

西湖秋感

绿波经醉看成泪,平堤正添新涨。卧蓼惊风,流萤避水,犹说楼台亡羔。钩帘①暗响。共谁撷莲衣,画罗秋障。露冷虹腰,夜深何处唤吴榜②。

玉箫清怨未已,月华明似镜,依旧东上。远岫千鬟,高城万堞,禁得吟魂来往。余欢试想。听膈膊③邻鸡,背人先唱。梦语成烟,岸花飘细网。

[注释]

①钩帘:即帘钩。一说将帘子卷起钩上。

②吴榜:吴地人所做的大桨。一说即大榜,大桨。后以"吴榜"借指船。《楚辞·九章·涉江》:"乘舲船余上沅兮,齐吴榜以击汰。"

③膈膊:象声词。唐韩愈孟郊《斗鸡联句》:"膈膊战声喧,缤翻落羽雕。"

阳台路

和耆卿

水村晚。最恼人惊鹊,愁雅声乱。背西风、烛影摇红,迢递锦屏天远。长记桂堂东,笑语夜深,好春秋暖。留连惯。到此时、真成心聚形散。

掩袖牵衣何补,向梦里、同开望眼。旧情回首,又赚我、泪痕无限。依依话、晨钟唤觉,困卧柳阴孤馆。征轮畔。待今宵、余怀重遣。

减字木兰花

*和小山*①

春归谁送。昨日驩虞②今夕梦。眼看邻家。银烛金尊拜杏花。

雨丝吹过。淡月胧明云欲破。弟一难忘。舞袖弓腰踏艳阳。

[注释]

①小山：晏几道。晏几道(1038～1110)，字叔原，号小山，临川(今属江西)人。晏殊第七子，词作与其父晏殊齐名，并称"二晏"或"大小晏"。有《小山词》。

②驩虞：即欢娱。

醉落魄

和小山

紫台明月。遥遥夜夜秋寒彻。换了秦丝①歌更切。征雁无书，十载河梁别。

天山一片沙如雪。美人胡语当垆歇。西风堠火②旄头③折。欲写离愁，未忍从头说。

[注释]

①秦丝：亦称"秦弦"，即秦筝。古秦地(今陕西一带)的一种弦

乐器,似瑟,传为秦蒙恬所造,故名。

②堠火:烽火。唐项斯《边游》诗:"天寒明堠火,日晚裂旗风。"

③旄头:一指古代皇帝仪仗中一种担任先驱的骑兵。《汉书》卷六十三《武五子传第三十三·燕刺王刘旦》:"旦遂招来郡国奸人,赋敛铜铁作甲兵,数阅其车骑材官卒,建旌旗鼓车,旄头先驱。"一为星名,即昴星,二十八宿之一。《汉书》卷二十六《天文志第六》:"昴曰旄头,胡星也,为白衣会。"唐武元衡《送徐员外还京》诗:"旄头星未落,分手辘轳鸣。"

泛清波摘遍

和小山

南河艇小,北苑墙低,歌舞凤城春事好。絮花寒食,雨后流莺唤人早。长楸①道。青旗②闪闪,红粉盈盈,城外乱山看未了。绣勒金鞭,醉踏天街路多少。

马蹄渺。迎面乍飞暗尘,满地遍生芳草。无限华年泪痕,梦迷昏晓。故乡杳。堤上树逐步移,堂前燕将愁到。静对池灯弄月,镜屏颠倒。

[注释]

①长楸:高大的楸树,古代常种于道旁。《离骚·九章·哀郢》:"望长楸而太息兮,涕淫淫其若霰。"王逸注:"长楸,大梓。……言己顾望楚都,见其大道长树,悲而太息。"《文选》曹植《名都篇》:"斗鸡东郊道,走马长楸间。"李周翰注:"古人种楸于道,故曰'长楸'。"

②青旗:此指酒旗。唐元稹《和乐天重题别东楼》诗:"唤客潜挥远红袖,卖炉高挂小青旗。"

思远人

和小山

银甲调筝金雁冷,催老霸陵^①客。流萤三五,飞雅千万,新句梦中得。

絮云作雨梧桐滴。四望夜如墨。待唤起玉人,倚花扶醉,燕支画山色。

[注释]

①霸陵:汉文帝陵寝,亦作"灞陵"。位于今陕西省西安市东郊白鹿原东北角。灞,即灞河。因霸陵靠近灞河,故名。

望扬州

南 海

鹊观风斜,凤楼露湿,珠帘甲帐长垂。蒲根绕碛,蓼叶缘舟,黄昏萤火飞飞。太液东西。乱门前社鼓,城上云旗。玉马渺天涯。想当年,清宴瑶池。

甚王腊空传,楚歌先变,重看晼晚沉晖。英雄横槊去,换雷塘、残梦迷离。辇路人稀。宫漏静、寒雅倦啼。

好光阴、冯阑送尽，劫灰无那侵衣。

绮罗香①

晚过神武门②，残荷欲尽，秋意可怜。

泛瑟烟昏，欹盘露冷，一镜愁漪低护。梦堕瑶台，长恐万妆争妒。念佳人、路隔西风，思帝子、讯沉北渚③。怕相逢、恨井秋魂，月明遥夜耿无语。

宫沟谁写泪叶④，回首霓裳换叠，繁华轻误。玉簟香销，零落袜尘残步。便立尽、门外斜阳，又暗惊、晚来疏雨。问涉江、此际闻歌，断肠君信否。

[注释]

①本阕咏珍妃。光绪二十六年(1900)，八国联军入侵北京，珍妃坠井而死。关于珍妃之死，一说为慈禧所害，慈禧逃出紫禁城前命太监将珍妃推堕入井，一说慈禧卜令珍妃自裁，珍妃因而投井死。钱仲联评此词："《绮罗香》阕，金井招魂。仙云堕影，宫粉雕痕。"

②神武门：原称玄武门，故宫的北门。明永乐十八年(1420)建，清康熙时重修。神武门内为通往御花园及东西六宫的顺贞门。清代选秀女时，备选的女子均由神武门进出。

③思帝子句：屈原《楚辞·九歌·湘夫人》："帝子降兮北渚，目渺渺兮愁予。"

④宫沟句：当合"红叶题诗"与"泪叶"两典。"泪叶"典出《晋书》卷八十八《列传第五十八·王裒》："（王裒）痛父非命，……庐于墓侧，旦夕常至墓所拜跪，攀柏悲号，涕泪着树，树为之枯。"后以"泪叶"为孝子思亲之典，也泛指悲愁之意。唐孟郊《妾薄命》诗："青山有蘼芜，泪叶长不干。"清恽毓鼎《落叶词》："金井一叶堕，凄凉瑶殿旁。残枝未零落，映日有辉光。沟水空流恨，霓裳与断肠。何如泽畔草，犹得宿鸳鸯。"

谒金门

其 一

更漏促。露冷画阑金粟。桂殿月明秋树绿。镜花垂罳欹①。

帐底宝钗红玉。弦上西风黄鹄。永夜寒砧声断续。美人肠九曲。

其 二

秋水碧。钿鹊双飞无翼。天上明河千里直。女儿河畔泣。

良夜画楼吹笛。不抵湘灵瑶瑟。满镜云鬟香雾湿。欲归归便得。

[注释]

①罳欹：下垂的样子。亦作"篸欹"。

卜算子

和耆卿

潭花盼雨,城树映霞,断续太行余翠。羽檄惊寒,换尽仲秋天气。莽平烟倦绿蛮声里。念远道、冯高载酒,金台妙句①慵继。

寂寞鸣弦里。任眼乱车尘,怨沉壶水。马足频年,遍绕故关百二。掩纱窗、长负斜阳意。最可惜、鲛珠万点,付征鸿难寄。

[注释]

①金台妙句:金台,此指黄金台,又称燕台。故址在今河北省易县东南北易水南。相传战国燕昭王筑,置千金于台上,延请天下贤士,故名。南朝宋鲍照《代放歌行》:"岂伊白璧赐,将起黄金台。"钱振伦注:"《上谷郡图经》曰:'黄金台,易水东南十八里,燕昭王置千金于台上,以延天下之士。'"金台妙句,当指唐陈子昂《登幽州台歌》诗。幽州台即黄金台。

解连环

冬夜和梦窗

带环孤结。向长天纵目,雾沉璇极①。听唤起、羌管梅边,喜重见怨娥,斗霜颜色。翠羽传笺,递不到、玉楼东北。念灯前射覆②,坐上送钩③,惘然追忆。

驹光悔教浪掷。任西山夜雪,螺髻④催白。剩画屏、千缕垂杨,似拂水弄风,荡摇春碧。泪沃罗衾,待回作、桑干残汐。傍吴簝、故衣絮满,岁寒耐得。

[注释]

①璇极:此当指北斗七星的第二颗星。《史记》卷二十七《天官书第五》:"北斗七星,所谓'旋、玑、玉衡以齐七政。'"司马贞索隐:"《春秋运斗枢》云:'斗,第一天枢,第二旋,第三玑,第四权,第五衡,第六开阳,第七摇光。第一至第四为魁,第五至第七为标,合而为斗。'《文耀钩》云:'斗者,天之喉舌。玉衡属杓,魁为璇玑。'"

②射覆:古时一种猜物游戏,可用于占卜,亦用作酒令。《汉书》卷六十五《东方朔传第三十五》:"上尝使诸数家射覆,置守宫盂下,射之,皆不能中。"颜师古注:"数家,术数之家也。于覆器之下而置诸物,令暗射之,故云射覆。"射:推测、猜度意。

③送钩:犹藏钩,古代一种游戏。唐李商隐《无题》诗:"隔座送钩春酒暖,分曹射覆蜡灯红。"清冯浩笺注:"(送钩)古皆作藏彄,后多作藏钩,详《岁时记》诸书。隔座送钩者,送之使藏,今人酒令尚有遗意。"

④髻:发髻。

生查子

其 一

郎唱华山畿①,妾唱生查子。愿作箸成双,同卧还同起。

有歌莫倦听,有酒休辞醉。将箸画炉灰,暖在人心里。

其 二

来船动两桡,去舸开双桨。日暮采夫容,歌发朱弦响。

露重月华生,风定秋潮涨。惊起睡鸳鸯,飞泊罗裙上。

其 三

河南桃李荣,河北杨花落。不怨鹧鸪啼,但道东风恶。

花发为谁容,花落无人觉。辛苦讳春寒,其奈罗衾薄。

其 四

娟娟陌上花,皎皎机中素。袅袅翠楼人,夜夜啼秋雨。

遥遥青海头,去去黄尘暮。恻恻坎侯吟,怅怅公无渡②。

其 五

玉剑骏骐冠③,跃马邯郸道。白面五陵儿④,颜色莲花好。

荡妇嫁征夫,恩宠难长保。妾作水中萍,君化边城草。

其 六

名士悦倾城,欢爱诚无匹。譬彼茑萝⑤枝,终古依松柏。

凉风一以吹,河汉遥相隔。挢首⑥望青陵⑦,泪堕山头石。

[注释]

①华山畿:《乐府诗集》卷四十六《清商曲辞三·华山畿二十五首》题解:"《古今乐录》曰:'《华山畿》者,宋少帝时懊恼一曲,亦变曲也。少帝时,南徐一士子,从华山畿往云阳。见客舍有女子年十八九,悦之无因,遂感心疾。母问其故,具以启母。母为至华山寻访,见女具说闻感之因。脱蔽膝令母密置其席下卧之,当已。少日果差。忽举席见蔽膝而抱持,遂吞食而死。气欲绝,谓母曰:'葬时车载,从华山度。'母从其意。比至女门,牛不肯前,打拍不动。女曰:'且待须臾。'妆点沐浴,既而出。歌曰:'华山畿,君既为侬死,独活为谁施?欢若见怜时,棺木为侬开。'棺应声开,女透入棺,家人叩打,无如之何,乃合葬,呼曰神女冢。"

②公无渡:《乐府诗集》卷二十六《相和歌辞一·箜篌引》题解:"一曰《公无渡河》。崔豹《古今注》曰:'《箜篌引》者,朝鲜津卒霍里子高妻丽玉所作也。子高晨起刺船,有一白首狂夫,被发提壶,乱流而渡,其妻随而止之,不及,遂堕河而死。于是援箜篌而歌曰:"公无渡河,公竟渡河。堕河而死,将奈公何!"声甚凄怆,曲终亦投河而死。子高还,以语丽玉。丽玉伤之,乃引箜篌而写其声,闻者

莫不堕泪饮泣。丽玉以其曲传邻女丽容,名曰《箜篌引》。'"

③鵔鸃冠:以鵔鸃羽毛做装饰的帽子,汉以后为近臣之冠。鵔鸃:赤雉,即锦鸡。

④五陵儿:泛指富家子弟或翩翩少年。

⑤茑萝:又名寄生。一年生草本植物,茎细长,卷络他物而上升。夏季开花,色有红有白,为观赏植物。

⑥挢首:翘首。

⑦青陵:即青陵台,在今河南封丘县东北。亦作"青凌台"。晋干宝《搜神记》卷十一:"宋康王舍人韩凭娶何氏,美,康王夺之。凭怨,王囚之,……俄而凭乃自杀。其妻乃阴腐其衣,王与之登台,妻遂自投台。左右揽之,衣不中手而死。遗书于带,曰:'王利其生,妾利其死,愿以尸骨,赐凭合葬。'王怒,弗听,使里人埋之,冢相望也。王曰:'尔夫妇相爱不已,若能使冢合,则吾弗阻也。'宿昔之间,便有大梓木生于二冢之端,旬日而大盈抱,屈体相就,根交于下,枝错于上。又有鸳鸯,雌雄各一,恒栖树上,晨夕不去,交颈悲鸣,音声感人。宋人哀之,遂号其木曰'相思树'。相思之名起于此也。"

忆瑶姬

可　园

遥碧凝妆,望辇道东西,满眼芳菲。荒沟千万曲,共粉香漂送,终古晴晖。频年梦醒枫棱,最怯黄莺向晓啼。怕有人、偷说闲愁,桂堂连夜雨如丝。

隔林过尽秦眉。似海狂尘,也应珍重罗衣。看看春又老,奈凤窠难觅①,燕户都迷。珠帘甲帐冥濛,不见杨花扑地飞。对广寒、孤塔凌虚,并作禾黍悲。

[注释]

①觅:原刊作"觋"。

三奠子

秘魔崖①晓望

向平原纵览,不见天涯。今古事,一咨嗟。河光浮晓日,云气荡春花。高城上,无人倚,剩栖雅。

禅机叩杖,诗句笼纱。幽壑里,閟修蛇。朱楼随地起,白塔趁风斜。西飞燕,南飞鹊,入谁家。

[注释]

①秘魔崖:位于北京西山八大处证果寺内。证果寺位于四平台东北的卢师山中,唐天宝年间创建庙宇,取名感应寺。明景泰年间,改名镇海寺。天启年间,改名证果寺,沿用至今。秘:原刊作"祕"。

卜算子

无计惜余春,鹃语东风乱。寂寂花时独掩门,心上天涯远。

烛烬泪成冰,香冷灰留篆。孤负圆蟾一片明,梦逐邻钟断。

小重山

叶叶空山起暮云。西洲风色定、雨如尘。明灯无力破黄昏。烟水阔、憔悴①涉江人。

丝管日纷纷。越娘歌白纻、敛红裙。陌头秋草碧于春。闲梦里、五马过前村。

[注释]
①憔悴:原刊作"醮颔"。

罗敷歌

其 一

玉骢踏遍铜驼陌,坊曲人家。杨柳藏鸦。自古长安有狭邪。

红楼只隔盈盈水,油壁香车。胡语琵琶。河北春风又李花。

其 二

倾城一顾惊秋去,露粉飘残。软玉波宽。水阁闻箫独惘然。

娇蟾依旧珊珊下,茶梦成烟。今夕何年。珠箔银灯特地寒。

其 三

洞房香冷愁鸾泣,花雾冥冥。浓睡初醒。明月当楼夜四更。

谁家芦管吹秋怨,乌鹊无声。人事难冯。明日西风独自听。

朝中措

秋衾铜辇梦全非。垂手对金徽。海上真生马角,军前谁惜蛾眉。

小楼昨夜,忍寒犹唱,璧月琼枝。何似茂陵汾水,西风南雁沾衣。

太常引

锦帆春水碧于纱。芳草玉钩斜。莫唱后庭花。恐地下相逢丽华①。

宫声不返,月明何处。幽怨付琵琶。终古帝王家。总一例垂杨暮雅。

[注释]

①丽华：张丽华，南朝陈后主贵妃。《南史》卷十一《列传第二·后妃下》："张贵妃名丽华，兵家女也。父兄以织席为业。后主为太子，以选入宫。……性聪慧，甚被宠遇。"陈后主荒淫无度，被隋所灭，张丽华被视为祸水。

踏莎行

其 一

疑雨疑云，非烟非雾。江南江北山无数。故宫春尽见杨花，夜潮呜咽西陵渡。

网结千丝，钗留一股。当时总被朱颜误。不辞双泪为君垂，啼鸦声里闻歌舞。

其 二

火凤歌停，碧虹路转。凉萤零落莲衣晚。齐纨无分障西风，君心倘共朱颜变。

穆穆金波①，声声玉箭。啼乌一夕生秋怨。隔城云树远于天，轻尘却上深深院。

其 三

豆蔻枝柔，菖蒲②叶小。一春恨事莺知道。是谁传泪上屏风，楼台烟雨生芳草。

珠络玲珑,铜华窈窕。如今已识单栖好。汝南鸡③唱夜沉沉,西方月落东方晓。

其 四

细月琼台,疏星翠苑。高林花气当空见。四弦迸泪发春雷,千灯背水飞秋电。

宝鸭④香销,灵犀梦远。胡妆宜带笼纱看。酒香人语夜濛濛,小屏风上山深浅。

[注释]

①金波:月光。《汉书》卷二十二《礼乐志第二》:"月穆穆以金波,日华耀以宣明。"颜师古注:"言月光穆穆,若金之波流也。"

②菖蒲:植物名。多年生水生草本,有香气,叶狭长,似剑形,肉穗花序圆柱形,着生在茎端,初夏开花,淡黄色。民间在端午节常用来和艾叶扎束,挂在门前。

③汝南鸡:古代汝南所产之鸡,善鸣。南朝陈徐陵《乌栖曲》之二:"惟憎无赖汝南鸡,天河未落犹争啼。"

④宝鸭:即香炉。因作鸭形,故称。

清平乐

其 一

旧寻春地。欲住浑无计。一片流花桥下水。漂尽离人清泪。

高楼望断王孙。平芜绿到朱门。寄语辞巢双燕,为予珍重黄昏。

其 二

好天难再。自拨香篝待。青鸟不来云霭霭。一夜落红如海。

搔头鸾翾黄金。酒边着意沉吟。知道伤春泪尽,画帘微雨沾襟。

诉衷情

猿啼三峡①下空舲。秋草接黄陵②。巴歈日暮歌舞,凄绝竹枝声。

瑶瑟怨,托湘灵。带愁听。曲终人杳,惟有君山③,依旧青青。

[注释]

①猿啼三峡:语出北魏郦道元《水经注》:"巴东三峡巫峡长,猿啼三声泪沾裳。"

②黄陵:地名,在湖南省湘阴县北,滨洞庭湖。传说舜二妃墓在其上,有黄陵亭、黄陵庙。亦可指黄陵庙,后泛指有贤德之后妃墓。北魏郦道元《水经注》卷二十八《湘水》:"湘水又北径陵亭西,右合黄陵水口,其水上承大湖,湖水西流,径二妃庙南,世谓之黄陵庙也。言大舜之陟方也,二妃从征,溺于湘江,神游洞庭之渊,出入潇湘之浦。潇者,水清深也。《湘中记》曰:'湘川清照五六丈,下见

底石如摶蒲矢,五色鲜明,白沙如霜雪,赤崖若朝霞,是纳潇湘之名矣.'故民为立祠于水侧焉,荆州牧刘表刊石立碑,树之于庙,以旌不朽之传矣。"唐韩愈《黄陵庙碑》:"湘旁有庙曰黄陵,自前古以祠尧之二女舜二妃者。"

③君山:山名。在湖南洞庭湖口,又名湘山。北魏郦道元《水经注》卷三十八《湘水》:"湖(洞庭湖)中有君山,……湘君之所游处,故曰君山矣。"

武陵春

越女浣纱江北岸,妆面映圆荷。隔岸谁家扬棹歌。春水鸭头波①。

留连不觉斜阳晚,骢马几经过。欲采菱花惜露多。归去夜如何。

[注释]

①鸭头波:绿色水波。宋宋祁《州将和丁内翰寄题延州龙图新开柳湖五阕》其三:"谁见使君欹帽处,鸭头波上雪花风。"

鹧鸪天

其 一

暂醉心情强自持。镜鸾回泪讯佳期。却从风雨中宵里,苦忆星辰昨夜时①。

金屈戌②,玉参差③。小蘋娇小已胜衣④。人间信有西流水,肯为红妆照翠眉。

其 二

瑟瑟东风画不成。隔花临镜见倾城。宫沟日暮无多水,流出红墙作雨声。

云鬟乱,玉钗横。马嘶人语夜三更。邻家歌舞关何事,枉对孤灯坐到明。

其 三

刻意伤春春已空。郁金堂畔夜冥濛。情知覆手难为雨,恨不将身化作虹。

歌袖绿,舞裙红。梦回故国又东风。蓬山只隔盈盈水,万一灵犀无路通。

[注释]

①却从二句:语出清黄景仁《绮怀》其十五:"似此星辰非昨夜,为谁风露立中宵。"

②屈戌:门窗、屏风、橱柜、奁具等的环纽、搭扣。唐李商隐《骄儿诗》:"凝走弄香奁,拔脱金屈戌。"清冯浩笺注:"梁简文诗:'织成屏风金屈戌。'此谓奁具之钮。"

③玉参差:镶玉的无底排箫。一说即玉笙。

④小蘋句:宋晏几道《临江仙》词:"记得小蘋初见,两重心字罗衣。"

虞美人

桃花水拍晴川岸。天外归帆远。何人籥①笛②下江城。坐看高楼明月、夜三更。

神仙去后英雄老。故垒生春草。武昌官柳③已无多。只有斜风细雨、上渔蓑。

[注释]

①籥:乐器名,为短管形的吹奏乐器,形制似笛,有三孔或六孔之分,通"龠"。

②笛:原刊作"篴"。

③武昌官柳:典出《晋书》卷六十六《列传第三十六·陶侃》:"侃性纤密好问,颇类赵广汉。尝课诸营种柳,都尉夏施盗官柳植之于己门。侃后见,驻车问曰:'此是武昌西门前柳,何因盗来此种?'施惶怖谢罪。"

花　犯

樱　花

其　一

罨层楼,明霞弄晓,盈盈最多丽。露华沉醉。惊万感神光,回首无霁。怒潮夜卷蛮腥起。天妆嬾未洗。问此日、玉珰谁赠,相逢浓梦里。

东风送春到人间,云涯望眼乱,千娇凝睇。寒又暖,彷皇见、闹花身世。沧桑艳、镜尘换影,流怨满、荒沟长恨水。暗听取、揭天歌管,芳心摇步绮。

其 二

把琼茅,通明暗祷,蛮芳散如雾。乱莺啼处。冯唤起惊鸿,倭堕①来去。汉宫夜冷春无主。东皇②心最苦。送满目、夕阳金粉,娇鏧闻怨语。

承恩未尝便倾城,瑶台路、只怕双成犹妒。风信改,飘零恨、画幡能护。蓬瀛岸、梦回更浅,慵记省、飞鸾轻凤舞。枉望损、热云千里,登楼悲故土。

[注释]

①倭堕:即倭堕髻。古代妇女的一种发式,发髻向额前俯偃。《乐府诗集·相和歌辞三·陌上桑》:"头上倭堕髻,耳中明月珠。"晋崔豹《古今注·杂注》:"堕马髻,今无复作者。倭堕髻,一云堕马之余形也。"

②东皇:指天神东皇太一。《楚辞·九歌·东皇太一》王逸注:"太一,星名,天之尊神。祠在楚东,以配东帝,故云东皇。"《淮南子·天文训》:"东方,木也,其帝太皞,其佐句芒,执规而治春。"故东皇又为司春之神。

戚 氏

再赋樱花

小婵娟。脉脉云表堕飞鸾。岛日浮香,海潮迎面悄相怜。蓬山。渡神仙。鱼龙稳护帛兰船。琼浆笑酌须饮,醉后和影倚灯看。奄冉风露,迷离金粉,树莺好语间关①。任楼罗②艳曲,倭婧狂舞,来占华年。

河满故国绵绵。明镜照遍,髣髴③映秦鬟。花腥腻,闹蛾④新暖,起粟⑤余寒。路三千。梦醒夜永,羽裳弱水,为我无眠。绛桃未实,晓入瑶台,缥缈虚步连环。

禁火芳期近,催银漏急,望帝⑥归难。斗尽姚黄魏紫⑦,怕红英、带雨易阑珊。不堪赠枕⑧通词,弄珠⑨感遇,春比微波远。费泪绡、长渍鲛人怨。多少恨、凄绕鹍弦。闭麝尘,四角连钱。误佳约、寄叶御沟前。又沧桑变,青霓暗祷,惨澹钧天。

[注释]

①间关:此为象声词。形容宛转的鸟鸣声。

②楼罗:形容胡人说话声。《北史》卷二十四《列传第十二·王昕》:"尝有鲜卑聚语,崔昂戏问昕曰:'颇解此不?'昕曰:'楼罗,楼罗,实自难解。时唱染干,似道我辈。'"

③髣髴:古同"骇骇"。一指高大貌;一形容心神荡漾。

④闹蛾:古代一种头饰,剪丝绸或乌金纸为花或草虫之形。亦作"闹鹅"。明刘若愚《酌中志·饮食好尚纪略》:"自岁暮正旦,咸

头戴闹蛾,乃乌金纸裁成,画颜色装就者,亦有用草虫、蝴蝶者。"清王夫之《杂物赞·活的儿》:"以乌金纸剪为蛱蝶,朱粉点染,以小铜丝缠缀针上,旁施柏叶。迎春,元日,冶游者插之巾帽,宋柳永词所谓'闹蛾儿'也,或亦谓之'闹嚷嚷'。"

⑤起粟:谓皮肤起鸡皮疙瘩。宋苏轼《雪后书北台壁》诗之二:"冻合玉楼寒起粟,先摇银海眩生花。"

⑥望帝:晋常璩《华阳国志》卷三《蜀志》载:相传战国末杜宇在蜀称帝,号望帝,后禅位,退隐西山,蜀人思之。时适二月,子规(杜鹃)啼鸣,蜀人以为杜宇魂化为杜鹃,故名之为杜宇,亦名望帝。

⑦姚黄魏紫:牡丹花的两个名贵品种。宋欧阳修《洛阳牡丹记·花释名》:"姚黄者,千叶黄花,出于民姚氏家。……魏家花者,千叶肉红花,出于魏相仁溥家。"亦作"姚黄魏品"。

⑧赠枕:即黄粱梦之典。唐沈既济《枕中记》载:有卢生在邯郸旅店中,遇道士吕翁,翁赠之以枕,生睡入梦,历数十年荣华富贵。及醒,旅店主人炊黄粱尚未熟。后用为富贵如幻梦之典。

⑨弄珠:指汉皋二女事,见前"捐珰"注。《文选》张衡《南都赋》:"耕父扬光于清泠之渊,游女弄珠于汉皋之曲。"

新雁过妆楼

丁巳秋前,上海倡楼听歌,彊村老人拈此调。

镜海秦鬟。梁尘起、春心自托啼鹃。夜凉如水,无限玉笛关山。未必娥眉知此恨,为谁暗里减朱颜。尽堪怜。断肠故国,双泪君前。

江南花开劝折,听渭城换叠,倚遍阑干。拌它沉醉,高处万一胜寒。当歌翠尊易竭,问明月何时依旧圆。行云渺,怅钿蝉金凤,零落人间。

高阳台

铜爵瓦砚,王莼农物。

邺殿春残,漳河水逝,荒台梦雨寒飘。一片琳腴,依稀认取前朝。短歌闲送英雄去,望西陵、谁听吹箫。叹鸳鸯,千载分飞,黄土空烧。

玉蜍①见惯兴亡事,对欹盘垂露,泪墨潜抛。横槊归来,东风长护云凹②。螺丸磨断余香在,比沉沙顽铁难销。付王郎,赋写凌波,流艳蘅皋。

[注释]
①玉蜍:此指月亮。
②云凹:即云窝。凹:四周高中间低之地。

安公子

上海某圃多柽柳①,去年于此举词社。偶与梦坡、莼农同游,忽值微雨,和柳公韵,怅然成咏,兼悼同社庞芑盦②。

蜃气③飞凉雨,小楼望极高林暮。压镜拖蓝三尺水,浴沙鸥汀鹭。听隐隐、箫声绕遍春申浦④。穿画帘、睨睆⑤黄莺语。盼夜深人定,吟尽琼丝千树。

经岁伤羁旅。海天帆影空延伫。细草雕阑浑似旧，返秋魂何处。见一片浮萍、不见杨花聚。歌采莲、忍说莲心苦。送满眼沧桑，大江寂寥东去。

[注释]

①柽柳：落叶灌木，老枝红色，叶像鳞片，花淡红色，有时一年开花三次，结蒴果。全树耐碱抗旱，适于造防沙林。亦称"三春柳""红柳"。

②庞芑盦：庞树柏。庞树柏（1884～1916），字檗子，号芑庵，别署龙禅居士、绮盦等。江苏常熟人。南社社员。著有《玉琤琮馆词》《龙禅室诗》《抱香簃随笔》《墨泪龛笔记》《龙禅室摭谈》《灵岩樵唱》等。

③蜃气：一种大气光学现象，光线经过不同密度的空气层后发生显著折射，使远处景物显现在半空中或地面上的奇异幻象，常发生在海上或沙漠地区。古人误以为蜃吐气而成，故称。《史记》卷二十七《天官书第五》："海旁蜃气象楼台，广野气成宫阙然。"

④春申浦：即黄浦江，在今上海市。又名春申江，简称申江。相传为春申君所凿，故名。

⑤睍睆：鸟色美好或鸣声清圆。

又

<small>是日又至某西方人别业，胜流羁客觞咏之地也，和耆卿。</small>

露立平堤半，绕堤碧水流如箭。楼下谁家红叱拨①，嘶风呼伴。对冉冉、凉花掩路秋无限。冯坏墙、雨点沾衣

遍。恣弄珠游女,小袖龙绡熨暖。

回顾增长叹。高林落叶随云散。莫更登临触旧恨,折柳条先断。到此际、尘心俗念都须拌。知那日、得了浮家愿②。渐鹧鸪啼暮,且约明朝再见。

[注释]

①红叱拨:此指马。红叱拨为名马名。宋李石《续博物志》卷四:"天宝中,大宛进汗血马六匹,一曰红叱拨,二曰紫叱拨,三曰青叱拨,四曰黄叱拨,五曰丁香叱拨,六曰桃花叱拨。"也泛指骏马。

②浮家愿:《新唐书》卷一百九十六《列传第一百二十一·隐逸·张志和》:"颜真卿为湖州刺史,志和来谒,真卿以舟敝漏,请更之,志和曰:'愿为浮家泛宅,往来苕、霅间。'"

临江仙①

湖上早秋,自苏堤泛月至里湖。

岸远,露冷,停画舸,踏长桥。湖光潋滟秋宵。助万荷倾盖,送孤鹤归巢。星河暗转,向此酒残,人去独吹箫。

三更白沙堤上月,金波是事迢迢。倚翠衾无寐,听沧海回潮。英游气短望损,水北百尺楼高。

[注释]

①本调《词谱》作"临江仙引"。

渡江云

将还京师，春音社①诸公置酒为别，莼农词先成，予继声焉。

丛灯摇海气，酒楼倦客，未醉已颜酡。旧情经乱减，怅望新亭，举目见铜驼。盈盈曼睩②，听鼓瑟、凄绝湘娥。冯仗伊、遏云繁响，忼慨起悲歌。

蹉跎。松江潮退，茂苑烟平，渺鸥鹚一舸。魂梦中、兰成垂老，无奈秋何。明蟾照夜圆如昨，换几劫、残影山河。珍重煞、长安故国尘多。

[注释]

①春：原刊作"春"，误。

②曼睩：明眸善睐，目光明媚。《楚辞·招魂》："蛾眉曼睩，目腾光些。"王逸注："曼，泽也。睩，视貌。"

喜迁莺

江亭九日

江亭秋暮。画阑外，坐听砌虫凉语。骄马冲泥①，深杯销酒，难改少年心绪。白水绕城初落，黄苇飞花慵舞。漫登眺，甚重阳天气，无风无雨。

回步。西寺晚，斜日蓟门②，目极金台古。山伴人行，尘随愁起，迢递斋钟禅鼓。梦觉辋川不到，佳节已成虚度。雁程远,送停云黯黯,荒堤平楚③。

[注释]

①冲泥:谓踏泥而行,不避雨雪。

②蓟门:即蓟丘。古地名,在今北京城西德胜门外西北隅。明蒋一葵《长安客话·古蓟门》:"京师古蓟地,以蓟草多得名。……今都城德胜门外有土城关,相传是古蓟门遗址。"《史记》卷八十《乐毅列传第二十》:"乐毅报遗燕惠王书曰:'……蓟丘之植植于汶篁。'"张守节正义:"幽州,蓟地西北隅,有蓟丘。"

③平楚:谓从高处远望,丛林树梢齐平。明杨慎《升庵诗话·平林》:"楚,丛木也。登高望远,见木杪如平地,故云平楚。"亦指平野。

早梅芳近

帘押垂,茶烟袅。桂魄①传孤照。石邮风②起,万一凌波故人到。袖沾花泪重,梦促云罗晓。听琴心换叠,谁信断肠好。

画难成,恨易了。咫尺楼台小。遗钿落地,付与邻莺斗芳草。意中梅子雨,眼底长杨道。费缠绵,镜尘随步扫。

[注释]

①桂魄:指月。宋张元干《南柯子·咏梳儿》词:"桂魄分余晕,檀槽破紫心。"

②石邮风:亦作"石尤风"。元伊世珍《琅嬛记》引《江湖纪闻》载:传说古代有商人尤某娶石氏女,情好甚笃。尤远行不归,石思念成疾,临死叹曰:"吾恨不能阻其行,以至于此。今凡有商旅远行,吾当作大风为天下妇人阻之。"后因称逆风、顶头风为"石尤风"。亦省作"石尤""石邮"。

月华清

却月钗轻,飘烟袖薄,鬲邻谁最迟暮。坠叶宫沟,枉被回波留住。正魂销、昨夜星辰,又眼乱、满城风雨。前度。滞玉关凉讯,紫骝嘶处。

倾国不堪再顾。便破费黄金,怨歌难赋。越网千丝,缥缈采香新步。是何人、闭断长门,反怅望、中流箫鼓。知否。待坎侯弹罢,劝公无渡。

琵琶仙

雪 夜

无雨无风,女墙下、夜色迷离高屋。墙外吹笛谁家,声声破孤竹。惊倦眼、连天乱雪,似飘尽、堕梅千斛。压酒门荒,题襟侣绝,游兴难足。

试凝想、乌鹊南飞,料江表归来旧程熟。惟恐鬲年春讯,搅香魂蛾绿。残梦里、关山戍火,对客窗、被冷人独。那更商略朱颜,镜绵尘簌。

西平乐

河北感春,和美成。

露洗高城,树藏客馆,村酒暗促愁赊。今夕相思,去年离别,襟痕点点难遮。计路隔黄河未远,春比吴蚕更老,征鸿万里孤飞,敛翼平沙。凝望江南塞北,怊怅事、处处总堪嗟。

秭归怀楚,铜驼①卧野,明月初圆,还又西斜。空记省、倡楼怨节,禅榻轻风,缭乱桓伊弄笛②,潘岳吹笙③,双袖龙钟④送岁华。争信个人,欢随梦绝,情共宵长,向此厌厌,镜破⑤钗分⑥,萧然宋玉东家⑦。

[注释]

①驼:原刊作"佗",当误。

②桓伊弄笛:见前"桓伊"注。

③潘岳吹笙:潘岳(247～300),字安仁,又称潘安,荥阳中牟(今河南中牟县东)人。西晋文学家。今存《潘黄门集》一卷。作有《笙赋》一文,故曰"潘岳吹笙"。

④双袖龙钟:语出唐岑参《逢入京使》诗:"故园东望路漫漫,双袖龙钟泪不干。"龙钟:沾湿貌。

⑤镜破:即破镜,喻夫妻分离。《太平御览》卷七一七引汉东方朔《神异经》:"昔有夫妇将别,破镜,人执半以为信。"唐孟棨《本事诗·情感第一》载:南朝陈太子舍人徐德言娶后主叔宝之妹乐昌公主,时陈政方乱,德言知不相保,乃破镜与妻各执其半,约他年正月

望日卖于都市,冀得相见。后果如愿。后因以喻夫妻离散,亦作"陈宫镜""半镜"。

⑥钗分:即分钗,"分钗断带"之省称,喻夫妻离异。晋袁宏《后汉纪·孝灵皇帝纪上卷第二十二》:"夏侯氏父母曰:'妇人见去,当分钗断带。'"《艺文类聚》卷三二《人部十六·闺情》引南朝梁陆罩诗:"自怜断带日,偏恨分钗时。"亦作"分钗劈凤"。

⑦宋玉东家:宋玉,战国后期楚国人,辞赋家。其《登徒子好色赋》文曰:"天下之佳人,莫若楚国;楚国之丽者,莫若臣里;臣里之美者,莫若臣东家之子。……然此女登墙窥臣三年,至今未许也。"后常用为典,并以"东家子"指美貌的女子。

瑞龙吟

江南岸。凝望逝水漂花,布帆催箭。濛濛三月春光,探芳试酒,高楼凭遍。

楚天远。门外鹧鸪愁雨,为谁肠断。盈街宝勒青骢,平康①顾步,轻雷四转。

迎面流云疏树,画屏挥手,横波深浅。桃李背人成阴,风信频换。笼纱夜烛,红漾章台怨。依稀想、秦衣露粉,吴妆②凉扇。镜里歌尘乱。泪痕泻与,垂杨倦眼。游女惊刀翦。歧路比,沉沉筝丝长短。梦衾误觉,隔城新燕。

[注释]

①平康:唐长安丹凤街有平康坊,为妓女聚居之地。亦称平康

里。唐孙棨《北里志·海论三曲中事》:"平康里。入北门,东回三曲,即诸妓所居之聚也。"后因以为妓女所居的泛称。

②吴妆:形容色彩淡雅者。南宋洪适《海棠花二绝》诗之一:"雨濯吴妆腻,风催蜀锦裁。"

扫地花

海棠院落,困露井愁蛾,堕林红洗。帐罗凤尾。梦笼灯半灭,晓云欲起。禁火年光,挂在青荷镜里。赋情地。听急节曼声,慵较难易。

江上春旖旎。奈竞渡波长,采香时费。绣窗四倚。怕因循误却,故人归计。斗鸭阑干,过翼吴鸿万里。忍追悔。舞东风、艳桃秾李。

高阳台

湖楼感旧

陌上花开,江南草长,柔漪瓜蔓初生。积翠浮天,垂杨依旧逢迎。楼台金碧檀栾地,送春归、啼损流莺。甚匆匆、万感琼浆,不见云英。

余霞难护斜阳返,向镜阑残画,回首承平。梅绽红肥,年年风雨荒城。湖头便有闲歌舞,只微波、沉怨无声。怕深宵,重踏西桥,又换阴晴。

诉衷情近

江上阻风

柳阴系马,永日危亭坐暝。渔歌尽绕中州,蘋叶暗飘水上。回顾冶游情味,踠晚年涯,到此成凝想。

疏砧响。寂寞①风尘俯仰②。故园烟草,乱后应亡恙。山川壮。塞鸿万里,流萤几点,梦魂来往。泪泼秋潮涨。

[注释]

①寂寞:原刊作"啾嘆"。
②俯仰:原刊作"頫卬"。

金缕曲

赋琵琶,和稼轩。

鸾柱鸳鸯拨。衮梁州、夜深弹起,照人圆月。万感倾城酬一顾,迸地春雷怒发,忽扑面、西风吹雪。莽莽玉门关外路,送红颜、多少胡沙没。千古恨,共谁说。

鹍弦易断哀难绝。望咸阳、铜仙去后,露华承睫。入破①宫声②沉不返,四座银灯寒彻。残梦里、飞鸿明灭。枫叶荻花秋在眼,奈沧波寂寞鱼龙歇。吾比汝,更呜咽。

[注释]

①入破:唐宋大曲的专用语。大曲每套有十余遍,归入散序、

中序、破三大段。入破即为破这一段的第一遍。《新唐书》卷三十五《志第二十五·五行二》:"至其曲遍繁声,皆谓之'入破'。……破者,盖破碎云。"宋张端义《贵耳集》卷上:"天宝后,曲遍繁声,皆名入破。破者,破碎之义。"唐白居易《卧听法曲霓裳》诗:"朦胧闲梦初成后,宛转柔声入破时。"

②宫声:五音中的宫音。亦指宫声调或代指乐曲。

瑞鹧鸪

春申浦

江岸回舟。春申浦,迎面海气成楼。云烟万国,人物千州,宴饮朝朝暮暮,欢乐不知愁。一路银灯戏鼓,金粉歌喉。

归计苦淹留。正燕子飞飞,画角惊秋。香街驻马,是处嬉游。夜半平康醉卧,蟾影渐当头。争管它、兴吴霸楚,前代风流。

祭天神

扇子湖①初秋荷花。

昨梦中曾听江南雨。秋心远、柔蒻谁怜,轻簟乍销残暑。留连向晚,满地烟尘变今古。荒塘外、高柳蝉声,恼乱浣纱游女。

叹齐纨长弃,锦裙自惜随风舞。画阑冯到黄昏,微波悄无语。念幽景空传,佳期难得,夜凉人散,目断重城阻。

[注释]

①扇子湖:在圆明园内,圆明园中部有前湖、后湖,前湖地势低洼,水潦成泽,清乾隆时疏浚成湖,湖呈扇面形,遂俗名"扇子湖"。

减字浣溪沙

其 一

三月飞花满禁城。红楼细雨夜无声。吴娘幽怨断肠听。

鬲巷铜铺风隐约,当窗银烛泪从衡①。年年河畔草青青。

其 二

四面青山斗绿蛾。一渠春水见横波。丹阳残恨孟珠歌②。

花影窥灯红不肯,鸡声侵户夜如何。江干黄竹恐无多。

其 三

金粟花稀露叶香。秦铜如水忕娥妆。分明锦瑟比人长。

捣麝成尘难灭字,持荷作柱倘胜梁③。不成怊怅发清狂。

其 四

隐隐新寒上袷衣④。西风消息小蘋知。酒残人去未多时。

弦上自传春燕语,堂前留与夜乌飞。临津珠箔⑤至今垂。

其 五

花外疏星度玉箫。当时人意怨春宵。断无闲泪浣鲛绡。

雨过才知云是梦,风来忽讶柳如潮。银湾从此碧迢迢。

其 六

藕叶莲房各自秋。斜桥人定月如钩。经年无梦上西楼。

入夜星河天转烛,涉江风露客回舟。屏山深处是高丘。

[注释]

①从衡:此同"纵横"。

②丹阳句:《玉台新咏》卷十录有《丹阳孟珠歌》一首,《乐府诗集》卷四十九《清商曲辞六》录《孟珠》十首。孟珠为人名,诗中描绘了女性对爱情的热烈追求。亦有学者认为孟珠为歌妓。

③持荷句:南朝梁江从简《采莲讽》诗:"欲持荷作柱,荷弱不

胜梁。"

④袷衣:即夹衣。袷:双层无絮的衣物。

⑤珠箔:即珠帘。《汉武故事》:"武帝起神室,以白珠织为箔。"宋贺铸《绿头鸭》词:"玉人家,画楼珠箔临津。"

夜飞鹊

东园旧游地,重系骊驹。桐叶堕满庭除。宫门滴漏耿将晓,城隅惊散栖乌。披衣向风坐,渐漫天云澹,照水星疏。征鸿又去,奈经年、不寄音书。

回顾凤帷鸳寝,携手尚凄然,何况离居。分付莲芳秋露,闲陪蜡泪,长渍鲛珠。画屏半揭,望江南、眇眇愁予。更谁人从此,含情为我,刻意踟蹰。

定西蕃

结客五陵原上,歌《敕勒》,舞《干遮》①。白题斜②。

玉鞴锦鞯来往,龙媒③飞渥洼④。一路宝刀回雪,滚桃华。

[注释]

①《干遮》:曲名。《汉书》卷五十七上《司马相如传第二十七上》:"巴俞宋蔡,淮南《干遮》,文成颠歌。"颜师古注:"《干遮》,曲名也。"按,《史记》作"于遮"。

②白题斜：唐杜甫《秦州杂诗》之三："马骄朱汗落，胡舞白题斜。"白题：此指古代匈奴部族胡人所戴的毡笠。宋张邦基《墨庄漫录》卷二："后见李长民元叔，云：'……始悟白题乃胡人谓毡笠也。'子美所谓'胡舞白题斜'，胡人多为旋舞，笠之斜也，似乎谓此也。"

③龙媒：此指骏马。《汉书》卷二十二《礼乐志第二》引《郊祀歌·天马》："天马徕，龙之媒。"颜师古注："应劭曰：'言天马者乃神龙之类，今天马已来，此龙必至之效也。'"后因称骏马为"龙媒"。

④渥洼：水名，在今甘肃省安西县境，传说为产神马之处。

子 夜

玉关明月沙如水。咸阳西北三千里。饮马濯长缨。戍楼①骁箭鸣。

朔风吹白草。瀚海牛羊老。胡女赠阏支。怜君长不归。

[注释]

①戍楼：旧时驻军的瞭望楼。

过秦楼

雨濯平芜，月沉高树，暮色动摇荒甸。明星照水，暗笛呼风，此意故人能见。回首寄旅异乡，啼湿罗衣，不关团扇。送流光一羽，玉京秋老，镜霜飞满。

犹记得、射鹘围场,闻鸡穷塞,改尽旧家池馆。《怀陵操》①绝,《梁父吟》②空,塌地冷尘千变。长夜迢迢,未堪灯烬纱笼,更催银箭。但危亭倚罢,愁凝江湖病眼。

[注释]

①《怀陵操》:伯牙所作琴曲。

②《梁父吟》:乐府楚调曲名,亦作"梁甫吟"。《乐府诗集》卷四十一《相和歌辞十六·梁甫吟》题解曰:"梁甫,山名,在泰山下。《梁甫吟》,盖言人死葬此山,亦葬歌也。"

徵 招

独游西郊,小憩天宁寺①,逢小树。

金门西去长安道,郊原最萦愁眼。坏塔倚晴空,是花时曾见。独游人未倦。柱听彻、玉箫凄变。万叠词心,十午羁恨,暮雅啼乱。

宛转碧流深,廉纤雨、难忘泪荷秋战。老柳换斜阳,够天涯肠断。尺波催漏箭。把清酒、劝君须满。嫩寒里、一霎无风,向翠阑冯遍。

[注释]

①天宁寺:此指位于北京西城区的天宁寺。初建于北魏时期,原名光林寺,后经多次重修,明代改称天宁寺。

洞仙歌

弟二男阿埥以癸丑十一月十日生,戊午九月二十四日殇。于其瘗也,词以哀之。

愁雅声里,满重城寒雨。滚滚浑河背人去。把青箱^①世业,玄草年光,空换了、一片斜阳荒土。

重泉犹此世,啼笑都难,珍重牵衣旧时语。泪眼看中原,如此江山,也值得、长眠如汝。算今生、负我一锹来,免较短论长,蟪蛄^②朝^③暮。

[注释]

①青箱:代指世传家学。《宋书》卷六十《列传第二十·王淮之》:"王淮之字元曾,琅邪临沂人。高祖彬,尚书仆射。曾祖彪之,尚书令。祖临之,父讷之,并御史中丞。彪之博闻多识,练悉朝仪,自是家世相传,并谙江左旧事,缄之青箱,世人谓之'王氏青箱学'。"

②蟪蛄:蝉的一种。体短,吻长,黄绿色,有黑色条纹,翅膀有黑斑,雄的腹部有发音器,夏末自早至暮鸣声不息。《庄子·逍遥游》:"朝菌不知晦朔,蟪蛄不知春秋,此小年也。"

③朝:原刊作"晁"。

好事近

客燕恋天涯,前度朱楼深闭。难得江南书到,渺予怀千里。

西城行遍不逢人,惟有乱尘起。耿耿孤灯明处,又垂杨如此。

鬲溪梅令

<small>盆梅入冬,渐见红萼。</small>

玉京春讯近房栊。意难通。忽见缟衣人在、镜屏中。鬓云无故松。

幺禽啼破过箫风。夜朦胧。明日烟波双桨、下垂虹。万花迎面红。

应天长

高桐退碧。听聒地啼螀,断续如泣。遥夜相思,诉与青天无力。东江回向北。送万里、布帆风急。数漏箭,不信更深,蕙帷媥入。

酒盏卷离色。对耿耿星河,渺渺鳞翼。衰病经秋,流浪云萍踪迹。关山围故国。怕重问、去年今夕。吟未毕。霜岸晨晖,触处生白。

虞美人

绕城一箭银湾水。雅背斜阳起。累人恩怨不分明。

何处轻风吹送、踏歌声。

楼台照影都如梦。入夜哀筘动。浑河南去更无山。输与澹烟乔木、占荒寒。

柳含烟

其 一

扬州柳，近隋堤。零乱二分明月，濛濛飞絮扑人衣。暮鸦啼。

千里锦帆歌水调。终古天涯难到。玉箫吹怨旧迷楼。使人愁。

其 二

渭城柳，浥轻尘。传入阳关古怨，年年驿路送行人。又新春。

自昔征夫悲出塞。西望平沙瀚海。夜深吹笛月明中。雪花风。

其 三

白门柳，送南朝。依旧和烟和雨，景阳楼①畔最长条。系兰桡。

春尽絮飞人不见。寂寞谢家双燕。何如璧月与琼枝。解相思。

其　四

钱唐柳,可藏鸦。相映西陵松柏,何人油壁驻香车。泰娘家。

寒食东风珠络鼓。陌上青骢无数。欲攀翠带结同心。待春深。

[注释]

①景阳楼:故址在今江苏省南京市鸡鸣山南古台城内,宋元嘉二十二年(445)修华林园,凿天渊池,筑景阳山,造景阳楼于山上。

《扬荷集》卷一终

《扬荷集》卷二

长亭怨慢

己未春日,城南闲步。

漫回首、玉骢前度。罨画楼台,麴尘无数。逝水多情,为人流恨到何处。栗留①啼罢,浑不辨、阴晴雨。冷落少年心,却听彻、春城歌舞。

驿路。草青青一片,碍断凤靴残步。东风又起,送斜日、乱花狂絮。巷陌上、燕子重来,忍飞入、寻常门户。问除是西山,谁解孅阿②眉语。

[注释]

①栗留:"黄栗留"的省称,即黄莺。因其色黄,鸣声似呼"栗留",故称。

②孅阿:古神话中御月运行的女神。《文选》司马相如《子虚赋》:"阳子骖乘,孅阿为御。"李善注引郭璞曰:"孅阿,古之善御者。"

杨柳枝

其 一

太液垂杨旧有名。远山眉黛故青青。西楼昨夜无多雨,弹入鹍弦是变声①。

其 二

宫烛分烟出御沟。微波无奈向东流。长安春草年年绿,咫尺阑干起暮愁。

其 三

日日街前侧帽②檐。歌声人意月纤纤。春城寒食东风小,燕子何曾入画帘。

其 四

春尽吹绵莫浪飞。颣尘还袅断肠丝。若为系得华年住,不惜当筵金缕衣。

其 五

玉笛何人弄晓风。枝枝叶叶最玲珑。永丰坊③里芳菲节,无数宫花寂寞红。

其 六

销得倾城一顾难。玉京风露镇高寒。章台别有相思树④,留与明朝倚马看。

[注释]

①变声:指五音中的徵和羽。宋沈括《梦溪笔谈·乐律一》:"五音宫商角为从声,徵羽为变声。从谓律从律,吕从吕;变谓以律从吕,以吕从律。"亦指七音中的变宫和变徵。明杨慎《丹铅总录·琐语·乐律》:"五音之外,有二变声,曰变宫、变徵。"

②侧帽:斜戴帽子。《周书》卷十六《列传第八·独孤信》:"(独孤)信风度弘雅,……在秦州,尝因猎日暮,驰马入城,其帽微侧。诘旦,而吏民有戴帽者,咸慕信而侧帽焉。"后以谓洒脱不羁的装束。

③永丰坊:地名,在唐东都洛阳。唐孟棨《本事诗·事感第二》:"白尚书(白居易)姬人樊素,善歌;妓人小蛮,善舞。尝为诗曰:'樱桃樊素口,杨柳小蛮腰。'年既高迈,而小蛮方丰艳。因为杨柳之词以托意,曰:'一树春风万万枝,嫩于金色软于丝。永丰坊里东南角,尽日无人属阿谁?'及宣宗朝,国乐唱是词,上问谁词,永丰在何处,左右具以对之。遂因东使,命取永丰柳两枝,植于禁中。白感上知其名,且好尚风雅,又为诗一章,其末句云:'定知此后天文里,柳宿光中添两枝。'"

④章台句:唐孟棨《本事诗·情感第一》载:天宝末,韩翃(一作翊)举进士,与邻人李将(失名)过从甚密。李将有妓柳氏,颇青睐韩翃,认为他日后必当富贵。李将颇许之,将柳氏许配韩翃。后韩翃跟随淄青节度使侯希逸,为从事,与柳氏分离。分别三年,以练囊寄金柳氏,题诗曰:"章台柳,章台柳,往日青青今在否?纵使长条似旧垂,亦应攀折他人手。"柳复书,答诗曰:"杨柳枝,芳菲节,可恨年年赠离别。一叶随风忽报秋,纵使君来岂堪折。"后柳氏为番将沙吒利所劫,无法脱身。经友人相助,柳氏重归韩翃。

看花回

和清真

断虹催霁残雨,候馆①明洁。倦鸟定巢未稳,恣警露②愁风,心事千结。红衣坠粉,长妒相思莲子滑。凝望处,蔽日秋尘,照天寒燧两凄绝。

魂梦里、华灯替月。幻杜曲③、暮春时节。无限阳阿旧恨,送弱水东流,不忍睎发。频年去国,垂柳丝丝和泪折。有何人、唱金缕,为惜西楼别。

[注释]

①候馆:泛指接待过往官员或外国使者的驿馆。
②警露:《艺文类聚》卷九十《鸟部上·鹤》引周处《风土记》:"鸣鹤戒露,此鸟性警。至八月白露降,流于草上,滴滴有声,因即高鸣相警,移徙所宿处,虑有变害也。"后因以"警露"为咏鹤之典。
③杜曲:地名,在今陕西省西安市东南,樊川、御宿川流经其间。唐大姓杜氏世居于此,故名。唐唐彦谦《长溪秋望》诗:"寒鸦闪闪前山远,杜曲黄昏独自愁。"

一寸金

山行,夜宿戒坛。

天接愁鬟,窈窕晴岚澹寒色。见野僧托钵,长安古寺,村童骑马,皇华残驿。山好无人识,新妆面、暗惊旧客。高林外、塔影钟声,望眼沉沉暮云白。

胜地重来,年光如梦,思量最凄恻。问感秋蒲柳,缘何蕉萃,迷空水月,冯谁怜惜。挥手星辰动,卢沟岸、又催夜汐。黄昏后、炳烛登临,路狭风更急。

西 河

燕台怀古,和美成。

幽州道,飘荡黄尘吹起。西风箛鼓动荒城,御沟流水。梦华人老玉京秋,悲歌长剑孤倚。

遍野际。翻葭苇。冷落荆高乡里。千年遗恨筑声中,霸图谁记。太行山色俯雄关,枏棱分照余翠。

论转眼、多少愁思。泻铜仙、方诸铅水。且把浊醪沉醉。拥雕鞍、万感茫茫,总是忆古今来、沧桑事。

南乡子

其 一

绕郭起秋烟。映水湘帘瑟瑟寒。料得南楼今夜月,初圆。定有清光照管弦。

冷落旧关山。无数高花隐鬓鬟。记否五湖残约在,何年。坐对横波理钓竿。

其 二

梦断水云乡。暗鼠窥灯枕簟凉。忆起别来沧海事,茫茫。无雨无风夜更长。

促织叫银床。红蓼花疏月似霜。昨日经过怊怅地,西廊。叠鼓高歌饯夕阳。

侧 犯

细花恋水,冷烟幂草沙沤聚。回步。讶曼睩丰容、笑相遇。愁人盼夜短,久客怜秋去。无语。听暗笛,飞声过前渚。

罗屏宛转,十里天风度。须记取。酒醒时,心在汉南树。换得倾城,此时一顾。金井落叶,撼庭如雨。

石州引

客馆秋深,征雁路长,寒昼初促。房栊永日沉阴,隐约隔城吹竹。繁霜满地,梦断几点炊烟,江南芳草当风绿。无计惜黄花,怯新来幽独。

怅触。乱云心绪,狂醉生涯,泪销残烛。走马章台,那有余欢堪续。十年前事,付与滚滚东流,寥天不返伤春目。待寄恨书来,渺阑干千曲。

木兰花慢

塞北秋兴

指居庸北去,云漠漠、野茫茫。有汉代秋风,秦时明月,惯阅兴亡。沙场晾鹰人老,黯穹庐衰草见牛羊。遥夜胡笳四起,征夫惨淡思乡。

南翔孤雁警严霜。哀唳不成行。叹千载衔冤,白头苏武,青冢王嫱①。河梁酒酣送客,劝莫将沉醉换悲凉。烽火甘泉未息,引弓直射天狼。

[注释]

①嫱:原刊作"墙",误。

玉烛新

木冰俗曰"雾凇",己未十一月见于京师。

长空寒色变。迸照海瑶光,野风吹乱。凤城淡月,黄昏后、醉舞霓裳都倦。南谯玉漏,已听彻、胡沙清怨。高树上、犹有栖雅,惊心去年霜霰。

行行未忍忘归,问此夜何人,旧盟能践。泪痕自泫。浑不是、梦里隔花妆面。河桥款段①。想路滑冰多须缓。重酹取、金井髧条②,思量万遍。

[注释]

①款段:马行迟缓貌。《后汉书》卷二十四《马援列传第十四》:"士生一世,但取衣食裁足,乘下泽车,御款段马,……斯可矣。"李贤注:"款犹缓也,言形段迟缓也。"唐康骈《剧谈录·续坤蹶马》:"马之骨相甚奇,然步骤多蹶,虽制以衔勒,加之鞭策,而款段之性,竟莫能改。"

②髧条:指柳。

斗百花

除夕微雪

小雪霏霏如雾。妆缀皇州台榭。分将守岁余情,吟作丰年佳话。寒意无多,爆竹到耳休惊,酒榼入唇堪泻。

春色从天下。

　　满路笙歌,隔水银灯高挂。曾见素被,何人自怜遥夜。更漏初残,看看向壁晨光,催起五陵骄马。

黄鹂绕碧树

　　庚申三月十三日,补禊可园。

　　西直门西路,平芜十里,浪吟曾遍。几度阴晴,讶琼枝弄色,绮尘迎面。羽觞自引,与谁较、春深春浅。须信道、上巳匆匆,过了芳期能展。

　　惨碧流波似箭。数愁痕、泪襟难浣。夕阳外、任风摇坏塔,云蔽荒苑。到此帝王富贵,剩冷落、铜驼怨。争如趁取花开,万红同看。

清商怨

　　虚廊啼罢络纬。又玉箫吹起。远树飘灯,凉花垂热泪。

　　江南千里万里。烟水深、楼为谁倚。闭了重门,关山明镜里。

朝中措

　　惊鸿北渚炫神光。回雪舞衣凉。日暮青蘋风起,凌波罗袜谁量。

芝田①馆外,夜深天远,梦断潇湘。我有江南明月,寄心何处君王。

[注释]

①芝田:传说中仙人种仙草之地。三国魏曹植《洛神赋》:"尔乃税驾乎蘅皋,秣驷乎芝田。"晋王嘉《拾遗记》卷十《昆仑山》:"第九层,山形渐小狭,下有芝田、蕙圃,皆数百顷,群仙种耨焉。"

双头莲

南园歌席,樊翁以和美成近作要予继声,双拽头①者,从樵风居士②说。

萼绿华来,杜兰香去,羌管倚晴,胡妆媚晚,几尺画楼,静对远山顽碧。斗颜色。

花底天宽,歌前人瘦,千烛乍明,重帘正启,仿佛个侬,不是那时相识。翠阑隔。

知有谁暗里,情怀难适。塞北烟尘,水西风露,负却桂堂今夕。无多名马,奈此惊鸿,惘然泪滴。苦凝眺,两厌厌,到晓应将息。

[注释]

①双拽头:词的专门用语。三叠之词,前两段字数、句式、平仄完全相同,且此二段的字数较第三段少,其形若第三段之两"头",故称。

②樵风居士：指郑文焯。《双头莲》有四体：双调一百字者三体，双调一百零三字者一体。清万树《词律》卷五、《词谱》卷三一俱列周邦彦"一抹残霞"一首，双调，一百零三字，上阕十三句三仄韵，下阕十二句五仄韵。《词律》因其上阕多不叶韵语，疑字句有讹；《词谱》辨曰："此词《清真集》不载，故方千里、杨泽民、陈允平皆无和词。或疑前段直至第六句始用韵，似有讹脱。不知宋人以韵少者为慢曲子，韵多者为急曲子。细玩此词，文法甚顺，决无讹脱，但无他词援证耳。"郑文焯校《清真集》则另有一说："案：调名《双头莲》，当为双曳头曲，以'助秋色'三字句属上为第一段，以'叹乖隔'句属上为第二段，分两排起调，揆之句法字数平仄悉无少异，惟'合有人相识'句'人'字上疑脱一'个'字。考宋本柳耆卿词《曲玉管》一阕，起拍亦分两排，即以三字句结，是调正合。宋谱例，凡曲之三叠者谓之双曳头，是亦《双头莲》曲名之一证焉。"按，邵瑞彭此词计一百零四字，较今传周词多一字。多字处正位于第二段第六句，今传周词此处为"合有人相识"，本词为"不是那时相识"，与郑说周词此处脱一字一致。

还京乐

社稷坛今为都人游观之地，板桥临水，景色幽绝，秋晚冯眺，约荄兹翁同赋。

画桥畔，一例衰红败绿都无主。记旧游如梦，乱云不管，斜阳西去。话建章遗事，秋星散作零铃雨。旷望里，帘影半掩，流萤平楚。

送宫城暮。费擎霄苍翠，年年坐阅，兴亡谁省意绪。

春来燕麦全荒,换人间、遍地歌鼓。绕回阑、嗟岸麋寒沙,风惊倦羽。几簇林灯发,轻尘遮断归路。

如鱼水

大通河秋泛

霜敛横林,雾迷枉渚①,泛棹直舣中流。水上人家。参差珠箔红楼。凤城秋。筝篌怨、弹彻西州。试静听、谯鼓无声,四更山月已如钩。

星耿耿,野悠悠。响隔岸孤舟。梦醒闲沤。天涯芳草生愁。引回眸。风渐起、晓色沉浮。望归路,送客衰兰未老,把盏忍淹留。

[注释]

①枉渚:在湖南省常德县东南,位于德山东麓,山下枉水萦回处有小湾,名枉渚。郦道元《水经注》卷三十七《沅水》:"(沅水)经临沅县南,又东历小湾,谓之枉渚。"《楚辞·九章》:"朝发枉渚兮,夕宿辰阳。"

洞仙歌

凤城寒色,在残云枯树。过了重阳便无雨。念穷阴天地,衰病年光,愁不到、绣箔珠帘深处。

四更灯渐黯,街柝声声,似为黄花惜迟暮。何事可沾巾。后夜相思,冯三两、昏雅寄与。纵有人、为我未成眠,也见惯秋来,等闲风露。

卜算子①

汤　山②

堤分玉树,山送翠鬟,一色水光千顷。濯锦楼③空,梦尽麝尘香径。风定。觉飞残社燕秋无影。叹罢浴常娥,舞湿焉支泫泪明镜。

徙倚长宵迴。任转断回波,鹿卢金井。急箭催年,耿耿露浓花静。单艇。唱前溪、怕触蛟龙听。便坠策、西崦望绝,奈汤池难冷。

[注释]

①本调《词谱》作"卜算子慢"。

②汤山:或指位于河北省承德市之汤山,在沙河县西七十里,下有温泉;或指位于今北京市昌平区之小汤山。

③濯锦楼:位于四川省成都市。清嘉庆十九年(1814),为纪念唐代女诗人薛涛而建,兼作官民游宴之所。咸丰初毁于兵燹,清光绪二十四年(1898),马长卿在崇丽阁(即望江楼)西重建此楼。此代指美丽而有才情的女子的居所。

惜红衣

同遯堪①作

废苑雅啼,平桥露湿,最难今夕。梦老莼丝,南花泛离色。关山过眼,凝望处、阑干千尺。争识。江上庾郎,恰年来头白。

西楼宝瑟,弹泪何人,秋弦夜深急。飘灯旧路,万一软尘鬲。几日冷吟闲醉,不问鲤鱼消息。怕故衣轻换,缄札玉珰无益。

[注释]

①遯堪:张尔田。

点绛唇

渝 关

万马无声,照天星斗明于炬。冷云枯树。今夜渝关路。

莽莽平原,风卷黄沙舞。休回顾。弓弦鸣处。北雁南飞去。

塞翁吟

隐用美成《瑞鹤仙》词意

带郭郊原悄,斜照隐约余红。信马去,短亭东。对驿路重重。流莺劝我花前醉,亲见汉浦惊鸿。笑引酌,竟千钟。是天遣相逢。

朦胧。三更后、孤眠画阁,迷倦眼、浑如梦中。了不省、归时旦暮,但闲听、响彻西园,永夕狂风。游仙事杳,可许明朝,犹剩珍丛①。

[注释]

①珍丛:美丽的花丛。

瑞鹧鸪

卢沟晚眺

桑干河近古皇都。乱帆东指日西徂。战马嘶风,奋戟人何在,肠断幽并旧酒徒。

蓟门春讯炊烟里,长亭渐绿芜蒌。竟令游子悲歌,来倚高堂瑟、足欷歔。画得山川督亢①无。

[注释]

①督亢:古地名,战国燕的膏腴之地。今河北省涿州市东南有

督亢陂,其附近定兴、新城、固安诸县一带平衍之区,皆燕之督亢地。《史记》卷三十四《燕召公世家第四》:"太子丹阴养壮士二十人,使荆轲献督亢地图于秦,因袭刺秦王。"司马贞索隐:"徐广云:'涿有督亢亭。'"

御街行

游丝系在谁家树。着意春来路。满街灯火送黄昏,不送行人归去。可怜今夜,银屏朱阁,瑟瑟风兼雨。

繁华过眼纷如雾。独自悍怅语。谅无歌管可销愁,回首凤城高处。酒醒时节,残寒依旧,只是天将曙。

倾　杯

龙树院①薄游遇雨

城倚疏林,水环高榭,斜阳乍敛南陌。阵鸿唤侣,孤鹜照影,拂一潭芦荻。锦屏断续翠微近,占瑶京秋色。浮云四合,钟磬动、灯火濛濛催夕。

最难霎时凉雨,对花中酒,双泪无端的。问岘首风流②,平山踪迹,有何人思忆。宝树空垂,老龙长卧,闲惹僧头白。霁虹出。凝望里、江亭路隔。

[注释]

①龙树院:即龙泉寺。

②岘首风流：用羊祜之典。《晋书》卷三十四《列传第四·羊祜》："祜乐山水，每风景，必造岘山，置酒言咏，终日不倦。尝慨然叹息，顾谓从事中郎邹湛等曰：'自有宇宙，便有此山。由来贤达胜士，登此远望，如我与卿者多矣！皆湮灭无闻，使人悲伤。如百岁后有知，魂魄犹应登此也。'"

蓦山溪

天 坛

南桥行尽，掩面黄尘聚。绣陌下牛羊，转轻雷、当年玉辂。残阳泰畤①，摇曳雉媒秋，蒹葭阻。天无语。冉冉红墙暮。

长安乱叶，永夜惊风雨。一水鬲高楼，送流光、缓歌曼舞。江头野老，持酒说桑麻，青盖举。仓鳞怒。极目荒坛古。

[注释]

①泰畤：古代天子祭天神之处。《史记》卷十二《孝武本纪第十二》："神灵之休，祐福兆祥，宜因此地光域立泰畤坛以明应。令太祝领，秋及腊间祠。三岁天子一郊见。"

归朝欢

落照平原肠断色。衰草茫茫秋瑟瑟。孤帆掠岸送归人,前村吹角悲羁客。四望天水碧。旧情从此劳思忆。走舟车,孑身千里,荏苒岁华逼。

昨梦惊回云雨迹。满目啼痕沾枕席。伤高念远酒杯空,西风残月关山隔。异乡嗟久役。凤城烽火飞无翼。行路难,不堪重唱,取次催头白。

河　传

其　一

子夜。歌罢。荔枝筐①。宝瑟重量洞房。蜡花细飘金凤皇。途长。梦回鸳被凉。

别泪朝朝教洗面。君不见。争信妾肠断。鹧鸪啼。胡蝶飞。起迟。晚蚕生素丝。

其　二

江上。重唱。陇头吟。举世几人知音。湘水直下万里深。梦寻。报君缠臂金②。

帆影来去倚楼望。春草长。临镜倍怊怅。雉朝飞。乌夜啼。几时。绿波流向西。

其　三

淮浦。春暮。数行烟树。两岸青帘。柳花如雨,随风扑上征帆。过江南。

山头桂叶无人采。相思在。落月鸡声外。《檀来》③歌杏林雅老,黑云都④。怨平吴。

[注释]

①荔枝筐:杨贵妃嗜荔枝,令飞骑传送,走数千里,味色不变。唐杜牧《华清宫三十韵》诗:"尘埃羯鼓索,片段荔枝筐。"

②缠臂金:手镯。因手镯戴于腕上,故称。

③《檀来》:歌名。周世宗讨南唐,军中所作之歌。《新五代史》卷六十二《南唐世家第二·李景》:"周师步骑数万,水陆齐进,军士作《檀来》之歌,声闻数十里。"

④黑云都:唐末杨行密所率牙军名称,以皂衣蒙甲胄,故名。

千秋岁

碧海风平,青天路直。欲对明河觅消息。铜瓶悔从井上坠,金钗误向灯前擘。九秋霜①,五更月,总堪惜。

零乱翠衾清泪湿。来去钿车轻雷急。已觉相思了无益。西乌夜飞犹有语,夫容半老空成忆。画中人,眼中事,今何夕。

[注释]

①九秋霜:见前"弓腰"注。下阕"画中人"亦出此典。

少年游慢

高林升暗月。细雨敲窗乍歇。罗簟无尘,银屏如水,山河阔。麝散香难灭,藕断丝难绝。望远伤神,故人恰遇新节。

路直阑干热。谁见琼楼寒彻。扑地韶华,行云踪迹,从渠说。迢递回文锦,隐约凌波袜。后夜相思,垂杨不堪重结。

雪梅香

西园雪后,梅花正开,倚树怀人,不胜岁寒之感。

小桥北,黄昏月色破空濛。动何郎悲感,天涯乱笛声中。如此清寒岂堪折,几时消息可能通。耿相忆,岁暮阴阳,销与东风。

重逢。渺难定,客馆无人,半掩房栊。水阔云低,夜来冷落师雄①。粉泪犹沾故衣薄,烛花应减昨宵红。回肠事,只有幺禽,闲对惺忪。

[注释]

①师雄,赵师雄。见前"罗浮"注。

两同心

水陌春宽,露台天逼。层冰泮、梅瓣随波,微雨尽、燕雏垂翼。这时间,有个人人,不解怜惜。

立久晚风无力。树平烟直。明镜里、月子娇圆,短歌畔、大弦凄急。尽十分,软语柔情,恐难消得。

甘草子

其 一

春早。雪后园林,间有莺声到。一夜试灯风,绿遍西城草。

浓睡未醒屏山晓。怎奈向、单栖怀抱。试共垂杨斗年少。怅汉南人老。

其 二

春水。日夜东流,渺渺三千里。但见麹尘波,不见桃花泪。

无数画楼斜阳里。忍问讯、江山如此。我有青黄一端绮。怕远方难寄①。

[注释]

① 我有二句:《古诗十九首·客从远方来》:"客从远方来,遗我

一端绮。"

斗百花

几日轻寒轻暖,闲过清明时候。深宫火禁方开,行客单衣初就。春燕孤飞,牢落梦里关河,隐约笛中杨柳。攀折何人手。

卷地东风,入户西山依旧。谁见渐老,维摩带围消瘦。云树沉沉,归来细说相思,休待杜鹃啼后。

芳草渡

天津逆旅①阻兵,和美成。

夕照里,向塞北归来,漫寻俦侣。听博劳②啼罢,今宵怕有微雨。无限人事苦。从婵娟深诉。旷望久,逝水滔滔,不载愁去。

频睹。满天堠火,乱绕弓高③城畔路。更谁管、辞巢燕子,留连旧门户。此时此际,顿减尽、探春心绪。拥暗叶,看起鱼龙夜舞。

[注释]

①逆旅:客舍,旅馆。《左传·僖公二年》:"今虢为不道,保于逆旅。"杜预注:"逆旅,客舍也。"

②博劳:鸟名,即伯劳。

③弓高：古地名。历史上有两个以"弓高"命名之地。一为汉置，属河间国，汉文帝封韩颓当为弓高侯；东汉属冀州河间国。故城在今河北阜城县南。一为隋置，属兖州平原郡；唐属河北道景州；五代周省入东光。故城在今河北省东光县西北。此当指后弓高城。

虞美人

平阳歌舞新承宠①。行雨行云送。画堂还见柳花飞。枉向平芜尽处、唤春回。

汉宫别有房中乐。不唱双黄鹄。人间此曲果难闻。辛苦城南芳草、护罗裙。

[注释]

①平阳句：用卫子夫之典。《史记》卷四十九《外戚世家第十九》载：汉武帝的皇后卫子夫，原是平阳公主府中之歌女。因得到汉武帝的宠幸，后来被封为皇后。唐王昌龄《春宫曲》诗："平阳歌舞新承宠，帘外春寒赐锦袍。"

凤皇台上忆吹箫

山远云平，露浓叶冷，苍茫万里清秋。乍过尽、轻帆渺渺，归雁悠悠。触处荒坛野戍①，天未暮、聊复迟留②。行吟苦，一饷梦回，河水东流。

遥知故人此际，方望断斜阳，为我登楼。共记取、吴桥卧雨，越榜闻讴。争奈无情衰草，盈倦眼、都是闲愁。愁难说，今夜漫上帘钩。

[注释]

①戍:原刊作"戌"，误。后出此误径改不注。

②迟留:停留，逗留。

绕佛阁

九月中旬，泽臣①、孟劬、小树诸君同集劈柴胡同②寓园，月明花好，雅谈竟夕，泽臣赋《霜叶飞》，予倚此调。

素秋夜永。相对皓月，闲弄清影。林外天迥。望中过眼、云烟总无定。砌蛩暗警。银汉乍转，桐坠金井。风露凄冷。画楼有限，阑干共谁凭。

令节见花发，未忍哀弦愁里听。何况故关、年年笳鼓竞。叹换尽朱颜，依旧明镜。小园幽胜。愿逝水能回，佳会重订。响宫壶③、醉魂催醒。

[注释]

①泽臣:洪汝闿。洪汝闿(1869～?)，字泽丞、泽臣，号勺庐。安徽歙县人。与邵瑞彭均入聊园词社、思辨社。著有《勺庐词》。

②劈柴胡同:现名辟才胡同。位于北京市西城区中部，呈东西走向，东起西单北大街，西至太平桥大街。元代时此地建有大佛寺，故明代以"大石佛寺"命名该胡同。清朝时此地因有一处劈柴

市场而改称"劈柴胡同"。光绪三十一年(1905),臧佑宸在此开办了京师私立第一两等小学堂,因校歌中有"开辟人才"之语,恰与原名谐音,故又改称"辟才胡同"。

③宫壶:即宫漏,古代宫中计时器,用铜壶滴漏,故称。

后庭花破子

其 一

璧月夜常圆。琼枝春更妍。垂云承宝镜①,吹香入锦弦。夜如年。君恩如月,照人何处边。

其 二

暮暮复朝朝。花开带月娇。舞将罗作扇,歌以玉为箫。漏迢迢。何人承宠,从君索锦袍。

其 三

宫花玉树新。枝枝叶叶春。锦障分红拨,香笺飞绿尘。后庭人。月明今夜,歌声天上闻。

[注释]

①宝镜:此指月。

凤归云

自西郊之翠微,绕道玉泉。

过平畴,荇汀苇岸立鸣镳①。绿树渐稀,秋意满西郊。断续游人,来去似织,缓缓踏河桥。向晚野鹰飞尽,林鸦啼起,乱烟斜胃岩腰。

苍茫山色,荏苒年光,张衡赋笔,吴质才名,不信都无用,恁萧条。风急霜浓,菊瘦黄冷,望极远天高。引领宝珠荒洞②,玉泉危塔③,为谁凝恨感前朝。

[注释]

①鸣镳:马衔铁。借指乘骑。宋周邦彦《忆旧游》词:"迢迢问音信,道径底花阴,时认鸣镳。"

②宝珠荒洞:宝珠洞又名宝珠寺,位于北京西山八大处的第七处。位于平坡山顶,始建于明代。宝珠洞共有殿堂两座。寺之正殿为观音大士殿,两厢有配殿,殿后有一岩洞。洞内砾石奇特,如同黑白相间的珠子凝结而成,似蚌珠晶莹,故得名宝珠。

③玉泉危塔:玉泉山上高塔众多,有玉峰塔、华藏海石塔、妙高塔、圣缘塔、镇海塔等。

满庭芳

北苑调莺,西郊驰马,绛都才报新春。试灯风里,梅萼见精神。荏苒元宵过也,花未落、笛已先闻。青旗外,谁家画障①,芳草正愁人。

浮云。游子意,寒暄②易觉,哀乐难分。有隔岸蛾眉,为我含颦。是处千红万紫,凌波路、沧海生尘。徘徊久,高城黯黯,白日似黄昏。

[注释]

①画障:画屏。此指如画的自然景色。前蜀韦庄《送福州王先辈南归》诗:"名标玉籍仙坛上,家寄闽山画障中。"

②寒暄:冷暖。

柳初新

三更梦醒难重做,对夜景、披衣坐。水边双桨,街头万马,隐约隔墙经过。长把离魂惊破。傍鸳帏、厌厌无那。

不道平生计左。空留情、春风鬌媠①。冷云笼树,疏星照野,向晓宝蟾西蹉。看几簇、楼台灯火。叹前欢、总成抛挥②。

[注释]

①鬌媠:美好的样子。

②抛挥:犹抛躲。回避,抛弃。亦作"抛朵"。

玉楼春

其 一

十二玉楼春草路。金凤钿蝉弹暮雨。当时不合梦为云,今日可怜花似雾。

弦上黄莺啼不住。枕上鸳鸯飞不去。澹烟微月水西浔,一片东风无觅处。

其 二

迤逦玉楼春梦远。宝蛤流苏红锦幔①。月从银烛暗时生,人向画堂深处见。

把酒莫嫌金盏浅。醉里欢娱宜有限。青天碧海对花开,缓节安歌知夜短。

其 三

良夜玉楼春雨霁。花压阑干风拂袂。人如明月带潮行,愁似绿杨吹絮起。

江上青山烟又水。知道别来无好计。明年明月倘能圆,此恨此时何处避。

其 四

三月江南生碧草。处处玉楼春正晓。水边游女约湔裙,陌上行人同侧帽。

杨柳阴阴临大道。酒罢歌停天尚早。一春无奈落花何,万事不如沉醉好。

其　五

咫尺玉楼春畹晚。珠箔当花闲不卷。月斜人去烛孤明,烛暗香销人更远。

燕子飞来山四面。诉与相思君不见。去年微雨过清明,今日艳阳偏烂漫。

其　六

结绿流离云鬓亚。谁信满头都是假。比肩寒到玉楼春,携手难于天马下。

掩冉东城花月夜。银汉西移歌未罢。美人赠我璧连钱,何以报之双不借②。

[注释]

①幔:原刊作"慢",误。

②不借:草鞋。丝制者称履,麻制者称不借。汉史游《急就篇》卷二:"裳韦不借为牧人。"颜师古注:"不借者,小屦也,以麻为之,其贱易得,人各自有,不须假借,因为名也。"汉刘熙《释名》卷五《释衣服》:"齐人谓韦屦曰扉。扉,皮也,以皮作之也。不借,言贱,易有,宜各自蓄之,不假借人也。"本句承张衡《四愁诗》之句。

醉吟商小品

此琵琶曲也。石湖以为不传。石帚于金陵杨诚斋①邸中遇琵琶工,求得品弦法,译谱填词,遂存绝响。按②,吴氏③《五总志》云,马氏南平王时有王姓者,善琵琶,梦异人传《醉吟商》曲,田不伐④能度之。不伐死,此曲不传。石湖所说,当即因此。予以石帚所译品弦法重译为琵琶谱,平湖朱荇青⑤能弹之,爰和一解。石帚所谓双声,盖即双调。

乍过了清明,梦醒画帘微雨。乱莺飞絮。故国花千树。拨尽相思残句。鸾弦断否。

[注释]

①杨诚斋:杨万里。杨万里(1127~1206),字延秀,号诚斋。吉州吉水(今江西省吉水县)人。有《诚斋集》。

②按:原刊作"桉",误。

③吴氏:指吴垧。吴垧,南宋人,生卒年不详,今传有《五总志》。

④田不伐:田为。田为,生卒年不详,字不伐。宋宣和元年(1119)为大晟府乐令,善琵琶。有《洋呕集》,久佚,近人赵万里《校辑宋金元人词》有辑本。

⑤朱荇青(1898~1955):原名英,号杏卿,以字行。浙江平湖人。童年就读于清代平湖派琵琶大师李芳园私塾,并向李之弟子吴柏君学琵琶。

抛球乐

重五和柳

五陵芳讯催换,时序潇洒。乍端阳、唐汉旧俗,荆楚遗风,梅雨初收,晓山堪画①。阆苑里、榴火争明,液池畔、杨枝微亚。坐听凤瑟鸾笙,永昼娭②游,满目琳琅架。记宝奁金镜,朱符③翠缕,太平歌舞,宏农纥野④。岸上澡兰人,更戏点宫黄、娴又雅。

吊湘累余恨,江走怒龙,渡驰水马⑤。此际沉魄难招,幻天半薜萝⑥旗影下。感离居,思远道,隐约灵修娅妊⑦。筵开艾叶,知美景良辰无价。辟兵⑧鼓造⑨,入盘角黍⑩,那得长遣流光赏⑪。论一生好计,何如手弄琼芝,指日登仙羽化。回泪看桑田,空叹息、九节昌蒲谢。向北牖倦眼,有酒休舍。

[注释]

①此处较柳永词多一四字句。

②娭:嬉戏、玩乐。《说文解字》:"娭,戏也。"

③朱符:用朱墨写的符箓。

④宏农纥野:即弘农得宝之典,见前"得宝"注。弘,原作"宏",避讳字。

⑤水马:此指一种轻快的船,多供竞渡用。南朝梁宗懔《荆楚岁时记》:"五月五日竞渡,……舸舟取其轻利,谓之飞凫,一自以为水军,一自以为水马。"《全唐诗》卷七九六载《午日》诗:"兰汤备浴

传荆俗,水马浮江吊屈魂。"

⑥薜萝:薜荔和女萝。两者皆野生植物,常攀缘于山野林木或屋壁之上。《楚辞·九歌·山鬼》:"若有人兮山之阿,被薜荔兮带女萝。"王逸注:"女萝,兔丝也。言山鬼仿佛若人,见于山之阿,被薜荔之衣,以兔丝为带也。"

⑦娅姹:形容娇娆多姿。唐张鷟《游仙窟》:"然后逶迤回面,娅姹向前。"

⑧辟兵:原意为躲避兵器伤害,后借为蟾蜍的拟称。《文子·上德》:"兰芷以芳,不得见霜。蟾蜍辟兵,寿在五月之望。"杜道坚缵义:"案《万毕术》:蟾蜍五月中杀涂五兵,入军阵而不伤。"古代风俗中以五月为恶月,禁忌较多,有端午辟兵祛灾之俗。宋罗愿《尔雅翼》卷三十《释鱼三·蟾蜍》:"蟾蜍者,虾蟆之类。……五月五日得之,谓之辟兵。为物绝寿,乃云有千岁者。"

⑨鼓造:枭。一说,虾蟆。《淮南子·说林训》:"兰芝以芳,未尝见霜;鼓造辟兵,寿尽五月之望。"高诱注:"鼓造,盖谓枭。一曰虾蟆。今世人五月望作枭羹,亦作虾蟆羹。"

⑩角黍:食品名,即粽子。以箬叶或芦苇叶等裹米蒸煮使熟,状如三角,古用黏黍,故称。《太平御览》卷八五一引晋周处《风土记》:"俗以菰叶裹黍米,以淳浓灰汁煮之令烂熟,于五月五日及夏至啖之。一名粽,一名角黍。"

⑪贳:借。《说文解字》:"贳,贷也。从贝,世声。神夜切。"

减字浣溪沙

夜过卢龙

其 一

回首枛棱一梦中。车轮催送夜匆匆。四更风雨过卢龙。

此地从来称崄岨①,人间何处有英雄。青山西走水流东。

其 二

万里云罗雁不飞。山川如画四天垂。长城戍火照人归。

塞草何曾妨马足,酒杯无奈浼征衣。手中觚竹教谁吹。

[注释]

①崄岨:同"险阻"。

木兰花慢

沈阳听雨作

听边城苦雨,乍弹指、过新秋。渐驿馆花疏,离亭笛晚,凉意悠悠。回头。看飞雁去,奈长安不见使人愁。辛苦归风送远,故关锦字沉浮。

休休。歧路泪难收。尽付水东流。问波浪兼天,江湖满地,何处扁舟。淹留。诉王粲恨,倚危阑未忍赋登楼。惊起穷檐①好梦,战场铁马啁啾。

[注释]

①穷檐:茅舍,破屋。唐韩愈《孟生诗》:"顾我多慷慨,穷檐时见临。"

蕙兰芳引

和清真

花气动帘,小池外、乱飞新鹭。正积雨初收,官柳半凋旧绿。故人梦里,定暗想、月明歌屋。恐雁书不到,永夕吹残觚竹。

送日琴尊,悲秋词赋,几变凉燠。况江表回帆,长绕逝波万曲。危楼南望,泪痕满目。更漏催、谁信此时凄独。

八声甘州

上海遇瘿公歌馆中,要予赋此。

费长风送我过江来,逢君正清秋。对凌霜奇艳,惊天哀咽,遥夜朱楼。故国繁华似梦,北望不堪愁。何止蛟龙泣,海亦西流。

到此苍茫百感,叹霸才无主,徒记恩仇。便倾城再得,还欲怨高丘。遍江南、断无金粉,问人间、何地可淹留。肠回处、向明灯畔,且看吴钩。

迷神引

白日西沉垂杨渚。望极水乡秋暮。翩翩画鹢,指前村去。倚篷窗,临官渡,听津鼓。林表明蟾出,候虫语。江上斜风起,片帆举。

自悔劳生,万感从谁诉。觉碧云飞,青山阻。浪萍踪迹,久漂泊、成羁旅。旧愁多,新知少,晚潮怒。潮卷蒹葭雪,寒泪聚。心随归鸿翼,到家否。

浪淘沙[①]

江干感旧

晚潮荡,渔灯万点,画舸千叠。羌笛临风渐息。鸤鸠[②]唤雨顿歇。对匹练浮沉吴苑月。几曾照、客子离别。奈泪眼相看竟无语,柔肠为谁热。

将发。渡江载取桃叶。怕漏尽星移,蛟龙怒、远道难用楫。空怅望长天,云里双阙。断鸿路阔。归去来,珍重边城霜雪。③

花信惊回芳菲节。西陵柳、故人共折。翠条短、同心亲手结。碎明镜、不忍思量,醉梦促,高楼倚遍生华发。

[注释]
①本调《词谱》作"浪淘沙慢"。
②鸤鸠:布谷鸟。《诗·曹风·鸤鸠》:"鸤鸠在桑,其子七兮。"
③《词谱》录《浪淘沙慢》四体,均为双调,此处不分片。戈载《宋七家词选》周邦彦《浪淘沙慢·晓阴重》一词杜文澜批注云:"此调有作三段,以'罗带光销'为后段起句,然字数未匀,似不可从。"邵瑞彭此作以"花信惊回芳菲节"为第三片起句,当以周词分三段者为本。

渔歌子

桐庐江上

其 一

十月沧江只薄寒。北人当作早秋看。山似黛,水如烟。棹歌声里客移船。

其 二

船家小女字桃根。日日弹筝送远人。扬皓齿,发朱唇。水调声声不忍闻。

其　三

桐君山①下鹭鸶飞。九里州前渔火稀。烟水乐,几人知。欲向山灵乞钓矶。

其　四

江楼风急夜潮生。野阔天低对月明。人渐定,酒初醒。一片征帆万橹声。

[注释]

①桐君山:位于浙江省桐庐县分水江与桐江交汇处,与桐庐县城隔水相望。古称小金山。

采莲令

月西斜,茅店鸡声①曙。兰舟发、两眉愁聚。梦回急桨送行人,曲折兼葭浦。披衣叹、平生阮籍,临歧洒泪②,故园今在何处。

昨日离筵,怅怅执手江干路。垂官驿、柳丝千缕。断魂难系,到此际、抑郁从谁语。但看尽、青山一带,残烟荒蔓,几点冷雅飞去。

[注释]

①茅店鸡声:唐温庭筠《商山早行》诗:"鸡声茅店月,人迹板桥霜。"

②临歧洒泪:《晋书》卷四十九《列传第十九·阮籍》:"(阮籍)时率意独驾,不由径路,车迹所穷,辄恸哭而反。"

尉迟杯

春　水

大溪①上。送盈盈十里桃花浪。田畴远聚炊烟,滩碛近传渔唱。芦芽初长。暗潮退、风定波痕广。倚帆竿、纵目寥天,有客停舟相望。

千丝网悬吴榜。游鳞戏、深潭避人来往。古驿青旗,斜桥翠柳,愁绕木兰双桨。殷勤问、闲沤无恙。年华迅、春梦从头想。恐东流、到海难回,费尽林鹃凄响。

[注释]
①大溪:霅溪。见前"霅溪"注。

六幺令

玉蟾三五,流照梨华色。天涯故人今夜,吹破倚楼笛。不信西城路远,误尽春消息。凤衾鸾席。独眠经惯,如此年光为谁惜。

长记云屏梦暖,冉冉双飞翼。酒醒巡遍回廊,万水千山隔。惟有铜盘蜡炬,摇动伤心碧。漏沉风急。泪珠无数,伴我相思枕边滴。

三姝媚

辽东春暮,忆京师牡丹。

天涯春恨远。倚谁家高楼,暗尘迎面。故国东风,正艳阳时候,牡丹开遍。浩色浓香,都付与、寻常莺燕。暮雪龙沙,那有垂杨,费人青眼。

过雨池台零乱。溯往日承恩,旧情难恋。画烛双啼,试泪妆空好,夜来须换。逝水漂花,流不出、红墙西畔。待寄相思何处,朝云梦断。

酒泉子

烟柳画桥。谁唱阿溪新怨。水无声,人不见。夜迢迢。

月蛾眉晕镜中销。迎面楝花风起。酒生鳞,灯有泪。到明朝。

清平乐

谢堂春艳。临镜横波敛。屏上夕阳燕支染。不学额黄①一点。

庭院长日沉沉。酒罢歌阑夜深。百草千花狼藉,几度孤负鸳衾。

[注释]

①额黄:妇女施于额上的黄色涂饰。其制起于汉时,唐时仍有。宋范成大《虞美人》词:"恰如娇小万琼妃,涂罢额黄嫌怕、污燕支。"

长相思①

戏鼓临街,饧箫倚户,紫陌初过清明。南楼夜月照影,钿车来去,翠袖逢迎。泪蜡盈盈。记华前柳外,几度经行。梦觉飞琼。有何人、为我凝情。

试寻访,笼纱旧壁,春蓬浪迹,忍负狂名。云边雁断,海上潮回,此恨难平。寒暄②似箭,对西山、终古青青。又岂知、重见无凭,风光晼晚荒城。

[注释]

①本调《词谱》作"长相思慢"。
②寒暄:犹冬夏,指岁月。唐李商隐《为贺拔员外上李相公启》:"葭灰檀火,屡变于寒暄。"

玉胡蝶

江上苦热

畏景楚天遥望,酒旗闪闪,摇曳薰风。水驿鸣榔①,无数钓叟渔童。布帆收、微惊倦鸟,梅雨霁、斜挂长虹。路冥濛,箭②波千里,江树重重。

萍踪。因谁触热,殷雷聒耳,烈照流空。野阔山低,夏云出意变奇峰。溯别来、年华屡换,到是处、音问难通。悄尘容,暮蟾飞起,戍鼓声中。

[注释]

①鸣榔:亦作"鸣桹"。敲击船舷使作声,用以惊鱼,使入网中,或为歌声之节。《文选》潘岳《西征赋》:"纤经连白,鸣桹厉响。"李善注:"《说文》曰:桹,高木也。以长木叩舷为声,言曳纤经于前,鸣长桹于后,所以惊鱼,令入网也。"唐李白《送殷淑》诗之一:"惜别耐取醉,鸣榔且长谣。"王琦注:"所谓鸣榔者,常是击船以为歌声之节,犹叩舷而歌之义。"

②箭:原刊作"筹"。

古阳关

荡子秦楼别。万里天山阔。胡尘卷地,西风冷,沙如雪。上河梁执手,自把垂杨折。重感叹、阳关怨曲唱三叠。

千载长城道,笳鼓咽。恐貂裘客,狼烟急,雁书绝。待可汗早灭,塞下归鞍发。再与君、秋堂对酒看明月。

踏莎行

秋夕渡海

征雁排云,凉蟾照水。鱼龙寂寞沧波里。酒醒推枕望江南,离心一夕三千里。

天压山平,潮迎风起。露华点点鲛人泪。百年旦暮此孤舟,冯谁来会苍茫意。

解连环

甲子秋,雷峰塔圮,塔砖中有吴越忠懿王所藏雕本《陀罗尼》经卷,倬盦得其二。

镜空残霸。惊雷波换劫,怒龙飞化。剩宝箧、零落雕琼,是椒禁粉娥,手香初写。陌上人归,梵音断、春灯遥夜。共金涂旧影,诉与坠盘,冷泪铅泻。

湖山总然罨画。系烟云半壁,慵问泥马①。试旷望、衰草南屏②,料百八杵钟,晚来犹打。坏色苍茫,送不尽、夕阳西下。恣秋潮、背城撼起,塌天怎射。

[注释]

①泥马:当指"泥马渡康王"之事。宋程卓《使金录》十二月十四日"至磁州"条载:高宗(赵构,时为康王)为王尚书云迫以使虏,磁人击毙王云。高宗欲退,无马可乘,神人扶马载之南渡河,令立

祠西湖。《大宋宣和遗事》载：靖康之变，康王质于金，赴金途中为躲避金兵监视，单骑而行。行路疲乏之际，寐于崔府君庙中，梦神人言金兵已至，催促上马，康王告以无马，神人言马已备好，尽可疾速而行。康王惊觉，果见马已在侧，遂跃马飞驰。奔行七百余里后，马僵立不进，下视之，乃泥马也。史载，金兵南侵，赵构奉命二次出使金营求和时，是在河北磁州（今属河北）被守臣宗泽劝阻留下，才得以免遭金兵俘虏，后于河南商丘即位，建立南宋政权。其南逃一事则被演绎成"泥马渡康王"的故事流传，《说岳全传》第二十回即有"夹江泥马渡康王"之叙述。

②南屏：此指杭州西湖南岸的南屏山。"西湖十景"中有"南屏晚钟"，指位于南屏山慧日峰下的净慈寺傍晚的钟声。

解蹀躞

梅花为何人所败

照水梅花清浅，半夜惊尘聚。画屏春色、年年总无主。肠断玉马西驰，凤笙此际吹残，累人凝伫。

向谁语。门外寒雅来去。参差霸陵树。泪痕山北山南泻如雨。满院银烛荧荧，可怜天上圆蟾，荡风摇露。

玉楼春

其 一

行云不合西楼住。良夜迢迢风又雨。镜中潮讯有回时,屏上春帆无去路。

鸳衾四角丝千缕。飘尽柳绵难作絮。君如锦瑟妾如弦,自古一弦安一柱。

其 二

吴蚕三月眠初定。二月东风吹面冷。一春无雨到清明,说与多情知未省。

夭桃灼灼①开金井。井上铜瓶辞素绠。坠瓶出水只空花,明月飞天成破镜。

其 三

小长干路波千叠。日日吴船乘浪发。来如春梦去如云,昨夜星辰今夜月。

兰堂携手芳菲节。去去关山从此别。当时只道渡江难,不恨中流烟水阔。

其 四

文窗匼匝②当街掩。梅子青青寒未减。雨声不耐睡时狂,酒味知输愁思酽。

战篦③双凤黄金艳。三叠琴心凄万感。依稀枕上路丁条,断续楼前更四点。

其 五

朝朝琼树时相见。东去伯劳西去燕。南飞乌鹊北飞鸿,夜夜钗横云鬓乱。

重阳无雨年将晚。白露为霜人已远。明朝寒暖故难凭,孤负秋娘花满面。

其 六

娥娥红粉临窗牖。皎皎窗前垂素手。可怜嬴黛④画成时,已是霓裳惊破后。

东城榆荚西城柳。北海蘋花南海藕。不知何处月明多,二十四阑凝望久。

其 七

人家近隔银湾水。迢递关山千万里。游丝传语讯平安,道是相逢浑不似。

双鸾照影殷勤寄。不寄方诸千点泪。马嘶权当画中听,客去但求闲处睡。

其 八

鸳帷凤枕浑闲却。历历萧娘前夜约。初更月出不能圆,九日花残宁易落。

当时亦笑秋云薄。今夕罗衣和泪着。冬山长是睡沉沉,信道眉痕无处学。

其 九

天涯只在莺啼处。不在蘼芜山下路。早知无玉可生烟,应悔将縑来比素⑤。

伤春未必因春暮。今日新人明日故。海中尽有返魂香⑥,江上已空连理树。

其 十

舞裙十幅芙蓉浪。金错⑦壶卢鞋底样。雪花无蒂逐风移,山木有枝连干长。

浮云西北丛台上。彻夜嘈嘈筝线响。从来名士悦倾城,无数才人嫁厮养⑧。

[注释]
①夭桃灼灼:《诗·周南·桃夭》:"桃之夭夭,灼灼其华。"
②匼匝:环绕。
③战篦:装饰在女性发髻上微微抖动的篦子。唐温庭筠《思帝乡》词:"回面共人闲语,战篦金凤斜。"
④蠃黛:即螺黛,"螺子黛"之省称。古代女子用以画眉的一种青黑色矿物颜料。蠃:通"螺"。元陶宗仪《说郛》卷七八引唐颜师古《隋遗录》:"(吴)绛仙善画长蛾眉,……由是殿脚女争效为长蛾眉,司宫吏日给螺子黛五斛,号为蛾绿。螺子黛出波斯国,每颗直十金。"后亦用作蛾眉的代称。
⑤应悔句:古诗《上山采蘼芜》:"上山采蘼芜,下山逢故夫。长跪问故夫,新人复何如。新人虽完好,未若故人姝。颜色类相似,手爪不相如。新人从门入,故人从阁去。新人工织缣,故人工织素。织缣日一匹,织素五丈余。将缣来比素,新人不如故。"
⑥返魂香:旧题汉东方朔《海内十洲记》:"聚窟洲在西海中,申未之地。……山多大树,与枫木相类,而花叶香闻数百里,名为反魂树。扣其树,亦能自作声,声如群牛吼,闻之者,皆心震神骇。伐其木根心,于玉釜中煮,取汁,更微火煎,如黑饧状,令可丸之。名

曰惊精香,或名之为震灵丸,或名之为反生香,或名之为震檀香,或名之为人鸟精,或名之为却死香。一种六名,斯灵物也。香气闻数百里,死者在地,闻香气乃却活,不复亡也。以香薰死人,更加神验。"

⑦金错:谓在器物上用黄金涂饰或镶嵌文字、花纹。

⑧厮养:犹厮役。《战国策·齐策五》:"士大夫之所匿,厮养士之所窃,十年之田而不偿也。"鲍彪注:"厮,析薪养马者。"《史记》卷八十九《张耳陈余列传第二十九》:"有厮养卒谢其舍中曰:'吾为公说燕,与赵王载归。'"裴骃集解引韦昭曰:"析薪为厮,炊烹为养。"

长亭怨慢

自上海北归,途次济①南,寄别莼农、叔邕。

乍听彻、江南疏雨。过了黄梅,满城风絮。雁背残阳,马头明月送人去。客程如水,谁系得、征蓬住。怨别抵伤春,恐此意、樊川②难赋。

薄暮。忆王孙不见,缥缈画船烟浦。天垂四野,莽千里、战场吴楚。便日日、倚遍阑干,奈一片、韩陵无语。仗子夜歌声,来慰尘埃辛苦。

[注释]

①济:原刊作"沛"。

②樊川:杜牧。杜牧(803~852),字牧之,号樊川居士。京兆万年(今陕西省西安市)人。著有《樊川文集》。

燕台春

胶东①小住,游兴顿衰,和子野②。

燕幕迷香,蜃楼遮月,东风暗放潮回。万绿阴阴,惊心乱后重来。水滨文槿花开。戏犁靬③、缥缈长街。倾城歌舞,蛮弦挥手,左右春雷。

人从星换,事逐棋飞,有天倚杵,无地浮梅。机丝箭转,扬尘泪蜡成煤。夜饮忘归,齐州胙邑,嬴帝仙台。望蓬莱。清浅谁渡得,鱼鸟低徊。

[注释]

①胶东:古时为东夷族中莱夷地,名称源于秦时胶东郡(治所即墨城),因地处胶莱谷地以东而得名。三面环海,西接山东内陆地区、隔黄海与韩国及日本部分岛屿相望,北临渤海海峡。广义上指青岛、烟台、威海、潍坊东部和东营东部地区。

②子野:张先。按,《词谱》录张先词,词牌作"燕春台"。"燕台春"即"燕春台"。

③犁靬:古国名。一说指大秦,即古罗马帝国。一说指埃及尼罗河口的埃及亚历山大城。亦作"犁轩""犁鞬"。

感皇恩

北海秋莲

玉簟迓新凉,亭亭秋绮。游女相将采莲子。月明今夜,谁悟荡舟心事。帕罗遮不断,西风起。

复道乱尘,斜桥荒水。便许飘零恐无地。广寒歌罢,十二阑干嬾倚。梦魂长系在,云屏里。

菩萨蛮

其 一

盘龙镜里娇尘起。桃花染遍东流水。持泪问春寒。人生相见难。

榑桑红日暮。五马徘回①去。好意总成虚。还君明月珠。

其 二

朱楼鸦鹊长安道。葳蕤深锁蛾眉老。残月楝花风。五更春梦浓。

金羊②归别院。燕子时相见。河水送春潮。脸红临镜销。

其 三

汉宫秋冷仙娥下。玉笙吹彻初长夜。万户月胧明。有人眠未成。

画阑双桂树。金掌夫容露。朱鸟不归来。绮窗红扇开。

其　四

燕池花落青春晚。凤皇飞去箫声远。侍女帖宫黄。回身罗带长。

日华开雉尾。照影丹棱水。人意未分明。隔墙骄马惊。

其　五

西陵松柏风吹雨。铜台白日闻歌舞。香冷穗帷深。新禽啼故林。

六宫谁弟一。倾国倾城色。不见洛川神。袜罗生暗尘。

其　六

西江月落啼乌起。吴王沉醉深宫里。歌管不关愁。宫门梧叶秋。

五湖双画桨。越客千丝网。桃李可怜春。浣纱何处人。

其　七

玉阶白露侵罗袜。水精帘外玲珑月。虬箭[3]断昭阳。惊雅啼洞房。

素纨裁宝扇。秦女乘鸾远。西殿起凉风。美人秋泪红。

其 八

于阗美玉明于雪。于阗花发当春折。泪泼紫蒲陶。妆残金步摇。

蛮弓雕羽箭。鸣镝胡天远。雁字一行稀。淋池黄鹄飞。

其 九

湘灵鼓瑟无人听。洞庭木落秋风冷。何处寄明珰。微波千里长。

幽兰涧北渚。日日神灵雨。楚梦觉来迟。高唐灯火稀。

其 十

雉媒春草抛球乐。中庭别有秋千索。胡语动楼罗。山南金凤窠。

五陵年少子。沉醉东风里。红拨一声飘。轻裘坠越绡。

其十一

瑶堂兰夜银荷④绿。飞鸾轻凤相追逐。放队⑤舞郎当。夫容花一双。

碧螺红马脑。粉面偎龙缟。海水向西流。黄姑天上愁。

其十二

江南莲叶田田小。采莲人唱江南好。微月映黄螺。涉江风露多。

鸳鸯眠枉渚。叠舸冲波去。游子惜红衣。夜凉垂手归。

其十三

章台街上纤纤柳。夕阳楼上纤纤手。街上少行人。攀条持赠君。

赠君杨柳色。报以双飞翼。比翼各天涯。柳条吹暮花。

其十四

长街处处生春草。当时走马城南道。玉勒紫丝鞭。金衔文锦鞍。

越罗春草碧。处女当垆泣。顾步见红墙。藕花迎面香。

其十五

淮南⑥宋蔡⑦巴俞舞。竹枝歌里相侬汝。江岸鹧鸪啼。江心胡蝶飞。

红桃花映肉。荡子谁家宿。不见白铜鞮⑧。黄尘侵素衣。

其十六

鸡翘春草凫翁濯。秦桑三月枝如削。织锦几时成。秋风蜻蜓鸣。

鹿卢千百转。井上朱丝短。谁唱紫云歌⑨。玉绳低曙河。

其十七

珊瑚照水花无色。博山⑩香暖双烟直。豆蔻发新芽。北人思旧家。

玉筝金凤柱。皓齿歌蛮语。河汉四更横。中州波浪平。

其十八

小屏风上吴山远。江南江北春深浅。微雨燕双飞。去年离别时。

绣衾方锦褥。宝帐流苏绿。永夜四无人。酒杯生细鳞。

其十九

沉沉别院金铺⑪闭。遥遥夜夜厌厌睡。玉簟觉新凉。候虫啼晓霜。

门前双翠羽。郑重南来语。捣麝不成烟。酒醒秋又残。

其二十

丹鸡对舞青铜冷。天吴紫凤飘愁影。出塞玉骝嘶。严霜闻倒飞。

封侯春梦晓。貂锦埋⑫荒草。一唱大刀头。白狼河水流。

其二十一

虹梁陌上车如水。青丝白马谁家子。桦烛锦围屏。鹍弦铁骑声。

美人幺凤舞。争唱公无渡。门外是长安。可怜行路难。

其二十二

年年怊怅秦楼别。梦回又过清秋节。沽酒宝钗空⑬。门前山万重。

征衣青似草。不抵还家好。辛苦白头吟。江南烟水深。

[注释]

①徘回：即徘徊。回旋往返。

②金羊：灯名。汉李尤《金羊灯铭》："金羊载耀，作明以续。"

③虬箭：古时漏壶中的箭。水满箭出，用以计时，箭有虬纹，故称。唐王勃《乾元殿颂序》："虬箭司更，银漏与二辰合运。"

④银荷：指银质荷形的灯盏或烛台。

⑤放队：宋人节庆表演仪式的末尾环节。清王国维《人间词

话・人间词话删稿》:"宋人遇令节、朝贺、宴会、落成等事,有致语一种,亦谓之参语,亦谓之念语。……《啸余谱》列之于词曲之间。其式先教坊致语(四六文),次口号(诗),次句合曲(四六文),次句小儿队(四六文),次队名(诗二句),次问小儿,次小儿致语,次句杂剧(皆四六文),次放队(或诗或四六文)。若有女弟子队,则句女弟子队如前。其所歌之词曲与所演之剧,则自伶人定之。少游、补之之《调笑》乃并为之作词。元人杂剧乃以曲代指。曲中楔子、科白、上下场诗,犹是致语、口号、句队、放队之遗。"

⑥淮南:曲名。《文选》张协《七命》:"渊客唱《淮南》之曲,榜人奏《采菱》之歌。"刘良注:"《淮南》《采菱》并曲名。"唐刘禹锡《观舞柘枝》诗之一:"燕秦有旧曲,《淮南》多冶辞。"

⑦宋蔡:皆曲名。《史记》卷一百一十七《司马相如列传第五十七》:"巴俞宋蔡,淮南于遮,文成颠歌,族举递奏,金鼓迭起,铿鎗铛鼛,洞心骇耳。"司马贞索隐引张揖曰:"《礼乐记》曰:'宋音宴女溺志。'蔡人讴,员三人。《楚词》云:'吴谣蔡讴'。"

⑧白铜鞮:南朝梁歌谣名。亦作"白铜蹄"。《隋书》卷十三《志第八・音乐上》:"初武帝之在雍镇,有童谣云:'襄阳白铜蹄,反缚扬州儿。'识者言,白铜蹄谓马也。白,金色也。及义师之兴,实以铁骑,扬州之士,皆面缚,果如谣言。"唐诗中多作"白铜鞮",并以之同襄阳行乐之地联系在一起。唐朱庆余《送陈摽》:"春风慎行李,莫上白铜鞮。"朱诗"白铜鞮"指花街柳巷,本句亦同。

⑨紫云歌:曲名。宋计有功《唐诗纪事》卷五十六《杜牧》:"(杜)牧为御史,分务洛阳,时李司徒愿罢镇闲居,声妓豪侈,洛中名士咸谒之。……(杜牧)问李云:闻有紫云者,孰是?李指示之。杜凝睇良久曰:名不虚得,宜以见惠。李俯而笑,诸妓亦回首破颜。杜又自饮三爵,朗吟而起曰:华堂今日绮筵开,谁唤分司御史来?忽发狂言惊满座,两行红粉一时回。气意闲逸,傍若无人。"另,明

吴道新有《紫云歌》诗,小序云:"冯紫云,为维扬小青女弟,归会稽马髦伯。"明叶绍袁《续窈闻记》载:寒簧为月宫仙子,传说她是西王母的散花女史,任月宫侍书,曾向嫦娥学习紫云歌和霓裳舞。

⑩博山:古香炉名,博山炉的简称。因炉盖上的造型似传闻中的海中名山博山而得名。一说像华山,因秦昭王与天神博于是,故名。后作为名贵香炉的代称。《乐府诗集》卷四十九《清商曲辞六》录《杨叛儿》歌:"暂出白门前,杨柳可藏乌。欢作沉水香,侬作博山炉。"唐李白《杨叛儿》诗:"博山炉中沉香火,双烟一气凌紫霞。"

⑪金铺:金饰铺首。《文选》司马相如《长门赋》:"挤玉户以撼金铺兮,声噌吰而似钟音。"李善注:"金铺,以金为铺首也。"吕延济注:"金铺,扉上有金花,花中作钮镮以贯锁。"唐李贺《河南府试十二月乐词·九月》:"月缀金铺光脉脉,凉苑虚庭空澹白。"叶葱奇注:"'金铺',指门环下面的铜片。《增韵》:'所以衔环者,作龟蛇之形,以铜为之,故曰金铺。'"后亦用作门户的美称。此指门户。

⑫埋:原刊作"薶"。

⑬沽酒句:唐元稹《遣悲怀》之一:"顾我无衣搜荩箧,泥他沽酒拔金钗。"

小梅花

宋蔡舞。淮南鼓。邯单才人①大堤女②。白杨华③。天一涯。不知今夜,飘荡入谁家。为君翻作胡笳怨。谁使含愁独不见。长相思。远别离④。歌罢斜河⑤,西转雁南飞。

将进酒。垂纤手⑥。人世难逢笑开口⑦。郁金堂。水沉香⑧。黄姑织女,何事限河梁。今人不见古时月。月有阴晴与圆缺。后庭前。琼枝妍。和月和花,夜夜夜如年。

[注释]

①邯单才人:《乐府诗集》卷七十三《杂曲歌辞十三·卢女曲》题解:"《乐府解题》曰:'卢女者,魏武帝时宫人也,故将军阴升之姊。七岁入汉宫,善鼓琴。至明帝崩后,出嫁为尹更生妻。'"谢朓、李白等有《邯郸才人嫁为厮养卒妇》同题之作。邯单,即邯郸。战国时为赵国都城,三国时曹魏都于此。

②大堤女:《旧唐书》卷二十九《志第九·音乐二》:"《襄阳乐》,宋随王诞之所作也。诞始为襄阳郡,元嘉二十六年,仍为雍州,夜闻诸女歌谣,因作之。故歌和云:'襄阳来夜乐。'其歌曰:'朝发襄阳来,暮至大堤宿。大堤诸女儿,花艳惊郎目。'"

③白杨华:即白杨花。《乐府诗集》卷七十三《杂曲歌辞十三·杨白花》题解:"《梁书》曰:'杨华,武都仇池人也。少有勇力,容貌雄伟,魏胡太后逼通之。华惧及祸,乃率其部曲来降。胡太后追思之不能已,为作《杨白华》歌辞,使宫人昼夜连臂踏足歌之,声甚凄惋。'故《南史》曰:'杨华本名白花,奔梁后名华,魏名将杨大眼之子也。'"其词有"杨花飘荡落南家"之句。

④远别离:乐府旧题。《乐府诗集》卷七十二列入《杂曲歌辞》。又卷七十一于江淹《古别离》题下云:"《楚辞》曰:'悲莫悲兮生别离。'《古诗》曰:'行行重行行,与君生别离。相去万余里,各在天一涯。'后苏武使匈奴,李陵与之诗曰:'良时不可再,离别在须臾。'故后人拟之为《古别离》。梁简文帝又为《生别离》,宋吴迈远有《长别离》,唐李白有《远别离》,亦皆类此。"

⑤斜河:银河。因银河斜悬天际,故名。宋姜夔《摸鱼儿》词:"又还是、斜河旧约今再整。"

⑥垂纤手:《乐府诗集》卷七十六《杂曲歌辞十六·大垂手》题解:"《乐府解题》曰:'《大垂手》《小垂手》,皆言舞而垂其手也。'"

⑦人世句:唐杜牧《九日齐山(一作齐安)登高》诗:"尘世难逢开口笑,菊花须插满头归。"

⑧水沉香:即沉香。

南乡子

十月初三日,游西山灵光寺。

秋露满岩扉。枫叶千林映夕晖。未必山灵,真怨我来迟。且约红妆看翠微。

倦羽隔窗啼。过眼烟云故故飞。莫画黛螺,愁样上双眉。山色何曾解入时。

附① 绝句

其 一

十月幽州气渐寒,懒人长觉出城难。
谁知千变西山色,今日真从近处看。

其 二

西苑垂杨绿似春,荒郊踏马不生尘。
莫将摇落江潭意,来诉灵和殿里人。

其 三

促坐婵娟悄自怜,眉痕山黛定谁妍。

人生相保原难必,它日重来倘惘然。

其 四

八年不到灵光寺,浅水疏林又此时。

亲手题名磐石上,不曾一个涴燕支。

其 五

射眼楼台倚夕阳,卢师寮女两荒唐。

须臾野寺钟声起,欲为名山作道场。

[注释]

①附:原刊作"坿"。

玲珑四犯

濯粉露浓,回衣风紧,明蟾斜挂林表。画阑冯更冷,黯黯孤灯小。天涯故人未到。遍关山、乱烟荒草。坠羽惊心,覆杯①沉泪,休与枕函道。

江南远、迷闲眺。恐秋光易尽,归计难早。满城残柝起,竟夕群鸦闹。繁歌破斧②知谁听,且争说、蛾眉不好。罗幕晓。思量罢、刘郎渐老。

[注释]

①覆杯:倒置酒杯。此形容尽饮。

②破斧:《诗·豳风》篇名。赞美周公平定管、蔡、商、奄四国的叛乱,伐罪救民。《毛诗序》:"《破斧》,美周公也,周大夫以恶四国焉。"后用作赞美朝廷用兵平乱之典。

华胥引

寒夜和小树

寒灯迷夜,残叶骄风,漏壶声急。恨促蛮弦,啼沾宝枕人未识。不道离别经年,便水西云北。捐玦①归来,步尘空绕油壁。

南雁传笺,话如今、故情难掷。锦裙罗带,冯君重题醉墨。眼底天涯何处,待梦魂相觅。眠拥重衾,素娥凄照窗隙。

[注释]

①捐玦:捐弃玉玦。喻出会相爱者未遇因失望而捐弃信物。语本《楚辞·九歌·湘君》:"捐余玦兮江中,遗余佩兮醴浦。"

曲玉管

金　陵

蒋阜青山，秦淮碧水，游人苦忆江南好。一片垂杨城郭，频打寒潮。且停桡。①

井底脂沉，台前灯尽，月明满地啼鸦老。霸气无存，荡子长夜吹箫。梦迢迢。

故垒苍茫，忍终古、伤心东望，可怜虎踞龙蟠，翻令社燕辞巢。酒痕消。黯冯阑挥麈，荏苒黄花秋涨，白门春雨，举目兴亡，不见新朝。

[注释]

①此调《词谱》所录柳永词为双调，此处不分片；《全宋词》录柳词为三调，于此处分片。清吴重熹石莲庵刻《山左词人》本《乐章集》后附缪荃孙校勘记，云："天籁本分三叠，以'杳杳神京'为第二段起句，以'暗想当初'为第三段起句。"本词依原刊分片。

归国谣

其　一

寒玉。窄地舞衣回绛縠。绣屏花射明烛。夜堂闲梦促。

旧弦断时须续。旧欢愁不足。倚阑重理新曲。背人秋草绿。

其 二

金井。络纬夜啼香雾冷。翠鬟歌罢慵整。凤城宫漏永。

再倚玉箫教听。曲高人不省。照床斜月如镜。睡浓休便醒。

其 三

瑶瑟。断续凤弦弹更急。障花团扇凉湿。有人花外立。

麝尘绕帘无迹。带长衫袖窄。梦寻鸡塞①消息。子规啼不得。

其 四

铜斗②。碾玉夜蟾金豆蔻。地衣随步红皱。抱琴堂下走。

粉镜堕林鸾纽。奉觞回翠袖。舞残歌倦时候。祝君千万寿。

[注释]

①鸡塞:古塞名,即鸡鹿塞。在今内蒙古磴口西北哈隆格乃峡谷口,是古代贯通阴山南北的交通要冲,汉时筑城塞于此。后亦泛指西北少数民族地区。亦省作"鸡鹿"。

②铜斗:此当指北斗星。

相见欢①

西楼惊雁飞还。锦书残。昨夜何人猎火、照狼山。
千万里。错相倚。玉阑干。回首江南不见、见长安。

[注释]
①本词况周颐所录有词题作"赠归客",见附录一。

金盏倒垂莲

大连旅次

瀛海移舟,有唐花掩路,腊鼓惊天。蜃市朦胧,高树起炊烟。问是处、谁家荒垒,夜深辽鹤归难。冉冉急景,东风吹老关山。

尊前怒涛来去,为珠厓竟委,铁锁空悬。劫火扬尘,凝泪待桑田。悄不顾、邻姬回睇,凤翘①斜压云鬟。雪后月暗,挑灯独守清寒。

[注释]
①凤翘:女性发髻上的凤形首饰。

梦玉人引

寄怀徐仲可舍人

卧沧江上,华年怨,未陈迹。罗袜波尘,长系杜郎吟笔。横玉①吹残,数倦怀、尚有邻鸥知得。漾海明灯,幻云屏千尺。

絮衾浓翠。梦醒时、遥夜定谁忆。万感倾城,晚香②簪鬓难白。吴苑春回,同心盟松柏。愿一舸、共浮家,看遍莫厘山③色。

[注释]

①横玉:指笛子。玉:玉笛。宋晏几道《蝶恋花》词:"横玉声中吹满地。好枝长恨无人寄。"

②晚香:此当指晚香玉。多年生草本植物,鳞茎长圆形,叶长披针形,花白色,晚间开,有浓厚的香气,供观赏。

③莫厘山:即东洞庭山,在今江苏省太湖东南岸。也称洞庭东山,简称东山。相传隋将莫厘屯此,故名莫厘山。据《越绝书》载,伍子胥母曾居此山,古称胥母山。

《扬荷集》卷二终

《扬荷集》卷三

彩云归

夏　口①

斜阳夏口堕青蘋。占长江、楚角吴根。过布帆万叠汀州暮,歌吹起、响入行云。倚阑看、武昌官柳,惹华年泪痕。几度梦残游女,望断王孙。

重论。曹刘旧事,恣飞花、乱舞春尘。谪仙去后,楼上黄鹤,付与何人。最不堪、飘蓬泛梗,到此踪迹轻分。凝怀处,班马②西驰,浊浪东奔。

[注释]

①夏口:古地名,又称沔口、汉口、鲁口。指夏水(汉水下游的古称)注入长江处。

②班马:离群之马。《左传·襄公十八年》:"邢伯告中行伯曰:'有班马之声,齐师其遁。'"杜预注:"夜遁,马不相见,故鸣。班,别也。"唐李白《送友人》诗:"挥手自兹去,萧萧班马鸣。"王琦注:"主客之马将分道,而萧萧长鸣,亦若有离群之感。"

尉迟杯

润州①夜泊,望广陵②,和清真。

邗沟③路。正一水、髙断金焦④树。年年二月春风,吹笛红楼深处。轻盈细马,催客子、移舟入烟浦。有南朝、万里明蟾,背人飞过江去。

长记旧郭青山,羞重见、眉痕远近愁聚。荞麦生时杨花落,随夜半、流萤乱舞。沉吟问、开尊掩箔,梦魂厌、檀槽⑤拨怨语。倚篷窗、望损遥灯,暗潮惊起鸥侣。

[注释]

①润州:古行政区名,即今江苏省镇江市。隋开皇十五年(595)置,治所在延陵县(今镇江市)。《元和郡县志》卷二十五"润州":"城东有润浦口,因以名。"

②广陵:古行政区名,即今江苏省扬州市。

③邗沟:联系长江和淮河的古运河,又名渠水、韩江、中渎水、山阳渎、淮扬运河、里运河,南起扬州以南的长江,北至淮安以北的淮河。最早由吴王夫差开凿,南起邗城(今扬州)以南的长江,北经樊梁湖(今高邮附近)折向东北,入射阳湖,再向西北经淮安入淮河。此后沟水多次改道,隋代重新开挖,成为隋唐大运河的一部分。

④金焦:金山和焦山的合称。金山在镇江西北,焦山在镇江东北。金山原名浮玉山,因裴头陀江际获金,后改名金山。焦山,见前"焦山"注。宋刘过《题润州多景楼》诗:"金山焦山相对起,挹尽

东流大江水。"

⑤檀槽：檀木制成的琵琶、琴等弦乐器上架弦的槽格。亦指琵琶等乐器。唐李贺《感春》诗："胡琴今日恨，急语向檀槽。"王琦汇解："唐人所谓胡琴，应是五弦琵琶耳。檀槽，谓以紫檀木为琵琶槽。"亦称凤槽。

望远行

和柳

断鸿唤起。烟村冷、芳草临津卷翠。岛屿浮沉，帆樯来往，曲曲乱流七二。风定潮平，天高海远，晓色渐生，亭皋独倚。料有人，金勒雕鞍引游骑。

回睇。十载迁延归计。且笑拂、吴钩强醉。听社鼓、闲数韶光，空见酒肠倾泪。故乡无限关河，借问渚畔种柳，华年谁系。絮云飘，残梦添愁悴。

天香

芍药

金络飘烟，琼蕤弄水，荏苒湔裙时序。泪卷犀棱，香缄鸾咮，暗送江南风雨。红阑日暮。谁应和、彩云新句①。怊怅唐昌②近客③，年年梦回无据。

重弹坎侯怨谱。赠将离④、好春难驻。倾尽玉杯蓝尾,带围非故。廿四桥⑤边望处。劝休脱宫衣笑相顾⑥。待荐羹汤,青梅共煮。

[注释]

①谁应句:或指元方回《芍药十丛近千蕊客饮散一夕而空》诗:"玉爵彩云谙往事,可因尤物作闲愁。"

②唐昌:此指唐昌观。在唐京都长安安业坊南,因唐玄宗女唐昌公主而得名,故亦称唐昌公主院。寺内有唐昌公主亲植的玉蕊花,每当玉蕊花开,唐昌观即为京都游赏胜地。

③近客:芍药的别名。明都卬《三余赘笔·十友十二客》:"张敏叔以十二花为十二客,……茉莉远客,芍药近客。"

④将离:芍药的别名。唐苏鹗《苏氏演义》卷下:"牛亨问曰:'将离别,赠之以芍药者何?'答曰:'芍药一名将离,故将别以赠之。'"清钱谦益《德水送芍药》诗:"莫作《离骚》香草看,楚臣肠断是将离。"

⑤廿四桥:二十四桥,故址在江苏省扬州市江都县西郊。唐杜牧《寄扬州韩绰判官》诗:"二十四桥明月夜,玉人何处教吹箫。"《方舆胜览》谓隋代已有二十四桥,并以城门坊市为名。宋韩令坤筑州城,别立桥梁,所谓二十四桥或存或废,已难查考。后用以指歌舞繁华之地。

⑥劝休脱句:宋姜夔《侧犯·咏芍药》:"红桥二十四,总是行云处。无语。渐半脱宫衣笑相顾。"宫衣:宫人所制之衣。或指宫中女子所穿之衣,亦指仿照宫样所制女子之衣。姜词以半脱宫衣比拟芍药花蕾逐渐开放。

更漏子

其 一

启朱唇,扬皓腕。千烛万花庭院。白纻舞,紫云歌。重重金凤窠。

夜凄迷。春杳霭。门外月明如海。陈绣枕,解罗裳。主人欢未央。

其 二

宝钗凤,纨扇月。屏上小山重叠。眉叶聚,鬓云松。夫渠①映肉红。

倚新妆,思旧恨。消息不知远近。更漏促,梦魂惊。捣衣何处声。

其 三

粲芳春,桃与李。叶叶华华相对。朝鼓瑟,夜吹篴②。秦桑生绿枝。

羽林郎,胡马客。买笑千金不惜。持玉盏,发朱颜。愿君长少年。

[注释]

①夫渠:即芙蕖,荷花的别称。

②篴:乐器名。一种形状像笛的竹管乐器,横吹,有八孔。

笛家弄

春尽日,与客谈东瓯①旧游。

云压孤城,水围双塔②,江山雄茂,晋贤文采销沉久。永嘉遗老,正始余风,荒塘草长,中川花瘦。动地兵尘,倚门春梦,迤逦难回首。黯离居,四千里,蜡屐③无声,累人感旧。

忆否。浪萍踪迹,弯弓射鸭④,逸少街前,挂席⑤闻鹃,郭公崖后。最好、半夜明蟾在天,破晓石华⑥盈手。那堪思量,廿年羁旅,蕉萃轮蹄走。空凝泪,对南云,不见飞鸿,素弦慵奏。

[注释]

①东瓯:温州及浙江省南部沿海地区的别称。东晋时于此置永嘉郡,隋废,唐时曾复置。

②双塔:当指罗浮双塔。位于浙江省温州市永嘉县瓯北镇南端龟蛇二山之巅。西晋元康五年(295)曾在此立浮屠,宋元丰七年(1084)重建,现塔为明代所建。

③蜡屐:涂蜡的木屐。

④射鸭:游戏名,在水上进行,多见于宫苑中中。后蜀花蕊夫人《宫词》之八十三:"新教内人供射鸭,长将弓箭绕池头。"

⑤挂席:犹挂帆。《文选》谢灵运《游赤石进帆海》诗:"扬帆采石华,挂席拾海月。"李善注:"扬帆、挂席,其义一也。"

⑥石华:介类,附生于海中石上,肉如蛎房,可食,壳如牡蛎而

大，可装饰户牖。《文选》谢灵运《游赤石进帆海》诗："扬帆采石华，挂席拾海月。"李善注引《临海志》："石华附石，肉可啖。"

夏云峰

水堂初夏

步芳林。明霞卷、残月水面浮沉。遥岸酒旗戏鼓，掩冉西浔。采莲歌罢，风袂举、粉簌香侵。昼静恰黄鹂细语，低和吴音。

玉楼望处阴阴。小桥畔、隔年荒草犹深。谁信壮怀易竭，佚女难寻。露坛迢递，容我辈、永日登临。向晚有轻雷四起，摇荡愁心。

长亭怨慢

咸丰间，曾文正①起兵长沙，章公寿麟②为之宾佐。靖港之役，文正舟覆堕水，章公出之。其后，功成论伐，弗遗纤芥，青紫③之色，下逮甬隶。独章公生死之德，不获与焉。晚官安徽知州，归过湘水，弭棹铜官④，故垒萧条，惟有菽蔓⑤，山川犹是，昔人已非，抚平生而累欷，托画图以见意，名曰《铜官感旧图》，五十年来传为异闻。予谓章公拯溺之劳，上轶季路⑥，榜门之嗟，弗效舟侨。是以庭乏牛拜⑦而祸绝燔躯，任天委化，几于尚道。若其怀故发感，播之藻采，事侔求履，情类叹柳，随心应时，有何凝滓。公子曼仙⑧，要予倚声。抽豪托兴，不称始衷，记蒭⑨于此。

又极目、斜阳零乱。老去重来,旧人难见。阵石沉江,暮帆归浦为谁转。网丝鳞甲,曾触起、鱼龙变。滚滚浪淘沙,送脱手、沧桑如箭。

留恋。听霜葭夜舞,琴䩴决波秋战。封侯梦冷,枉赢得、楚歌凄断。到此日、一例山丘,报不尽、平生恩怨。向画里扬灵,芳草王孙愁满。

[注释]

①曾文正:曾国藩。曾国藩(1811~1872),初名子城,号涤生。湘军的创立者和统帅,与李鸿章、左宗棠、张之洞并称"晚清中兴四大名臣"。官至两江总督、直隶总督、武英殿大学士,封一等毅勇侯,谥号"文正",后世称"曾文正"。

②章公寿麟:章寿麟。章寿麟(1832~1887),字价人,长沙人。曾国藩幕僚,民国名士章士钊族兄。1854年4月,靖港之役,曾国藩兵败投水,章将之救起。

③青紫:本为古时公卿绶带之色,因借指高官显爵。《汉书》卷七十五《眭两夏侯京翼李传第四十五·夏侯胜》:"胜每讲授,常谓诸生曰:'士病不明经术;经术苟明,其取青紫如俯拾地芥耳。'"颜师古注:"青紫,卿大夫之服也。"王先谦补注引叶梦得曰:"汉丞相太尉,皆金印紫绶,御史大夫,银印青绶。此三府官之极崇者,胜云青紫谓此。"

④铜官:即铜官镇,位于湘江下游东岸,距省会长沙30公里,与靖港隔江相望。清曾国藩率水师与太平天国军队激战于铜官渚。

⑤蔹蔓:此泛指野草。蔹:多年生蔓生草本植物,叶子多而细,五月开花,七月结球形浆果,根入药。《诗·唐风·葛生》:"葛生蒙

楚,菼蔓于野。"

⑥季路(前542～前480):孔子弟子。姓仲,名由,字子路,一字季路。春秋末鲁国之卞(今山东泗水县东)人。一生追随孔子,时时保护孔子。孔子曾言:"自吾得由,恶言不闻于耳。"事见《史记》卷六十七《仲尼弟子列传第七》。

⑦牛拜:古传牛通人意,被宰杀时往往向人跪拜求命。唐余知古《渚宫旧事》卷五:"桓冲镇江陵,正会当烹牛,牛忽熟视帐下都督甚久,目中泪下。都督咒之曰:'汝若向我跪,当启活也。'牛应声而拜,众甚异之。都督又曰:'谓汝若须活,遍拜众人。'牛涕陨如雨,遂拜不止。值冲醉,不得启,遂杀牛。冲醒,闻,大怒都督,痛加鞭罚。"后笔记小说中多有类似记载。

⑧曼仙:章华。章华(1872～1930),字曼仙,长沙人。章寿麟次子。著有《倚山阁诗》二卷,《淡月平房馆词》一卷。章寿麟作《铜官感旧图》,曾请当时名流左宗棠、李元度、王闿运等人为诗文记叙其事。后,章寿麟长子章同、次子章华,又请吴汝纶、汪荣宝等人记叙、评论其父救曾之事,并将图与题咏之诗文以《铜官感旧集》为名刊行于世。章华和邵瑞彭同为北京聊园词社成员。

⑨莂:古代的契约写在简帛上,从中剖开,双方各执一半,以为凭证,称为"莂"。亦泛指券书、合同。又,佛家作诗曰偈,作文曰莂。此泛指文辞。

河渎神

其 一

江上草萋萋。空山深锁蛾眉。谁家铜鼓赛荒祠。零乱巴俞竹枝。

两岸猿声啼不住。估帆直下南浦。帝子不知何处。灵旗日夕风雨。

其 二

杜若满潇湘。楚天梦雨荒唐。青蘋风起水茫茫。相思西过瞿塘。

泪竹斑斓红似血。子规早晚啼歇。何以赠君离别。凌波闲弄明月。

其 三

木落洞庭秋。湘烟千里含愁。神弦巫葆望中州。长江终古东流。

云髻峨峨谁得见。平沙惟有归雁。楚客悬橦天晚。棹歌一夜肠断。

风流子

彭 城

江淮都会地,豪华尽、麾扇过彭城。溯王业始终,水边龙去,战场今古,山上云平。楚歌起、壮夫秋击筑,伎女夜弹筝。花落燕飞,露凉鹤怨,解衣中酒,掩泪谈兵。

殊乡留连久,黄楼月、不信为我偏明。沉照大旗摇荡,权火①从衡。向郊原四望,呼卢局散,戏马人稀,眼乱心惊。误喜对床寻梦,风雨催醒。

[注释]

①权火:古时祭祀时所举的燎火。《史记》卷二十八《封禅书第六》:"通权火,拜于咸阳之旁。"裴骃集解引张晏曰:"权火,烽火也,状若井絜皋矣。其法类称,故谓之权。欲令光明远照通祀所也。汉祠五畤于雍,五里一烽火。"

少年游

其 一

好天良夜水明楼。羯鼓①唱梁州。西风乍起,东方渐晓,高树最先秋。

归来不怨罗衣薄,一倦万缘休。少日狂名,多年恨事,寂寞下帘钩。

其 二

夕阳高柳噪凉蝉。楼阁澹秋烟。远山愁黛,野花宝靥,终古为谁妍。

明知此会难长久,聊与诉缠绵。流水欢娱,浮云身世,权当百年看。

[注释]

①羯鼓:乐器名。源自西域,状似小鼓,腰部细,两面蒙皮,均

可击打。或称为"两杖鼓"。

破阵乐

断霞散彩,疏林换色,平野人悄。河水澄明望处,见两两三三归棹。村径从衡,炊烟近远,夕阳浅照。止征鞍、步绕虹梁畔,拂霜中苍藓,风前红蓼。送目西崦,黛眉澹泞①,冯谁新扫。

惊报。桂苑金茎,梧宫翠羽,花未尽,秋已到。迤逦黄昏闻戍角,暗促冷雅悲叫。向长途,频回首,层城缥缈。十载缁衣尘土,迹比云孤,心随梦阻,朱颜催老,坐惜如此山川,壮游不早。

[注释]

①澹泞:清深貌。一说水流动貌。《文选》木华《海赋》:"泱漭澹泞,腾波赴势。"李善注:"澹泞,澄深也。"

定风波

倬盦、勺庐各赋《水龙吟》为予寿,倚此奉酬。

侧帽看云意倍闲。浮生去住且随缘。隔院钟声催我老。趁早。五湖归泛木兰船。

醉里殷勤盟晚节。何必。梦回辛苦感华年。好语相酬须记取。自古。断无词客不神仙。

长亭怨慢

前词不能尽意,越日赋此自寿。

算赢得、弦歌无恙。转烛浮生,为谁来往。故国关山,暮年词赋尽怊怅。乱尘歧路,容一卧、沧江上。渺渺五湖心,又误了、鸥鹭双桨。

闲望。把阑干倚遍,忍把酒杯轻放。天涯短景,引白发、缘愁千丈。盼不到、海角春回,问残梦、何堪重想。拚竟夕厌厌,听尽邻鸡凄唱。

轮台子

旅居,闻邻室歌吹达晓。

聒耳笙歌满地,搅不断、秦台旧梦。檐前月冷天高,永夕锦衾孤拥。惊乌飞入荒林,望长安、乱叶霜华重。料梁尘起处,换尽单于阳关弄。沉吟拚却无眠,鼓声绝、怒潮暗涌。

对残灯、说南朝恨事,萧条江总①。念覆水难收,曙禽易动。听隐隐西风,坐增愁千种。更何人、承欢倚宠。怕回首、十里珠帘,啼损钗头凤。

[注释]

①江总(519~594):字总持,南朝陈文学家。济阳考城(今河

南兰考)人。在梁时任尚书仆射,在陈时为尚书令,是宫体艳诗的代表诗人之一。入隋后,官至上开府。后期诗作时有悲凉之音,有《江令君集》。

鹧鸪天

其 一

扶荔宫①前柳万丝。画帘长日护云衣②。山头又见蘼芜绿,苦恋空房不忍归。

花寂寞,梦依稀。春寒分付与单栖。西楼重唱风光好,觅得鸾胶③欲赠谁。

其 二

朱鸟窗④开夜不扃。苍苔⑤多处玉阶平。三千宫女花为幄,十二阑干翠作屏。

星未落,水无声。昭仪⑥生小便倾城。南朝髻子高盈尺⑦,学就抛家样不曾。

其 三

汉苑曾无祀灶方。仙娥来去总荒唐。春风得宝宏农野⑧,夜雨闻铃替戾冈⑨。

纱帽白,属车⑩黄。星闱⑪上笏⑫侍明光。牵连短翼江湖梦,一曲仇绥泪几行⑬。

其　四

冰井灯残夜欲徂。池塘微雨长新蒲。洛滨游女春无数,不赠陈王一颗珠。

垂玉凤⑭,倚金凫⑮。邻家争道故人姝。齐宫别有香姜瓦⑯,持比铜台恐不如⑰。

其　五

梦里朱楼定几重。眼前人去太匆匆。南堂一夕廉纤雨,月子当头又似弓。

持此意,问谁侬。玉珰缄札滞归鸿。茫茫来日浑难说,自忍春寒听晓钟。

[注释]

①扶荔宫:西汉离宫。汉武帝元鼎六年(前111),平定了南越吕嘉的叛乱,建交趾等郡,同时在上林苑营造扶荔宫,以种植南越所得的奇草异木。宫以荔枝得名。

②云衣:指云气。《楚辞》刘向《九叹·远逝》:"游清灵之飒戾兮,服云衣之披披。"王逸注:"上游清冥清凉之庭,被服云气而通神明也。"

③鸾胶:《海内十洲记》载,西海中有凤麟洲,多仙家,煮凤喙麟角合煎作膏,能续弓弩已断之弦,名续弦胶,亦称"鸾胶"。后多用以比喻续娶后妻。

④朱鸟窗:亦称"朱鸟牖","南窗"之别称。朱鸟:又称朱雀,南方七宿的总称。七宿联接成鸟形,南方属火,赤色,故名。晋张华《博物志》载:汉武帝好仙道,祭祀名山大泽以求神仙。西王母乘紫

云车至承华殿西,时东方朔窃从殿南厢朱鸟牖中窥西王母。

⑤苔:原刊作"落"。

⑥昭仪:古女官名。汉元帝始置,为妃嫔中的第一级,言昭显女仪,以示降重。魏晋至明均曾设置,但地位已经下降。

⑦南朝句:唐韩偓《春昼》诗:"楚殿衣窄,南朝髻高。"

⑧春风句:本句与下句当指唐玄宗与杨贵妃事。

⑨替戾冈:《晋书》卷九十五《列传第六十五·艺术·佛图澄》载:石勒将攻刘曜,群下咸谏以为不可。勒问佛图澄,澄曰:"相轮铃音云:'秀支替戾冈,仆谷劬秃当。'此羯语也。秀支,军也。替戾冈,出也。仆谷,刘曜胡位也。劬秃当,捉也。此言军出捉得曜也。"勒果生擒曜。后因以"替戾冈"作为"出"的隐语。宋苏轼《景纯复以二篇一言其亡兄与伯父同年之契一言今者唱酬之意仍次其韵》之二:"背城借一吾何敢,慎莫樽前替戾冈。"冯应榴合注:"借言不敢再出和篇之意。"

⑩属车:帝王出行时的侍从车。秦汉以来,皇帝大驾属车八十一乘,法驾属车三十六乘,分左中右三列行进。《汉书》卷六十四下《严朱吾丘主父徐严终王贾传第三十四下·贾捐之》:"鸾旗在前,属车在后。"颜师古注:"属车,相连属而陈于后也。"宋高承《事物纪原》卷二《舆驾羽卫部十二·属车》:"周末诸侯有贰车九乘,贰车即属车也,亦周制所有。秦灭九国,兼其车服,故八十一乘。"

⑪星闱:指皇宫。星:星郎。《后汉书》卷二《显宗孝明帝纪第二》:"馆陶公主为子求郎,不许,而赐钱千万。谓群臣曰:'郎官上应列宿,出宰百里,有非其人,则民受其殃,是以难之。'"后因称郎官为星郎。闱:宫中小门。

⑫上笏:上朝,一说指大臣。笏:朝笏,也称"手板"。宋柳永《玉楼春》词:"星闱上笏金章贵。重委外台疏近侍。"

⑬一曲句:《晋书》卷一百十四《载记第十四·苻坚下》:"慕容

垂之起于关东,岁在癸未。坚之分氏户于诸镇也,赵整因侍,援琴而歌曰:'阿得脂,阿得脂,博劳旧父是仇绥,尾长翼短不能飞,远徙种人留鲜卑,一旦缓急语阿谁!'坚笑而不纳。至是,整言验矣。"末两句言前秦苻坚因叛乱纷起,最后兵败而死之事。

⑭玉凤:玉雕的凤钗。前蜀花蕊夫人《宫词》之四五:"翠钿贴靥轻如笑,玉凤雕钗袅欲飞。"

⑮金凫:此当指凫形香炉。清厉荃《事物异名录·器用·香炉》:"金猊、宝鸭、金凫,皆焚香器也。"

⑯香姜瓦:出自北齐高欢避暑宫香姜阁的瓦。

⑰持比句:古人认为香姜瓦和铜雀台瓦均是上等的制砚材料,香姜瓦稍次于铜雀台瓦,后世所藏,大多为香姜阁之瓦。明杨慎《升庵全集》卷六十八言,曹操铜雀台瓦已不可得,"宋人所收,乃高欢避暑宫冰井台香姜阁瓦也"。此当借此喻指北齐之文治武功不如曹魏。

八声甘州

团城古松

锁团城、回波度金鳌,灵云护苍龙。话前朝遗事,故都乔木,曾锡侯封。坐迓千宫剑佩,惹袖御香浓。仙籁遥相应,长乐疏钟。

翠辇宸游何处,听乱雅啼起,琼岛春空。剩秦时明月,寂寞下荒宫。变繁霜、三宵凉露,对石鲸、鳞甲泣秋风。登临久、岁寒心在,怅望英雄。

望海潮

钱塘怀古

江通越绝①,山悬秦望②,繁华自古杭州。东海怒涛,西陵明月,盈盈桂子三秋。残霸数婆留③。更渡寻泥马,湖访金牛④。十里笙歌,万家灯火醉樊楼。

诗人占断风流。向亭前放鹤,水上盟鸥。天堑未平,中原已远,君臣一例无愁。多事斫杨头⑤。到故园花发,赢得封侯。诉尽鸱夷宿恨,何处置扁舟。

[注释]

①越绝:指越地的边境。唐司空曙《奉和常舍人晚秋集贤即事寄徐薛二侍郎》诗:"地远姑苏外,山长越绝东。"

②秦望:秦望山。见前"秦鬟"注。

③婆留:五代吴越王钱镠小名。镠初生,父将弃于井,祖母(一说邻媪)强留之,故名。亦借指吴越之地。

④更渡二句:西湖古时又称"金牛湖"。相传在汉代,西湖底有金牛潜伏,每逢湖水干涸之时,金牛即涌现,吐水将湖注满。当地官吏为讨皇上欢心,命百姓抽干湖水。水干之时果见金牛,官吏们争先恐后下湖捉牛,金牛昂首怒吼,张嘴吐水,顷刻之间,官吏们全部被淹没。此后西湖水不再干涸,金牛也不再出现。当地百姓在湖边城墙上筑起城楼,翘首盼望金牛再度出现,即"涌金门"。清章藻功《〈南宋杂事诗〉序》:"三十里西湖,侈说金牛故事;一百年南宋,争传泥马新闻。"泥马,见前注。

⑤斫杨头:清吴任臣《十国春秋》卷一《吴一·太祖世家》:"王(杨行密)与钱氏不相能,常命以大索为钱贯,号曰'穿钱眼',两浙(钱镠)亦岁以大斧斫柳,谓之'斫杨头'。"

霓裳中序弟一

丁卯早春,沽上①试笔。

河桥坠冻雪。饯腊②缃梅③开渐歇。迎面笛声万叠。见鸿雁乱飞,骅骝争发。咸阳望切。寄柳条、衰未堪折。人千里,碧城④梦觉,永夕向谁说。

明灭。斗鸡坊⑤月。引卷地牙旗雾结。伤春还更念别。烛短啼长,酒冷心热。夜行防路滑。漫记省、新年旧节。东风起,罗屏闲对,滟滟水云阔。

[注释]

①沽上:天津的别称。

②饯腊:送别残冬腊月。宋苏轼《紫宸殿正旦教坊词·勾合曲》:"东风应律,南籥在庭。饯腊迎春,方庆三朝之会;登歌下管,愿闻九奏之和。"

③缃梅:浅黄色梅花。《说郛》卷七十引宋范成大《范村梅谱》:"百叶缃梅亦名黄香梅,亦名千叶香梅。花叶至二十余瓣,心色微黄,花头差小而繁密。"

④碧城:《太平御览》卷六七四引《上清经》:"元始(天尊)居紫云之阙,碧霞为城。"后因以"碧城"为仙人所居之处。

⑤斗鸡坊:唐玄宗好斗鸡,曾在长生殿与兴庆宫间筑斗鸡坊。

双声子

元夕天津作

好天沉寂,异乡绵邈,春意随分妍浓。迎门罗绮,喧街歌吹,圆月潋滟当空。乌衣弟宅,烧画烛、零乱残红。闲回顾,耿无语,南楼禁得东风。

举深杯,惊四更玉箭,千行火树朦胧。霜娥多事,如年长夜,看人曼衍鱼龙。自霓裳罢舞,应闭断、珠阙琼宫。城雅唤起余寒,悄然泪满金铜。

虞美人

其 一

愁漪一碧春如镜。斜日金台冷。宫莺衔尽上阳[①]花。不见陌头缓缓、妾还家。

西园昨夜风吹雨。梦断湔裙路。高楼犹有未眠人。长向杜鹃声里、怨王孙。

其 二

云窗雾阁沉沉闭。隔院歌尘起。夕阳红近小阑干。知道高城阙处、是西山。

夭桃开遍闲朝暮。苦费黄莺②语。满园残雪未曾消。从此一池春水、不生潮。

[注释]

①上阳:唐宫名。高宗时建于洛阳,唐玄宗曾以为行宫,杨贵妃专宠后,后宫之人无复进幸,有美色者辄置别宫,上阳宫是其中一处。《新唐书》卷三十八《志第二十八·地理二》:"上阳宫在禁苑之东,东接皇城之西南隅,上元中置,高宗之季常居以听政。"

②黄莺:即黄鹂。亦称"仓庚""黄莺"。

留客住

二月六日,仲坚①行役江左,道出天津,冒雪见存②,纵谈至四鼓别去。予颓然入梦,仍见仲坚,持《戚氏》词相示,诵至"不知梦引春来,恨随水去,催长王孙草"数语,喜极而觉。气类所感,神明通之,爰赋此解寄怀。

伫君到。耐晚寒、绛英微拆,素云犹凝,掩乱文通③怀抱。门前细雪盈路,望里烽火弥天,心悄悄。谁家画角,引兰堂烛泪,暗堆多少。

旅程杳。永漏频催,馀情怎了。向此分携,记得归期须早。何况恨随波去,梦逐春来,离魂吟更好。香残夜尽,任天风海水,把人惊觉。

[注释]

①仲坚:向迪琮。向迪琮(1889~1969),字仲坚,四川双流人,

同盟会员。著有《柳溪词话》《云烟回忆录》《柳溪长短句》及《续录》等。

②见存:顾念我。此指拜访。宋王安石《谢张学士书》:"惟足下不遗,以朋友之心见存,不胜幸甚!"

③文通:江淹。江淹(444~505),字文通,济阳考城(今河南民权)人。南朝著名文学家,以《恨赋》《别赋》闻名。

夜半乐

泛 海

漾天烟浪,孤棹容与,豪情惊采三千里。控横海颡轮,神光无际。马衔①吊月,鲛人泣露,手中颠倒星辰,叩舷沉醉。听永夜鲸鱼怒号起。

雁程明灭一发②,目断瑶京,锦笺难寄。看野堠荒磷,当歌挥泪。贝宫雾掩,蓬山潮阻,破空雷雨冥冥,梦醒何世。变万古沧桑、付弹指。

迅景凝伫,路入吴皋③,柳边深舣。念远道绵绵动离思。数狂鞭④、驺衍⑤大言许重记。怀赋笔、真有凌云气。唤羡门⑥交甫⑦同游戏。

[注释]

①马衔:传说中海神名。《文选》木华《海赋》:"若有负秽临深,虚誓怨祈,则有海童邀路,马衔当蹊。"李善注:"陆绥《海赋图》云:'马衔,其状马首,一角而龙形。'"吕向注:"马衔、海童,并海中神怪。"

②一发:此形容远山微茫。唐韩愈《赠别元十八协律》诗之六:"乘潮簸扶胥,近岸指一发。"

③吴皋:吴江边。

④辙:车迹。此意为踪迹。

⑤驺衍(约前305~前240):齐国人,战国末阴阳五行家的著名代表。曾讲学于稷下学宫,历游魏、赵、燕诸国。其学说主要有二:一为"五德终始"说,一为"大九州"说。由于"驺衍之术迂大而闳辩",故时人称之为"谈天衍"。"驺"亦作"邹"。

⑥羡门:古代传说中的仙人。秦始皇至碣石时,曾派卢生入海求之。亦泛称神仙或求仙问道的术士。

⑦交甫:郑交甫。见前"捐珰"注。

雪梅香

沽河晓望

海山阔,明霞灼灼助春光。绕东沽流水,闲愁万斛难量。新柳垂丝舞寒食,远帆添腹引朝阳。渺无极,露气涛声,回首茫茫。

相将。感前事,薄幸青楼,自悔疏狂。马足车轮,误人久客殊乡。满地莺花镇阗咽①,隔堤笳鼓觉悲凉。还留恋,名娃唤酒,沉醉千场。

[注释]

①阗咽:喧闹。宋苏轼《好事近·黄州送君猷》词:"明年春水漾桃花,柳岸隘舟楫。从此满城歌吹,看黄州阗咽。"

蓦山溪

蛮街过雨,海阔天如洗。灯火绚春空,簌轻尘、盈盈步绮。画楼箫鼓,零乱玉钗风,歌宛转,舞婆娑,不称①冯阑意。

华年百感,扑面无因避。人定夜三更,卷重帘、苍茫对此。帘前皓月,终古为谁明,钟欲动,梦难成,向晓啼乌起。

[注释]
①称:原刊作"偁"。

安公子

丁卯九日,词社同人限此调,强予为之。

满地龙蛇影。好天旧节供新病。一派胡笳吹不断,拨朱弦谁听。望水远山长、往事殷勤省。冯画阑、睆晚斜阳冷。任梦魂今夜,飞绕吾庐三径①。

霜讯传宫井。有风无雨荒城迥。醉把茱萸重感叹,惹啼痕凄迸。趁落帽②归来、急箭催人醒。判浪吟、揃烛酬清景。待老圃花深,再寻蒿篱杯兴。

[注释]
①三径:《文选》陶渊明《归去来辞》:"三径就荒,松菊犹存。"李

善注引东汉赵岐《三辅决录》曰:"蒋诩,字元卿,舍中三径,唯羊仲、求仲从之游,皆挫廉逃名不出。"后因以"三径"指归隐者所居之地。

②落帽:《晋书》卷九十八《列传第六十八·孟嘉》:"(孟嘉)后为征西桓温参军,温甚重之。九月九日,温燕龙山,僚佐毕集。时佐吏并着戎服,有风至,吹嘉帽堕落,嘉不之觉。温使左右勿言,欲观其举止。嘉良久如厕,温令取还之,命孙盛作文嘲嘉,着嘉坐处。嘉还见,即答之,其文甚美,四坐嗟叹。"后因以"落帽"作为重九登高的典故。

千秋岁①

羯鼓当楼,雕轮带郭。刻意伤春隔帘幕。云山万重有梦到,灯花半夜无风落。那人家,此时节,且行乐。

依旧未忘团扇约。谁分又闻鸡声恶。咫尺微波渺难托。当初误君青鸟羽,何年报我飞龙药。判儿歌,坎侯怨,关心着。

[注释]
①本调《词谱》作"千秋岁引"。

引驾行

西　苑

鱼游灵沼。莺啼上苑东风到。步长堤、想犹是,承平翠华驰道。林表。见绛阙参差,璇台①远近翳蓬岛。有无限、千门万户,感沧桑、独冯吊。

缥缈。重城鼓吹,二月烟花妍妙。计汉殿铜驼,唐家石马,几埋荒草。回眺。费亭亭白塔,铃声呜咽荡残照。莫更諓、前经旧史,免西山笑。

[注释]

①璇台:饰以美玉的高台。本为夏天子的台名。《竹书纪年》卷上:"帝启,元年癸亥,……大飨诸侯于璇台。"后泛指华美的台观。

减字浣溪沙

玉泉秋禊,遂宿香山。

其 一

浅浅修眉斗晚妆。亭亭危塔弄斜阳。寺门秋草未全荒。

水性何曾分冷暖,山灵多事看兴亡。七盘驰道费回肠。

其 二

辇路苍烟挂玉虹。诸天法雨洗芙蓉。四更下界忽闻钟。

树密不遮明月大,山深犹见杂花红。神雅到晓怨秋风。

湘江静

夏闰菴丈梦游史邦卿赋词地,觉而和之,属同作。

暮水连天星照浦,认词仙、梦魂曾驻。仓吾讯杳,衡阳望极,费湘灵佳句。屈宋昔经行,碧云外、骖鸾来去。茅亭唤酒,芦州刺船①,仿皇遍、旧游处。

倚画阑,秋思苦。肯忘情、汉南枯树。茫茫对此,厌厌到晓,听谁家歌鼓。不忍访高丘,华年恨、子规啼雨。回风送我,归程未远,移灯再赋。

[注释]

①刺船:撑船。

内家娇

小树北来,感赋。

袅袅秋风,潇潇暮雨,携手故人重见。玄都树老,小海歌终,顷刻阴晴催变。路上杂花腐草,城头去鸿来燕。恣西窗夜语、明灯四照,惟有肠断。

过眼。鱼龙回首看。信绕地楼台幻。动星河零乱。遇皓彩初盈,绛云未散。好趁良宵三五,潜销旧愁千万。且休说、独客哀时,泪痕一饷如线。

祭天神

送钱和父①

听素弦弹彻江南好。背都门、远道绵绵归去早。惊心岁晚离群,漏尽霜天晓。向长亭执手踟蹰,愁多少。莫触起、林雅闹。

怕今夕、残月空梁照。风波崄,关塞黑,有梦何由到。计平生、浮云踪迹,填海心期,念子幽幽,送我朱颜老。

[注释]

①钱和父:当指钱承钧。见前注。

齐天乐

天涯踪迹菱花里,依稀故人妆面。楚峡浮云,秦台比竹,凄结蘪芜新怨。回帆路转。泛穆穆金波,桂堂东畔。听尽严更,夜深心事定谁见。

长安春去未久,麝堂飘荡处,门户都换。暮草沾霜,衰灯挂壁,明日晴霿①难管。吴箦尚暖。忍抛却西楼,那时团扇。向晓披衣,袖痕将泪浣。

[注释]

①霿:云遮日貌。霿:原刊作"霖"。

夜半乐

戊辰中秋

素商①荏苒行迈,青天碧落,凉露方诸泻。应令节年年,月轮飞挂。绛河卷夕,金风荡暑,望中千里清光,凤城如画。照绣陌、香尘暗随马。

故人此际引领,刻烛吟成②,弄珠游罢。帘幕外,重重仙云争迓。旧情偷药,新愁倚树,为谁起舞霓裳,广寒宫下。听吹笛、高楼怨遥夜。

向晓怊怅,桂魄难修,翠鬟空亚。换小劫山河又衰谢。举琼杯,深恨万古常娥寡。浓梦里、那有欢娱话。蓟门秋好终无价。

[注释]

①素商:秋季。《初学记》卷三引南朝梁元帝《纂要》:"秋曰白藏,亦曰收成,亦曰三秋、九秋、素秋、素商、高商。"宋柳永《竹马子》词:"渐觉一叶惊秋,残蝉噪晚,素商时序。"

②刻烛吟成:《南史》卷五十九《列传第四十九·王僧孺》:"虞羲字士光,会稽余姚人,盛有才藻,卒于晋安王侍郎。丘国宾,吴兴人,以才志不遇,著书以讥扬雄。萧文琰,兰陵人。丘令楷,吴兴人。江洪,济阳人。竟陵王子良尝夜集学士,刻烛为诗,四韵者则刻一寸,以此为率。文琰曰:'顿烧一寸烛,而成四韵诗,何难之有。'乃与令楷、江洪等共打铜钵立韵,响灭则诗成,皆可观览。"后因以喻诗才敏捷。

雨中花

　　花冷霜高,沉沉玉宇,分明昨夜中秋。纵目关山如画,俯仰生愁。故国一声河满,春风十里扬州。自频年劫火,碍月珠灯,飘断红楼。

　　啼残络纬,渐悟云飞易散,水覆难收。思共载、绿衣无忌,同历阎浮①。掩乱吴船赤马②,低迷楚峡黄牛③。烛房④尘起,星辰千点,长绕帘钩。

[注释]

①阎浮:阎浮提的省称,亦作"阎扶"。梵语的音译,大树名。《长阿含经》:"阎浮提有大树王,名曰阎浮,围七由旬,高百由旬。"

②赤马:一种轻快的船。《释名·释船》:"轻疾者曰赤马舟,其体正赤,疾如马也。"晋崔豹《古今注·杂注》:"孙权时名舸为赤马,言如马之走陆也。"唐韩翃《赠别韦兵曹归池州》诗:"楚竹青阳路,吴江赤马船。"

③黄牛:指黄牛峡,在长江沿岸,因山石如黄牛而得名。北魏郦道元《水经注》卷三十四《江水二》:"江水又东径黄牛山下,有滩名曰黄牛滩。南岸重岭叠起,最外高崖间有石,色如人负刀牵牛。人黑牛黄,成就分明。既人迹所绝,莫得究焉。此岩既高,加以江湍纡回,虽途经信宿,犹望见此物。故行者谣曰:'朝发黄牛,暮宿黄牛。三朝三暮,黄牛如故。'"唐杜甫《独坐》诗之二:"白狗斜临北,黄牛更在东。"

④烛房:灯烛明亮的厅房。多指行乐之所。南朝宋谢庄《月

赋》:"君王乃厌晨欢,乐宵宴,收妙舞,弛清县,去烛房,即月殿。"

拜星月慢

　　暗月窥林,哀虫吟露,永夕篝灯绿晕。客枕生寒,觉重阳期近。画楼畔,往日雕阑玉砌应在,马角乌头难信。惨淡星河,动谁家幽恨。

　　听西风、乱叶飞成阵。关山远、旧梦如相问。记到海上蓬莱,苦游仙无分。计年光、过隙垂垂尽。珍珠泪、背榻和衣揾。且坐待、拨断筝弦,续鸾胶不忍。

采桑子

其 一

　　鲤鱼风起夫容老,玉簟秋凉。远火微茫。昨梦分明到谢堂。

　　堂前重唱烟中怨,弦索仓皇。斜月空梁。不道人情似故乡。

其 二

　　高楼目送斜阳去,翠竹无言。露下西园。零落秋香满画船。

　　当时分手沾巾地,不见遗钿。金镜孤圆。人面依稀更愀然。

其　三

梁台月落沉沉夜,狼藉歌尘。掩乱行云。咫尺红墙不见人。

少年苦忆江南乐,刻意伤春。秋色当门。蒲雨杉风①枕上闻。

其　四

银床风触梧桐树,叶叶声声。淡月胧明。不照高枝上卧屏。

东家胡蝶西家鹊,各忍伶俜。起舞中庭。一夜寒潮动地生。

[注释]

①蒲雨杉风:带有草木气息的风雨。唐皇甫松《浪淘沙》词:"蛮歌豆蔻北人愁。蒲雨杉风野艇秋。"

丁香结

九月上旬,客有约登高赋诗者,豫①作和美成。

秋后波平,雨余天肃,林际暗蟾斜陨。见马蹄归迅。向绣陌、怒踏香泥红润。茂陵哀病久,寻常事、过目自忍。蒹葭风起,倚恨望远,阑干拍尽。

紫引。听万户砧声,乱落霜枫阵阵。水阁吟诗,旗亭②送别,岫眉寒晕。珍重迟暮岁月,要当珠盈寸。逢明朝重九,满地黄花瘦损。

[注释]
①豫:同"预"。
②旗亭:酒楼。悬旗为酒招,故称。唐刘禹锡《武陵观火》诗:"花县与琴焦,旗亭无酒濡。"

月下笛

龙　笛

李峤肠回,桓伊泪湿,楚山修竹。龙吟万木。黯黯霓裳遗曲。背西风、乌鹊夜飞,酒阑送客声更促。尽移宫换羽。人间天上,有缘难续。

昭阳殿里,听乐府传笺,竞吹横玉。惊尘暗起,恨满钗钿金粟。试重谈、教坊旧闻,曼歌缓舞犹系目。耿寒窗,坐觉星精破壁珠映烛。

三部乐

西郊看梅,和清真。

银烛烟横,映废圃小梅,伫情幽绝。绛都春讯,分付黄昏微月。试重听、羌笛高楼,讶梦中路转,镜里妆发。冒寒出手,烂漫宫衣千叶。

江南故人老去,趁画屏夜永,与君亲说。茫茫古今急羽,关山穷发。酒杯宽、泪丝绕睫。余划地①、东风恨切。隔岁望极,攧不断、枝上钿结。

[注释]

①划地:依旧,照样。宋辛弃疾《新荷叶·再题傅岩叟悠然阁》词:"岁晚渊明,也吟草盛苗稀。风流划地,向尊前、采菊题诗。"

木兰花慢

寒夜看月

趁严城短晷①,引飞镜、上高林。正动幕风乾,堆檐雪霁,寒意侵寻。更深。对银汉转,念婵娟犹费少年心。千里征鸿缥缈,画阑凭到而今。

沾襟。清泪方诸,曾湿遍、旧罗衾。悄不忍思量,故人恩怨,明日晴雾。闲吟。拚长夜坐,怕残蟾背我又西沉。蜡炬余红倦剪,隔墙渐歇疏砧。

[注释]

①短晷:日影短,谓白昼不长或将尽。晷:日影。《文选》潘岳《秋兴赋》:"何微阳之短晷,觉凉夜之方永。"张铣注:"短晷,谓日景已短,觉其夜长。"

巫山一段云

其 一

海气蒸瑶草,霞光醉绛桃。上清①无女不娇娆。弟一数云翘②。

石畔青羊③走,笼中白雀④逃。何人簪笔⑤守天庖⑥。未敢饮金醪。

其 二

玉版⑦朝天姥,青裙拜木公⑧。九关⑨一色火珠⑩红。云海戏惊鸿。

广乐三千界⑪,高台七二重。飞琼贻我紫芙蓉。陪我下空桐⑫。

[注释]

①上清:上天,天空。

②云翘:唐小说中仙女名。姓樊,又称樊夫人。唐裴铏《传奇·裴航》:"是小娘子之姊云翘夫人,刘纲仙君之妻也。已是高真,为玉皇之女吏。"

③青羊:传说中的木精,煞神。《太平御览》卷八八六引《玄中记》:"千岁树精为青羊,万岁树精为青牛,多出游人间。"

④白雀:白色的雀,古时以为祥瑞。《晋书》卷二十三《志第十三下·乐下》:"白雀呈瑞,素羽明鲜。"

⑤簪笔：谓插笔于冠或笏，以备书写。古代帝王近臣、书吏及士大夫均有此装束。《汉书》卷六十九《赵充国辛庆忌传第三十九·赵充国》："印家将军以为安世本持橐簪笔事孝武帝数十年，见谓忠谨，宜全度之。"颜师古注："张晏曰：'橐，契囊也。近臣负橐簪笔，从备顾问，或有所纪也。'师古曰：'橐，所以盛书也。有底曰囊，无底曰橐。簪笔者，插笔于首。'"后用以指仕宦。

⑥天庖：天厨。庖：厨房。晋葛洪《抱朴子·祛惑篇》："昔淮南王刘安，升天见上帝，而箕坐大言，自称寡人，遂见谪守天厨三年。"宋苏轼《古风》诗："淮南守天庖，嗟我复何人。"

⑦玉版：古代用以刻字的玉片。亦作"玉板"。

⑧木公：仙人名。又名东王公或东王父，常与西王母（即金母）并称。《太平广记》卷一引前蜀杜光庭《仙传拾遗·木公》："昔汉初，小儿于道歌曰：'着青裙，入天门，揖金母，拜木公。'时人皆不识，唯张子房知之。"唐韦渠牟《步虚词》之十五："西海辞金母，东方拜木公。"

⑨九关：谓九重天门或九天之关。《楚辞·招魂》："魂兮归来，君无上天些。虎豹九关，啄害下人些。"王逸注："言天门凡有九重，使神虎豹执其关闭。"王夫之通释："九关，九天之关。"

⑩火珠：宝珠名，即火齐珠，亦称"出火珠"。能聚光生热，故名。唐玄奘《大唐西域记·屈露多国》："既邻雪山，遂多珍药，出金、银、赤铜及火珠、雨石。"《旧唐书》卷一百九十七《列传第一百四十七·南蛮西南蛮·林邑》："（贞观）四年，其王范头黎遣使献火珠，大如鸡卵，圆白皎洁，光照数尺，状如水精，正午向日，以艾承之，即火燃。"

⑪三千界："三千大千世界"的省称。

⑫空桐：即"空同"，虚无浑茫。《关尹子·九药》："昔之论道者，或曰凝寂，或曰邃深，或曰澄澈，或曰空同。"南朝梁江淹《水上

神女赋》:"视空同而失貌,察倏忽而亡迹。"

透碧霄

己巳上元和柳

璧门边。凤楼迢递袅云烟。故都盛事,新春良夜,火树三千。香尘迎步,狂花障目,笙鹤瑶天。恣嬉娱、闾里生欢。趁上灯时节,壶中扶醉,梦里游仙。

隔珠帘莫问,盈街红粉,顾影为谁妍。斗绮罗、矜辇笑,曾惹下蔡留鞭。尺波泻泪,飞灰送劫,回首凄然。剩霜娥、依旧婵娟。照断肠行客,无主东风,直到今年。

千秋岁

山海关[①]

故关杨柳。摇落兵尘久。残照冷,西风瘦。盘雕[②]窥野火,班马惊刀斗。穷目处,洛阳二月花如绣。

忆别秦楼后。闲恨朝朝有。年易改,书难就。压天霜霰紧,动地山川走。君不见,征车已过飞狐口[③]。

[注释]

①山海关:古称渝关,或作榆关,又名临渝关、临闾关。为河北省旧临榆县之东门,长城的起点,今属秦皇岛市。明初置关戍守,

因其背山面海,故取名山海关。北依角山,东临渤海,联接华北与东北平原,形势险要,自古为交通要隘,有"天下第一关"之称。

②盘雕:盘旋飞翔的猛雕。

③飞狐口:要隘名,在今河北省涞源县北蔚县南。两崖峭立,一线微通,迤逦蜿蜒百余里,为古代河北平原与北方边郡间的交通咽喉。《汉书》卷四十三《郦陆朱刘叔孙传第十三·郦食其》:"愿足下急复进兵,……杜太行之道,距飞狐之口,守白马之津,以示诸侯形制之势。"颜师古注:"臣瓒曰:'飞狐在代郡西南。'"

洞仙歌

洛 阳

形胜依旧中原,滚滚长河东注。客梦断,征程转,沸天笳鼓。北邙春尽,西陵人老,百战关山,迤逦入、琵琶语。官渡畔,隐隐淡烟疏雨。

容与。送目芳郊千里,水滨游冶,登高念远,当时豪杰,青盖锦帆何处。月明铁马仓皇,伽蓝空记,洛阳安危事、成今古。还按剑悲歌,风物迟暮。昆鸡夜舞。渺不见、虙妃微步。黄尘起,且怅望、满城禾黍。

兀 令

己巳三月三日,水堂宴饮,畏风未与,分得近字。

花底黄莺栖不稳。石尤风①紧。天意难凭准。忘今日何年,欲向微波问。芳草绿遍长安,惨澹闲金粉。拌玉觞狂引。

过却重三春易尽。万红沉损。门外宫墙近。但极目斜阳,划地余孤愤。对客自濯单衣,残泪随时揾。愿薄寒同忍。

[注释]

①石尤风:见前"石邮风"注。

渡江云

上巳之会,守白得当字,倚此调,予拟作。

燕台春渐暮,采兰旧节,禊事叙流觞。御沟清且浅,信步名园,咫尺近宫墙。啼莺劝酌,对紫陌、华叶相当。图画开、十州三岛,宛在水中央。

旁皇。星移芝盖,露洗金盘,卷重帘不上。还费它、湔裙游女,来送斜阳。临河听奏师涓①曲,换满目、风景悲凉。吟未倦、明灯泪浥昏黄。

[注释]

①师涓:春秋时卫灵公乐官。曾随灵公赴晋,晋平公备加礼遇,使侍坐师旷侧,他抚琴而作新声,坐者皆喜。

解连环

和清真

醉怀闲托。登高楼送客,倦游徐邈。费夜雨、留取残春,奈潮涨水宽,雾浓花薄。细马来时,画屏掩、隔墙红索。想芝田路绝,那有驻颜,海上灵药①。

深宫遍祠宛若②。任街沉断镞,城绕哀角。望故国、千叠青山,把榆火光阴,徒苒过却。皎月无情,竟妒损、萧娘眉萼。怕明朝、燕泥旧垒,背人乱落。

[注释]

①灵药:指传说中的仙药。《海内十洲记·长洲》:"长洲,一名青丘,……一洲之上,专是林木,故一名青丘。又有仙草,灵药,甘液,玉英,靡所不有。"唐李商隐《常娥》诗:"常娥应悔偷灵药,碧海青天夜夜心。"

②宛若:汉代女子名。《史记》卷十二《孝武本纪第十二》:"神君者,长陵女子,以子死悲哀,故见神于先后宛若。宛若祠之其室,民多往祠。"裴骃集解引孟康曰:"兄弟妻相谓'先后'。宛若,字。"司马贞索隐:"先后,邹诞音二子并去声,即今妯娌也。孟康以兄弟妻相谓也。韦昭云先谓姒,后谓娣也。宛音冤。"

大 酺

和美成

认月华边,东风里,春满琵琶场屋①。停云飞不去,引吴娘清泪,旧情怅触。塞北怀人,江南感事,陶写中年丝竹。沉沉无眠夜,计黄梅节近,脆丸将熟。奈衾薄罅生,镜昏颜变,断肠凄独。

宫壶银箭速。望归路、尘土侵丹毂。待问讯、飘梭②门巷,隔水楼台,渺天涯、自怜心目。梦破霓裳叠,传恨入、折杨新曲。渐零落、乌衣国③。帆影迢递,闲对孤灯如菽④。背窗怅然薾烛。

[注释]

①场屋:此指戏场。唐元稹《连昌宫词》:"夜半月高弦索鸣,贺老琵琶定场屋。"

②飘梭:掷梭。《晋书》卷四十九《列传第十九·谢鲲》:"邻家高氏女有美色,鲲尝挑之,女投梭,折其两齿。时人为之语曰:'任达不已,幼舆(谢鲲字)折齿。'鲲闻之,傲然长啸曰:'犹不废我啸歌。'"宋周密《水龙吟·次张斗南韵》词:"吟香醉雨,吹箫门巷,飘梭院宇。"

③乌衣国:神话中的燕子之国。宋张敦颐《六朝事迹·乌衣巷》:"王榭,金陵人,世以航海为业。一日海中失船,泛一木登岸。见一翁一妪皆衣皂,引榭至所居,乃乌衣国也。以女妻之,既久,榭思归,复乘云轩泛海,至其家,有二燕栖于梁上。……来春燕又飞

来榭身上,有诗云:'昔日相逢冥数合,如今睽远是生离。来春纵有相思字,三月天南无雁飞。'"宋戴复古《燕》诗:"闻说乌衣国,低连海上村。"金庞铸《田器之燕子图》诗:"乌衣之国定何许,一双燕子能飞来。"后因以之为男女结合之地。

④菽:豆的总称。此用以形容灯火微弱。

六　丑

和美成

向江湖载酒,屡脱手、金貂闲掷。旧游秣陵,垂天沉倦翼。目断鸿迹。听唱潇潇雨,画船灯火,照古来娃国①。鱼龙偃卧鸥夷泽。树隐山楼,花藏水陌。余春耐人怜惜。自顽云匝地,音讯长隔。

庭轩寥寂。挂绳河澹碧。荏苒秋风起,欢梦息。雕梁燕子如客。省文通老去,不堪愁极。呼卢懒、枉欹冠帻。还欲待、十里珠帘尽卷,醉归垆侧。回肠寄、扑岸凉汐。尽夜蟾、笑我迂疏甚,何须怪得。

[注释]

①娃国:盛产美女之地。娃:美丽的女子。

《扬荷集》卷三终

《扬荷集》卷四

临江仙

和《阳春》①

其 一

大堤芳草年年绿,客途水阔云深。鲤鱼传讯易浮沉。秦筝弹断,宁惜缕衣金。

仓吾路远湘江静,天涯渺渺青禽。春山长系望夫心。竹斑未灭,回泪上罗襟。

其 二

枕上月明千里共,天风吹梦珊珊。欲冯缄札寄春寒。青山生木末,黄竹出江干。

新愁帝子浑无据,谁知旧事公孙。梨花带雨不成云。南谯钟动,日出万灯昏。

其 三

湖边月淡山横黛,春星闲蹙平漪。绿杨门巷四天垂。倚楼新恨,羌管罢吹时。

长桥跋马②归来早,东园犹叫黄鹂。年芳过眼若为追。高丘无女,烟草费相思。

[注释]

①《阳春》:即《阳春集》,五代词人冯延巳之词集。

②跋马:一说指勒马使回转。《资治通鉴》卷一百九十一《唐纪七》:"建成、元吉至临湖殿,觉变,即跋马东归宫府。"胡三省注:"跋马者,摇骤马衔,偏促一辔,又以两足摇鼓马腹,使之回走。"一说指骑马驰逐。

鹧鸪天

长信①门前野草平。连昌宫②里月笼明。曾闻金碗③人间出,不见红桑④海上生。

天亦老⑤,梦难成。铜仙无泪与君倾。亏它南内流离⑥瓦,战尽梧桐夜雨声。

[注释]

①长信:长信宫,汉宫殿名。《三辅黄图》卷三:"长信宫,汉太后常居之。按《通灵记》:'太后,成帝母也。后宫在西,秋之象也,秋主信,故宫殿皆以长信、长秋为名。'"《汉书》卷九十七下《外戚传第六十七下》:"其后赵飞燕姊弟亦从自微贱兴,逾越礼制,寖盛于前。班倢伃及许皇后皆失宠,稀复进见。……赵氏姊弟骄妒,倢伃恐久见危,求共养太后长信宫,上许焉。倢伃退处东宫,作赋自伤悼。"

②连昌宫:唐代行宫,在今河南省洛阳市宜阳县。唐玄宗与杨

③金碗:晋干宝《搜神记》卷十六载:范阳卢充与崔少府女幽婚。别后四年,三月三日,充于水旁遇二犊车,见崔氏女与三岁男共载。"女抱儿还充,又与金碗,并赠诗曰:'……何以赠余亲,金碗可颐儿。'"后因以借指殉葬的器物。唐杜甫《奉送郭中丞兼太仆卿充陇右节度使三十韵》诗:"宸极妖星动,园陵杀气平。空余金碗出,无复穗帷轻。"仇兆鳌注:"金碗,用《搜神记》卢充幽婚事。"

④红桑:传说为仙境中的桑树。晋王嘉《拾遗记》卷一《少昊》:"穷桑者,西海之滨,有孤桑之树,直上千寻,叶红椹紫,万岁一实,食之后天而老。"

⑤天亦老:唐李贺《金铜仙人辞汉歌》诗:"衰兰送客咸阳道,天若有情天亦老。"

⑥流离:此指琉璃。宝石名。后亦指一种烧制成的釉料或玻璃。《汉书》卷九十六上《西域传第六十六上·罽宾国》:"(罽宾国)出……珠玑、珊瑚、虎魄、璧流离。"颜师古注引《魏略》:"大秦国出赤、白、黑、黄、青、绿、缥、绀、红、紫十种流离。"宋洪迈《夷坚志·丁志·瑠璃瓶》:"徽宗尝以紫流离胆瓶十,付小珰,使命匠范金托其里。"

水龙吟

忆雁宕①瀑布

皑如匹练悬空,飞流直下三千丈。骊龙②喷泪,鲸鱼洗甲,山鸣谷响。挥日戈残,射天弓折,西风哀壮。有何人,手挽银河倒泻,擎一柱、昆仑上。

万变阴晴昏晓,转雷车、神灵来往。云霞盖海,星辰动地,寒湫方广。梦里霜钟,楼前夜雨,不成凝想。俟冯夷③沉醉,大瓢汲起④,作长江浪。

[注释]

①雁宕:即雁宕山,今称作雁荡山。因山顶有湖,芦苇茂密,结草为"荡"而得名。主体位于浙江省温州市东北部海滨,小部在台州市温岭南境。

②骊龙:黑龙。《尸子》卷下:"玉渊之中,骊龙蟠焉,颔下有珠也。"晋葛洪《抱朴子·祛惑》:"凡探明珠,不于合浦之渊,不得骊龙之夜光也。"五代谭用之《赠索处士》诗:"玄豹夜寒和雾隐,骊龙春暖抱珠眠。"

③冯夷:传说中的黄河之神,即河伯。泛指水神。《庄子·大宗师》:"冯夷得之,以游大川。"成玄英疏:"姓冯名夷,弘农华阴潼乡堤首里人也。服八石,得水仙。大川,黄河也。天帝锡冯夷为河伯,故游处盟津大川之中也。"

④大瓢汲起:宋苏轼《汲江煎茶》诗:"大瓢贮月归春瓮,小杓分江入夜瓶。"

倾　杯

新秋雨过,遥夜生寒,和柳。

雨声才定,剪西窗夜烛、秋来早。月影半移林杪。阑干冷、独客思家,白祫慵添,苍苔倦扫。闲回首、歌舞满江南,残醉醒时,墙外莎鸡无数,缠绵凄叫。

千里音尘,五更风露,织女明星流照。泪比波深,颜随岁改,四野浮云悄悄。忍计归程多少。踪迹萍梗嗟自挠。望极蒹葭,眼乱魂飞,戍钟催晓。

八犯玉交枝

夹竹桃

云影横窗,日华承钥,望断六宫纨绮。春恨年年消未得,故国东风如此。玄都人去,听尽瑶瑟湘灵,天寒空谷花垂泪。怊怅阮郎重到,群乌啼起。

无限怒节凌虚,狂香窣地,一般颠倒红紫。露盘坠、茶经慵读,簟纹皱、匏笙愁倚。想银烛、高楼梦里。鬲林明月都回避。怕夜雨惊秋,孤篷送客秦淮水。

杨柳枝

其 一

羌笛西风乌夜飞。红楼送客露沾衣。吴娘争唱江南好,愁杀并州快马儿。

其 二

梦断卢沟晓月寒。古来行路最艰难。关山送尽闲花草,只有垂杨似去年。

其　三

千里烟丝接凤城。江楼灯火望中明。歌前别有年华怨,不为潇潇暮雨声。

思帝乡

仙仙。晚妆擎更妍。拾翠采菱催舣,木兰船。歌罢弄风倾步,露痕侵紫绽①。知道马头人去、已经年。

[注释]

①绽:古代覆盖在帽子上的一种装饰物。

河渎神

其　一

云树绕丛台。霓旌羽盖徘回。横汾人去不归来。中流箫鼓声哀。

千里沧波飞一线。西风送尽南雁。花冷烛残香散。倚阑目极心乱。

其　二

远岸暮云平。玉颜飞下瑶京。四山雷电走空冥。一篙春水初生。

吴魏战场①余野草。东风长护龙纛②。香火荒坛祈祷。移船争拜仙姥。

其 三

海气湿鲛绡。珠宫龙女吹箫。桄榔③叶暗客停桡。灯火南台落潮。

东望榑桑霞欲起。雪肤花貌含睇。一路蛮歌千里。传芭④忙杀舟子。

其 四

白马卷沧波。江头风色如何。越娘折芰舞婆娑。远山低映青蛾。

暮雅啼遍门前柳。断碑零落虀臼⑤。估客挂帆相守。黄梅时节前后。

其 五

松柏满春山。翠翘风动刀环。大江西上路漫漫。从来蜀道艰难。

望帝朝朝啼杜宇。赛神⑥听打村鼓。水底蛟龙无语。吴宫夕照今古。

[注释]

①吴魏战场：指三国时期吴国与魏国战争之地。

②纛：古代军队里的大旗。亦可指用羽毛做的舞具或帝王车舆上的饰物。

③桄榔:亦作"桄桹"。木名,俗称砂糖椰子、糖树。常绿乔木,羽状复叶,小叶狭而长,肉穗花序的汁可制糖,茎中的髓可制淀粉,叶柄基部的棕毛可编绳或制刷子。《文选》左思《蜀都赋》:"布有橦华,麫有桄榔。"刘逵注引张揖曰:"桄榔,树名也。木中有屑如麫,可食,出兴古。"

④传芭:古代南方祀神舞,舞者手持芭草(香草)相互传递。《楚辞·九歌·礼魂》:"成礼兮会鼓,传芭兮代舞,姱女倡兮容与。"王逸注:"芭,巫所持香草名也。代,更也。言祠祀作乐而歌,巫持芭而舞讫,以复传与他人更用之。"

⑤蘁臼:"辞"字之隐语。见前"幼妇"注。宋辛弃疾《沁园春·城中诸公载酒入山余不得以止酒为解遂破戒一醉再用韵》词:"更高阳入谒,都称蘁臼,杜康初筮,正得云雷。"

⑥赛神:设祭酬神。唐张籍《江村行》诗:"一年耕种长苦辛,田熟家家将赛神。"

霜叶飞

东园饯秋,和清真。

废池幽草。金明路,浮云来去天表。乱雅流水送秋光,助岁华清悄。听喔喔、黄鸡报晓,斜河西坠疏星小。向故国怀人,迸怨入、盘龙半镜,鬲夜相照。

怊怅塞北烟尘,江南风雨,雁翼传梦稀到。晾鹰台畔成笳鸣,换沈郎愁抱。感击筑狂歌未了。伤心还倚离鸾调。试闭门、看长剑,沧海难填,泪多珠少。

马家春慢

马湘兰①画观音

金粟飞光,素莲泛水,妙澈闻思香境。画笔通神,现红板桥头禅影。烟雨南朝梦好,被杨柳啼乌催醒。系沧桑璎珞庄严,洗劫灰干净。

河楼晚钟晨磬。信湘花怨碧,无此端正。宝扇风残,练裙②歌绝,缄珠谁赠。闲话秦淮艳迹,换落日、乱帆秋冷。愿手爇沉檀,梵响鱼山③重听。

[注释]

①马湘兰(1548~1604):名守真,小字玄儿,又字月娇。明代歌妓、女诗人、女画家,南京"秦淮八艳"之一。擅画兰竹,故有"湘兰"之称。

②练裙:白绢下裳或白绢裙。《宋书》卷六十二《列传第二十二·羊欣》:"(王)献之尝夏月入县,欣着新绢裙昼寝,献之书裙数幅而去。欣本工书,因此弥善。"后以之为称誉书法之典。

③梵响鱼山:《法苑珠林》卷四九:"(陈思王曹植)尝游鱼山,忽闻空中梵天之响,清雅哀婉,其声动心,独听良久。……乃摹其声节,写为梵呗,撰文制音,传为后式。梵声显世,始于此焉。"后遂用为咏佛教梵呗的典实。

兰陵王

和美成咏柳,寄遐菴江左。

九街直。春水微波泛碧。龙池畔、啼遍晓莺,白马雕鞍斗晴色。浮云蔽上国。曾识。西园赋客。关山路,鸿断讯沉,零落秦娥旧刀尺。

东风去无迹。费引泪蛮笺,萦恨鸳席。斜烟疏①雨过寒食。思昨夜魂梦,故人心眼,黄河如带度郑驿。怪天限南北。

芳恻。镜尘积。正乐广肠回,樊素歌寂。连城社鼓苍凉极。盼曲岸摇橹,画堂吹笛。星辰垂地,倚树久,散露滴。

[注释]

① 疏:原刊作"𠉂(婿)",当为"𠉂(疏)"之误。据《国闻周报》1930年第七卷第2期所录词改。

又

再约淑诵同作。

锦帆直。微雨隋堤漾碧。清明后、飞絮满天,十里平芜试风色。新亭望旧国。犹识。河梁送客。高城外,歧路素丝,飘泊离心四千尺。

回波寄萍迹。叹此树江潭,前梦绷席。吴蚕眠起成三食。听督护歌断,叛儿愁起,长安西去霸上驿。更谁倚楼北。

欢恻。袖痕积。渐骆马踟蹰,莺燕寥寂。绵绵远道相思极。待日暮传火,夜阑邀笛。青袍沉醉,把泪洒,注砚滴。

丹凤吟

<small>长宵不眠,霜月凄黯,赋示及门诸子。</small>

潋滟谁家金镜,坠粉歌船,飞香花陌。狂尘惊梦,零乱凤城秋色。阑干四绕,野鹰来去,海水生寒,云天沉黑。自忍伶俜到此,夜永房空,林外斜倚残魄。

万感不成涕泪,掩门揃烛风更急。换尽山河影,怪无眠终古,多事吴质。绮罗回怨,错落少年靰迹。寄语仙娥休谅我,纵琼浆重觅。草虫满地,霜霰浑耐得。

永遇乐

赵主父箭镞

漳水波平,沙丘月冷,残霸天远。怒镞侵苔,飞骸蚀雨,故垒垂杨短。壮夫击缶,佳人挟瑟,荏苒岁华催箭。听高林、寻巢冻爵①,暗随饿鸱啼怨。

惊尘马足,长风鹖羽,惯见压城酣战。废铁无情,英雄何在。遗庙灵旗卷。钩梯石破,苔荣梦老,射影夜虫零乱。野台外、流空枉矢②,阵云未散。

[注释]

①爵:古同"雀"。

②枉矢:流星名,其色青黑,其行不直如蛇,其流则速,故名枉矢。亦用作箭名。

古倾杯

琼岛雪后

大野增寒,远山沉影,千里同云聚。宫桥策马,登临旷望,信有瑶台琳圃。镜奁洗尽残妆,胭啼粉怒。焚椒①梦促,慵歌女占②。月色凄黯,来往饥鹰绕树。

喜转眼、春光将煦。怕回面、痴龙犹舞。倚塞管怀人,冰天肠断,泪渍雕弓柱。迷离短日朝暮。任说甚、鸟爪抟金,鹅毛比素。不抵冻碎,东华香土。

[注释]

①焚椒:指皇后被杀。椒房,汉殿名,皇后所居。后亦借指皇后。明程羽文《鸳鸯牒》:"辽萧后骚雅缠绵,焚椒最惨。"

②女占:契丹语的音译,又译作"女姑",意"金"。此或指清代词人纳兰性德《台城路·洗妆台怀古》一词。纳兰该词有"相传内家结束,有帕装孤稳,靴缝女占"之句。

解语花

庚午上元和美成

芳春故国,胜节元宵,银海千虹射。绣街鳞瓦。烟光霁,迤逦绛云鹤下。笙歌曼雅。试敛手、圆蟾入把。罗绮香,游女倾城,缓步冲尘麝。

乘醉行吟半夜。迸移盘残恨,铅泪重冶。露兰书帕。东风定,送尽少年车马。星桥锁也。惊扫地、闹蛾飞谢。图障开,回梦承平,才五更敲罢。

石州引

和《东山》

腊鼓催春,游骑趁闲,城畔河阔。行人陇北归来,永夕玉龙吹折。危楼倚处,怅望古道音尘,梅丛应有封枝雪。胡雁一行飞,识重逢时节。

愁发。故园莎草,南渡风烟,去年离别。海水生寒,渺渺予怀难绝。极天关塞,恨满鄠杜①莺花。相思欲解连环结。悄为我厌厌,只三更残月。

[注释]

①鄠杜:鄠县与杜陵。杜陵,汉宣帝陵墓,靠近长安,为胜地。

此指京畿之地。

早梅芳近

和美成

风色平,山光好。步屧寻幽到。一湾流水,万叠浮云护晴照。路穷天未尽,地僻村还小。听红厖①吠客,人意苦难晓。

访田家,唤便了。采绿②汀州道。收纶竹外,系缆菰中谢尘表③。世缘应洗耳,古柳看盈抱。镇留连,夜长飞雁杳。

[注释]

①红厖:红犬。厖,长毛狗,亦泛指犬。宋柳永《巫山一段云》词:"红狵闲卧吠斜阳。"

②采绿:绿,通"菉",荩草,细弱草本植物,生在山麓田野,可煮汁染黄色。《诗·小雅·采绿》:"终朝采绿,不盈一匊。予发曲局,薄言归沐。"《毛诗序》:"《采绿》,刺怨旷也。幽王之时多怨旷者也。"东汉郑玄笺:"绿,王刍也,易得之菜也。终朝采之而不满手,怨旷之深,忧思不专于事。"

③尘表:尘俗之外。《南史》卷七十六《列传第六十六·隐逸下·阮孝绪》:"乃著《高隐传》,上自炎皇,终于天监末,斟酌分为三品:言行超逸,名氏弗传,为上篇;始终不耗,姓名可录,为中篇;挂冠人世,栖心尘表,为下篇。"唐韦应物《沣上精舍答赵氏外生伉》诗:"远迹出尘表,寓身双树林。"

忆少年

和晁无咎①

北城湖水,西城古树,东城闲客。南城旧时月,抵关山遥隔。

大道高楼灯火碧,换笼纱、泪痕吟迹。邻家酒旗上,有长安春色。

[注释]

① 晁无咎:晁补之。晁补之(1053～1110),字无咎,晚号归来子。济州巨野(今属山东)人。与黄庭坚、秦观、张耒俱从苏轼游,并称"苏门四学士"。著有《鸡肋集》七十卷,词集《晁氏琴趣外篇》六卷。

满庭芳

和小山

琼岛新阴,金台斜日,背城青嶂千重。画堂归燕,时向社前逢。满地平烟细草,断肠人、在石桥东。碧天远,五噫赋尽,反袂怅梁鸿。

年来还长遍,临流杜若,浥雨梧桐。听寒食,西楼乱笛呼风。往事浮云过目,关河怨、蜡炬光中。春如海,荒沟宛转,清泪泫残红。

蝶恋花

和六一①

其 一

楼外风多帆影峭。千里莺啼,杨柳垂丝早。油壁曾逢苏小小。清歌着意呈新巧。

一霎游鳞穿荇藻。试马归来,临镜生愁恼。醉不成欢醒亦好。人生难得青春晓。

其 二

凝碧池头黄篾舫②。菱镜开奁,人坐青天上。残雪消时添细浪。不辞拨损沙棠③桨。

隔岸吴娃翻艳唱。古树迎风,左右森相向。春水酸醅④谁所酿。拍浮永日销怊怅。

[注释]

①六一:欧阳修。欧阳修(1007~1072),字永叔,号醉翁,晚号六一居士。庐陵(今江西吉安)人。北宋政治家、文学家,唐宋八大家之一。其诗文杂著合为《欧阳文忠公集》。

②黄篾舫:隋炀帝下江南时船名之一。《隋书》卷三《帝纪第二·炀帝上》:"文武官五品已上给楼船,九品已上给黄蔑。"后用作船的美称,亦省称"黄蔑"。

③沙棠:木名,木材可造船,果实可食。《山海经》卷二《西山

经》:"(昆仑之丘)有木焉,其状如棠,黄华赤实,其味如李而无核,名曰沙棠,可以御水,食之使人不溺。"

④酸醅:重酿未滤的酒。唐李白《襄阳歌》诗:"遥看汉水鸭头绿,恰似蒲萄初酸醅。"

锁阳台

和美成

河绕荒城,山垂平野,故王台榭黄昏。柳花风起,断续见遥村。无限珠帘绣箔,春去也、谁舞榴裙。离宫静,栖乌噪月,惨淡那堪闻。

郊原,时纵目,缁衣浣尽,廿载京尘。念茂陵蕉萃,慵赋长门。重唱清歌白盖,更汉腊①、空说蒙孙②。渐兰路,千红照水,凝想凤池春。

[注释]

①汉腊:汉代祭祀名。各代名称不一,夏曰嘉平,殷曰清祀,周曰大蜡,汉改曰腊,故有此称。汉以戌日为腊,即农历冬至后第三个戌日。《后汉书》卷四十六《郭陈列传第三十六·陈宠》:"犹用汉家祖腊。"李贤注引汉应劭《风俗通》:"共工之子好远游,死为祖神。汉家火行盛于午,故以午日为祖也。腊者,岁终祭众神之名。腊,接也,故新交接,故大祭以报功也。汉火行,衰于戌,故腊用戌日也。"因佛教介入,腊日改在十二月初八,自此相沿成俗。此句当用此习俗之改以寓朝代兴替、故国衰亡之思。陆游《无咎兄郡斋燕集有诗末章见及敬次元韵》诗:"微吟剧醉不知倦,坐阅汉腊逾周正。"

②蒙孙：《三国志》卷二《魏书·文帝纪第二》裴松之注："《（春秋）佐助期》又曰：'汉以蒙孙亡。'说者以蒙孙汉二十四帝，童蒙愚昏，以弱亡。或以杂文为蒙其孙当失天下，以为汉帝非正嗣，少时为董侯，名不正，蒙乱之荒惑，其子孙以弱亡。"

御街行

和晁无咎

平芜绿处花开了。城外车尘少。东风有意上阑干，还费折枝簪帽。玉龙声里，断肠依旧，不为垂杨老。

西崦十里晴云杳。曾引青丝到。歌前人面夕阳红，闲夜月明天好。酒残客去，一时回首，深悔相逢早。

六幺令

和小山

白蘋风起，花雾满朱阁。柳枝为谁纤细，苦把楚腰学。昨夜堂前射覆，恐被邻莺觉。凤帷千匝①。鸾肠一寸，坠损钗梁避人搯②。

歌罢还移宝轸，费尽琴心答。隔岸成朵红云，画断韦家押。来去阑干万里，郑重佳期霎。碧笼双蜡。多情垂泪，目送银河转天角。

[注释]

①凤帷句:晏几道词本句韵脚作"帀"。
②掐:探取。同"搯"。

芳草渡

和美成

客舍静,对败壁青灯,梦迷鸳侣。讶碧天迢递,冯阑唤起雷雨。沧海凝望苦。寻娥台①凄诉。夜气冷,未忍乘风,拂袖飞去。

回眸。小屏半掩,万水千山沉雁路。竟挥尽、伤春泪点,残红泫堂户。柳丝跪地,尚想象、少年张绪。绕卧榻,听尽西楼曼舞。

[注释]

①娥台:此指月亮。娥:指嫦娥。

丑奴儿令

和正中

其 一

江南三月花如海,卧柳吹绵。画戟门①边。十万金铃彻夜悬。

梦回身在渔阳道,戍鼓惊天。肠断春前。细雨红桥棹酒船。

其 二

郁金堂畔相逢地,筝语零丁。雨过寒生。隔岸江蓠采不成。

重来事事堪怊怅,倚遍云屏。晓月无情。何处荒鸡带恶声。

[注释]

①画戟门:唐时三品以上之官皆列画戟于门,以为仪饰。后泛称显贵之家。画戟:旧时兵器名,因有彩饰,故称。唐牧牧《酬许十三秀才兼依来韵》诗:"凭(一作烦)君把卷侵寒烛,丽句时传画戟门。"

雪梅香

和耆卿

近寒食,高城白日坠长空。响西园车马,天涯倦客欢同。江左词名柳阴直,水边春色酒鳞红。浩歌发,障扇生尘,花影溶溶。

王风。委荆蔓,彻夜啼鹃,恨绕中峰。冷节怀归,素书断续游踪。强就人才记河朔,欲追真隐入墙东。相怜意,琴弦自理,休顾飞鸿。

锁窗寒

和美成

废苑东边,苍凉草色,往年琼户。幽州地迥,荏苒一春无雨。打空城、浑河夜潮,梦中隐约蛟龙语。想水堂旧月,依然流照,茂陵闲旅。

朝暮。看花处。听唱遍红莲,凤弦廿五。长街系马,送尽延秋鸦侣。满天涯、烽火战场,锦屏记曲魂断否。盼凌晨、塞下人归,洗酌添尊柤①。

[注释]

①柤:此同"俎"。

古倾杯

和耆卿

瘦马嘶群,断鸿呼侣,烽火幽并道。平畴绿野,山川壮丽,故垒苍茫春草。夜阑把酒看天,浮云杳杳。胡尘障目,何人誓扫。铁笛吹起,游子登临静眺。

指迤逦、名城环抱。劝投簪、还乡须早。莽万里中原,兵戈零乱,未信封侯好。凄凉裹甲年少。倦极梦、市井流连,闺房语笑。觉后被面,啼痕多少。

八六子

和淮海

短长亭。乱云千里,绵绵远道愁生。叹满地飞鸿北去,几时游骑南归,倚阑自惊。

年华催老娉婷。暗笛玉关流怨,娇歌白纻牵情。柱怅望天涯,数丛沙草,故园春尽,大河波杳,可怜半夜桑柔①盼晓,连街朱鼓祈晴。泪珠凝。凄然梦中笑声。

[注释]

①桑柔:桑树的嫩叶。《诗·大雅·桑柔》:"菀彼桑柔,其下侯旬。"

归国谣

和《金荃》①

其 一

双玉②。步障五云红罨歠。绣囊香露珠粟。酸酷吴酿渌。

洞房夜烧橡烛。梦回歌韵促。少年游冶韦曲。断弦春泪续。

其 二

宫脸。宝扇避风黄子③艳。柳梢新月斜敛。水天金碧染。

辇路兽镮④双掩。翠漪生小簟。晚妆云母⑤承靥。绣梅香几点。

[注释]

①《金荃》:即《金荃集》,温庭筠之词集。温庭筠(812~870),本名岐,字飞卿。太原祁(今山西祁县)人。晚唐诗人、词人,被誉为"花间派"鼻祖。原有词集《金荃集》《握兰集》,已佚,今所见《金荃集》为近人所辑。

②双玉:此喻指美女的两道泪痕。后蜀阎选《河传》词:"西风稍急喧窗竹。停又续。腻脸悬双玉。"

③黄子:此指额黄、花黄。唐李商隐《宫中曲》诗:"赚得羊车来,低扇遮黄子。"

④兽镮:同"兽环",兽头形铺首衔着的门环。后亦用以指门。宋陈允平《醉桃源》词:"兽环微掩是谁家。琐窗金绣纱。"

⑤云母:矿石名,俗称千层纸。有玻璃光泽,半透明,有白色、黑色、深浅不同的绿色或褐色等。后常用以形容性质、状态、光色等如云母的事物。此指女子白嫩光洁的脸庞。

虞美人

和重光①

其 一

　　山光临水浮新绿。歌罢莺声续。当筵依旧发狂言。不道江南人去、又经年。

　　桃华零落青春在。悔把明珰解。柳边月上夜堂深。梦逐飞鸿来往、总难任。

其 二

　　今年拚放春闲了。苦恨黄金少。高楼弦管落灯风。分付杏花消息、雨声中。

　　珊瑚宝玦分明在。不信人情改。连天芳草古今愁。眼见黄河到海、又西流。

[注释]

①重光:李煜。李煜(937～978),初名从嘉,字重光,号钟隐、莲峰居士。世称南唐后主、李后主。

雨中花

和东坡

冯问瑶京芳讯,往昔春光,如梦如烟。拌取深宵中酒,永昼摊钱①。何意重寻,长街小巷,北寺南园。只触处茂草,无多锦树,恨与天连。

东风暗老,流莺凝泪,为我对舞堂前。频望断、绿章飞奏,胜景依然。盈路花娇柳䆉,终朝日丽云妍。直须亲把,鹤林②游戏,驻此华年。

[注释]

①摊钱:旧时的一种赌博方式,又称意钱。随手取钱数十枚,纳于器中,待众人压毕,取以计数。计数时以四除之,视其有无余数,或余数为一、二或三,以博胜负。《后汉书》卷三十四《梁统列传第二十四·梁冀》:"(梁冀)性嗜酒,能挽满、弹棋、格五、六博、蹴鞠、意钱之戏,又好臂鹰走狗,骋马斗鸡。""意钱之戏"李贤注引南朝宋何承天《纂文》:"诡亿一曰射意,一曰射数,即摊钱也。"唐杜甫《夔州歌》之七:"长年三老长歌里,白昼摊钱高浪中。"

②鹤林:佛教语,指佛入灭之处。佛于娑罗双树间入灭时,林色变白,如白鹤之群栖,故称。南朝齐王融《法门颂启》:"鹿苑金轮,弘汲引以济俗;鹤林双树,显究竟以开氓。"

沁园春

和淮海

曲岸流杯,禁城传烛,线柳暗长。念青骢来处,寻花路远,白凫声里,拾翠人忙。隐约饧箫吹不断,送邻院秋千高过墙。春渐好,且呼朋买醉,同赋沧浪。

依然帝京胜景,对和风暖日,销尽愁肠。看粉亭烟树,时飘麝蜡,玉楼歌舞,闲拨龙香。眼底韶光真可恋,愿终老温柔成故乡。明月夜,待刺船太液,云水茫茫。

下水船

和《东山》

杨柳闾门路。曾跃青骢来去。春水生时,怀人画船烟浦①。思几许。千里关山日暮,愁满中原风雨。

夜深语。写尽游吴赋。萍梗生涯不驻。芳草多情,依稀麝尘回步。试延伫。拨棹三高祠下,重逐鸥鹭无处。

[注释]

①春水二句:贺铸《下水船》词,上阕第三、四句,一作"回想当年离绪。送君南浦。"一作"回想当年,离声送君南浦。"本词当从后者。

望江南

和重光

其 一

春梦好，人在翠楼中。花月江南三五夜，琼枝歌罢响铜龙。团扇起香风。

其 二

明镜里，了了见丰颐。陌上花开春去也，高城芦管莫频吹。云雨至今疑。

其 三

孤枕泪，残客又经春。梦见秣陵怊怅事，樱桃花发雨如尘。亡国为何人。

其 四

江上月，曾照白门秋。四十年来家国恨，黄花流水送行舟。寂寞景阳楼。

应天长

费宫人巷①在天津城内,和美成。

高林坠粉,斜照散红,荒街步引愁色。梦断故宫风雪,啼鹃怨寒食。沧桑事,往来客。恍过耳、佩环声寂。泪痕溅,劫后关山,掩袂尘藉。

何处浣香人,念旧伤春,题句遍颓壁。夜半怒潮呼月,凄凉女华宅。裙腰草,盈绣陌。扫镜里、黛眉无迹。古城迥,倚柱歌残,门巷能识。

[注释]

①费宫人巷:在天津城内。费宫人为明末宫女,闯王李自成占领北京后,被赐与李自成手下一员将领。费宫人趁该将领酒醉时将之刺杀,随后自刎而死。

八宝妆

和李景元①

千里风烟,谢桥花发,旧雨又更寒暑。门掩黄昏年渐晚,迤逦南楼谯鼓。天涯凝望,背城重叠征帆,长江平远分吴楚。多少塞鸿飞绕,衡阳归路②。

堤上病马呼群,玉京夜冷,月明人在何处。试闲写、坠欢断恨,要凭仗、东风吹去。听瑶瑟、春心杜宇。博山双锁金鹅炷。问镜里婵娟,昆池③换劫君知否。

[注释]

①李景元:李甲。李甲,生卒年不详,字景元。华亭(今上海松江)人。存词见《乐府雅词》卷下。

②衡阳归路:衡阳在湖南,有回雁峰,据说雁南飞至此便回头。

③昆池:昆明池,汉武帝于长安近郊所凿,宋已湮没。明徐渭《怀陈将军同甫》诗:"铜柱华封尽,昆池汉凿空。"

春从天上来

立春日,拟吴彦高①次韵。

远客丁零。望桂馆飞廉②,遍地流萤。梦魂长到,珠阁香屏。良夜细雨冥冥。奏钧天歌舞,聚玉貌、宛若仙灵。碧云开,响鹍弦铁拨,幽韵凄泠。

霓裳旧传菊部③,奈羽换宫移,恨簇黄星④。海国春回,沙场人老,羌笛四起边庭。洒河梁残泪,孤鸿去、月澹峰青。恍然醒。乐游原⑤北,权火光荧。

[注释]

①吴彦高:吴激。吴激(1090~1142),字彦高,号东山散人。建州(今福建建瓯)人。宋、金时期诗人、书画家,书画家米芾之婿。所作词风格清婉,被元好问推为"国朝第一作手"。有《东山集》《东山乐府》,已佚。存诗收入《中州集》,词收入《全金元词》。

②桂馆飞廉:此皆指汉宫馆名,在长安,汉武帝造以迎神。《汉

书》卷二十五下《郊祀志第五下》:"公孙卿曰:'仙人可见,上往常遽,以故不见。今陛下可为馆如缑氏城,置脯枣,神人宜可致。且仙人好楼居。'于是上令长安则作飞廉、桂馆,甘泉则作益寿、延寿馆,使卿持节设具而候神人。"颜师古注:"飞廉馆及桂馆二名也。"

③菊部:"菊部头"之省称。宋高宗时宫中伶人有菊夫人者,人称"菊部头"。宋周密《齐东野语·菊花新曲破》:"思陵朝,掖庭有菊夫人者,善歌舞,妙音律,为仙韶院之冠,宫中号为菊部头。"元宋无《宫词》诗:"高皇尚爱梨园舞,宣索当年菊部头。"后因以"菊部"为戏班或戏曲界的泛称。

④黄星:黄色的星,古代认为是祥瑞之兆。晋王嘉《拾遗记·轩辕黄帝》:"(轩辕)以戊己之日生,故以土德称王也。时有黄星之祥。"

⑤乐游原:古苑名,亦名"乐游苑",故址在今陕西省西安市南郊。本为秦时的宜春苑,汉宣帝时在此修乐游庙,因以为名。唐时,为长安士女游赏的胜地。《西京杂记》卷一:"乐游苑自生玫瑰树,树下多苜蓿。"唐李白《忆秦娥》词:"乐游原上清秋节。咸阳古道音尘绝。"

应天长

岁除日和康伯可①。

草堂霁雪,花市乱尘,青旗避人迎路。南雁归飞,绣毂东风换门户。杯盘舞。弦管语。叹过翼、岁华空负。枕函畔,莫漫思量,少年心绪。

永夜翦灯处。梅信②西涯,零落旧宾主。钟断漏稀,慵把恩情较缣素。醒还醉③。晴又雨。梦不尽、凤城前度。恨重见,水面垂杨,暗黄千缕。

[注释]

①康伯可:康与之。康与之,生卒年不详,字伯可,一字叔闻,号顺庵。滑州(今河南滑县)人。南宋词人。有《顺庵乐府》五卷,已佚,近人赵万里《校辑宋金元人词》有辑本。

②梅信:梅花开放所报春天将到的信息。亦暗指信函。宋贺铸《江夏寓兴》诗:"朋游正相远,梅信为谁开。"

③醒还醉:《词谱》录康词此处作"枕前泪","泪"入韵。

安平乐慢

守岁不眠,和万俟词隐①,计时已入新年矣。此调即"长相思"。

旧阙云昏,古台露冷,金葭玉琯②飞香。鸡声报晓,鸟语催春,迎面羽盖相望。秉烛归来,趁高歌胡旋,乱舞蛮妆。袖手曲池旁。星辰匝地生光。

感劫后青山,梦中衰草,迟暮流转殊乡。风雪幽州路,引杯漫与醉千场。柳岸桃蹊,应累得、闲人事忙。愿从今、年年此夕,白头同理疏狂。

[注释]

①万俟词隐:万俟咏。万俟咏,籍贯与生卒年均不详,字雅言,自号词隐、大梁词隐。北宋末南宋初词人。

②金葭玉琯:琯的美称,装有葭莩灰的玉管。见前"葭灰"注。

卜算子慢

和张子野

浮云客路,斜照帝城,一色酒旗飘晚。雪后莺啼,梦里凤翘当面。娇盼。隔东风忍泪幽兰眼。问绣陌花开,肯逐飞萤坠露分散。

迤逦蘅芜馆①。醉几度琼浆,玉京人远。月镜沉光,海水载愁应满。排遣。听西楼、夜拨筝丝断。任唱彻秦娥恨曲,诉衷情那见。

[注释]

①蘅芜馆:指美丽的女子的居所。蘅芜:香名。晋王嘉《拾遗记·前汉上》:"帝息于延凉室,卧梦李夫人授帝蘅芜之香。帝惊起,而香气犹着衣枕,历月不歇。"

芳草渡

辛未灯夕

玉漏静,趁旧节元宵,凤城游冶。听月明歌吹,尘埃乱引车马。杯酒随意把。邀常娥来下。醉梦里,未许愁人,独怨遥夜。

如泻。九霄露冷,泪满黄莺弦上话。纵看尽、鱼龙曼衍,疏钟为谁打。小楼倚遍,送眼底、万红齐灺①。象纬②逼,霁景潜移翠瓦。

[注释]

①灺:(灯烛)熄灭。

②象纬:象数谶纬。亦指星象经纬,谓日月五星。晋王嘉《拾遗记·殷汤》:"师延者,殷之乐人也。设乐以来,世遵此职。至师延,精述阴阳,晓明象纬,莫测其为人。"齐治平注:"象纬:象数谶纬。象数谓龟筮之类,谶纬谓谶录图纬、占验术数之书。"唐杜甫《游龙门奉先寺》诗:"天阙象纬逼,云卧衣裳冷。"仇兆鳌注:"象纬,星象经纬也。"

帝台春

和李景元

千里月色。流光照坊陌。高树废池,解道东风,吹花无力。昨日新晴昨夜雨,更谁管、近来眠食。最伤心,马足怀人,蛾眉留客。

情难释。缣易织。镜未拭。泪还滴。听满地箫声,渐春深矣,迤逦乱山环碧。楼阁都从水边起,书札且教梦中得。又城上三更,见邻家灯息。

望南云慢

山桃,和沈公述①。

旭日初升,映紫陌明霞,浮动风光。楼东院北,翳楚妃舞袖,护流水年芳。休讶春来早,已换却、罗屏冷香。几回临镜,晕粉生愁,苦斗潮妆②。

神伤。故国人归,无多燕麦,空余蔓草成行。朦胧病眼,奈花底歌沉,雨外灯凉。鸟雀栖难稳,噪露枝、声声断肠。隔林红绽,付与谁家,不敢思量。

[注释]

①沈公述:沈唐。沈唐,生卒年不详,字公述,北宋词人。词集已佚,近人周泳先辑有《沈公述词》。

②潮妆:红妆。潮:红潮。宋吴文英《法曲献仙音·秋晚红白莲》词:"艳拂潮妆,澹凝冰靥,别翻翠池花浪。"

惜黄花慢

西郊春望,和出个伐①。

乱山沉碧,弄晓色,半卷高林花气。坏塔明处,梵钟断续遥闻,辇路钿车如水。丹棱河上踏莎行,怕重记、樵风词意。乳莺飞②。百尺露台,长倚天际。

年光付与闲愁,旧梦杳,雁足音书难递。障眼轻尘,闹春戍鼓朝朝,暗送落英残蕊。酒痕沾袖不成欢,算减尽、登临情味。旷望里。永日树憔云悴。

[注释]

①田不伐:田为。
②乳莺飞:《全宋词》录田词此处作"晚风底","底"入韵。

过秦楼

　　清明日,和李景元。此调宋人未见嗣音,句律无可参校,姑以清真侧韵一首比之。凡前后阕弟三韵十二字,清真并益为十四字,但句法、词意颇相仿佛。"漫道草忘忧也"与清真"人静夜久凭阑"相当,"谁信盛狂"与清真"谁信无憀"相当。前后异读,宋词恒例。"也"字断句,中有连文,尤所习闻。应定"漫道"以下为六字二句,"谁信"以下为四字三句。近世选本不知"忧"字偶犯大韵,妄指为叶,因并后阕一律以上五下七读之。锲舟胶柱,害辞害志,心所未安,不敢瞀从。

　　系马平桥,藏鸦高树,故园春梦悠悠。指夕阳红处,恨把盏津亭,送客无由。报道杏花开矣,依然满眼繁愁。听筝弦弹断,青蘋风起,人在中洲。

　　渺雁程万里江南远,识韩娥调苦,催换吴讴。逢澹烟疏雨,趁名都冷节,信步遨游。还怕少年,心绪销沉,不似从头。向鸾笺堕泪,迢递关山,慵赋登楼。

《扬荷集》卷四终②

[注释]

①按,唐圭璋编《全宋词》录李甲《过秦楼》词作:"卖酒炉边,寻芳原上,乱花飞絮悠悠。已蝶稀莺散,便拟把长绳、系日无由。漫道草忘忧。也徒将、酒解闲愁。正江南春尽,行人千里,蘋满汀洲。有翠红径里,盈盈似簇,芳茵禊饮,时笑时讴。当暖风迟景,任相将永日,烂漫狂游。谁信盛狂中,有离情、忽到心头。向尊前拟问,双燕来时,曾过秦楼。"《词谱》录"过秦楼"词只一体,即李甲所作。题解云:"调见《乐府雅词》,李甲作。因词有'曾过秦楼'句,取以为名。"题注云:"双调一百九字。前段十一句,五平韵。后段十一句,四平韵。"录李词作:"卖酒炉边,寻芳原上,乱花飞絮悠悠。已蝶稀莺散,便拟把长绳,系日无由。漫道莫忘忧。也徒将、酒解闲愁。正江南春尽,行人千里,蘋满汀洲。　　有翠红径里、盈盈侣,簇芳茵禊饮,时笑时讴。当暖风迟景,任相将永日,烂漫狂游。谁信盛狂中,有离情、忽到心头。向尊前拟问,双燕来时,曾过秦楼。"序中所提周邦彦词在《全宋词》中亦以"过秦楼"之词牌收录,注"太石调",词作:"水浴清蟾,叶喧凉吹,巷陌马声初断。闲依露井,笑扑流萤,惹破画罗轻扇。人静夜久凭阑,愁不归眠,立残更箭。叹年华一瞬,人今千里,梦沉书远。　　空见说、鬓怯琼梳,容销金镜,渐懒趁时匀染。梅风地溽,虹雨苔滋,一架舞红都变。谁信无憀,为伊才减江淹,情伤荀倩。但明河影下,还看稀星数点。"《词谱》中以"选冠子"之词牌收录,并以周词为正体。题解言此词牌又名"仄韵过秦楼",即邵瑞彭所言"侧韵"之意。录周词题注:"双调一百一十字。前段十二句,四仄韵。后段十一句,四仄韵。"词句除个别字词与《全宋词》有异外,其余皆同。据邵序所言,李词上阕当为四平韵,"忧"字不入韵,其第三韵之句当为两个六字句,即:"漫道草忘忧也,徒将酒解闲愁。"下阕第三韵之句当为三个四

字句,即:"谁信盛狂,中有离情,忽到心头。"本词照此断句。

②卷末附记:"《扬荷集》四卷,计三万三千余字,文馨斋黎玉山写刊。邵倬盦出资六十元(内有袁文椒十元),并第一次印刷纸六百张。苏子惠出资五十元。曾小鲁出资四十元。牟葵中、仲符兄弟存银七十元,留作第二次印刷纸工。附记于此。"

《山禽余响》[①]

鹧鸪天

一

故　宫

裂帛湖边绿水波。翠微亭外夕阳多。银屏曲曲龟文锦[②],宝帐重重凤尾罗。

回雪舞,遏云歌[③]。花枝人意两婆娑。孤灯听雨江南夜,忍对吴娘唤奈何。

[注释]

①一卷,朱印本,牌记题"丙子聚月壮学堂刊",署名"淳安邵瑞彭次公"。本集共四十五首词,全和元好问《鹧鸪天》。词集序言云:"乙亥仲秋,大梁旅处,籀诵余暇,每取《遗山乐府》,随意讴吟。觉其缘情感物,芳烈动人,信乎古诗之遗音,词林之变雅矣。向岁彊村老人曾广《鹧鸪天·宫体八首》,辄为变通其意,依韵继声,或比援旧题,或直抒孤抱,寿陵蒲伏,奚敢遥跂邯单?聊以寄要眇之思而已。愚所据空青馆重雕华氏刻本,网罗最备,计《鹧鸪天》五十二首。今属和者四十五首,自余寿人之曲七首,且从盖阙。草端于椶华香里,断手于腊鼓声中,凡白二十日而写成定稿。托烟水之迷离,哀众芳之芜秽;答清商之幽唳,振山禽之余响。千载比肩,风声未远,发情思古,只益欷歔,盖天时人事为之也。貐刘日,自记。"《儒效月刊》第一卷第6、7期合刊(1935年12月1日,1936年1月

1日出版)所刊之词与此有个别字不同。另,本集亦曾刊登于华东师范大学主编之《词学》第四辑(1986年)。编辑识语云:"邵瑞彭,字次公,浙江淳安人。以文学名,尤工于词,宗《花间》、北宋,出入清真、白石。任河南大学教授多年,有词《扬荷集》行于世。晚年和元遗山鹧鸪天词四十五首,镂版方竣,未及多刷,而版毁于战争,时为一九三六年也。越二载,次公病逝,享年五十。其门人汴梁武慕姚藏试刷朱印一本,一九七九年录副见惠。今慕姚亦物故,中州词运,顿感寂寞。因以全稿发表于此,以存中州文献。若其要眇之思,寄之于此词者,期诸郑笺,余犹愧未敢发明之也。一九八四年三月十日,施蛰存记。"

②龟文锦:即龟纹锦,亦名龟背锦,织成龟背纹理的锦缎。常用在古建筑中的窗户、楣子及门檐中。

③遏云歌:《列子·汤问》:"薛谭学讴于秦青,未穷青之技,自谓尽之,遂辞归。秦青弗止,饯于郊衢,抚节悲歌,声振林木,响遏行云。"唐李商隐《歌舞》诗:"遏云歌响清,回雪舞腰轻。"

二

木 犀①

桂树团团八月黄。枝枝叶叶系年芳。花开有主金难买,露下无声夜渐凉。

囊底药,枕中方②。浮云过眼便相忘。何当分取天台③种,散作仙衣七日香。

[注释]

①木犀:即桂花,亦作"木樨"。常绿灌木或小乔木,叶椭圆形,花簇生于叶腋,黄色或黄白色,有极浓郁的香味,可制作香料,通称

桂花。有金桂、银桂、四季桂等，原产我国，为珍贵的观赏芳香植物。

②枕中方：用"黄粱梦"之典。最早出自唐沈既济《枕中记》。

③天台：天台山。位于浙江省天台县城北，西南连仙霞岭，东北遥接舟山群岛，为曹娥江与甬江的分水岭。此用刘晨阮肇入天台之典。

三

莲

北渚歌声隔晚烟。月明如海照婵娟。红衣委露浑难惜，罗袜凌波信可怜。

金粉地，碧云天。听风听水一年年。不知梦里江南路，秋在谁家六柱船。

四

一上灵槎路更多。白云尽处又黄河。连天烛树金为炬，夹岸香林玉作柯。

鸾解舞，凤能歌。长宵禁得几婆娑。蓬山会有重来日，其奈刘郎白发何。

五

痴绝差同顾长康①。醉时欢笑醒来忘。镜中华发新诗料，城外黄沙古战场。

吟窈窕，赋沧浪②。坐看皎月上东墙。满阶落叶无人扫，一任西风彻夜狂。

[注释]

①顾长康:顾恺之。顾恺之(约346~约407),字长康,小字虎头。晋陵无锡人(今江苏无锡)。博学多才,擅诗赋、书法,尤善绘画,精于人像、佛像、禽兽、山水等,时人称之为三绝:画绝、才绝和痴绝。

②赋沧浪:《孟子·离娄》载《孺子歌》:"沧浪之水清兮,可以濯我缨;沧浪之水浊兮,可以濯我足。"亦见于《楚辞·渔父》。

六

茵荡渠前椇叶①丹。金梁桥畔蓼花残。空肠未敢浇三雅②,短袖何堪舞七盘。

秋寂寂,路漫漫。北湖南埭③水云宽。陌头不少垂杨树,栽近东篱也耐寒。

[注释]

①椇叶:椇树的叶子,呈倒卵状椭圆形或倒卵形,有香气。

②三雅:《太平御览》卷八四五引《典论》:"刘表有酒爵三,大曰伯雅,次曰仲雅,小曰季雅。伯雅容七升,仲雅六升,季雅五升。"后以"三雅"泛指酒器。此指酒。

③埭:土坝。

七

几度因风想玉珂①。月明还似镜新磨。刺船北苑三分水,走马南城十里坡。

随白雁,渡黄河。酒阑烛暗厌闻歌。当筵别有箜篌引,被发提壶奈若何。

[注释]

①玉珂:马络头上贝制的装饰物,色白似玉,振动则有声,贵官用之。也用以指马。唐杜甫《春宿左省》诗:"不寝听金钥,因风想玉珂。"

八

自著山公白接篱①。双柑斗酒一身携。醉来击缶心犹壮,雨后看花首尽低。

秋射虎,夜闻鸡。夕阳葵麦与人齐。何堪回首渝关路,衰草茫茫送马蹄。

[注释]

①自著句:《晋书》卷四十三《列传第十三·山涛附山简》:"简优游卒岁,唯酒是耽。诸习氏,荆土豪族,有佳园池,简每出嬉游,多之池上,置酒辄醉,名之曰高阳池。时有童儿歌曰:'山公出何许,往至高阳池。日夕倒载归,茗艼无所知。时时能骑马,倒著白接篱。举鞭向葛疆:"何如并州儿?"'疆家在并州,简爱将也。"《世说新语·任诞第二十三》亦载。接篱:古代一种头巾。

九

不学虞卿①老著②书。身名那复有亲疏。他乡僮仆如兄弟,故国关山似画图。

花四壁,酒千壶。闲看秋水浴春锄③。临河触我江南思,九月霜风草未枯。

[注释]

①虞卿:战国时游说之士。因进说赵孝成王,为赵上卿,故称。后因拯救魏相魏齐的缘故,抛弃高官厚禄离开赵国,终困于魏都大梁,于是发愤著书,世传为《虞氏春秋》。

②著:原刊作"箸"。

③春锄:鸟名,即鹭。清徐鼎《毛诗名物图说》卷一:鹳飞则霜,鹭飞则露,其名以此。步于浅水,好自低昂,如春锄状,故名春锄。

十

丛竹娟娟渐过墙。坐温蛮语抵还乡。枝头警露思齐女①,月下怀人感谢郎②。

收短簟,理匡床③。不须止酒学柴桑④。黄河日夜东流去,一上高城一断肠。

[注释]

①齐女:蝉的别名。晋崔豹《古今注》卷下《问答释义》:"牛亨问曰:'蝉名齐女者何?'答曰:'齐王后忿而死,尸变为蝉,登庭树,嘒唳而鸣,王悔恨。故世名蝉曰齐女也。'"后因用此典咏蝉,也借以咏女子的悲怨。

②谢郎:此指谢庄。谢庄(421~466),字希逸,南朝宋大臣,文学家。陈郡阳夏(今河南太康县)人。谢弘微子,大谢(谢灵运)的族侄,以《月赋》闻名。

③匡床:安适的床。一说方正的床。《商君书·画策》:"人主处匡床之上,听丝竹之声,而天下治。"

④不须句:晋陶潜《止酒》诗:"平生不止酒,止酒情无喜。"止

酒:戒酒。

十 一

月气灯光隔画帘。清歌谁唱两头纤。重寻故苑风流地,一晌新寒雪压檐。

云淡淡,梦厌厌。池波明处镜开奁。眼前剩得秋多少,愁听更筹夜夜添。

十 二

宫体八首

薄薄罗衣怯晚凉。声声梧叶下银床。天涯路比纱窗近,坐上人如锦瑟长。

烟水气,绮罗香。神仙多事赚刘郎。千红万紫成阴去,宫烛何曾照海棠。

十 三

征鸟横空觉自由。凉虫泣露奈添愁。门前桤木①三年大,枕畔浑河万古流。

天似笠,屋如舟。四更月出水明楼②。东园无限相思草,肯逐风饕雪虐③休。

[注释]

①桤木:落叶乔木,叶长倒卵形,果穗椭圆形,下垂,木质较软,嫩叶可作茶的代用品。

②四更句:唐杜甫《月》诗:"四更山吐月,残夜水明楼。"

③风饕雪虐:形容风雪严寒之景。唐韩愈《祭河南张员外文》:

"岁弊寒凶,雪虐风饕。"

十 四

闻道吴宫进越娃。懒从碧玉①问年华。当窗皎月龙皮扇②,出地轻雷豹尾车③。

千里草,满头花。烛烟分到五侯家。随堤杨柳年年绿,忍见春来有暮雅。

[注释]

①碧玉:宋汝南王妾的名字。后比喻平民家的美貌女子。《乐府诗集》卷四十五《清商曲辞二·碧玉歌三首》题解:"《乐苑》曰:'《碧玉歌》者,宋汝南王所作也。碧玉,汝南王妾名。以宠爱之甚,所以歌之。'"一说宋无汝南王,晋有,宋当作晋。《通典·乐典》:"《碧玉歌》者,晋汝南王妾名,宠好,故作歌之。"

②龙皮扇:古扇名。唐末五代王仁裕《开元天宝遗事》卷下:"元宝家有一皮扇子,制作甚质。每暑月宴客,即以此扇子置于坐前,使新水洒之,则飒然生风,巡酒之间,客有寒色,遂命彻去。明皇亦曾差中使去取看,爱而不受,帝曰:'此龙皮扇子也。'"

③豹尾车:用豹尾装饰的车子,帝王出行时最后一辆随从车。晋崔豹《古今注·舆服》:"豹尾车,周制也,所以象君子豹变,尾言谦也,古军正建之,今唯乘舆得建焉。"

十 五

梦里山光画不成。江头帆鬣认难明。曾教柳色藏苏小,好把梅花赚广平①。

才胆怯,又心惊。谁家人与月双清。枕边多少明朝事,愁听虾蟆打六更。

[注释]

①广平:宋璟。宋璟(663～737),邢州南和(今河北邢台南和县)人。唐朝名相,封广平郡公。有《梅花赋》一文。

十 六

万里明霞拂殿墙。迷天照海见花光。金仙已下铜驼陌,玉女还窥朱鸟窗。

图蛱蝶,画鸳鸯。博山炉子水沉香①。十年忍惯伶俜事,不向东家索锦囊。

[注释]

①博山句:语出《杨叛儿》歌,见前注。

十 七

白雁南飞又一天。玉珰沉讯动经年。空持莲荴酬欢子,肯就箕坛①拜鬼仙。

秋易尽,夜难眠。镜中蛾黛为谁妍。楚宫瘦损三千女,别有瑶姬②到枕边。

[注释]

①箕坛:即乩坛,扶乩所设的神坛。扶乩,中国民间信仰的一种占卜方法,又称扶箕、抬箕、扶鸾、挥鸾、降笔、请仙、卜紫姑、架乩等。在扶乩中,需要有人扮演被神明附身的角色,这种人被称为鸾生或乩身。神明会附身在鸾生身上,写出一些字迹,以传达神明的

想法。信徒通过这种方式,与神灵沟通,以了解神灵的意思。

②瑶姬:女神名。相传为天帝之季女,即巫山神女。北魏郦道元《水经注》卷三十四《江水二》:"郭景纯云:丹山在丹阳,属巴。丹山西即巫山者也。又帝女居焉。宋玉所谓天帝之季女,名曰瑶姬,未行而亡,封于巫山之阳,精魂为草,实为灵芝。所谓巫山之女,高唐之阻。"一说即西王母之女云华夫人。《太平广记》卷五六引《集仙录》:"云华夫人,王母第二十三女,太真王夫人之妹也,名瑶姬。"

十八

坐对婵娟不忍眠。露阑桂树苦相怜。夜寒已觉秋先尽,天近能教月倍圆。

花照海,玉生烟。琼楼重到倘无缘。不知水调歌声里,拨断哀筝弟几弦。①

[注释]

①原注:月当头夕。

十九

羌管吹寒夜色新。雁声摇落未堪闻。忍裁团扇羞明月,拟拓香囊锁日云。

鸡警梦,马呼群。酒边花气斗余醺。殷勤自唱烟中怨,刻损官楼烛几分。

二十

甲帐珠帘入望新。排云楼阁四无邻。陌头草色思公子,井底桃花避美人。

天倚杵,海扬尘。沧江满意置闲身。莫愁艇子①无消息,枉听莺啼过一春。

[注释]

①莫愁艇子:古代乐府诗中曾咏及两个莫愁:一是洛阳女子,卢家少妇;一是石城女子。《乐府诗集》卷四十八《清商曲辞五·莫愁乐》题解:"《唐书·乐志》曰:'《莫愁乐》者,出于石城乐。石城有女子名莫愁,善歌谣,石城乐中复有忘愁声,因有此歌。'"其一云:"莫愁在何处,莫愁石城西。艇子打两桨,催送莫愁来。"宋周邦彦《西河·金陵怀古》词:"莫愁艇子曾系。空余旧迹郁苍苍,雾沉半垒。"

二十一

过雨山光似墨浓。杏花消息桂堂东。人归楚尾吴头外,春在莺啼燕语中。

时易失,兴难穷。天涯侥幸一尊同。美人老去琵琶歇,孤负当门叱拨红。

二十二

铁拨鹍弦世所拚。乌孙旧怨①莫轻弹。星河故国怜夔府,花木春城梦锦官②。

楼独倚,镜频看。酒痕襟上几回干。幽篁十亩无人管,留与光风起夏寒。

[注释]

①乌孙旧怨:当指汉武帝时,江都王刘建之女刘细君嫁给西域

乌孙国王之事。刘细君作有《乌孙公主歌》(一名《细君歌》):"吾家嫁我兮天一方,远托异国兮乌孙王。庐为室兮旃为墙,以肉为食兮酪为浆。居常土思兮心内伤,愿为黄鹄兮归故乡。"因刘细君是嫁给乌孙国的公主,故称"乌孙公主"。

②锦官:锦官城。古代成都的别称,亦简称为锦城。三国蜀汉时期,因成都蜀锦出名,成为蜀汉政权的重要财政收入,蜀汉王朝曾设锦官和建立锦官城以保护蜀锦生产,故名。

二十三

不窃诗名学绍威①。不吟丛桂叩苏非。从来阆苑黄金屋,未抵江村紫竹扉。

凫雁渚,鹭鸶矶。停桡心事有依违。长安三月东风恶,休遣红尘涴白衣。

[注释]

①不窃句:宋计有功《唐诗纪事》卷六十一《罗绍威》:"(罗绍威)喜为诗。江东罗隐有诗名,绍威厚礼之,与通属籍。自己所为诗号《偷江东集》,如'楼前淡淡云头月,帘外萧萧雨脚风',无愧隐矣。绍威形貌魁伟,有英杰气,好招延文学士,开馆,聚书万卷,每歌酒宴会,与宾佐赋诗,颇有情致。"

二十四

耐得沧江一味闲。花风禅榻任颠顸①。生成鞧伯②终输笨,唤作氄奴便解谩。

茅店小,板桥宽。马头惟见月团团。谢郎一夕思千里,知为何人独倚阑。

[注释]

①颠顶:糊涂,不明事理。

②鹘伯:一指放纵豁达之人。晋人指羊曼。《晋书》卷四十九《列传第十九·羊曼》:"时州里称陈留阮放为宏伯,高平郗鉴为方伯,泰山胡毋辅之为达伯,济阴卞壶为裁伯,陈留蔡谟为朗伯,阮孚为诞伯,高平刘绥为委伯,而曼为鹘伯,凡八人,号兖州八伯,盖拟古之八隽也。"颜之推《颜氏家训·书证》引南朝宋刘法盛《晋中兴书》:"太山羊曼常颓纵任侠,饮酒诞节,兖州号为'鹘伯'。"一指不辨好坏之人。唐人指常衮。《新唐书》卷一百五十《列传第七十五·常衮》:"惩元载败,窒卖官之路,然一切以公议格之,非文词者皆摈不用,故世谓之'鹘伯',以其鹘鹘无贤不肖之辨云。"

二十五

三宿枯桑①觉有情。十年学剑②苦无成。弯弓欲射羲轮③落,衔石思填勃海平。

秋渐晚,梦才醒。镜中愁见二毛④生。江潭垂柳无多绿,谁唤桓温⑤作老兵。

[注释]

①三宿枯桑:《后汉书》卷三十下《郎颢襄楷列传第二十下·襄楷》:"浮屠不三宿桑下,不欲久生恩爱,精之至也。"李贤注:"言浮屠之人寄桑下者,不经三宿便即移去,亦无爱恋之心也。"后因以"三宿恋"指对世俗的爱恋之情。

②十年学剑:唐贾岛《剑客》(一名《述剑》)诗:"十年磨一剑,霜刃未曾试。今日把示君,谁为不平事。"

③羲轮：太阳的别称。《楚辞·离骚》："吾令羲和弭节兮。"王逸注："羲和，日御也。"后遂以"羲轮"为太阳的别称。

④二毛：喻指斑白的头发。《左传·僖公二十二年》曰："君子不重伤，不禽二毛。"杜预注曰："二毛，头白有二色。"

⑤桓温（312～373）：字元子（一作符子），谯国龙亢（今安徽怀远龙亢镇）人。东晋政治家、军事家。三次出兵北伐，战功累累。后独揽朝政十余年，操纵废立，有意夺取帝位，终因第三次北伐失败而令声望受损，受制于朝中王谢势力而未能如愿。晚年曾逼迫朝廷加其九锡，但因谢安等人借故拖延，直至去世也未能实现。死后谥号宣武。其子桓玄建立桓楚后，追尊为"宣武皇帝"。

二十六

太液秋深菡萏残。舣棱北望路漫漫。人生未合闲中老，山色空余画里看。

茶灶稳，笔床安。松风吹面鹤巢宽。宁知一夜沧江雪，只有唐花耐得寒。

二十七

湘浦罗裙未许量。楚天云雨不相妨。花前打鸭歌怜子，桑下骑驴问索郎①。

山宛委，水沧浪。忧多人远两难忘。何如闭眼擎杯好，沉醉东风四万场。

[注释]

①索郎：酒名，桑落酒的别称。亦泛指酒。北魏郦道元《水经注》卷四《河水四》："（河东郡）民有姓刘名堕者，宿擅工酿，採挹河

流,醖成芳酎,悬食同枯枝之年,排于桑落之辰,故酒得其名矣。……自王公庶友,牵拂相招者,每云:索郎有顾,思同旅语。索郎反语为桑落也。"按,索郎切,桑;郎索切,落。

二十八

暮暮朝朝玉树花。好凭妆镜驻韶华。楚天风雨闻啼鴂,越国江山起怒蛙①。

怜织女,叹匏瓜②。陌头铜狄③两咨嗟。黄金铸尽英雄泪,别样伤心古押衙④。

[注释]

①怒蛙:鼓足气的蛙。《韩非子》卷九《内储说上·说三》:"越王虑伐吴,欲人之轻死也,出见怒蛙,乃为之式。从者曰:'奚敬于此?'王曰:'为其有气故也。'明年之请以头献王者岁十余人。由此观之,誉之足以杀人矣。一曰:越王句践见怒蛙而式之。御者曰:'何为式?'王曰:'蛙有气如此,可无为式乎?'士人闻之曰:'蛙有气,王犹为式,况士人之有勇者乎!'"

②匏瓜:一年生草本植物,果实比葫芦大,老熟后可剖制成器具。亦指这种植物的果实。《论语·阳货》:"吾岂匏瓜也哉!焉能系而不食?"后因喻未得仕用或无所作为的人。亦用以喻男子独处无偶。《文选》曹植《洛神赋》:"叹匏瓜之无匹兮,咏牵牛之独处。"李善注:"阮瑀《止欲赋》曰:'伤匏瓜之无偶,悲织女之独勤。'俱有此言,然无匹之义,未详其始。"张铣注:"匏瓜,星名,独在河鼓东,故云无匹。"

③铜狄:即铜人。《汉书》卷二十七下之上《五行志第七下之上》:"史记秦始皇二十六年,有大人长五丈,足履六尺,皆夷狄服,

凡十二人,见于临洮。……是岁始皇初并六国,反喜以为瑞,销天下兵器,作金人十二以象之。"后因称"铜人"为"铜狄"。

④古押衙:唐人小说中人物。押衙:管领仪仗官名。唐薛调《无双传》载:刘无双因父事没入掖庭。古押衙受刘之表兄王仙客之托,求得丹药,使无双旧婢采苹假作中使,持入园陵,谓无双逆党,赐令自尽。古托以亲故,赎其尸归仙客。三日后,无双复活。古为绝追踪而自杀。后用以称仗义舍生的义士。

二十九

王气东南散郁冈①。瓜州渔火夜茫茫。绿杨风定轻桡稳,红蓼花疏小簟凉。

停水枕②,叩河房③。有人麾扇坐胡床④。斋钟响彻平山寺⑤,和尚如今不上堂。

[注释]

①王气句:郁冈指郁冈山,在今江苏省镇江市句容县茅山小茅峰东北,林木郁茂,故称。《真诰·稽神枢》注:"按,今小茅东北一长大山,名大横山,云本名郁冈山。山即在今所谓伏龙之东,世又呼伏龙地。"《金陵新志》:"郁冈山在小茅峰东北,草木郁茂,故以为名。"郁冈山在南京东南,南京为王气聚集之地,故言。

②水枕:谓卧于舟上。宋苏轼《六月二十七日望湖楼醉书》诗之二:"水枕能令山俯仰,风船解与月徘徊。"

③河房:河、湖旁边的房屋。多指南京秦淮河两旁的房舍。明吴应箕《留都见闻录·河房序》:"南京河房,夹秦淮河而居。绿窗朱户,两岸交辉,而倚槛窥帘者,亦自相辉映。夏月淮水盈漫,画船箫鼓之游,至于达夜,实天下之丽观也。"

④胡床:一种可以折迭的轻便坐具,又称交床。

⑤平山寺:此当指位于江苏省徐州市的平山寺。始建于唐贞观三年(629),初名四面佛寺,元代改建并命名为平山寺。

三 十

薄命妾三首

复道干云燕子楼。当年歌吹接扬州。青枫江上归帆远,红藕香残玉簟秋。

山北顾,水东流。月寒霜重使人愁。可怜楼上双飞燕,衔尽香泥未放休。

三十一

山上蘼芜采不成。江南红豆为谁生。杨枝已拌吹绵老,桃叶空教打桨迎。

愁脉脉,水盈盈。朱弦零落不胜情。秦娥怨曲都弹遍,弟一难堪裂帛声。

三十二

划地离情海水深。残春帘幕昼阴阴。磨盘蚁旋①愁难尽,药店龙飞②病不禁。

鸡塞远,鲤书沉。梦魂万一许相寻。宁知锲臂③都无益,多事亲分钿合金。

[注释]

①磨盘蚁旋:典出《晋书》卷十一《志第一·天文志上·天体》:"又周髀家云:'天员如张盖,地方如棋局。天旁转如推磨而左行,

日月右行,随天左转,故日月实东行,而天牵之以西没。譬之于蚁行磨石之上,磨左旋而蚁右去,磨疾而蚁迟,故不得不随磨以左回焉。'"蚁旋:像蚂蚁一样回旋,形容焦急之状。

②药店龙飞:药店中的龙骨。喻身体消瘦。语本《乐府诗集》卷四十六《清商曲辞三·读曲歌》之三五:"自从别郎后,卧宿头不举。飞龙落药店,骨出只为汝。"唐李商隐《垂柳》诗:"旧作琴台凤,今为药店龙。"

③锲臂:谓割臂刺血,古代订盟约时用以表示坚定不移。《乐府诗集》卷四十五《清商曲辞二·欢闻变歌》之五:"锲臂饮清血,牛羊持祭天。"

三十三

青盖亭亭倚扇看。年涯无奈付愁鸾。碧纹圆顶缝难好,红泪方诸泻不干。

遵大路,别长干。微云千里梦痕宽。何时重访停桡处,太液秋风水殿寒。

三十四

陌上垂灯锦作笼。城南芳树玉为丛。前朝图画三分月,永夜楼台四面风。

花照影,水连空。酒边人意笛声中。江湖满地相思远,何止蓬山一万重。

三十五

山阳七圣堂①,今按,疑在襄城②。

杳杳山程滑滑泥。可怜七圣眼都迷。前行渐觉浮云近,平视微嫌华岳低。

林似屋,草成畦。危巢人与鹤同栖。劝君小试刀圭手,先把黄金铸袅蹄③。

[注释]

①山阳七圣堂:山阳,金时属河东南路怀州,在今河南辉县西南七十里。七圣堂,元好问《鹧鸪天·山阳七圣堂》词,赵永源注云七贤祠。《太平寰宇记》卷五三《河北道二·怀州》:"七贤祠在(获嘉)县西北四十二里,阮籍等游处。《水经》云:'七贤祠左右筼簹列植,冬夏不变,向子期所谓山阳旧居即此祠处也。'"

②襄城:县名,在今河南省平顶山市东部。春秋时名氾,郑地。周襄王避叔带之难居于此,后楚灵王在氾之西北隅筑新城,因周襄王曾居此,故名。

③袅蹄:马蹄形的铸金。汉武帝为增祥瑞,曾下令将黄金铸成麒麟足和马蹄形状,称麟趾袅蹄。

三十六

宿赵州①二首

赵北燕南匹马轻。此间避世足平生。村边白石神君庙,木末黄旗大将营。

风力猛,月华明。征鸿啼处见残星。廿年踏遍幽州路,厌听邮亭夜打更。

[注释]

①赵州:即今河北省石家庄市赵县。

三十七

浅水斜桥似画图。新秋犹见燕将雏。地居赵北燕南际，天近霜高木落初。

茶七碗①，酒双壶②。关山尽处即江湖。只愁筋力年来减，上马还须氍毹③扶。

[注释]

①茶七碗：唐卢仝《走笔谢孟谏议寄新茶》诗："一碗喉吻润，两碗破孤闷。三碗搜枯肠，唯有文字五千卷。四碗发轻汗，平生不平事，尽向毛孔散。五碗肌骨清，六碗通仙灵。七碗吃不得也，唯觉两腋习习清风生。"言饮茶不须七碗即"通仙灵"，极赞茶之妙用。后即以"七碗茶"作为称颂饮茶的典实。

②酒双壶：明高启《吴中亲旧远寄新酒》诗："双壶远寄碧香新，酒内情多易醉人。"

③氍毹：有花纹的细毛毯，西域多产，亦作"氍登"。古代于大床之前置一小榻，蹬以上床，故名。此当指覆盖着细毛毯的小榻，登以上马。

三十八

雨后探芳不厌迟。费他䳒鸟报佳期。花开古井无人见，水暖春江有鸭知。

天杳霭，夜凄迷。空持新月比蛾眉。青鸾飞去朝云散，怪道樊南减带围。

三十九

银烛罗屏护冷香。眼看华月渐当窗。无端旧恨堂堂去,有意西风瑟瑟凉。

秋欲半,夜初长。涉江谁为赠余芳。不知心上琴三叠,可抵园中玉一双。

四 十

耶律坟①前湖水清。高梁桥畔露珠零。蒹葭出地头先白,杨柳经秋眼尚青。

林掩冉,路沉冥。凤城南去是长亭。厌厌一夕枞棱梦,又被邻钟撼到醒。

[注释]

①耶律坟:即元代中书令耶律楚材墓。今存,已经修缮,在北京颐和园昆明湖东岸边。明蒋一葵《长安客话》卷四《瓮山耶律丞相墓》:"瓮山在海淀西五里许,……距南麓数百武,为耶律楚材墓。西湖正当其前。"耶律楚材(1190~1244),金元之际契丹人,字晋卿,号湛然居士。著有《湛然居士集》等,《元史》有传。

四十一

帽上花枝压更偏。被池方锦线为缘。添衣未感秋来瘦①,拜石真成醉后颠。

青玉鞯,紫丝鞭。北人骑马当乘船。登临费尽新亭泪,风景何曾似去年。

[注释]

①添衣句:宋李清照《凤凰台上忆吹箫》词:"新来瘦,非干病酒,不是悲秋。"

四十二

免就身名较重轻。待调黄犊事春耕。连宵灯火看难足,历劫关山画不成。

云外塔,水边亭。新年刻意望承平。街童齐唱臻蓬曲①,一夜东风满禁城。

[注释]

①臻蓬曲:即《臻蓬蓬歌》。此歌为讽喻辽末统治者因政治腐败而即将亡国的预言诗,起源于辽东京(辽阳)一带,后在辽东京、西京等地广为流传,用腰鼓伴奏。又名"蓬蓬花"。臻蓬蓬,双手击打腰鼓发出的节奏声,每唱到曲尾,有"蓬蓬蓬"(鼓心声)、"乍乍乍"(鼓边声)的一段尾声,故名。

四十三

梦里依稀见楚云。眼前颦笑属东邻。早①知歌舞能倾国,那有文章够美新。

姿替月,步生尘。等闲时节入青春。西楼无限风光好,解唱黄獐又几人。

[注释]

①早:原刊作"袄",此据《词学》改。

四十四

桐柏①西南弟几峰。遥看太室②有无中。羽人③烧鼎烹黄独④,玉女吹箫步碧空。

春浩荡,夜朦胧。年光催近试灯风。双凫飞去犹堪讶,莫放真龙怖叶公。

[注释]

①桐柏山:桐柏山脉位于河南省、湖北省边境地区,其主脊北侧大部在河南省境内,属淮阳山脉西段,西北—东南走向。

②太室:太室山。位于河南省登封县北,为嵩山之东峰。据传,禹王的第一个妻子涂山氏生启于此,山下建有启母庙,故称之为"太室"。室,妻也。

③羽人:此指神话中的飞仙。《楚辞·远游》:"仍羽人于丹丘兮,留不死之旧乡。"洪兴祖补注:"羽人,飞仙也。"

④黄独:植物名。唐杜甫《乾元中寓居同谷县作歌》之二:"黄独无苗山雪盛,短衣数挽不掩胫。"仇兆鳌注:"又曰:黄独,状如芋子,肉白皮黄,蔓延生,叶似萝摩,梁汉人蒸食之,江东谓之土芋。陈藏器《本草》:黄独,遇霜雪,枯无苗,盖蹲鸱之类。蔡梦弼引别注云:黄独,岁饥土人掘以充粮,根惟一颗而色黄,故谓之黄独。其说是也。"宋范成大《古风送南卿》:"粱肉岂不珍,瀹雪煮黄独。"

四十五

读李崖州①诗有感

凤集青神②掌武③家。平泉④亭沼几尘沙。人间别有莱州竹,长日青青待放衙⑤。

车后雨,马前花。拌教黄口占韶华。林间不少弯弓手,万一螳螂误了他。

[注释]

①李崖州:李德裕。李德裕(787~850),字文饶。赵郡赞皇

（今河北赞皇）人。唐代政治家、文学家。牛李党争中李党领袖,历仕宪宗、穆宗、敬宗、文宗四朝,一度入朝为相,但因党争倾轧,多次被排挤出京。宣宗继位后,五贬为崖州司户,故称。

②凤集青神:唐李德裕《平泉山居草木记》:"木之奇者有天台之金松、琪树,……天目之青神、凤集。"凤集、青神,在此均为草木名。

③掌武:唐代太尉的别称。宋孙光宪《北梦琐言》卷四:"唐吴融侍郎策名后,曾依相国太尉韦公昭度,以文笔求知,每起草先呈,皆不称旨。吴乃祈掌武亲密俾达其诚。"宋洪迈《容斋四笔·官称别名》:"唐人好以它名标榜官称,……太尉为掌武。"武宗继位后,李德裕因功绩显赫,拜为太尉,封卫国公,故称。

④平泉:平泉庄,李德裕别业,在东都洛阳城外三十里。

⑤放衙:属吏早晚参谒主司听候差遣谓之衙参,退衙谓之"放衙"。

附录一 集 评

《灵枫长短句》序

倚声之学,莫盛于两浙。五十年前与余同唱酬者,若李爱伯师、谭复堂、陶子珍、周韵梅、王子常、诸迟菊、孙寄龛,其高者不愧古人,次亦湖海楼、灵芬馆之亚匹也。岁月不居,应刘侣逝,晚入寒山社,得交邵君次公,亦浙人也。博学能文,屡①同赓和。比出其《灵枫长短句》见示,如巧妇织机,锦花鲜丽。又如国工演乐,忽遇怀智琵琶、龟年歌曲,则群工缩手噤口,不复敢献其伎。大抵于北宋近美成、少游,于南宋近白石、梦窗,信乎词苑之英而桐江之秀也。老年睹此,如掬七里濑梅花水洗眼,何快如之!

(樊山:《灵枫长短句序》,《小说月报》,1919年第十卷第五号"文苑"。)

吴虞论邵瑞彭

1921 年 11 月 13 日日记:

李沧萍来信,约饭后访邵次公。即复。圈《后汉书》。饭后,沧萍来,同至宣外椿树二条十六号访次公,谈极畅。次公以所作词诗示了。词第一,诗次之。其诗不为宋派,云偶作宋派诗酬应,却不存稿。近年讲考证,颇多心得。

---

① 屡:原刊作"娄"。

其人坦率喜谈,予至京所见,自胡适之外,有益于予者,当推次公矣。次公名瑞澎①浙江淳安人,现治《管子》、《盐铁论》,言戴子高《管子校正》,乃陈硕甫之书。洪欧煊校《管子》,与王念孙同时,洪书先出,然终以王氏书为上。又言校勘古书,所得不过一二错误之字,多无关宏旨,其实古书重要之处,错误固不多也。以有用之精力,一二日中,或止校得一二错字,殊为不值。其见尤卓。谈约三小时,归家已②五时后矣。

（吴虞:《吴虞日记(上册)》,成都:四川人民出版社,1984年。）

邵次公挽天琴老人

樊山入京后,适寒山诗钟社最盛之际。社友中记诵之博,樊山而外,数邵次公,高阆仙,丁闇公三人。易哭厂,罗瘿公不逮也,阆仙熟于正经正史及文选,闇公熟于宋人笔记及清代掌故,而次公则范围更广,于经史考订固极精深,他如金石书画,释道方术,图纬谣谚,小学词赋,雅记短书,无不过目成诵,随手成文,樊山视为畏友。惟次公性懒漫而好负气,樊赠诗有云:"坐挥彩笔无余子,手散黄金彼一时。经术有源师法在,(谓邵治齐时③)肺肝如雪友朋知。"闻者叹为知言。樊没之日,次公哭之失声,挽

---

① 澎:"彭"之误。
② 巳:当为"已"。
③ 齐时:"齐诗"之误。

联云:"旷世仰修名,诗过放翁万首。平生感知己,泪穷秦失三号。"上款称樊山夫子大人,下款称门下士。闻樊翁昔年告次公曰:"余于越缦老人,未曾受业。但同社中,以先辈礼尊之耳。当陶子珍通籍时,刻会试卷,罗列诸业师,未及越缦,越缦告余曰:'子珍竟靳此不与我,何恝然也?'及余成进士,刻卷,遂列越缦于业师。湘绮老人曾严词相诟,余不悔也。"虽然,今之同社,岂昔日比乎,次公于樊识之不忘,洎樊逝后,竟以弟子自居,且曰:"敬人者人恒敬之,我之于樊翁,犹樊翁之于越缦。"次公此举,饶有古风,以视逢蒙抉矢,涪翁独步,贤不肖何如耶?

原载一九三一年三月十八日《北京画报》
署名餐英

(傅芸子著,赵国忠编:《人海闲话》,北京:海豚出版社,2012年。)

吴梅评《扬荷集》

1931年九月廿八日(公历11月7日)日记:

卢冀野自汴中寄书来,并附次公《扬荷集》一册,因阅之,气体壮大,波澜老成,可云得耆卿之长,而无其滑易,较之周癸叔《蜀雅》,有霄壤之别焉。次公为淳安邵瑞彭,曾任国会议员,曹锟贿选总统时,每票以五千元为寿,次公即以此支票印入各报,拂袖不顾,由是直声震天下,近为中州大学文苑主任,冀野与之同事,因寄示此稿焉。

(吴梅:《吴梅全集·日记卷(上)》,石家庄:河北教育出版社,2002年。)

朱自清评《扬荷集》[①]

1933年1月24日日记:

读邵次公《扬荷集》竟,觉集中令词境界苍老,如诗之有宋;至如《生查子》数阕,直以诗为词,实前所未有。刘舍人论诗有"清刚儁上"之语,足当集中令词品目,即《玉楼春》、《菩萨蛮》、《蝶恋花》诸作,亦迥不犹人,盖独有深致焉。慢词多生僻之调,皆能圆转自然,固是不易,然情不深,而以辞胜,豪放婉约,二体兼具,藻饰太繁,真意转晦,写景赋物,每令人觉其"隔";往往读竟一篇,莫知所指。然安章宅句,良费苦心,时见潜气内转之妙,他人罕及。浦公[②]所赏,与予殊有异同,然以"有乐府味"、"浑成"等语论此集,不为无见。大抵作者功甚深,而陈言未去,是以徒见其文;所谓能深入而不能显出者欤?集中和作

[①] 朱自清评《扬荷集》之语亦见于《诗的语言》(《朱自清古典文学论文集(上)》,上海古籍出版社1981年版)、《读书笔记》(《朱自清古典文学论文集(下)》)两文中,当据日记而作。

[②] 浦公:浦江清,下文中"浦"亦指浦江清。浦江清(1904~1957),江苏松江(今上海市松江区)人。著名古典文学研究专家。1926年毕业于南京东南大学,曾任教于清华大学、西南联合大学、北京大学。与朱自清合称"清华双清"。

附　录

甚众,令不主一家,要不出唐、五代、北宋诸作者。慢词柳七清真为多,安①篇篇均有作者之我在,殆不重形似也。"扬荷"之名未知所出;集中《临江仙》有云"女墙外谁翻怨叠,扬荷清歌?"可以见其旨趣所归。

录四首,其《南歌子》一首,似李长吉诗境,集中亦不多觏见②。

南歌子

屯掣灵蛇走,云开怪蜃沈;烛天星汉压潮音,十万灯船摇荡火珠林。

纵羽迎风转,颓轮掠海深,叩舷忾忾发高吟,疑有鲛宫泉客夜弹琴。

生查子
（六之二）

娟娟陌上花,皎皎机中素,袅袅翠楼人,夜夜喁秋雨。
遥遥青海头,去去黄尘莫;恻恻坎侯吟,怅怅公无渡。

名士悦倾城,欢爱诚无匹,譬彼茑萝枝,终古依松柏。

---

① 安:《朱自清全集·日记(上)》(江苏教育出版社 1998 年版)作"然"。
② 觏见:当为"觏"之误,《朱自清全集·日记(上)》作"觏"。

凉风一以吹,河汉遥相隔。桥首望青陵,泪堕山头石。

洞仙歌

弟二男阿竫以癸丑十一月十日生,戊午九月二十四日殇。于其瘗也,词以哀之。

愁雅声里,满重城寒雨;滚滚浑河背人去。把青箱事业,玄草年光,空换了一片斜阳荒土。

重泉犹此世,噱笑都难,珍重牵衣旧时语。泪眼看中原,如此江山,也值得长眠如汝,算今生负我一锹来,免较短论长,蟪蛄晁莫。

况蕙风论词,主重拙大,以邵词衡之,重大皆庶几而太工巧。

2月8日日记:

邵次公词再录一阕:

小梅花

宋蔡舞,淮南鼓,邯郸才人大堤女。白杨花,天一涯,不知今夜飘荡入谁家。为君翻作胡笳怨,谁使含愁独不见。长相思,远别离,歌罢斜河西转雁南飞。

将进酒,垂纤手,人世难逢笑开口。郁金堂,水沈香,黄姑织女何事限河梁。今人不见古时月,月有阴晴与圆缺。后庭前,琼枝妍,和月和花夜夜夜如年。

5月4日日记:

晚中文会读书报告会,郭清寰论杜牧之最佳,余二人均不佳。浦论《扬荷集》,以为有南北朝乐府气,所以佳。朱彊村仅到宋诗境界,况夔笙到晚唐境界,邵实胜之。

5月11日日记:

斐云①谈近代词家,当推况为最,邵次之,朱又次之。

(《朱自清日记(1932～1934)》,《新文学史料》,1981年第4期。)

况周颐评邵瑞彭词

邵次公词

淳安邵次公(瑞彭)谙政术,擅词章,风骨骞举,世人多识其事也。近客京师,暇辄填词,顷寄积稿成帙示叔雍,相与欣赏。千里素心,灯窗晨夕,天涯情味,当复相同。兹移录数首:《华胥引》和陈小树:"寒灯媚夜,残叶迎风,漏壶初急。恨促蛮弦,啼沾宝枕人未识。不道孤客无

---

① 斐云:赵万里。赵万里(1905-1980),字斐云,别号芸盦、舜盦。浙江海宁人。著名文献学家、敦煌学家,精于版本、目录、校勘、辑佚之学,王国维的同乡兼门生,后从吴梅学词学。著有《校辑宋金元人词》《汉魏南北朝墓志集释》等。

眠,滞水西云北。松柏依然,为谁凝想油壁。　　胡雁传笺,话如今、旧欢难掷。锦屏双扇,犹堪旧题象笔。满眼江山沉醉,待梦魂相觅。闲拥罗衾,怨蛾凄桂林隙。"《永遇乐》辽东怀古:"惊梦莺啼,摩霜鹘奋,绝塞无际。照眼烟尘,羽书驰处,万古兴亡地。长河暮水,平沙秋草,进入乱笳声里。甚匆匆、楼船横海,不敌破空胡骑。　　玉龙吹怨,江南春尽,谁洒冰天残泪。卑帽辞家,白翎换劫,怅望英雄起。月明依旧,美人歌舞,渺渺荷花十里。东风转、桃根寸札,鹤归能寄。"《霜叶飞》十一月十五日约蒟庵同赋:"夜堂欢短霜风外,南飞惊坠孤鹰。浸痕沧海认明珠,付绛绡同泫。记昨日、疏帘半卷。愁妆吟镜春无限。念故国、捐珰旧恨,不分重见。　　江上素月弦空,平林灯火,望极前度人面。凤城秋去,晚鸦啼梦,紫台天远。想落叶、宫门闭断。蛾眉催老闲恩怨。试共吟、横汾赋,箫鼓归来,茂陵年晚。"《清商怨》:"虚廊啼罢络纬。又玉箫吹起。远树飘灯,凉花垂热泪。　　江南千里万里,烟水深、楼为谁倚。闭了重门,关山明镜里。"《采桑子》:"红梅偎向愁鸾泣,花雾溟溟。浓睡初醒。明月当楼夜四更。　　吴魂轻逐车轮去,银汉无声。幽怨难平。明日烟波路几程。"

邵次公指事词

叔雍谓次公近作多指事词,意内而言外,寄托遥深,固其宜也。持此以读次公词,庶几得之。然其婉约端艳,正不为事多拘,细加体会,自得其妙。《玉楼春》:"行云不合西楼住。遥夜繁红飞似雨。镜中潮信有来期,屏上春帆无去路。　　锦衾四角丝千缕。飘尽柳绵难作絮。君如瑟柱妾如弦,自古一弦安一柱。"又:"长干波浪连天阔。日日吴船乘浪发。来如春梦去如云,昨夜星辰今夜月。

夜堂携手芳菲节。不信花开人又别。胡桐着雨泪难干,密苣偎炉心易爇。"又:"罗衣不怨秋风早。时世梳妆工且巧。泠泠湘女五条弦,弹裂哀云人未晓。　　远山隐约双蛾小。应有千金酬一笑。遥遥夜夜滞愁眠,坐对菱花慵自照。"又:"黄莺二月栖难定。三月杨花飞满径。一春无雨到清明。残醉天涯犹未醒。　　妾如桃李开金井。君似铜瓶辞短绠。坠瓶出水不空回,中有夭桃红泪影。"又:"红楼只在斜阳里。不抵开山千万里。游丝传语讯平安,说与相逢浑不似。　　镜鸾照影殷勤寄。贮得方诸千点泪。欲凭环佩领春愁,除是寒裯寻晚睡。"《相见欢》赠归客:"西楼惊雁飞回。锦书残。昨夜何人猎火照狼山。　　千万里,错相倚,玉阑干。回首江南不见见长安。"

邵次公玲珑四犯

余曩好侧艳之词,或为秀铁面所诃。近来投老,意绪阑珊,固却去不为,为之亦未必能工也。读次公《玲珑四犯》,辄为神往。《四犯》自序:十月晦夜,独坐假寐,得高丘云云十四字,度其音律,颇合石帚自制曲。感念离居,情意宛结,因足成之:"柘馆露浓,箫台风紧,叫蟾低挂林表。画阑凝望久,亘亘星可悄。今宵梦魂未到,滞欢期、乱烟荒草。翠被温愁,玉珰传泪,肠断几时了。　　横塘水桃根棹。想残盟易践,归计难早。满街寒柝起,竟夕群鸦闹。高丘万古春无恨,问谁说蛾眉不好。天欲晓。思量罢朱颜暗老。"

邵次公西山旅舍之作

流连风物之作,视之似易,工之实难。盖山水招邀,各具其胜,而会心所托,又各异其情。且崔灏题诗,前人往往已尽其长,尤在作者之能契理入神,自探妙绪。次公西山旅舍之作,殊其至者。(略)《曲玉管》金陵怀古:"蒋埠青山,秦淮碧水,游人苦忆江南好。十里垂杨城郭,空打寒潮。尽魂销。　野草花开,琼枝歌冷,月明满地啼乌老。王气潜收,酒醒何处吹箫。夜迢迢。　故垒苍茫,忽终古、伤心东望。可怜燕子无家,都随紫盖辞巢。远难招。盛兴亡挥麈,茬苒红楼秋梦,白门春雨,举目新亭,莫问前朝。"又《玲珑四犯》:危城索居,终夜不眠,感物怀人,黯然有作(并有本事):"依旧销寒,好时节、玉笛愔愔。重帘寂寞,乱尘绕遍荒林。此夜凭高望远。念弥天烽火,何地堪临。沉吟。知离人肠断不禁。　故国平居怨别,对阑干千里,一片伤心。海样啼痕,渍罗衾、比似谁深。南楼还闻哀雁。便忆起、金梁却月,有梦难寻。拥书卧,背孤灯,惆怅到今。"

邵次公渡辽新作

淳安邵次公岁暮渡辽,以词翰遣离忧。见其近作,风骨媚峭,为录存之。词《梦玉人引》:"旧经过地行云散,渺无迹。腊鼓催年,回首可怜轻别。横海孤舟,怕离魂难度,不成相忆。一夜同看,只青天明月。　故衣休换,数啼痕、添了满衣雪。塞北春迟,玉梅何处攀折?望里关山,苕苕飞鸿翼。料伊到晓恹恹,暗卜归来时日。"

(况周颐撰,屈兴国辑注:《蕙风词话辑注》,南昌:江西人民出版社,2000年。)

夏敬观评邵瑞彭词

邵次公

淳安邵次公瑞彭,早年在春音社席上相晤,今二十年不见矣。著有《扬荷集词》四卷,已行世。次公为词,宗尚清真,笔力雄健,藻彩丰赡。近自中州寄示所作五词,则体格又稍变,运用典实,如出自然。博综经籍之光,油然于词见之。盖托体高,乃无所不可耳。题罗复戡校碑图《水调歌头》云:"法帖谱东观,古刻聚南村。多君健笔,扫尽欧赵旧知闻。要把珊瑚铁鋼,搜取琳琅金薤,过眼录烟云。茧纸护三绝,蝉翼抵千钧。　启缃函,濡翠墨,拂苍珉。白虹贯月,不怕猛虎夜敲门。太息韩陵无语,何似秦碑没字,占断太山尊。且拭鸰原泪,石上试追魂。"癸酉元旦和汪仲虎《庆春宫》云:"烛外风柔,帘前雪瘦,好春潋滟严城。红缕堆盘,青旗拂面,梦回爆竹千声。故王台榭,漏壶转、东方未明。求浆难准,起舞空劳,愁到鸡鸣。　黄河竟待谁清。凭遍危阑,云汉西横。匝地烟尘,喧天笳鼓,几人投老忘情。岁华依旧,只添得、无端醉醒。草堂今夜,倘为梅花,刻意吟成。"题江慎修先生弄丸图《行香子》二阕,其一云:"天地蘧庐。万物巴苴。东王公大笑投壶。射耀魄宝,缚巨灵胡。问圜在上,矩在下,何为乎。　与古为徒。惟道集虚。是先生太极之图。五德终始,三统乘除。一任人间,铜挝鼓,蜡传书。"其二云:"黄海天都。黄墩老儒。爇心香百世须臾。礼堂马郑,阙里程朱。尽驴咬瓜,鱼上竹,凤栖梧。　两字无无。一卧盱盱。弄泥丸不用洪炉。宜僚缩手,平子回车。比开天经,太平道,果何如。"

（夏敬观:《忍古楼词话》,《词学季刊》,1935年第二卷第二号。）

邵瑞彭挽袁克文联

余学词,初与寒云唱和。辛未岁春,寒云病逝,余用词语挽以联云:"天涯飘泊,故国荒凉,有酒且高歌,谁怜旧日王孙,新亭涕泪;芳草凄迷,斜阳黯淡,逢春复伤逝,忍对无边风月,如此江山。"祭日,此联与邵次公联并列。当时画报录载,误以余联为次公联、次公联为余联。后吴江黄娄生闻余将写联语,谓余曰:"君有挽寒云联,吾曾有录稿,何一向未言及耶?"余请其录示之,乃次公联也。联云:"风流似魏晋之间,茫茫哀乐中年,荷锸岂无心,酹酒可能到蒿里;踪迹在炎凉而外,恻恻死生一别,绝弦空有泪,回车未忍过雍门。"语沉痛,合两人身分交谊。

(张伯驹编著,王正注释:《素月楼联语》,北京:华文出版社,2012年。)

跋《山禽余响》

《山禽余响》者,淳安邵次公先生瑞彭作。辛癸间,前与次公同教授豫庠,居大梁三载,其间数举社集。次公论词,主从柳、周上窥五代,以为南渡诸贤不足挂齿。时有《杨荷集》之刊,视并世作手无与抗衡。而前偏嗜稼轩、白石,尤好《遗山集》、《中州乐府》,谓是本地风光,未可废置。次公亦不与较。癸酉秋南归,不通音问已久。及抗战军兴,乞黄西走,过豫痒旧徒于南昌,始知次公即以其年秋侘傺死。回首昔时谈艺之乐,不觉其为十年事也。顷从泗阳杨君案头得见此作,盖殁前一年所为。次遗山原韵,都四十五首。持校《杨荷集》诸词,面目迥异。其音激以厉,殆极苍凉之致。细味其语,意有难言之隐。迷离烟水,故闪其辞,不然何取遗山之宫体?为恨不能起次公九原而问之也!可不悲哉!可不悲哉!

甲申二月 卢前跋尾

(刘奉文辑录:《卢冀野曲籍题跋十一则》,《文献》1990年第1期。)

柴室小品·记邵次公

谈到他的著作,我看仍然是词第一,那部《扬荷集》和《山禽余响》等是词坛上少见的作品;书法晚年完全写的褚字,虽然也接近宋徽宗的瘦金书,还是褚意多于瘦金书。说起来他毕竟还是一个词人,一个文学家。

(卢前:《卢前笔记杂钞》,北京:中华书局,2006年。)

叶恭绰评邵瑞彭词

次公词清浑高华,工于镕剪,残膏剩馥,正可沾溉千人。

(叶恭绰选辑,傅宇斌点校:《广箧中词》,北京:人民文学出版社,2011年。)

龙榆生评邵瑞彭

淳安邵次公(瑞彭),著有《扬荷集》,步武清真,饶有清劲之气,其最后刻《山禽余响》一卷,全和遗山,亦多凄厉之音,并推杰作,不幸于前岁客死汴梁,致不克穷其所诣,惜哉!

(龙榆生:《晚近词风之转变》,《龙榆生词学论文集》,上海:上海古籍出版社,1997年。)

孙诒鼎《拜禊堂诗话》
(一名《大谷山房诗话》)

淳安邵次公瑞彭,治朴学,博治有声,尝教授河南大学,以倚声之学诒后进,名动梁园。其论词,主沉、哀、极、艳四字,时有李后主之目。一时誉髦能诗词者,率其弟子也。著述颇富,有《杨荷集》①见称于时,而诗不多。

邵次公教授河南大学时,倡组金梁吟社,一时才俊,先后于喁,沨沨乎风骚之遗音也。次公为社刊题词二绝云:"梁园风雅今能继,岳色河声起万喑。莫漫登坛拜何李,要知八代有遗音。""金梁桥外如霜月,又照诗人侧帽来,眼看瑶天下鸾鹤,清声历历夏王台。"又《为靳仲云题樊山回文词》一绝,亦列社刊,云:"樊园春去黄垆在,一卷吟痕忍泪看。投老山阳感邻笛,了无残梦到长安。"《朱守一主吟社编纂,为长歌代序》曰:"诗骚摧为薪,风雅久不作。日月既已泯,爝火焉能灼。新体失陶钧,情性渐自薄。四野走豺狼,深堂巢燕雀。朝令暮复更,浑沌不可凿。礼乐失其常,纲纪败其约。非无斧锧资,阋墙尚叵搏。非无千里才,操莽不可托。谁能振高响,藉以讽时

---

① 《杨荷集》:"《扬荷集》"之误。

恶。谁能发清音,以为重门柝。化俗令其醇,移风振其弱。香草见性情,美人喻栖泊。金梁多高人,诗怀常磊落。何不结社吟,因风传远铎。高才推子建,妙手惟康乐。江郎有彩笔,逸思不可缚。二月及花朝,履舄宜交错。若无刍荛功,此心在云壑。"

(中国人民政治协商会议河南省委员会文史资料委员会编:《河南文史资料·第39辑》,1991年。)

邵迎武评邵瑞彭

邵瑞彭

烛怪燃犀不避矰,昆山片玉更谁能?

灵珠串串圆可掬,掷地金声惊大陵!

人物小传:

  擅倚声,为诗崇尚清真,笔力雄健,运用典实如出自然。由于倭乱,遗稿大多散佚,生前刻版行世的仅有《泰誓决疑》及词集《扬荷集》四卷、《山禽余响》一卷。未刊行的遗著主要有《次公诗集》、《次室读书记》等。

(邵迎武:《南社人物吟评》,北京:社会科学文献出版社,1994年。)

胡朴安《南社诗话》

以学问与余相讨论者,黄季刚与邵次公二人。

次公亦可谓南社中之学人，虽喜作五言古，而亦不废近体，兹录其《别上海》八绝句，其一云："拗取春申柳一枝，江天如墨鬓如丝。我侬少小工愁惯，不为当筵感别离。"其二云："秋雨泥城第几桥，凄凄影事可怜宵。江南哀怨无人赋，付与吴淞上下潮。"其三云："浅浅轻衫薄薄寒，江①楼闲煞小阑干。愚园秋草张园月，两样相思一样看。"其四云："酒人零落诗人少，一段风情可奈何？极目钱塘江上路，暮云无限隔微波。"其五云："东华尘土西湖月，可有风光似昔年。断梦零魂飞不去，鹭鸶啼绝钓鱼船。"其六云："鲁戈底事乱如麻，纵到江南不算家。不负中秋负重九，人生怕见是黄花。"其七云："曾谱黄河远上词，双鬟赌唱万人知。今宵破梦匆匆②去，从此江南不要诗。"其八云："别里题襟莫惨悲，重来应是早梅时。平生享尽江南福，不到幽燕总不知。"民国四年以后，次公即寄居北平，此是留别上海之诗也。

次公，名瑞彭，浙江淳安人。其为学务为博览记诵，余尝以整理之说进，次公不以为然。盖次公谨守清汉学家之范围，而不肯稍变也。与余通信论学之书，几及一尺，但其后染于嗜好，亲友惜之。季刚与次公，年皆未过六十，季刚卒于南京之中央大学，次公卒于中州之河南大学。设天假之年，则季刚与次公，其造就诚不可量也。

---

① 江：《南社丛刻》作"红"，见前录。
② 匆匆：《南社丛刻》作"怱怱"。

我与友朋往来之书，往时惟与邵次公之书，多论学术，但次公治学方法，与我不同。我以立足于现在之点而读古书，次公则以纯粹治古书而读古书。

邵次公词，寄调《莺啼序》云："潇湘一江恳水，似柔肠宛转。暮帆绕、十里糜①芜，碧云心绪谁管？玉栏外、缃桃瘦损，春阴漠漠鹃啼偏②。把残魂分付，蛮笺泪痕红泫。

刻骨难忘，那翻（番）影事，记江淹浦畔。听箫语、于邑芦中，翠楼人正凝眄③。尽天涯、鸾飘凤泊，尚消得、灯前相见。托微波，来慰沧桑，怎禁凄惋。　　三生璧月，百感琼浆，算逢伊未晚。喜此际、懊恼侬歌④，唱到怜予⑤，便化梁尘，也都情愿。灵犀漫阻，明珠休赠，斑骊⑥犹系垂杨树，旧杯渌、奈何因缘浅⑦。斜阳荏苒，长亭切莫回头，怕他画帘还卷。　　蚕丝欲尽，马角偏迟，又岁华暗换。试重问、星辰昨夜，风雨中宵，岂是寻常，断恩零怨。银蕤锁梦，颓鳞沉信，文园头白更苦⑧。料蓬山、咫尺和天远。思量且自温存，万一人间，海枯石烂。"

（曼昭、胡朴安著，杨玉峰、牛仰山校点：《南社诗话两种》，北

① 糜：《南社丛刻》作"蘪"。
② 偏：《南社丛刻》作"遍"。
③ 眄：《南社丛刻》作"盼"。
④ 本句《南社丛刻》作"喜此际、懊侬歌罢"。
⑤ 予：《南社丛刻》作"子"。
⑥ 骊：《南社丛刻》作"骓"。
⑦ 本句《南社丛刻》作"酒杯深、可奈因缘浅"。
⑧ 本句《南社丛刻》作"文园头白吟更苦"。

京：中国人民大学出版社，1997年。）

钱仲联评邵瑞彭

地空星小霸王周通邵瑞彭

次公出彊村门下，夏映庵称其词"宗尚清真，笔力雄健，藻彩丰赡"，遐庵叹其"残膏剩馥，正可沾溉千人"。《蝶恋花》句云："一路秋虫啼未已，汝南遥夜鸡声起。"知人论世者所当知。

（钱仲联：《近百年词坛点将录》，《当代学者自选文库·钱仲联卷》，合肥：安徽教育出版社，1999年。）

天威星双鞭呼延灼邵瑞彭

《扬荷》词卷，含咀清真。厥品高华，藻采缤纷。《绮罗香》阕，金井招魂。仙云堕影，宫粉雕痕。一纸讨曹，声振九阍。

（钱仲联：《南社吟坛点将录》，《当代学者自选文库·钱仲联卷》，合肥：安徽教育出版社，1999年。）

唐圭璋《论词书札》

（1983年9月23日致施议对）

晚清庚子以来，朱、况、王、郑、文五大家可算第一辈，吴瞿安、邵次公、乔大壮、汪旭初、陈匪石、向仲坚、孙浚源可算第二辈，龙、夏、仲联、季思和我可算第三辈，吴调公、霍松林则是后起之秀了。

（秦惠民、施议对辑：《唐圭璋论词书札》，《文学遗产》，2006年第3期。）

沈轶刘、富寿荪评邵瑞彭词

瑞彭词承朱祖谋，致力周邦彦，而所作未受域限，郁勃遒屈处，自具面目。《蝶恋花》造语融雅无迹，独能行之以气。《子夜》结响高远绝丽，运意尤超妙。

（沈轶刘、富寿荪：《清词菁华》，合肥：安徽文艺出版社，1986年。）

邵次公丈诗翰

淳安邵次公丈（瑞彭），以词名世，归趋北宋。半塘（王鹏运）、彊村（朱祖谋）诸老，许为后劲。亦治经学，喜谈文字训诂。所撰《梧丘杂札》，曾于北京晨报副刊连载。丈才思敏捷，而性高傲，意有不惬，即以白眼向之，弗与酬对。樊山（樊增祥）尝赠以诗云："儒侠参差两不疑，长安旧雨此君奇。座挥彩笔无余子，手散黄金彼一时。经术有源师法在，肺肝如雪友朋知。汉庭表德遥相印，除却宽饶复有谁。"颇致推崇，能道出其品概，中四句尤肖其为人。民初,吾家寓虎坊桥路北,小有竹石花木之胜。丈时来访家君,瀹茗竹阴,长谈久坐。一夕来饮醉归,翌日赋诗为谢云:"破费高花向晚开,微暄犹及尽深杯。似闻隔座添红烛,曾许余情写玉台。早岁疏狂那忍忆,人生欢乐岂关才。桥西无数闲车马,难得相从竹所来。"诗平淡而有味,书以红格白宣笺纸,乃仿宋椠寒山子诗集版式自制者,古雅可喜。时家君喜效义山体为无题诗,故第四句云然。丈不以书名,而笔致挺秀,晚作瘦金体,有细筋入骨之妙。后闻主讲河南某大学,不得其年而殁,未详缘由也。

(刘叶秋:《学海纷葩录》,郑州:中州古籍出版社,1992年。)

附录二　邵瑞彭著作表①

《太誓决疑》一卷

《齐诗钤》一卷

《地幂古义》一卷

《书目二编》一卷

《壮学堂文》二卷

《次公诗集》一卷

《次公词稿》一卷

《词书记要》一卷

《天部全表》一卷

《日食表》一卷

《卦合表》一卷

《三统历置闰表》一卷

《三统超辰表》一卷

《三统中小余表》一卷

《三统历简表》一卷

《历法表》二卷

《古历表》一卷

《周殷历表》一卷

《古历钩沉》五卷

《历算杂记》三卷

《吴越春秋札记》一卷

《榆庐数典》一卷

---

① 均为稿本,据《中国丛书综录(一)》,上海:上海古籍出版社,1986年。

《大岁异闻证》一卷

《推策备检》一卷

《说林》一卷

《梧丘杂札》一卷

《莨菪渠小记》一卷

《谀闻录》五卷

《牟子校补》一卷

《蜎子考》一卷

《一切经音义校勘记》一卷

《次室读书记》一卷

《管子隐义》一卷

《诸子杂记》二卷

附录三　旧刊来源

《北平铁路大学周刊》. 北平,1930.

《北野杂志》. 常熟,1920.

《北洋画报》. 天津,1929.

《词学季刊》. 上海,1933～1937.

《东北》. 奉天,1923.

《东北丛刊》. 1931.

《公论》. 1913.

《国闻周报》. 天津,1924～1937.

《国学丛编》. 北平,1931.

《国学丛刊》. 南京,1923.

《河南大学校刊》. 开封,1934,1937.

《河南民国日报·庠声》. 开封,1933.

《俭德储蓄会月刊》. 上海,1920.

《客观》. 重庆,1945.

《梅社月刊》. 常熟,1938.

《民言画刊》. 北平,1930.

《南金杂志》. 天津,1927.

《南社丛刻(8卷)》. 江苏广陵古籍刻印社影印版.

《南社湘集》. 1936.

《瓯风杂志》. 瑞安,1935.

《青鹤》. 上海,1932～1937.

《儒效月刊》. 开封,1935,1946(复刊).

《上海画报》. 上海,1930.

《胜流》.杭州,1947.

《铁路协会会报》.北京,1919~1927.

《铁路月刊·津浦线》.浦口,1931.

《唯是》.1920.

《小说月报(旧刊)》.上海,1910~1920.

《新东亚》.1939.

《心音》.开封,1932.

《新中国》.上海,1919.

《学衡》.北京,1924.

《音乐杂志》.北京,1920.

后　　记

若干年前,在一次学术会议的间隙,我陪同江西社科院的胡迎建研究员散步,他说:你们做过邵次公的研究吗?我一时愣住了,当时真不知邵次公为何人。他滔滔不绝地讲了一番,说邵次公在你们河南大学工作过很长时间,也非常有才华,值得研究。

回来后我开始翻阅相关资料,一个在河南大学工作过的民国学人的面目才慢慢清晰起来。

一次和佟培基老师闲聊,提到我在做邵瑞彭的研究,他非常兴奋,说开封的名士武慕姚就是次公弟子,而自己受慕姚先生提携不少。佟老师也认为邵瑞彭非常值得研究,他有一次去学校档案馆查阅次公的信息,档案馆却没有任何相关资料。佟老师的一番话也加强了我研究邵瑞彭的信心。

2012年,适逢百年校庆,当时我在《汉语言文学研究》编辑部工作,想编一本文学院(中文系)学人的集子。在王利锁等老师的建议下,该集子以《雅什清歌蕴无穷——河南大学文学院学人往事》命名。校庆在即,赶紧约稿,基本原则是让老师们写点回忆已经过世的老先生的文章,如王立群老师写他的老师等。作为主编之一,我也写了一篇关于邵瑞彭的文章。现在看来,当时由于资料不完备,文章内容非常粗疏,但也多少让人们第一次较为完整地了解了这位河大学人。

我的研究生李静对此很感兴趣,选了邵瑞彭作为硕士论文的题目。这种选择是颇要有几分勇气的。第一,搜索知网和期刊,当时国内没有一篇研究文章,网上只有寥寥数篇回忆文字。第二,新中国成立后,没有出版过一本邵氏的集子,资料需要重新搜集,难度可想而知。第三,在多数人看来,此研究价值不大,因为当时民国时期的旧体诗词研究还不太受重视。

李静却很有信心且乐此不疲。选题确定后,我们不断交换意见,时时为搜集到新的资料而兴奋不已。随着论文的进展,次公的资料也慢慢充实起来。

此后,李静的《邵瑞彭研究》写成,介绍了其生平,分析了其文学贡献,这是国内第一篇关于邵瑞彭的研究生论文。我对这篇论文相当满意,无论资料搜集还是文本分析,都达到了一篇优秀论文的水准。

在校期间李静就发表过关于邵瑞彭的论文,毕业后回到家乡一所高校工作。工作之余,仍不断将邵瑞彭的诗词文章整理归类,期待能早日出版。

因为研究邵瑞彭,次公家乡——浙江淳安也关注到了李静的研究。先是一位邵介安老先生想方设法联系到她,和她交流邵瑞彭的情况,并时常给她邮寄土特产,我们师生都兴奋又感动。后来又经由邵介安先生联系上了另一位邵氏族人——邵溢成先生,他多年来致力于搜集整理邵氏族谱,给予我们很多帮助,提供了不少珍贵资料。

付出总有汇报。经过三年的努力,李静终于考入苏州大学攻读博士学位,也是我的研究生中第二位考上博士的。本书作为国家社科基金重大招标课题"期刊史料与 20 世纪中国文学史"(11&ZD110)的阶段性研究成果之一,也终于即将付梓。回想数年前,面对资料的匮乏,我们不知邵瑞彭研究能做到什么地步,到如今,因为啃"硬骨头"而有了较好的学术积淀,个人的识见也有所增长。由此而得到的感受是,学术研究要有知难而上的勇气,要有坐冷板凳的心态。

适逢 105 年校庆,河南大学重返国家队,进入"双一流"建设高校行列,艰难困苦、玉汝于成,全体河大人激动不已。一流大学,当有一流的师资,邵次公先生,一流学者也。

次公先生曾长期在河南大学工作并担任国文系主任,是名动天下的大学者。昔日在污浊的政治环境下,揭发曹锟贿选,天下瞩目。1931年,同陈三立一样,"来作神州袖手人",次公决意远离政治,潜心学术,来到河南大学任教。次公之学术成就,自不待言,同时任教的卢前、蒙文通等都有很高评价。1936年,先生因事到南京,南京名流咸集,排日宴请次公,其"江湖地位"可想而知。

次公身后,校史、院史多不见记载,考其缘由,大致有三:一则身殁较早,传人无多。次公在开封,结金梁吟社,多为社会上喜欢诗词之人,在学校则鲜有学术上的传人。近代学人,寿长者往往弟子众多,影响也较大,反之则影响较弱。一则名士习气,八卦较多。次公之死,和一段绯闻有关,时人多有非议。次公是性情中人,多率性之举,然不因人废言现已成学界公论,次公研究自当深入。三则古典诗词,渐入末路。次公之长,除学术外,还有诗词,其词尤佳。朱自清先生曾称颂过次公的诗词,认为其令词境界苍老,如诗之有宋,慢词篇篇有作者之真我。作为新文学家,对一位旧体诗词作者有如此高的评价,足见次公之成就。他如龙榆生、夏敬观、叶恭绰、况周颐、钱仲联等老辈学人对次公学问文章都甚为推崇。可惜的是随着新文学的兴起,旧体文学境遇不佳,爱好者寥寥,研究者更为稀少。然从近现代思想史角度来看,现当代文学阶段的旧体书写意义深远。即如陈寅恪的旧体诗,近年的研究已非常精彩,也得以从另一维度窥知复杂政治生态下文人的精神世界。

次公研究也当作如是观,我们的努力只是打开了一扇窗子,希望更多学者关注百年来中心城市以外的学人、学术、文化,如此学术史、文学史、思想史方能丰富、生动、充盈。

感谢河南大学出版社张云鹏社长、总编辑,欣然允诺出版本书,师长们对纯粹的学术研究的呵护令人感动。

感谢佟培基老师,今年为了拍"感动河大"人物视频,我去看望

后 记

先生并和他谈起本书即将出版,佟老师非常激动,眼里闪烁着光芒。在我认识的老辈人物中,他对近代诗词非常推崇,书架上放着一排上海古籍出版的近代诗文集。他说,近来有人向他学诗,他就会推荐这一套,说学这些就足够了。但愿这本还比较浅陋的集子会让他满意。

感谢本书编辑范昕同学,博士毕业后,我有幸做过近两年的研究生辅导员,带过一批学生,范昕就是其中之一。毕业后她进了出版社工作,做一个默默耕耘的"小编"。她是古代文学专业的,非常爱读书,也十分有文采。近年我和几位小朋友做了一个微信公众号,普及近代历史知识,她也是这个团队的核心成员,每天大家在微信群里讨论如何选标题、讲故事、行文、措辞,不亦乐乎。她的新媒体写作越来越好,现在已成为河南日报金水河客户端的特约作者。祝愿她工作之余写出更多的精彩文章。

大学的工作生活其实很单纯,有时候还显得很单调,日复一日,年复一年,慢慢发现老师们老了,自己也变成"老"教师了。但平凡的生活中能遇到这样一群志同道合的师友,彼此碰撞,不断成长,是人生非常美好的一件事情。

特别要说明的是,由于近几年参与一些行政管理工作,时间精力不济,本书李静承担了相当大一部分工作,我所起到的作用非常有限。

近年来民国旧体诗词研究渐渐热起来,也有了专门的刊物,微信群里也有两三百位同仁每天在热闹地讨论,但愿这本小册子能为大家带来点欣喜。才疏学浅,第一次为旧体诗词做笺注,错漏之处一定不少,恳请方家不吝赐教。

杨萌芽
2017 年 10 月